Mobilidade, Fronteiras & Direito à Saúde

Conselho Editorial
André Luís Callegari
Carlos Alberto Molinaro
Daniel Francisco Mitidiero
Darci Guimarães Ribeiro
Draiton Gonzaga de Souza
Elaine Harzheim Macedo
Eugênio Facchini Neto
Giovani Agostini Saavedra
Ingo Wolfgang Sarlet
Jose Luis Bolzan de Morais
José Maria Rosa Tesheiner
Leandro Paulsen
Lenio Luiz Streck
Paulo Antônio Caliendo Velloso da Silveira

Dados Internacionais de Catalogação na Publicação (CIP)

B931m   Bühring, Marcia Andrea.
     Mobilidade, fronteiras & direito à saúde / Marcia Andrea Bühring. – Porto Alegre : Livraria do Advogado Editora, 2016.
    245 p. ; 25 cm.
    Inclui bibliografia.
    ISBN 978-85-69538-17-2

    1. Direito à saúde - Mulheres - Brasil. 2. Mobilidade humana. 3. Imigrantes. 4. Cidadania. 5. Direitos sociais. 6. Brasil - Fronteiras. 7. MERCOSUL. 8. Direitos fundamentais. I. Título.

CDU 34:614-055.2(81)

CDD 342.81085

Índice para catálogo sistemático:
1. Direito à saúde : Mulheres : Brasil   34:614-055.2(81)

(Bibliotecária responsável: Sabrina Leal Araujo – CRB 10/1507)

MARCIA ANDREA BÜHRING

Mobilidade, Fronteiras & Direito à Saúde

Porto Alegre, 2016

© Marcia Andrea Bühring, 2016

Capa, projeto gráfico e diagramação
Livraria do Advogado Editora

Revisão
Rosane Marques Borba

Direitos desta edição reservados por
Livraria do Advogado Editora Ltda.
Rua Riachuelo, 1300
90010-273 Porto Alegre RS
Fone/fax: 0800-51-7522
editora@livrariadoadvogado.com.br
www.doadvogado.com.br

Impresso no Brasil / Printed in Brazil

À vida,
Àqueles que me deram a vida;
Àqueles que cuidaram da minha vida;
Àquele que para mim vive;
Àqueles a quem dei a vida;
Àqueles que fazem parte da minha vida.

Agradeço, primeiramente, a Deus, por restaurar a minha fé, e à Pontifícia Universidade Católica do Rio Grande do Sul, pelo apoio à qualificação do Doutorado.

Agradeço, especialmente, ao Professor Dr. Carlos Alberto Molinaro, meu orientador no doutorado e grande incentivador, exemplo de ser humano, capacidade intelectual e que sempre incentivou e confiou no meu trabalho.

Aos meus filhos, os gêmeos, Bruna e Pedro, meus "soizinhos", agradeço a inspiração, coragem, e a compreensão, e ao meu esposo, Ario, sou imensamente grata pelo carinho, auxílio e apoio.

Por fim, e em especial a Banca avaliadora, Dra. Raquel Fabiana Lopes Sparemberger, Dra. Jania Maria Lopes Saldanha, Dr. Elias Grossmann e Dra. Regina Linden Ruaro, que, além de avaliar, discutiram e a elevaram, para que nesse momento, se pudesse fazer um recorte e publicar sua essência, meu muito obrigada pela Aprovação com Louvor.

Sumário

Apresentaçao – *Carlos Alberto Molinaro* 11

1. Introdução..13

2. Mobilidade humana (migrantes/deslocados/refugiados) cidadania no contexto global-local 15

   2.1. Quadro conceitual diferenciador e o fenômeno da mobilidade humana.....................15

      2.1.1. O fenômeno da mobilidade humana..17

   2.2. Aspectos histórico-conceituais do migrante/deslocado/ refugiado.....................19

   2.3. Globalização ou (contexto global – local)..55

   2.4. Conexão entre pobreza e vulnerabilidade: cidadania ou subcidadania? 68

3. Fronteira ontem e hoje, no contexto MERCOSUL 81

   3.1. Fronteira – definição e diferentes aspectos – áreas do conhecimento e a questão da identidade 81

      3.1.1. Noção – Definição/Conceito em diferentes áreas do conhecimento..................81

      3.1.2. A questão da identidade e o não lugar..89

      3.1.3. Área e zona de fronteira – as cidades gêmeas..101

   3.2. MERCOSUL – Mercado Comum do Sul: criação, composição e função 120

      3.2.1. UNASUL – União de Nações Sul-Americanas..129

      3.2.2. PARLASUL – Parlamento do MERCOSUL..134

      3.3.3. Rede Mercocidades 138

4. O *deficit* de direitos sociais, saúde na fronteira (Brasil e Uruguai) e a proibição de retrocesso..145

   4.1. Direitos sociais..145

   4.2. Proibição de retrocesso social 156

   4.3. O Direito fundamental social à saúde/SUS..172

   4.4. O direito fundamental à saúde na fronteira – cidades gêmeas..195

   4.5. A concretização do direito fundamental à saúde no Poder Judiciário 207

      4.5.1. Princípio da igualdade para desiguais?..207

      4.5.2. Arguição de Descumprimento de Preceito Fundamental – ADPF 45..................213

Considerações finais..221

Referências..227

Quadros e Figuras

Quadro 1 – Diferenciação de termos e amparo legal..16

Figura 1 – Refugiados, solicitantes de refúgio, deslocados internos, apátridas e outras pessoas dentro da competência do ACNUR. Final de 2010...........................25

Figura 2 – Refugiados, solicitantes de refúgio, deslocados internos, apátridas e outras pessoas dentro da competência do ACNUR. Final de 2011...........................26

Figura 3 – Tabela dos Saldos Migratórios (SM) e taxas líquidas de migração: 1986/1991 e 2005/2010...33

Figura 4 – Distribuição Geográfica das solicitações de refúgio...................................48

Figura 5 – Distribuição Geográfica das solicitações de refúgio...................................50

Figura 6 – Mapa múndi: linha divisória dos países do Norte e do Sul.........................62

Figura 7 – Zona de fronteira: interação local – regional..102

Figura 8 – Mapa da Faixa de Fronteira do Brasil..104

Figura 9 – Mapa do Rio Grande do Sul, extensão das fronteiras em km......................107

Figura 10 – Mapa das cidades-gêmeas e suas divisas...111

Figura 11 – Foto da Praça Internacional – Fronteira da paz..114

Figura 12 – Mapa Aéreo – Fronteira Brasil – Uruguai – Santana do Livramento-BR e Rivera-UR...115

Figura 13 – Marco divisório – Chuí-BR e Chuy-UR. Direção Sul – Direção Norte........118

Figura 14 – Vista do espaço – Fronteira Brasil – Uruguai – Chuí (BR) e Chuy (UR)...........119

Figura 15 – Organograma Mercosul..122

Figura 16 – Mapa dos países fundadores do MERCOSUL..124

Figura 17 – Mapa dos países que compõem o MERCOSUL atualmente........................124

Figura 18 – Mapa dos países-membros e associados do MERCOSUL...........................125

Figura 19 – Mapa da UNASUL..130

Figura 20 – Organograma do funcionamento da Rede Mercocidades..........................140

Figura 21 – Fatores que contribuem para a vida com saúde.......................................180

Figura 22 – Cartão do SUS...189

Figura 23 – A saúde a partir da Constituição Federal de 1988....................................190

Quadro 2 – Comparativo – Princípios Normativos do Sistema de Saúde......................195

Figura 24 – Subgrupo de trabalho nº 11 – Saúde no MERCOSUL................................202

Figura 25 – Formação do Seguro Nacional de Saúde no Uruguai................................206

Apresentação

Honrado para articular esta pequena apresentação para uma investigação de grande relevância produzida pela Prof. Dra. **Marcia Andrea Bühring** posso de pronto afirmar que **MOBILIDADE, FRONTEIRAS & DIREITO À SAÚDE** representa um marco na literatura jurídica especializada sobre o tema.

Antes de mais nada, necessário revelar um pouco da trajetória da autora. Graduada em Direito em 1999, em 2002 concluiu seu Mestrado pela Universidade Federal do Paraná e, em 2013, obteve seu Doutoramento pela Pontifícia Universidade Católica do Rio Grande do Sul.

Foi por ocasião de seu doutoramento que a conheci e tive a satisfação de dirigir o seu trabalho de tese que adequadamente intitulou-se: Direitos Humanos e Fundamentais, Migração nas Fronteiras Brasil e Uruguai: uma análise dos déficits do direito social à saúde da mulher nas cidades gêmeas - Santana do Livramento-BR / Rivera-UR e Chuí-BR / Chuy-UR, tendo obtido, em Banca, nota máxima. Foram aqueles anos de agradável e muito proveitoso relacionamento.

Atualmente, a autora exerce a advocacia, mas de **modo muito especial e denso** dedica-se ao magistério sendo professora na Universidade de Caxias do Sul (UCS) e na Pontifícia Universidade Católica (PUCRS).

Este livro tem por fundamento sua tese doutoral, contudo foi totalmente reescrito para atender de modo seguro e pragmático o tema que interroga, notadamente sua conformação informativa e inquietante: **a mobilidade entre fronteiras e o direito à saúde**.

Nesse cenário podemos encontrar o que muitos autores denominam de "paradoxo da fronteira", isto é, as diferenças transfronteiriças: estimular a circulação de pessoas através das fronteiras e ao mesmo tempo estabelecer barreiras a esse trânsito. E, é nesse sentido que a fronteira se assemelha a uma ponte, pois é uma barreira.

As pessoas que vivem nas zonas fronteiriças atravessam diuturnamente esta ponte, porque buscam a integração econômica, social e cultural a partir das diferenças transfronteiriças.

Na verdade, de acordo com os geógrafos, o "paradoxo da fronteira" está no cerne do conceito de "fronteira" em si: a fronteira cria a sua própria região distinta, tornando um elemento de divisão também o veículo para a definição regional.

O livro que temos agora à disposição dos leitores, juristas ou não, pois ele destina-se a todos os públicos, enfrenta e confere o "paradoxo da fronteira" de

Mobilidade, Fronteiras & Direito à Saúde

modo "realista" e direto, expondo o fenômeno como reflexo de uma assimetria na organização social e econômica de ambos os lados da fronteira.

Na fronteira dois sistemas sociais diferentes se confrontam; desenvolvimentos históricos criaram estruturas sociais distintas; desenvolvimentos nacionais irregulares e desiguais resultaram em diferenças transfronteiriças e desequilíbrios em muitos domínios da vida social.

Estas disparidades tornam-se um fator importante nas relações transfronteiriças. Elas são percebidas e avaliadas por pessoas que vivem em cada lado da fronteira e se tornaram a base para um processo de interação: as pessoas cruzam a fronteira para múltiplas atividades, para fazer compras, para trabalhar, para buscar educação, saúde, ou para se divertir, porque elas querem tirar vantagem das eventuais diferenças e vantagens, sejam essas vantagens em qualidade, serviços, preços, salários, oportunidades de emprego, ou demais de qualquer tipo.

O conhecimento local é usado para transformar as barreiras estatais em "corredores". Então mais uma vez: a fronteira torna-se uma ponte para os movimentos transfronteiriços, porque é uma barreira para ser superada ou atualizada para o desenvolvimento de mercados, acordos institucionais e da vida social, econômica e cultural em geral.

É sabido que, em geografia, as regiões fronteiriças são classificadas em uma escala entre transfronteiriças e integrativas de interior do estado. Localizadas longe dos principais centros de atividade econômica e de tomada de decisão política, as populações destas regiões, eventualmente, sofrem os efeitos perversos da marginalização econômica, social cultural. Muitas vezes, portanto, são necessários incentivos para as pessoas, nas regiões fronteiriças, olhar para além da fronteira internacional e para desenvolver relações com seus vizinhos, nesse sentido, a fronteira é vista como uma linha de contato, como um lugar de encontro entre nações ou subsistemas socioeconômicos e culturais.

Esse é o tema do livro que agora é oferecido a comunidade, questão que avulta no presente pela enorme pressão em que se encontram as fronteiras e a vida mesma nesses espaços transfronteiriços.

Em boa hora nos brinda a autora com esta obra que, certamente, vai enriquecer o conhecimento de todos aqueles que têm compromisso com o "outro", com a ciência e a qualidade de vida planetária.

Aqui, vem a calhar a exemplar e notória recomendação de **Francis Bacon**:

Some books should be tasted, some devoured, but only a few should be chewed and digested thoroughly.[1]

Este sem dúvida é um deles!

Carlos Alberto Molinaro

---

[1] Alguns livros devem ser degustados, alguns devorados, mas apenas uns poucos devem ser mastigados e digeridos completamente. Cf., Bacon, Francis. The Essays or Counsels, Civil and Moral, of Francis Ld. Verulam Viscount St. Albans. Capítulo: L - Of Studies. E-book que pode ser consultado em: <http://www.authorama.com/book/essays-of-francis-bacon.html>.

1. Introdução

A faixa de fronteira no Brasil abrange 11 Estados, são 588 municípios, 28 cidades gêmeas e divisa com 10 países da América do Sul. Só no Rio Grande do Sul são 197 municípios nessa faixa de terras oficial de 150 km da extensão do território nacional, a partir do limite internacional, sendo, em sua maioria, municípios de pequeno porte, o que complexifica a questão social e jurídica, ao possuírem reduzidos mecanismos protetivos e baixa arrecadação pública municipal.

Far-se-á uma análise dos déficits sociais em relação à saúde na fronteira Brasil e Uruguai, portanto, as cidades que fazem parte dessa fronteira, são muitas, são as localidades vinculadas oficiais pelo Acordo e o Ajuste entre os países, ou seja, fazem divisa com o país vizinho: 1. Chuí, Santa Vitória do Palmar/Balneário do Hermenegildo e Barra do Chuí (Brasil) a Chuy, 18 de Julho, Barra de Chuy e La Coronilla (Uruguai) "Pueblo San Luís" (Departamento de Rocha) a partir de 2008; 2. Jaguarão (Brasil) a Rio Branco (Uruguai); 3. Aceguá (Brasil) a Aceguá (Uruguai); 4. Santana do Livramento (Brasil) a Rivera (Uruguai); 5. Quaraí (Brasil) a Artigas (Uruguai); 6. Barra do Quaraí (Brasil) a Bella Unión (Uruguai). 7. "Colônia Nova" (Aceguá, Brasil) a "Villa Isidoro Noblía" (Departamento de Cerro Largo, Uruguai), a partir de 2008.

Daí a necessidade de verificar como ocorre a proteção social integral da saúde da mulher na fronteira do Rio Grande do Sul – Brasil, com o Uruguai, (países integrantes do MERCOSUL) nas cidades gêmeas. Apontando com isso os déficits em relação ao direito social à saúde, com respaldo constitucional do artigo 196 da Constituição Federal de 1988, que traz o direito à saúde enquanto dever do Estado e direito de todos, além de verificar quais são e se existem as políticas públicas desenvolvidas nessas cidades a partir do MERCOSUL, da Unasul, da Parlasul e Rede Mercocidades.

A presente investigação estrutura-se a partir de estudos sobre os direitos sociais, direito à saúde, tendo como eixo teórico a relação entre Estado e sociedade civil e expressando formas institucionalizadas de proteção social e a garantia de direitos. Tem como balizas norteadoras para o estabelecimento dos objetivos, justamente definidos em função de necessidades locais – regionais, pela exigência de aprofundar o conhecimento e a análise sobre a institucionalidade dos sistemas de proteção social, que garantem o direito no espaço onde se insere – fronteira.

Destacam-se alguns elementos que se encaminham para a definição dos objetivos da pesquisa: o fato de ser uma região deprimida economicamente,

Mobilidade, Fronteiras & Direito à Saúde

com a média dos índices de IDH menores que os nacionais; uma desigualdade de renda significativa, agravada pela distância dos grandes centros; o fluxo constante de migração transfronteiriça em busca de atenção à saúde, com um povoamento heterogêneo expressando uma diversidade ímpar; além da existência de segmentos populares em condições de vulnerabilidade. A fim de estabelecer o padrão discursivo dominante na região, a partir da compreensão em temos de cidadania social/direitos humanos e fundamentais, a partir da evidência dos mecanismos e garantia de direitos encontrados na região fronteiriça, para assegurar o atendimento à saúde integral da mulher e com dignidade.

Atualmente, com a integração regional frente aos impactos do fenômeno da globalização, âmbito global e local, a fronteira tornou-se interessante para uma agenda tanto econômica quanto política, vez que área ou zona de fronteira assinala um espaço de interação, e não apenas um limite físico, geográfico.

A dimensão social da integração vem sendo enfatizada, merecendo destaque os programas na faixa de fronteira. Vem ocorrendo recentemente, mais como uma tentativa de correção das fragilidades do processo social de integração, o estabelecimento das comunidades fronteiriças como prioridade a se observar na estratégia incremental de debater a inclusão da dimensão social. A confluência entre fronteiras, cidadania, direito e proteção social como política pública, operacionalmente, exige uma análise referenciada pelas institucionalidades dos sistemas de proteção social formais e uma metodologia igualmente adequada para resgatar as determinações dos processos em curso.

Num primeiro capítulo, a abordagem do fenômeno da mobilidade, com a apresentação de um quadro conceitual diferenciador, dos migrantes/deslocados/refugiados, a análise da globalização, âmbito local e global, e da questão da vulnerabilidade e da cidadania.

Verificar-se-á, no segundo capítulo, a problemática da Fronteira, seus aspectos geográficos e socioeconômicos, e também a questão da identidade e o não lugar, assim como a delimitação da Área e Zona de Fronteira e a verificação pontual das Cidades Gêmeas. Além do MERCOSUL, sua criação, composição e função frente ao contexto atual, assim como a UNASUL, PARLASUL e REDE MERCOCIDADES.

No terceiro capítulo, abordar-se-ão os déficits dos direitos sociais, enquanto direitos fundamentais e prestacionais, e ainda a proibição do retrocesso social, além do direito fundamental à saúde, enquanto dever do Estado, e abordagem do SUS – Sistema Único de Saúde –, e do SNIS – Sistema Nacional Integrado de Saúde – no Uruguai, em específico a saúde na área de fronteira, e a importância do Subgrupo de trabalho nº 11 da Saúde.

Por fim, verificar-se-á a concretização do Poder Judiciário do direito à saúde, com a abordagem da igualdade para desiguais, a Arguição de Descumprimento de Preceito Fundamental (ADPF 45), que caracteriza a possibilidade de o Estado implementar os direitos sociais, além da disponibilidade financeira estatal.

2. Mobilidade humana (migrantes/deslocados/refugiados) cidadania no contexto global-local

> "A civilização de um povo se mede pelo acolhimento dado aos estrangeiros".
> *Pontes de Miranda*

> "O mundo dos migrantes encontra-se em condições de um válido contributo ao consolidamento da paz. As migrações podem facilitar o encontro e a compreensão entre as pessoas, as comunidades e os países. Este diálogo intercultural constitui um caminho necessário para a edificação de um mundo reconciliado. Isto acontece quando os imigrantes são tratados com o respeito devido à cada pessoa, quando se favorece com todos os meios a cultura do acolhimento e a cultura da paz, que harmoniza as diferenças e procura o diálogo".
> *Papa João Paulo II*

> "Globalização está na ordem do dia; uma palavra da moda que se transforma rapidamente em um lema, uma encantação mágica, uma senha capaz de abrir as portas de todos os mistérios presentes e futuros. Para alguns, 'globalização' é o que devemos fazer se quisermos ser felizes; para outros, é a causa da nossa infelicidade. Para todos, porém, 'globalização' é o destino irremediável do mundo, um processo irreversível; é também um processo que nos afeta a todos na mesma medida e da mesma maneira. Estamos todos sendo 'globalizados' – e isso significa basicamente o mesmo para todos".
> *Bauman*

> "Cidadão(ã) é aquele(a) que tem consciência de Direitos e Deveres e participa ATIVAMENTE da Sociedade".
> *Betinho*

2.1. Quadro conceitual diferenciador e o fenômeno da mobilidade humana

Antes de apontar como ocorreu e ocorre o fenômeno da mobilidade humana, migratória, criou-se um quadro inicial de definições de alguns termos/institutos e principalmente para que não sejam confundidos, embora muitas vezes o sejam, pois também é diferente o âmbito de abrangência e proteção recebida pelos mesmos.

Também se quer deixar claro, por um acordo semântico, a utilização das expressões de forma conjunta migrantes/deslocados/refugiados, muito embora apareça por vezes na doutrina o termo "refugiados", não no exato sentido do termo, mas para representar, referir os migrantes ou deslocados.

Há, por outro lado, uma conjugação de diferentes e múltiplos fatores que levam essas pessoas a sair do seu lugar de origem, em busca de amparo, abrigo, acolhimento, proteção, que por vezes perdem tudo, o lar, aspectos culturais, língua-mãe, a própria identidade.

Quadro 1 – Diferenciação de termos e amparo legal

	Definição	Legislação/Amparo
1 Refugiado	São refugiados aquelas pessoas que se encontram fora do seu país por causa de fundado temor de perseguição por motivos de raça, religião, nacionalidade, opinião política ou participação em grupos sociais, Que se encontre fora de seu país de nacionalidade e não possa ou não queira acolher-se à proteção de tal país. Tem amparo jurídico internacional. Mais, obrigadas a deixar seu país devido a conflitos armados, violência generalizada e violação massiva dos direitos humanos. Um refugiado não usufrui da proteção do governo do seu país, mas tem amparo jurídico internacional.	Convenção de 1951 relativa ao Estatuto dos Refugiados (de 1951) e Protocolo de 1967. (Amparo – ACNUR) Lei brasileira n° 9.474 de 1997. (Amparo – CONARE)
2a Deslocados externos	Pessoas deslocadas externamente são forçadas a abandonar suas casas, pelas mesmas razões que os refugiados, e atravessaram qualquer fronteira internacionalmente reconhecida. Todavia, por não possuírem o *status* de refugiados não têm o mesmo amparo jurídico em âmbito internacional.	Lei do seu país, e lei do novo país.
2b Deslocados internos	Pessoas deslocadas internamente são forçadas a abandonar suas casas pelas mesmas razões que os refugiados, só que não atravessaram qualquer fronteira internacionalmente reconhecida. "Os deslocados internos, pessoas deslocadas dentro de seu próprio país, muitas vezes são erroneamente chamadas de refugiados. Ao contrário dos refugiados, os deslocados internos (IPDs em seu acrônimo inglês) não atravessaram uma fronteira internacional para encontrar segurança, mas permaneceram em seu país natal."	Lei do seu país.
3 Migrante (econômico)	Migrante econômico deixa o seu país voluntariamente, à procura de uma vida melhor. [...] um migrante goza da proteção do governo do seu país. "Migrantes, especialmente migrantes econômicos, decidem deslocar-se para melhorar as perspectivas para si mesmos e para suas famílias".	Lei do seu país.
4 Imigrante	Que ou quem imigra, ou seja, entra num país estrangeiro para nele viver.	Lei do seu país e Lei do novo país.
5 Emigrante	Quem emigra, ou seja, sai do país.	Lei do seu país e Lei do novo país.
6 Asilado, Requerente de asilo	Quem procura amparo ou proteção, a fim de albergar-se, hospedar-se, é todo lugar onde se está a salvo do perigo. "O requerente de asilo é alguém que afirma ser um refugiado, mas que ainda não teve seu pedido avaliado definitivamente". "Os sistemas nacionais de asilo existem para determinar quais requerentes de asilo realmente se qualificam para proteção internacional. Aqueles que forem considerados, através dos procedimentos apropriados, não serem refugiados e não estarem necessitando de nenhuma outra forma de proteção internacional, poderão ser enviados de volta aos seus países de origem".	Lei do seu país e Lei do novo país no qual se encontra requerendo asilo
7 Apátrida	São pessoas que nascem sem nacionalidade ou têm sua nacionalidade retirada pelo Estado, ficando, portanto, sem proteção de um Estado nacional. "A apátrida refere-se à condição de um indivíduo que não é considerado como um nacional por nenhum Estado"	Estatuto dos Apátridas 1954, e Convenção de 1961.

Fonte: Elaborado pela autora com base no ACNUR.[1]

---

[1] ACNUR. *Agência da ONU para Refugiados*. Disponível em: <http://www.acnur.org>. Acesso em: 20 out. 2012.

2.1.1. O fenômeno da mobilidade humana

Agora sim, faz-se um *link*, com os grandes teóricos, com suas teorias da migração, fez-se, por assim dizer, "um acordo semântico", de utilizar apenas alguns exemplos, até porque se vive atualmente um momento global, de transnacionalização, de mundialização, e não se tem a pretensão de mencionar todas as teorias.

Um primeiro exemplo é Ernest George Ravenstein, que foi o primeiro a trazer uma teoria sobre a migração no final do século XIX,[2] com destaque ao trajeto, ou seja, aos curtos percursos realizados pelos migrantes e, principalmente, por razões econômicas, para melhorar a situação de vida.[3]

Por outro lado, um segundo exemplo, apresenta-se Everett S. Lee, cuja teoria da migração, também conhecida como neoclássica-funcionalista, apresentou sua "teoria da modernização" que significa "mudança permanente ou semipermanente de residência. Não se colocam limitações com respeito à distância do deslocamento, ou à natureza voluntária e/ou involuntária do ato, como também não se estabelece distinção entre a migração externa e a migração interna".[4][5]

Nesse mesmo ínterim, surge um terceiro exemplo, Gino Germani[6] – ainda sobre a "teoria da modernização", mas sendo a "migração interna visualizada como um dos processos fundamentais da 'mobilização social', que constitui o eixo principal para a transformação de sociedades 'tradicionais' em sociedade 'moderna'".[7]

---

[2] RAVENSTEIN. Ernest George. The law of migration. *Jounal of dac Statistical Socictty*. v.47. pt.L. p. 167-227, June 1885.

[3] NOGUEIRA. Olinto José Oliveira. Migrações internas: tentativas de se buscar uma teoria. *Análise e Conjuntura*, Belo Horizonte, v.6, n. 1. p. 38-46, jan./abr. 1991. p. 39.

[4] LEE, Everett. S. Uma teoria sobre a migração. In: MOURA, H. A. de (Coord.). *Migração interna:* textos selecionados. Fortaleza: Banco do Nordeste do Brasil – BNB, Escritório Técnico de Estudos Econômicos do Nordeste, 1980. t. 1. p. 89-114. (Estudos econômicos e sociais, 4). p. 99.
No Original: LEE. E. S. Theory on migration. *Demography*. v.S, 0.1. p. 47-67. 1966.

[5] Refere Olinto J. O. Nogueira: "A partir do trabalho de Ravenstein, tornaram-se, posteriormente, muito populares as colocações de Lee (1980), segundo as quais a migração era definida como uma mudança permanente, ou semipermanente, de residências e onde todo ato migratório implicaria um lugar de ORIGEM, um lugar de DESTINO e uma série de OBSTÁCULOS INTERVENIENTES. [...] Lee estabelece que para cada corrente migratória importante desenvolve-se uma contracorrente, a qual dependeria do que ele chamou de eficiência da corrente (razão entre a corrente e a contracorrente, ou a redistribuição líqüida de população feita pelos fluxos opostos). A eficiência da corrente tenderia a ser alta quando, por exemplo, o que originasse fossem os fatores negativos que prevalecem no local de origem ou quando os obstáculos intervenientes fossem grandes (o que desanimaria os migrantes de retornarem) Por outro lado, a eficiência tenderia a ser baixa quando, entre outras coisas, os locais de origem e de destino fossem semelhantes. A eficiência de uma corrente migratória também pode variar com as condições econômicas, sendo elevada nas épocas de prosperidade e baixa nos períodos de depressão. [...]". NOGUEIRA. Olinto José Oliveira. Migrações internas: tentativas de se buscar uma teoria. *Análise e Conjuntura*, Belo Horizonte, v.6, n. 1. p. 38-46, jan./abr. 1991. p. 39-40.

[6] GERMANI, Gino. *Sociologia de la modernizacion*. Buenos Aires. Prados, 1969. p. 253.

[7] Aduz Olinto J. O. Nogueira: "Outro enfoque seria a Perspectiva Sociológica. ou Teoria da Modernização. Segundo Oliveira e Stern (1980), que consideram o trabalho de Gennani, como um dos que exemplificam este tipo de abordagem com mais propriedade". NOGUEIRA. Olinto José Oliveira. Migrações internas: tentativas de se buscar uma teoria. *Análise e Conjuntura*, Belo Horizonte, v.6, n. 1. p. 38-46, jan./abr. 1991. p. 39-41.

Já sob a perspectiva econômica ou abordagem neoclássica, um quarto exemplo, aduzido por Olinto J. O. Nogueira, está em conjunto aos estudos de: Sjaastad (1980), Todaro (1980), Harris (1980) e Schultz (1962), que, a partir da década de 60, passam a correlacionar o fenômeno migratório com a teoria econômica, associada ao diferencial de salários, inclusive a migração é considerada um "processo desejável, possibilitando a transferência dos excedentes de mão de obra do setor rural para as crescentes demandas do setor urbano, entendido, aqui, como demanda da indústria".[8]

Por fim, no que tange ao aspecto histórico-estrutural ou do desenvolvimento econômico e social da região, traz-se a migração, num quinto exemplo, Peter Singer, que (segue a linha histórico-estruturalista), para o qual, é um "fenômeno social, que assume a dimensão de classe social", como resposta "aos processos social, econômico e político ao migrar", ou seja, "as migrações internas são sempre historicamente condicionadas, sendo o resultado de um processo global de mudança, do qual elas não devem ser separadas",[9] enquanto processo social.[10]

Adverte-se, portanto, que não existe uma única teoria (geral) da migração que dê conta de abarcar os diferentes enfoques e contextos da demografia, da economia, da política e do social, que seja capaz, por si só, de dar as respostas, pois todas as teorias têm sofrido críticas.

Portanto, o que se propõe? Já que o Século XX se consagrou como o século dos migrantes/deslocados/refugiados,[11] e não será diferente, pelo menos no primeiro quartel do século XXI, pois em todas as suas acepções, continua-se a

---

[8] Embasados pela *"teoria econômica"*, estes estudos demonstram que as diferenças espaciais na relação capital/trabalho provocariam desigualdades na produtividade do trabalho e, portanto, os concomitantes diferenciais relativo dos salários entre as regiões. Isso estimularia os trabalhadores das regiões de menor salário a emigrarem para as de maior nível salarial. A partir daí haveria uma queda nos níveis salariais da região de destino crescimento da oferta de trabalho) e um aumento na região de origem (diminuição da oferta da força de trabalho). Na região de destino haveria também uma elevação no nível do produto, já que esta é uma função do nível de emprego. Em que, seria restabelecido o equilíbrio no nível de salário, emprego e produto entre as regiões pelo efeito deste sobre a relação capital/trabalho, contribuindo, as migrações, para o estabelecimento de um "equilíbrio ótimo da vida econômica". Em resumo, as premissas básicas desse enfoque seriam as de que as migrações: respondem as diferenciais de salários e oportunidades de empregos entre localidades e áreas geográficas; são resultado de uma decisão "racional" onde cada indivíduo tem um consciente balanço entre custos e utilidades de se permanecer em determinado lugar ou mudar-se dele; e que são resultados da soma de decisões individuais. NOGUEIRA. Olinto José Oliveira. Migrações internas: tentativas de se buscar uma teoria. *Análise e Conjuntura*, Belo Horizonte, v.6, n. 1. p. 38-46, jan./abr. 1991. p. 42.

[9] SINGER, Peter. Migrações internas: considerações teóricas sobre seu estudo. In: MOURA, H. A. de (Coord.). *Migração interna*: textos selecionados. Fortaleza: Banco do Nordeste do Brasil – BNB, Escritório Técnico de Estudos Econômicos do Nordeste, 1980. t. 1. p. 211-244. (Estudos econômicos e sociais, 4). p. 217.

[10] Afirma Olinto J. O. Nogueira: "Contribuição decisiva para sistematização desta perspectiva foi dado por Singer (1980) ao diferenciar os motivos e as causas das migrações, admitindo-se serem estas um processo social. Para o autor, os fluxos migratórios, em última análise, são conseqüências de determinados fatores de "atração" e de "expulsão", ou da interação de ambos. Os fatores de atração agiriam como orientadores dos fluxos migratórios tendo como principal propulsor a "demanda por força de trabalho" gerada pelas empresas industriais e pela expansão dos serviços. Isso, por sua vez, significaria "oportunidades econômicas", as quais poderiam ser traduzidas em remuneração mais elevada para o migrante do que aquela que ele poderia perceber na área de origem.[...]. NOGUEIRA. Olinto José Oliveira. Migrações internas: tentativas de se buscar uma teoria. *Análise e Conjuntura*, Belo Horizonte, v.6, n. 1. p. 38-46, jan./abr. 1991. p. 43.

[11] CANÇADO TRINDADE, Antônio Augusto. *Princípios de direito internacional contemporâneo*. Brasília: UNB, 1981. p. 145.

visualizar o século da mobilidade humana, em busca não apenas de emprego, (mas do pleno emprego); da moradia, (mas sim, moradia digna); saúde, (e sim saúde integral); acolhimento e solidariedade, (no próprio país, ou outro país); proteção, (principalmente jurídica, política, etc.); e dignidade, (mas, amplo e efetivo cumprimento de normas nacionais e internacionais, com o respeito aos direitos humanos e fundamentais).

Propõe-se uma dinâmica de proteção, voltada ao ser humano, enquanto sujeito de direitos, enquanto ator social, enquanto pessoa.

O movimento em si, essa circulação de pessoas,[12] seja dentro do território, "constituindo assim movimento migratório interior", seja para fora dele, "caracterizando o movimento migratório exterior ou internacional," sempre houve, assim como a imigração, que é "a ação de vir estabelecer-se num país estrangeiro, antônimo de emigração. Emigração, ou ato de emigrar, significa saída da pátria em massa ou isoladamente".[13]

2.2. Aspectos histórico-conceituais do migrante/deslocado/ refugiado

Os pontos de vista são diversos, observe-se num outro patamar, que o fenômeno, seja natural ou providencial, da migração espontânea, é mais comum, é a busca por novas oportunidades, cujas pessoas passam a ter contato com leis e costumes diferentes, o próprio conceito de pátria é estendido. Já a migração forçada sempre vem carregada de histórias tristes, sofrimento, angústia. Para tanto, a mensagem do então Papa Bento XVI, para o dia mundial do migrante e do refugiado, inicia com a afirmação: "Migrações: peregrinação de fé e de esperança".

> Na verdade, os fluxos migratórios são «um fenómeno impressionante pela quantidade de pessoas envolvidas, pelas problemáticas sociais, económicas, políticas, culturais e religiosas que levanta, pelos desafios dramáticos que coloca à comunidade nacional e internacional» porque «todo o migrante é uma pessoa humana e, enquanto tal, possui direitos fundamentais inalienáveis que hão-de ser respeitados por todos em qualquer situação»."Caritas in veritate", n. 62".[14]

Sem dúvida, a matéria dos movimentos migratórios é por demais complexa e existe clara dificuldade em se estabelecer, seguindo aqui orientação de Erika Pires Ramos, "uma tipologia fechada e considerando a frequente sobreposição de causas ou motivações para os movimentos migratórios", apresenta como alternativa à distinção entre migração "proativa" e migração "reativa", associada que está a múltiplos fatores.[15] E são justamente esses múltiplos fato-

---

[12] CAVARZERE, Thelma Thais. *Direito internacional da pessoa humana:* a circulação internacional de pessoas. Rio de Janeiro: Renovar, 1995. p. 09.

[13] Ibid.

[14] VATICAN. *Mensagem de sua Santidade Bento Xvi para o dia mundial do migrante e do refugiado (2013).* Disponível em: <http://www.vatican.va/holy_father/benedict_xvi/messages/migration/ documents/hf_ben-xvi_mes_20121012_world-migrants-day_po.html>. Acesso em: 25 mai. 2013.

[15] A título de ilustração "pode-se mencionar, como exemplos de migração reativa, a fuga da condição imposta pelo tráfico de pessoas e os deslocamentos forçados pela escassez de recursos naturais; como exemplos de

Mobilidade, Fronteiras & Direito à Saúde

res, que fazem as pessoas se deslocarem e, por vezes, perdem tudo, tal como seu lar, seus aspectos culturais, sua língua-mãe, ficando com traumas e por que não dizer a própria identidade.

Para amenizar um pouco essa situação tão traumática da perda, refere-se com André Antunes, que traz uma perspectiva interessante, ao mencionar a hospitalidade do brasileiro, refere: "Faça uma experiência. Pergunte a um brasileiro quais os traços de personalidade que definem o habitante do Brasil: é bem provável que ele diga 'hospitaleiro'." Isso é parte da construção da própria autoimagem.

Isso é bem diferente em termos de legislação vigente no Brasil que diga respeito aos estrangeiros, se o povo brasileiro se considera hospitaleiro, a lei brasileira, não é tão hospitaleira assim; veja-se o "Estatuto do Estrangeiro",[16] uma legislação que restringe direitos, por vezes, até mesmo ultrapassados, obrigando muitos a ficar em situação irregular.[17]

Tem-se notado que o Brasil voltou a ser um país atrativo para imigrantes, que buscam melhores condições de vida se, por um lado, houve um declínio da imigração nos anos 70, (praticamente zerada); por outro, o aumento da emigração nos anos 80 surgiu com vigor.[18] Atualmente, a imigração volta a ter papel importante; segundo dados do Ministério da Justiça: "o número de estrangeiros residindo no país regularmente aumentou 50% no período de 2009 para 2011, passando de 961 mil para 1,46 milhão de pessoas, principalmente de origem portuguesa (329 mil), boliviana (50 mil), chinesa (35 mil) e paraguaia (17,6 mil)".[19]

Os motivos, para que as pessoas busquem o Brasil, ou voltem ao Brasil, são muitos, como por exemplo, a "crise financeira e recrudescimento das políticas migratórias e da xenofobia na Europa e nos Estados Unidos"; assim como o bom momento econômico pelo qual passa o Brasil, "que apresenta índices de crescimento estáveis apesar da recessão que acomete outros países, consoli-

---

migração proativa, aquelas que visam melhorar o padrão econômico e a qualidade de vida. Muitas das motivações acima descritas podem ter ao mesmo tempo um fundo remoto de natureza política e econômica tão estreitamente ligados que dificultam a separação em subcategorias mais específicas. Não se pode olvidar, no entanto, que o tema das migrações é bastante amplo e está relacionado a uma série de questões, tais como: os direitos humanos, a proteção jurídica aos trabalhadores migrantes, a vulnerabilidade dos migrantes, a igualdade de gêneros, o tráfico de pessoas, as implicações da emigração qualificada, o alcance da integração regional e as possibilidades de governabilidade futura da migração, que demandam um lugar de destaque nas agendas políticas dos países de origem, trânsito e destino". RAMOS, Érika Pires. *Refugiados ambientais*: em busca de reconhecimento pelo direito internacional. São Paulo. Tese (doutorado) – Faculdade de Direito da USP, 2011. p. 69-70.

[16] BRASIL, LEI Nº 6.815, DE 19 DE AGOSTO DE 1980. Define a situação jurídica do estrangeiro no Brasil, cria o Conselho Nacional de Imigração. Disponível em <http://www.planalto.gov.br/ccivil _03/leis/L6815.htm>. Acesso em: 27 out. 2012.

[17] ANTUNES, André. Imigração. Jornalismo público para o fortalecimento da Educação Profissional em Saúde. *Revista POLI*: saúde, educação e trabalho, Ano IV, nº 23, mai./jun. 2012. p. 4.

[18] Ibid.

[19] ANTUNES, André. *Imigração*. Disponível em: <http://www.epsjv.fiocruz.br/index.php?Area=Noticia&Num=638>. Acesso em: 15 out. 2012.

dando o país na posição de 6ª maior economia do mundo"; ou ainda a própria "escassez de mão de obra em alguns setores da economia brasileira".[20]

A mobilidade humana, embora reste redundante afirmar, sempre existiu, sempre ocorreu, seja por razões de instinto, de necessidade, de sobrevivência, de fuga, de busca, o fato é que, sempre existiu em diferentes épocas, locais, contextos e finalidades. E continuará a existir, é intrínseco do ser humano se deslocar de um lugar a outro.

Nas Américas, a Declaração de São José sobre Refugiados e Pessoas Deslocadas de 1994, "por sua vez, atualiza, reitera e amplia o âmbito de aplicação da Declaração de Cartagena, ao enfatizar a importância dos direitos humanos dos refugiados e das pessoas deslocadas internamente na América Latina e no Caribe".

Por outro lado, ao longo dos anos, o Alto Comissariado das Nações Unidas para Refugiados – ACNU – tem assumido cada vez mais a responsabilidade pelas pessoas deslocadas internamente:

> Em países com significativos fluxos de deslocados internos, o ACNUR empreende ações especiais, com base na sua experiência humanitária e no contexto da promoção e implementação de soluções duradouras para os problemas dos refugiados – tais como a prevenção de novos fluxos e o regresso em segurança. Essas operações são desencadeadas a pedido do Secretário-Geral das Nações Unidas ou da Assembléia Geral, com o consentimento do país envolvido. Em diversas situações, e em operações de diferente magnitude, o ACNUR tem ajudado as pessoas deslocadas internamente no Afeganistão, Angola, Azerbaijão, Bósnia e Herzegovina, Colômbia, Croácia, El Salvador, Etiópia, Federação Russa, Geórgia, Iraque, Libéria, Moçambique, Nicarágua, Ruanda, Somália, Sri Lanka, Sudão, e Tajiquistão.[21]

Portanto, as Pessoas Internamente Deslocadas (PIDs) ou Deslocados Internos (DIs) têm a sua definição consagrada nos chamados "Princípios Orientadores relativos aos Deslocados Internos adotados pelas Nações Unidas" em 1998, com vistas a reforçar junto à comunidade internacional a necessidade de sua proteção;[22] são pessoas deslocadas dentro de seu próprio país, e muitas

---

[20] ANTUNES, André. Imigração. jornalismo público para o fortalecimento da Educação Profissional em Saúde. *Revista POLI*: saúde, educação e trabalho, Ano IV, nº 23, mai./jun. 2012.

[21] ACNUR. *Perguntas e Respostas*. Disponível em: <http://www.acnur.org/t3/portugues/informacao-geral/perguntas-e-respostas/> Acesso em: 27 ago. 2012.

[22] "Para a aplicação destes Princípios, os deslocados internos são pessoas, ou grupos de pessoas, forçadas ou obrigadas a fugir ou abandonar as suas casas ou seus locais de residência habituais, particularmente em conseqüência de, ou com vista a evitar, os efeitos dos conflitos armados, situações de violência generalizada, violações dos direitos humanos ou calamidades humanas ou naturais, e que não tenham atravessado uma fronteira internacionalmente reconhecida de um Estado. "Os princípios orientadores relativos aos deslocados internos foram elaborados por uma equipe internacional de especialistas em direito em colaboração com agências internacionais e ONGs". UNITED NATIONS. *Princípios Orientadores relativos aos Deslocados Internos*. Disponível em: <http://www2.ohchr. org/english/issues/idp/GPPortuguese.pdf>. Acesso em: 22 dez. 2009. "Tais princípios foram apresentados pelo Representante Especial do Secretário-Geral para Deslocados Internos em 1998 (E/CN.4/1998/53/Add.2) e posteriormente foram reconhecidos em Resoluções da Comissão de Direitos Humanos (E/CN.4/RES/2001/54), do Conselho Econômico e Social – ECOSOC (2003/5) e da Assembleia Geral da ONU (A/RES/56/164 de 2001).".

Mobilidade, Fronteiras & Direito à Saúde

vezes são erroneamente chamadas de refugiados (ainda que recebam proteção da ACNUR),[23] exemplificando a Lei 387, o Estado Colombiano[24]

> Ao contrário dos refugiados, os deslocados internos (IPDs em seu acrônimo inglês) não atravessaram uma fronteira internacional para encontrar segurança mas permaneceram em seu país natal. Mesmo se fugiram por razões semelhantes às dos refugiados (conflito armado, violência generalizada, violações de direitos humanos), legalmente os deslocados internos permanecem sob a proteção de seu próprio governo, ainda que este governo possa ser a causa da fuga. Como cidadãos, elas mantêm todos os seus direitos e são protegidos pelo direito dos direitos humanos e o direito internacional humanitário.[...] Ao final de 2008, havia uma estimativa de 26 milhões de deslocados internos ao redor do mundo e estavam sendo auxiliados pelo ACNUR cerca de 14,4 milhões deles, espalhados em 22 países, incluindo os três países com o maior número de deslocados internos do mundo: Sudão, Colômbia e Iraque.[25] [26]

O ACNUR, "no relatório Tendências Globais 2008", contabilizou: 42 milhões de pessoas forçadamente deslocadas, das quais 15,2 milhões são refugiados, 827 mil solicitantes de asilo e 26 milhões deslocados internos, sendo que aproximadamente 25 milhões receberam proteção ou assistência pelo ACNUR, dos quais 10,5 milhões de refugiados e 14,4 milhões de deslocados internos. "Diante desses números, pode-se concluir que o número de deslocados internos e a demanda humanitária daí decorrente é significativamente maior que a dos refugiados de 2008".[27]

---

[23] [...] Milhões de outros civis que perderam suas casas por conta de desastres naturais também são pessoas deslocadas dentro de seu país. O ACNUR trabalha com este grupo apenas em circunstâncias excepcionais, como o tsunami do Oceano Índico de 2004, o terremoto que ocorreu no Paquistão em 2005 e o Ciclone Nargis, que atingiu Mianmar em 2008. Disponível em: <http://www.acnur.org/t3/portugues/a-quem-ajudamos/requerentes-de-asilo/>. Acesso em: 27 ago. 2012.

[24] Exemplificativamente: "De acordo com a Lei 387, o Estado *Colombiano* entende como deslocado interno: toda pessoa forçada a migrar dentro do território nacional, abandonando o local de sua residência ou atividades econômicas habituais, porque sua vida, integridade física, segurança ou liberdade pessoais foram vulnerabilizadas ou se encontram diretamente ameaçadas, por ocasião de qualquer das seguintes situações: conflito armado interno, distúrbios e tensões interiores, violência generalizada, violações massivas de Direitos Humanos, infrações ao Direito Internacional Humanitário ou outras circunstâncias emanadas das situações anteriores que possam alterar ou alterem drasticamente a ordem pública. (Lei 387, Artigo 1)". VIANA, Manuela Trindade. *Cooperação internacional e deslocamento interno na colômbia*: desafios à maior crise Humanitária da América do Sul, *SUR* – revista internacional de direitos Humanos p. 144. Disponível em: <http://www.scielo.br/pdf/sur/v6n10/a08v6n10.pdf>. Acesso em: 12 abr. 2012. Ver também: www.revistasur.org.

[25] ACNUR. *Requerentes de asilo*. Disponível em: <http://www.acnur.org/t3/portugues/a-quem-ajudamos/requerentes-de-asilo/>. Acesso em: 27 ago. 2012.

[26] "A distinção entre refugiados (*refugees*) e deslocados internos (*Internally Displaced Persons – IDPs*) também não é unânime na literatura especializada. Para David Turton, tal divisão é menos conceitual e por questões humanitárias do que políticas e atende a questões de ordem prática, como a prevenção e contenção de fluxos de refugiados. Para ele, seria mais lógico e compreensível o termo *internal refugees* ao termo *internally displaced persons*. Nesse artigo, o autor põe, de um mesmo lado, refugiados e deslocados internos e, de outro, os reassentados forçados (*forced resettlers*), classificados como *development-induced displaced persons (DIDPs)*, enfatizando a situação de pessoas e grupos deslocados especificamente por projetos de infraestrutura, que também merecem a atenção da comunidade internacional quando os governos são incapazes ou não estão dispostos a dar proteção e assistência". TURTON, David. *Refugees and 'Other Forced Migrants'* RSC Working Paper No. 13. Queen Elizabeth House International Development Centre University of Oxford. October 2003. p. 06 e 16. Disponível em: <http://www.rsc.ox.ac.uk/publications/working-papers-folder_contents/RSCworkingpaper13.pdf>. Acesso em: 27 out. 2012.

[27] RAMOS, Érika Pires. *Refugiados ambientais*: em busca de reconhecimento pelo direito internacional. São Paulo. Tese (doutorado). Faculdade de Direito da USP, 2011. Orientador: Alberto do Amaral Júnior.

Recentemente, em 2010, aqui vale o registro, o IBGE – Instituto Brasileiro de Geografia e Estatística – lançou 6 (seis) importantíssimos estudos acerca da "Reflexões sobre os Deslocamentos Populacionais no Brasil":

> Até o presente momento, essas mudanças têm demandado um esforço por parte dos estudiosos no sentido de buscar explicações teóricas para esses novos processos, que se materializam, entre outros aspectos, na dimensão interna, tanto pelo redirecionamento dos fluxos migratórios para as cidades médias em detrimento dos grandes centros urbanos, como pelos deslocamentos de curta duração e a distâncias menores, quanto pelos movimentos pendulares, que passaram a assumir maior relevância nas estratégias de sobrevivência dos indivíduos, não mais restritos aos grandes aglomerados urbanos.[28]

O primeiro estudo é sobre algumas abordagens teóricas (nacionais e internacionais) a respeito do fenômeno migratório, aponta uma reflexão teórica e apresenta "perspectivas que identificam, na mudança do padrão de acumulação do capital, o eixo estruturante na explicação do novo modo como se apresentam as migrações".

O segundo estudo é sobre o panorama dos deslocamentos populacionais no Brasil: PNAD's e Censos Demográficos, com apresentação de um quadro geral de deslocamentos no início do século XXI.

O terceiro estudo é sobre a investigação das migrações internas, a partir dos Censos Demográficos brasileiros de 1970 a 2010, com análises sobre os "movimentos inter-regionais e interestaduais, bem como sobre as mudanças ocorridas nos levantamentos estatísticos, tendo como referenciais pesquisas realizadas pelo IBGE".

O quarto estudo diz respeito as reflexões sobre a mobilidade pendular, trata dos movimentos pendulares com a verificação dos novos espaços territoriais e societários (lugares de origem e destino).

O quinto estudo diz no tocante às estimativas de migração internacional no Brasil: os velhos e os novos desafios com a utilização das informações existentes do último Censo Demográfico de 2010.

E o sexto e último estudo aponta as perspectivas para a mensuração do fenômeno migratório no Brasil, com abordagem das possibilidades de múltipla análise "para a melhor apreensão deste fenômeno".

Importante mencionar que no primeiro estudo do IBGE, sobre "algumas abordagens teóricas pertinentes ao fenômeno migratório", Antônio Tadeu Ribeiro de Oliveira refere, principalmente, que a "partir da década de 1980, o comportamento da mobilidade espacial da população sofreu importantes transformações nos países desenvolvidos e em desenvolvimento",[29] vale menção, principalmente o Brasil.

---

[28] Visando a contribuir para uma discussão contemporânea sobre o tema, técnicos e pesquisadores do IBGE, reunidos no Grupo Transversal de Estudos do Território e Mobilidade Espacial – GEMOB, oferecem, nesta publicação, uma coletânea de seis estudos sobre as mais diversas dimensões da mobilidade populacional no País. IBGE. IBGE. *Reflexões sobre os Deslocamentos Populacionais no Brasil*. Disponível em: <http://www.ibge.gov.br/home/estatistica/populacao/reflexoes_deslocamentos/default_reflexoes.shtm>. Acesso em: 16 ago. 2012.

[29] "Aqueles movimentos que tinham, de um modo geral, como características básicas migração para os grandes centros, passaram a ter como destino as cidades médias e serem cada vez mais de curta duração. Por outro lado, os deslocamentos pendulares ganham importância ainda maior, deixando de ser um fenômeno

Por outro lado, a Cimeira Especial da União Africana adota Convenção sobre deslocamento interno; em 2009, a capital Ugandense de Kampala sediou um encontro histórico dos líderes de África sobre a questão dos deslocados internos.[30]

Preâmbulo da Convenção de Kampala:

Nós, os Chefes de Estado e de Governo dos Estados Membros da União Africana: [...] Reconhecendo os direitos inerentes das pessoas deslocadas internamente como previstos e protegidos no direito humanitário e legislação sobre direitos humanos internacional, e como preconizados nos Princípios Orientadores das Nações Unidas de 1998 sobre a Deslocação Interna, reconhecidos como sendo uma base internacional importante para a protecção de pessoas deslocadas internamente [...].[31]

---

meramente metropolitano. Na esfera dos movimentos internacionais também são observadas mudanças relevantes, com países antes de emigração passando a receber volume significativo de imigrantes, além da criação de uma série de restrições em países tradicionalmente de imigração, caso dos Estados Unidos da América e da Europa Ocidental. No âmbito brasileiro, é possível identificar que, a partir da década de 1980, os deslocamentos de população iniciam uma fase de mudanças no sentido das correntes principais, com antigos espaços de atração migratória perdendo expressão. Rompe-se o processo bipolar da distribuição espacial no Brasil, que se mantinha desde o início do Século XX. De modo que surgem novos eixos de deslocamentos envolvendo expressivos contingentes populacionais, onde se destacam: i) a inversão nas correntes principais nos Estados de Minas Gerais e do Rio de Janeiro; ii) a redução da atratividade migratória exercida pelo Estado de São Paulo; iii) o aumento da retenção de população na Região Nordeste; iv) os novos eixos de deslocamentos populacionais em direção às cidades médias no interior do País; v) o aumento da importância dos deslocamentos pendulares; vi) o esgotamento da expansão da fronteira agrícola; e vii) a migração de retorno para o Paraná". Ministério do Planejamento, Orçamento e Gestão *Instituto Brasileiro de Geografia e Estatística – IBGE* Diretoria de Pesquisas Coordenação de População e Indicadores Sociais Diretoria de Geociências Coordenação de Geografia Unidade Estadual de Minas Gerais Estudos e Análises Informação Demográfica e Socioeconômica. Número 1. *Reflexões sobre os Deslocamentos Populacionais no Brasil.* Luiz Antonio Pinto de Oliveira Antônio Tadeu Ribeiro de Oliveira Organizadores. Rio de Janeiro: 2011. (PDF).

[30] "Chefes de Estado e governo de todo o continente participaram da reunião e o Alto Comissário das Nações Unidas para Refugiados, António Guterres, também esteve recentemente, representando o Secretário Geral da ONU". "A cimeira abordou as causas por trás do deslocamento e propôs um plano de ação; identificou maneiras de prevenir deslocamentos forçados; reforçou medidas para atender as demandas específicas de mulheres e crianças deslocadas; estabeleceu estratégias para reduzir o impacto dos desastres naturais; desenvolveu abordagens para facilitar a reconstrução de comunidades no período pós-conflito; e fortaleceu parcerias em prol dos deslocados forçados em toda a África.
O encontro aconteceu 40 anos depois da Organização adotar a Convenção da União Africana sobre a Proteção de Refugiados. No fecho da cimeira foi adotada a Convenção da União Africana para a Proteção e Assistência às Pessoas Deslocadas Internamente em África, o primeiro instrumento legal internacional sobre deslocamento a ter tamanho escopo regional. A Convenção vai fornecer uma estrutura jurídica regional em relação à proteção e assistência dos deslocados internos antes, durante e depois dos deslocamentos.
O fenômeno do deslocamento interno continua a se expandir no continente africano, mesmo com o número de refugiados registrando declínio progressivo. No começo deste ano, a África abrigava aproximadamente 11,6 milhões de deslocados internos, cerca de 45% dos deslocados internos do mundo. O continente também possui estimados 2.659.000 de refugiados e requerentes de asilo. Cerca de 2 milhões de pessoas se tornaram deslocados durante o último ano". ACNUR. *Cimeira Especial da União Africana adota Convenção sobre deslocamento interno.* Disponível em: <http://www.acnur.org/t3/portugues/a-quem-ajudamos/deslocados-internos/cimeira-da-uniao-africana/>. Acesso em: 11 abr. 2012.

[31] *Causas e impacto da deslocação interna em África:* A deslocação interna pode ter como origem várias causas. As pessoas deslocadas internamente (PDIs) podem ter sido obrigadas a fugir das suas casas em resultado de catástrofes naturais, tais como cheias ou terramotos, ou devido a conflitos armados entre estados, guerras civis, situação de violência generalizada ou violações de direitos humanos. A deslocação também pode ser causada por projectos regulamentados por estados, tais como programas de desenvolvimento urbano, criação de parques industriais, projectos de infra-estruturas, tais como estradas, pontes e barragens, ou ainda processos industriais como extracção de recursos naturais. AU ECOSOCC e IDMC. *A Convenção de Kampala ao serviço das*

Os dados impressionam, pois demonstram a dimensão do alcance da mobilidade humana sobre o planeta, como resta demonstrado no quadro a seguir:

Figura 1 – Refugiados, solicitantes de refúgio, deslocados internos, apátridas e outras pessoas dentro da competência do ACNUR. Final de 2010

Fonte: ACNUR.[32]

E, nesse sentido, uma das questões que se projeta no atual cenário jurídico e social é a do aumento de pessoas, sejam migrantes/deslocados/refugiados, por inúmeras razões, se elevará significativamente até 2025, produzindo uma quantidade enorme de pessoas que abandonarão seus lares, em busca de "outros lugares" ou "não lugares",[33] onde possam se assentar, ficar, viver, uma vida digna.[34]

Isso resta demonstrado ano após ano, mais recentemente, (final 2011), o número passou para, algo em torno de 2.000.000 a mais do que no ano anterior.

PDIs. Julho de 2010. Disponível em: <http://www.internal-displacement.org/8025708F004BE3B1/(httpInfo Files)/77F1FE55969F226EC12577C300552A7A/$file/AU_guide_PT.pdf>. Acesso em: 17 mai. 2012.

[32] ACNUR. *Estatística*. Disponível em: <http://www.acnur.org/t3/portugues/recursos/estatisticas/>. Acesso em: 17 abr. 2012.

[33] Para Marc Auge, lugar é o espaço antropológico, a identidade, a relação e a história, e o não lugar é o contrário: o não relacional, não identitário e não histórico, exemplo de não lugar: os povoados de "viajantes" ou "passeantes", ou ainda "transeuntes"[...] a fronteira. AUGE, Marc. *Los «no lugares» espacios del anonimato*: Una antropología de la Sobremodernidad (Título del original en francés: Non-lieux. Introduction á une anthropologie de la surmodenité. Edition de Seuil, 1992. Colection La Librairie du XX é siecle, sous la direction de Maurice Olender). Traducción: Margarita Mizraji, Quinta reimpresión, Barcelona: Editorial Gedisa, S.A., 2000.

[34] Ver também: SPAREMBERGER, Raquel. F Lopes e BÜHRING, Marcia Andrea. A problemática dos refugiados/deslocados/Migrantes ambientais e a demanda por direitos sociais: Desafios de ontem e perspectivas para o amanha. *Direitos Fundamentais & Justiça*. Pontifícia Universidade Católica do Rio Grande do Sul. Programa de Pós-Graduação, Mestrado e Doutorado. N. 13 (out./dez. 2010). Porto Alegre: HS Editora, 2010. p. 96ss.

Figura 2 – Refugiados, solicitantes de refúgio, deslocados internos, apátridas e outras pessoas dentro da competência do ACNUR. Final de 2011

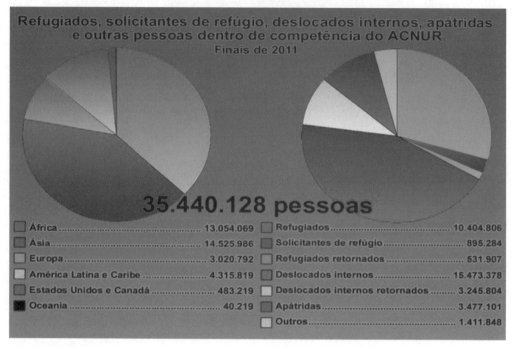

Fonte: ACNUR.[35]

As Tendências Globais sobre refugiados e pessoas de interesse do ACNUR demonstram dados alarmantes em 2014:

> O ano de 2014 testemunhou o dramático aumento do deslocamento forçado em todo o mundo causado por guerras e conflitos, registrando níveis sem precedentes na história recente. Há um ano, em 2013, o ACNUR anunciou que os deslocamentos forçados afetavam 51,2 milhões de pessoas, o número mais alto desde a Segunda Guerra Mundial. Doze meses depois, a cifra chegou a impressionantes 59,5 milhões de pessoas, um aumento de 8,3 milhões de pessoas forçadas a fugir. Durante 2014, os conflitos e as perseguições obrigaram uma média diária de 42.500 mil pessoas a abandonar suas casas e buscar proteção em outro lugar, dentro de seus países ou fora deles. Aproximadamente 13,9 milhões de indivíduos tornaram-se novos deslocados em 2014. Entre eles, 11 milhões de deslocados dentro de seus países, um número nunca antes registrado, e 2,9 milhões de novos refugiados.
>
> [...]
>
> Dos 59,5 milhões de pessoas deslocadas forçadamente até 31 de dezembro de 2014, 19,5 milhões eram refugiados (14,4 milhões sob mandato do ACNUR e 5,1 milhões registrados pela UNRWA), 38,2 milhões de deslocados internos e 1,8 milhão de solicitantes de refúgio. Além disso, calcula-se que a apatridia tenha afetado pelo menos 10 milhões de pessoas em 2014, ainda que os dados dos governos e comunicados ao ACNUR se limitem a 3,5 milhões de apátridas em 77 países. A Síria é o país que gerou o maior número tanto de deslocados internos (7,6 milhões de pessoas) quanto de refugiados (3,88 milhões). Em seguida estão Afeganistão (2,59 milhões de

---

[35] ACNUR. *Estatística*. Disponível em: <http://www.acnur.org/t3/portugues/recursos/estatisticas/>. Acesso em: 20 mar. 2013.

refugiados) e Somália (1,1 milhão de refugiados). Os países e regiões em desenvolvimento acolhem 86% dos refugiados no mundo: 12,4 milhões de pessoas, o número mais alto em mais de duas décadas[36]

Os deslocados internos, assim denominados pelo ACNUR, são mais da metade das pessoas auxiliadas por esse. E que só são amparados por esse órgão em situações extremas. (ex. recente: Filipinas, no Paquistão e no Japão). O ACNUR estabelece requisitos para atuar junto aos deslocados internos, como "consenso do Estado no qual eles se encontram; existir uma solicitação por parte da Assembleia Geral, do Secretário Geral ou de qualquer outro órgão competente da ONU, o acesso às populações nessas condições deve ser livre e a opção de buscar refúgio em outro Estado deve continuar existindo".[37]

Todavia, também existem problemas na proteção oferecida pelo ACNUR, aos deslocados internos, entre eles a falta de verbas, além do ACNUR e estar interferindo/contrariando o princípio da não intervenção, vez que a ajuda prestada se dá no Estado do deslocado interno.[38]

Afirme-se, por outro lado, que o país com maior número de deslocados internos do mundo, continua sendo a Colômbia, com 4,9 milhões à frente da Síria, que ocupa a segunda posição com aproximadamente 3 milhões de deslocados internos e a República Democrática do Congo, com aproximadamente 2,7 milhões de deslocados internos.

> Devido ao conflito armado ativo há quase meio século entre guerrilha e governo. No final do ano passado, o país alcançou pelo menos 4,9 milhões de pessoas afetadas pelo problema. Os números foram divulgados hoje (29), em Genebra, na apresentação do relatório The Global Overview 2012: Pessoas Deslocadas Internamente por Conflito e Violência. A Síria ocupa a segunda posição com cerca de 3 milhões de deslocados, situação provocada pela guerra civil iniciada em 2011. O relatório é do Centro de Monitoramento de Deslocamentos Internos (IDMC, na sigla em inglês). De acordo com conceito da Agência das Nações Unidas para Refugiados (Acnur), os deslocados internos diferem dos refugiados porque não atravessaram uma fronteira internacional para encontrar segurança, mas permaneceram em seu país natal, ao escaparem de uma região em conflito. No mundo inteiro, a quantidade de deslocados internos no ano passado alcançou 28,8 milhões de pessoas. De acordo com a IDMC, com sede em Genebra e mantida pelo Conselho Norueguês para Refugiados, a quantidade de pessoas afetadas pelo problema apresentou um aumento de 2,4 milhões de pessoas sobre o número do ano passado.[39]

Também digno de nota é o Relatório ODM de 2012, sobre o "Progresso em direção aos Objetivos de Desenvolvimento do Milênio (ODM)" que o número

---

[36] ACNUR. *Estatística*. Disponível em: http://www.acnur.org/t3/portugues/recursos/estatisticas/ Acesso em 06 jul. 2015.

[37] *Tradução livre*. ACNUR. International legal standars applicable to the protection of internally displaced persons: a reference manual for UNHCR staff, UNHCR: Geneva, 1996.

[38] JUBILUT, Liliana Lyra. *O direito internacional dos refugiados* e sua aplicação no ordenamento jurídico brasileiro. São Paulo: Método, 2007. p. 166-167.

[39] FELIPE, Leandra. *Colômbia é o país com mais deslocados internos do mundo*. Publicado em abril 2009. Disponível em: http://exame.abril.com.br/mundo/noticias/colombia-e-o-pais-com-mais-deslocados-internos-do-mundo. Acesso em: 12 mai. 2013.

Mobilidade, Fronteiras & Direito à Saúde

de "refugiados e dos deslocados continua alta, mesmo com um aumento no repatriamento em 2011".[40]

Renove-se por importante, quanto aos fluxos migratórios,[41] e à advertência feita por Joaquim Herrera Flores que deve haver por um lado, 3 reconhecimentos, ou seja, que existe o desequilíbrio entre as nações; que as fronteiras são hoje utilizadas para manter a desigualdade; e que a exclusão é fator visível entre desenvolvidos e não desenvolvidos. Mas renova a esperança de que valorizar as vantagens e benefícios da imigração é a saída e que é benéfico a todos.[42]

Haja vista, há que se destacar os direitos dos refugiados – que possuem o *status* de refugiados[43] – têm todos os direitos humanos e fundamentais assegu-

---

[40] *Tradução livre de*: "Armed conflict and violence uprooted more than 4 million people in 2011, either inside or outside the borders of their countries. This is the highest number in many years. Post-election violence in Côte d'Ivoire, "Arab Spring" uprisings and a deteriorating situation in Somalia were all contributing factors, in particular during the first half of 2011. The number of refugees returning home voluntarily had fallen steadily since 2004. With the situation improving in some countries, this trend was reversed in 2011, with more than half a million refugees repatriating during the year. This number is more than double the 2010 total of 197,600, and constitutes the highest repatriation flow since the return of 604,000 refugees in 2008. But 2011 also produced the third lowest number of voluntarily repatriated refugees in a decade. Globally, more than 9.1 million refugees have returned home over the past 10 years, three quarters of them with the assistance of the United Nations High Commissioner for Refugees (UNHCR). At the end of 2011, an estimated 42.5 million people worldwide were living in a place to which they had been forcibly displaced due to conflict or persecution. Of these, 15.2 million were refugees, including 10.4 million who fall under the responsibility of the UNHCR and 4.8 million Palestinian refugees registered with the United Nations Relief and Works Agency for Palestine Refugees in the Near East (UNRWA). Some 26.4 million people were uprooted by violence and persecution but remain within the borders of their own countries. Some 900,000 were asylum seekers. On average, four out of five refugees are hosted by developing countries. The largest refugee populations covered under the mandate of the UNHCR at the end of 2011 continued to be Afghans (2.7 million) and Iraqis (1.4 million). Together, they account for four out of ten of all refugees under the UNHCR mandate". *The Millennium Development Goals Report 2012.*Goal 1: Eradicate extreme poverty and hunge r *p.* 15. UNITED NATIONS. *The Millennium Development Goals Report 2012.* Disponível em: <http://mdgs.un.org/unsd/mdg/Resources/Static/Products/Progress2012/English2012.pdf>. Acesso em: 27 ago. 2012.

[41] SPAREMBERGER, Raquel Fabiana Lopes; VERGANI, Vanessa . Migração, vulnerabilidade e (in) justiça ambiental: desafios e perspectivas. Revista do Direito (Santa Cruz do Sul. Online), v. 33, p. 130-147, 2010.

[42] FLORES. Joaquim Herrera. "[...] Como vem afirmando a teoria social contemporânea – se queremos abordar com 'realismo' os fluxos migratórios e, com eles, os temas suscitados pelo contato entre culturas –, devemos encarar o fenômeno a partir de três reconhecimentos: 1) o mundo mostra-se caracterizado por desequilíbrios profundos, como pode ser visto no tema das liberdades civis e, também, nos direitos sociais, econômicos e culturais; 2) as fronteiras, sobretudo as fronteiras-fortalezas, são mecanismos essenciais para manter as desigualdades entre nações e; 3) o controle das fronteiras representa a linha crítica de divisão entre o mundo desenvolvido, 'o centro' e as periferias econômicas, crescentemente subordinadas. E, por último, devemos resistir a entender a 'realidade' da imigração e da multiculturalidade como a principal geradora de problemas sociais da época em que vivemos. Torna-se muito fácil, sobretudo após 11 de setembro, justificar a superioridade do valor da segurança sobre o restante dos valores que inspiram os direitos humanos. E, mais fácil ainda, atribuir, ao imigrante ou ao diferente, a responsabilidade, transformando-os em um 'bode expiatório' no qual situamos nossas frustrações e nossa incapacidade política para resolver os problemas da delinqüência organizada, assim como os problemas derivados dos débeis sistemas de pensão (previdência) que nos asseguram um futuro incerto e problemático. O populismo de extrema direita nutre-se dessas incapacidades do Estado de Direito. Contra essa tendência, devemos reconhecer, primeiro, o papel benéfico que em todas as épocas históricas supuseram as migrações, as mesclas, as mestiçagens. E, segundo, fazer chegar à opinião pública as vantagens laborais, fiscais e culturais que a imigração é capaz de produzir". FLORES. Joaquim Herrera. *Direitos Humanos, Interculturalidade e Racionalidade de Resistência.* Disponível em: <150.162.1.115/index.php/sequencia/article/download/15330/13921>. Acesso em: 16 mai. 2012.

[43] Maior campo de refugiados do mundo faz 20 anos em crise humanitária. Construído em 1991 para abrigar 90 mil pessoas, Dadaab tem hoje 380 mil. G1 visitou campo no Quênia, atualmente em emergência por super-

rados, tais como a liberdade de pensamento, religião e deslocamento; direitos civis básicos, como (emprego, escola).[44] Entre outros direitos, mas há um lado perverso: a miséria, a fome, a falta de alimentos.

Ainda apropriado e importante referir que, segundo dados da ONU (Organização das Nações Unidas), existem aproximadamente 1,2 bilhão de pessoas em todo o planeta vivendo abaixo da linha de pobreza, (sobrevivendo) com cerca de 1 dólar por dia. A ONU destaca ainda que desses, as mulheres representam 70% (o que é um dado triste) e que foi reconhecido como o fenômeno da "feminização da pobreza". Portanto, para criar soluções, a Cúpula do Milênio estabeleceu um programa mínimo de oito pontos conhecidos como as "Metas do Milênio", cujos objetivos devem ser atingidos até 2015.[45]

E, nesse sentido, uma das questões que se projeta no atual cenário jurídico é a do aumento de pessoas deslocadas, que se elevará significativamente até a metade deste século.[46]

E traz Boaventura de Sousa Santos, sobre a mobilidade humana, que na fronteira, "todos somos, por assim dizer, migrantes indocumentados ou refugiados em busca de asilo. O poder que cada um tem, ou a que está submetido, tende a ser exercido no modo abertura-de-novos-caminhos, mais do que no modo fixação-de-fronteiras".[47]

---

lotação. Giovana Sanchez Do G1, em Dadaab.[...]. SANCHEZ, Giovana *Maior campo de refugiados do mundo faz 20 anos em crise humanitária*. 2011. Disponível em http://g1.globo.com/mundo/noticia/2011/08/maior-campo-de-refugiados-do-mundo-faz-20-anos-em-crise-humanitaria.html. Acesso em: 03 mai. 2012.

[44] ACNUR. *Perguntas e Respostas*. Disponível em: <http://www.acnur.org/t3/portugues/informacao-geral/perguntas-e-respostas/> Acesso em: 27 ago. 2012.

[45] *As metas são*: 1. Acabar com a fome e a miséria: 70% das pessoas que sobrevivem com menos do que 1 dólar por dia no mundo são mulheres; 2. Educação básica de qualidade para todos: estão fora da escola 113 milhões de crianças no mundo. Dois terços dos analfabetos do mundo são mulheres; 3. Igualdade entre sexos e valorização da mulher: é necessário superar as disparidades gritantes entre meninos e meninas no acesso à escolarização formal, combater o preconceito, ampliar as chances das mulheres no mercado de trabalho, igualando seu salário ao dos homens quando exercem iguais funções e aumentando o acesso a cargos de direção; 4. Reduzir a mortalidade infantil: todos os anos, 11 milhões de bebês morrem de causas diversas; 5. Melhorar a saúde das gestantes: nos países pobres e em desenvolvimento, as carências no campo da saúde reprodutiva levam a que a cada 48 partos, uma mãe morra. A redução da mortalidade materna é um objetivo que só será alcançado com a promoção integral da saúde das mulheres em idade reprodutiva; 6. Combater a AIDS, a malária e outras doenças: parar a expansão de doenças que ameaçam, acima de tudo, populações mais pobres e vulneráveis e reduzir sua incidência dependerá fundamentalmente do acesso da população à informação e aos meios de prevenção e tratamento; 7. Qualidade de vida e respeito ao meio ambiente: cerca de um milhão de pessoas no planeta não têm acesso à água potável. A água e o saneamento são dois fatores básicos para a qualidade de vida. Junto com as florestas, as fontes energéticas, o ar e a biodiversidade, compõem o amplo leque de recursos naturais de que o ser humano dispõe e de cuja proteção depende; 8. Todo mundo trabalhando pelo desenvolvimento: muitos países pobres gastam mais com juros de suas dívidas do que para superar seus problemas sociais. Este é um fator limitante para o desenvolvimento social. BRASIL, *Relatório Nacional de Acompanhamento (Setembro 2004)*.Disponível em: <http://www.pnud.org.br/Docs/1_RelatorioNacionalAcompanhamentoODM.pdf>. Acesso em: 25 mai. 2013.

[46] Ver também: SPAREMBERGER, Raquel. F Lopes e BÜHRING, Marcia Andrea. A problemática dos refugiados/deslocados/Migrantes ambientais e a demanda por direitos sociais: Desafios de ontem e perspectivas para o amanha. *Direitos Fundamentais & Justiça*. Pontifícia Universidade Católica do Rio Grande do Sul. Programa de Pós-Graduação, Mestrado e Doutorado. N. 13 (out./dez. 2010). Porto Alegre: HS Editora, 2010. p. 96ss.

[47] SANTOS, Boaventura de Sousa. *A crítica da razão indolente*: contra o desperdício da experiência. Para um novo senso comum. A ciência, o direito e a política na transição paradigmática. 7. ed. São Paulo: Cortez, 2009. Vol. 1. p. 351.

O fenômeno da mobilidade humana não cessará, nota-se, que a maior preocupação deverá mesmo ser com a hospitalidade e solidariedade, o acolhimento, a manutenção de aspectos identitários, culturais, o conviver, além do apoio, por meio de políticas públicas entre Estados-Países, dentro ou fora do país, referente a ampliação e efetivação de direitos sociais.

Destaca Rosita Milesi que "o imigrante que veio dos países do norte foi visto dentro de diferentes óticas pelo Estado e pela sociedade brasileira".[48] Assim, a história mostra a imigração forçada e depois estimulada,[49] portanto, Erika Pires Ramos adverte:

> Além da classificação como interna ou externa (internacional) descrita acima, as migrações podem ser voluntárias ou forçadas, de acordo com o grau de escolha do migrante; legais ou ilegais, considerando a existência de autorização de entrada e permanência no Estado a que se destina o migrante; temporárias ou permanentes; isoladas (de indivíduos) ou coletivas (de grupos de pessoas). Tais critérios de classificação, é importante ressaltar, podem aparecer sobrepostos em várias situações, o que demonstra a complexidade da questão e dificulta a construção de soluções abrangentes e duradouras em relação ao tema.[50]

Noutra seara, dois grandes grupos de migrantes que carecem de efetiva proteção e compõem a categoria dos chamados "migrantes vulneráveis", segundo Alexander Betts, no primeiro grupo estão os que enfrentam dificuldades econômicas e sociais, bem como os problemas da natureza e, no segundo grupo, os que têm seus direitos humanos violados, Veja-se:

> No primeiro grupo, a necessidade de proteção resulta das condições do país de origem que não estão relacionadas a conflito ou perseguição, como, por exemplo, as mudanças climáticas, a degradação ambiental, os desastres naturais ou as graves dificuldades econômicas e sociais (colapso estatal); no segundo grupo, a demanda de proteção ocorre durante o processo de movimentação, circulação ou deslocamento, momento em que as violações de direitos humanos são praticadas. O autor verifica, nesses casos, que os instrumentos de proteção aos direitos humanos existentes não garantem uma resposta efetiva à demanda de proteção, em virtude, principalmente, da ausência de uma divisão clara de responsabilidades entre as organizações internacionais de proteção e de orientação aos Estados na aplicação desses instrumentos em relação a essa categoria específica de migrantes.[51]

---

[48] Identifica posturas legais e concepções de aplicadores da lei brasileira, reforçadas, hoje, pela grande mídia, criando figuras estereotipadas do imigrante, *"servo de gleba"* (década de 1840); *"anarquista"* (primeiras décadas do século XX); *"comunista"/ "fascista"* (durante o Estado Novo e no pós II Guerra Mundial); *"subversivo"* (na ditadura militar de 1964-1985); *"terrorista"* (após o atentado às torres de Nova York, em 11 de novembro de 2002). Apud. ZAMBERLAM, Jurandir. *O processo migratório no Brasil e os desafios da mobilidade humana na globalização*. Porto Alegre: Pallotti, 2004.

[49] Jurandir Zamberlan afirma: "No período colonial, só era aceita a 'imigração forçada' de escravos africanos. Após a Independência prevaleceu a ótica da 'imigração estimulada', ou seja, de imigrantes destinados à colonização. Nas primeiras décadas do século XX e após 1945, ocorreu um desdobramento da imigração estimulada com a busca de imigrantes qualificados para atender demandas de serviços urbanos, especialmente quando da modernização da economia brasileira. Após o Golpe de 1964, o imigrante passou a ser categorizado como 'potencial subversivo', como 'trabalhador'". ZAMBERLAM, Jurandir. *O processo migratório no Brasil e os desafios da mobilidade humana na globalização*. Porto Alegre: Pallotti, 2004. p. 18-19.

[50] RAMOS, Érika Pires. *Refugiados ambientais: em busca de reconhecimento pelo direito internacional*. São Paulo. Tese (doutorado). Faculdade de Direito da USP, 2011. p. 68.

[51] BETTS, Alexander. *Towards a 'soft law' framework for the protection of vulnerable migrants*. UNHCR Working Paper n° 162. p. 23. Disponível em: <http://www.un.org/esa/population/meetings/seventhcoord2008/Betts_SoftLaw_Paper.pdf.> Acesso em: 07 dez. 2009.

Vale, ainda, a referência de Erika Pires Ramos, de que a maioria dos migrantes (principalmente os forçados) está em situação irregular:

ante a ausência de um sistema internacional de proteção, fica a depender do esforço interno dos governos e da vontade política dos Estados de origem ou destino, que muitas vezes são os principais responsáveis, direta ou indiretamente, pela violação e limitação de seus direitos fundamentais.[52]

Novamente merece destaque o relatório ODM de 2012, sobre o progresso em direção aos Objetivos de Desenvolvimento do Milênio (ODM), que destaca vários marcos importantes como a meta de reduzir a pobreza extrema pela metade, registra-se, atingido em 2010, assim como a "meta de reduzir pela metade a proporção de pessoas que não têm acesso seguro a fontes melhoradas de água potável", consequentemente, também é questão de saúde. Grandes avanços já foram constatados a exemplo da redução da mortalidade, tanto infantil quanto materna, muito embora as "mães vão continuar morrendo desnecessariamente no parto, e crianças sofrendo e morrendo de doenças evitáveis". Outra questão é a fome enquanto desafio mundial-global, juntamente com inexistencia de saneamento básico, que dificulta e prejudica a saúde e nutrição. E, como grandes desafios, vale a ressalva de que a "capacitação e acesso igualitário das mulheres aos cuidados de educação, saúde, trabalho e tomada de decisão" são fundamentais.[53] Se realmente se quer atingir os objetivos até 2015.

---

[52] RAMOS, Érika Pires. *Refugiados ambientais: em busca de reconhecimento pelo direito internacional.* São Paulo. Tese (doutorado). Faculdade de Direito da USP, 2011. p. 70

[53] *Tradução livre de:* This year's report on progress towards the Millennium Development Goals (MDGs) highlights several milestones. The target of reducing extreme poverty by half has been reached five years ahead of the 2015 deadline, as has the target of halving the proportion of people who lack dependable access to improved sources of drinking water. Conditions for more than 200 million people living in slums have been ameliorated – double the 2020 target. Primary school enrolment of girls equalled that of boys, and we have seen accelerating progress in reducing child and maternal mortality. These results represent a tremendous reduction in human suffering and are a clear validation of the approach embodied in the MDGs. But, they are not a reason to relax. Projections indicate that in 2015 more than 600 million people worldwide will still be using unimproved water sources, almost one billion will be living on an income of less than $1.25 per day, mothers will continue to die needlessly in childbirth, and children will suffer and die from preventable diseases. Hunger remains a global challenge, and ensuring that all children are able to complete primary education remains a fundamental, but unfulfilled, target that has an impact on all the other Goals. Lack of safe sanitation is hampering progress in health and nutrition, biodiversity loss continues apace, and greenhouse gas emissions continue to pose a major threat to people and ecosystems. The goal of gender equality also remains unfulfilled, again with broad negative consequences, given that achieving the MDGs depends so much on women's empowerment and equal access by women to education, work, health care and decision-making. We must also recognize the unevenness of progress within countries and regions, and the severe inequalities that exist among populations, especially between rural and urban areas. Achieving the MDGs by 2015 is challenging but possible. Much depends on the fulfilment of MDG-8-the global partnership for development. The current economic crises besetting much of the developed world must not be allowed to decelerate or reverse the progress that has been made. Let us build on the successes we have achieved so far, and let us not relent until all the MDGs have been attained. Ban Ki-moon *Secretary-General, United Nations". The Millennium Development Goals Report 2012.* UNITED NATIONS. *The Millennium Development Goals Report 2012.* Disponível em: <http://mdgs.un.org/unsd/mdg/Resources/Static/Products/Progress2012/English2012.pdf>. Acesso em: 27 ago. 2012.

Registre-se, outrossim, que no Brasil, a partir reflexões sobre as tendências da redistribuição espacial da população conforme os últimos resultados do Censo Demográfico 2010,[54] sobre as migrações, levando em conta as 27 unidades federativas do Brasil, "os dados revelam que o volume de migrantes de data fixa (1) aumentou de 4,2 milhões no período 1986/1991 para 5,2 milhões em 1995/2000; porém diminuiu para 5,0 milhões entre 2005/2010". Ou seja, houve uma diminuição dos migrantes interestaduais que "aumentou de 8,9 milhões no período 1986-1991 para 9,5 milhões, no quinquênio 2005-2010".[55]

E traz José Irineu Rangel Rigotti, ainda, interessante tabela, dos saldos migratórios e taxas líquidas das migrações, por região, conforme ao lado.[56]

---

[54] RIGOTTI, José Irineu Rangel. Reflexões sobre as tendências da redistribuição espacial da população no Brasil, à luz dos últimos resultados do Censo Demográfico 2010, *Revista da Sociedade brasileira para o progresso da ciência*, ano 64, numero 4, out/nov/dez 2012. p. 54.

[55] Tal diminuição das migrações interestaduais "refletiu-se nos saldos migratórios. Em quatro das cinco regiões, ocorreu diminuição dos volumes dos saldos, quer seja onde houve ganhos de população, quer seja onde houve perdas líquidas, mostrando que, nestes níveis de agregação geográfica, há redução do papel da componente migratória para o crescimento demográfico. Entre aquelas unidades que tradicionalmente apresentaram migração líquida positiva enquadram-se as regiões Norte, Sudeste e Centro-Oeste, enquanto o Nordeste continuou perdendo população, especialmente para o Sudeste". RIGOTTI, José Irineu Rangel. Reflexões sobre as tendências da redistribuição espacial da população no Brasil, à luz dos últimos resultados do Censo Demográfico 2010, *Revista da Sociedade brasileira para o progresso da ciência*, ano 64, numero 4, out/nov/dez 2012. p. 54.

[56] Considera ao final: "Na última década do século passado, os estudiosos das migrações no Brasil se depararam com novas formas de mobilidade, que ainda estão longe de ser totalmente elucidadas. Sinteticamente, no início do milênio, o conjunto das TLM das regiões apresentadas neste artigo mostra que, proporcionalmente, o Centro-Oeste foi quem mais atraiu população de outras regiões, seguido pelas regiões Norte e Sudeste. Na região Sul, o estado de Santa Catarina é o grande destaque, atraindo pessoas do Paraná e Rio Grande do Sul, haja vista o saldo praticamente nulo da região como um todo. Continuando a histórica incapacidade de reter população nas suas fronteiras regionais, o Nordeste continuou com perdas líquidas, embora, tudo indique que alguns de seus estados estejam atraindo migrantes da região. Do ponto de vista dos fluxos de população, a incapacidade das áreas de destino em reter os migrantes por longos períodos, como na fase de urbanização acelerada, a maior rotatividade migratória, transformações nas regiões metropolitanas e emergência de novas áreas de retenção de migrantes marcam a virada do milênio. Este artigo procurou lançar luzes em alguns desses aspectos, levantando informações mais recentes, que apontam para um provável recrudescimento da mobilidade espacial dos migrantes, paradoxalmente acompanhada pela diminuição dos saldos migratórios interestaduais, especialmente aqueles de mais longa distância. Muitas das questões aqui levantadas e analisadas precisam ser aprofundadas, com novos estudos baseados nos resultados da amostra do Censo Demográfico 2010. Certamente muitas das questões ainda não respondidas poderão ser analisadas mais profundamente nos próximos anos, mas a aparente diminuição da mobilidade populacional entre unidades da federação que muitos creditam ao arrefecimento dos saldos migratórios não foi confirmada, ao contrário, os indícios sugerem que ela tenha aumentado, ainda que com novos contornos". RIGOTTI, José Irineu Rangel. Reflexões sobre as tendências da redistribuição espacial da população no Brasil, à luz dos últimos resultados do Censo Demográfico 2010, *Revista da Sociedade brasileira para o progresso da ciência*, ano 64, numero 4, out/nov/dez 2012. p. 54.

Figura 3 – Tabela dos Saldos Migratórios (SM) e taxas líquidas de migração:
1986/1991 e 2005/2010

UR/ Região	SM 1995/2000	TLM 1995/2000	SM 1995/2010	TLM 2005/2010
RO	10.591	0,77	12.226	0,78
AC	-2.434	-0,44	-868	-0,12
AM	30.968	1,10	20.148	0,58
RR	33.370	10,29	14.348	3,19
PA	-52.190	-0,84	-39.827	-0,53
AP	29.469	6,18	21.800	3,26
TO	12.917	1,12	8.652	0,63
N	62.691	0,49	36.479	0,23
MA	-173.650	-3,07	-164.981	-2,51
PI	152.079	-1,83	-70.422	-2,26
CE	-23.783	-0,32	-68.851	-0,81
RS	6.631	0,24	13.714	0,43
PB	-61.480	-1,78	-29.495	-0,78
PE	-115.417	-1,46	-75.088	-0,85
AL	-71.982	-2,55	-76.716	-2,46
SE	-4.822	-0,27	7.895	0,38
BA	-267.466	-2,04	-237.134	-1,69
NE	-764.048	-1,60	-701.078	-1,32
MG	39.122	0,22	-14.105	-0,07
ES	34.003	1,10	60.700	1,73
ES	45.537	0,32	23.104	0,14
RJ	339.925	0,92	255.796	0,62
SP	458.587	0,63	325.495	0,41
SE	-39.690	-0,41	-21.513	-0,21
PR	59.986	1,12	172.455	2,76
SC	-39.496	-,039	-74.649	-0,70
RS	-19.200	-0,08	76.293	0,28
MS	-11.029	-0,53	18.065	0,74
MT	42.571	1,70	22.367	0,74
GO	202.804	4,05	207.829	3,46
DF	27.624	1,35	14.550	0,57
CO	261.970	2,25	262.811	1,87

Fonte: RIGOTTI, 2012[57]

Nessa linha de raciocínio, existe a *Erga Migrantes Caritas Christi*, que apresenta uma ideia da problemática das migrações atuais, vez que constituem o maior movimento de pessoas de todos os tempos. Somente nas últimas décadas, essa mobilidade já envolveu mais de duzentos milhões de seres humanos e representa atualmente uma realidade na sociedade contemporânea, além de constituir um complexo problema seja social, cultural, político, religioso, econômico e pastoral.[58]

---

[57] RIGOTTI, José Irineu Rangel. Reflexões sobre as tendências da redistribuição espacial da população no Brasil, à luz dos últimos resultados do Censo Demográfico 2010, *Revista da Sociedade brasileira para o progresso da ciência*, ano 64, número 4, out/nov/dez 2012.

[58] Erga Migrantes Caristas Christi, *Pontifício Conselho da Pastoral para os Migrantes e Itinerantes*. Edições Paulinas, São Paulo, 2004, Apresentação.

Mobilidade, Fronteiras & Direito à Saúde

A problemática, adverte Milton Santos, dos migrantes no lugar "da memória à descoberta" é que a mobilidade se tornou uma regra global-local, muitas são as mudanças, as pessoas que vivem no lugar estavam submetidas a uma convivência duradoura com seus objetos, trajetos, imagens, era a construção da sua própria história, "da sociedade local e do lugar, onde cada indivíduo era ativo". Hodiernamente, a regra é a mobilidade, cujo "movimento se sobrepõe ao repouso. A circulação é mais criadora que a produção. Os homens mudam de lugar, como turistas ou como imigrantes. Mas também os produtos, as mercadorias, as imagens, as ideias. Tudo voa".[59] É o que chama de desterritorialização, estranhamento, ou ainda desculturização.[60]

Para o migrante, a "memória é inútil", pois no novo lugar onde está, embora tenha significado, não tem utilidade, vez que, "trazem consigo todo um cabedal de lembranças e experiências criado em função de outro meio, e que de pouco lhes serve para a luta cotidiana", cujas experiências vividas ficaram para trás e novas experiências para o futuro se tornam necessárias, precisa buscar, "trata-se de um embate entre o tempo da ação e o tempo da memória", e cujo "entorno vivido é lugar de uma troca, matriz de um processo intelectual".[61]

O novo lugar o obriga a se adequar a um novo aprendizado, uma nova descoberta, esse indivíduo, que é pobre, é migrante, está menos inserido, e "mais facilmente o choque da novidade o atinge e a descoberta de um novo saber lhe é mais fácil". Esse homem tem uma memória, tem um passado, sendo que a "consciência *pelo lugar* se superpõe à consciência *no lugar*. A noção de espaço desconhecido perde a conotação negativa e ganha um acento positivo, que vem do seu papel na produção da nova história".[62]

Os movimentos sociais e a organização da sociedade civil organizada em torno da problemática dos migrantes (deslocados) internacionais são destacados, também por Neide Lopes Patarra, como crescentes e cada vez mais expressivos como "recrudescendo a situação internacional conflitiva na questão da governabilidade dos movimentos e fluxos de pessoas no mundo contemporâneo, de países pobres, em sucessivas crises financeiras, fortes situações das carências, desemprego", etc.

Destaca a autora, ainda, que fora realizado o I Fórum Global de Migrações Internacionais realizado em Porto Alegre, no ano de 2005, e o II Fórum realizado em Vacia-Madrid, no ano de 2006, perfectibilizando a elaboração da Carta Mundial de Migrantes, cuja recomendação mais importante é a ratificação da Convenção Internacional sobre a proteção dos direitos de todos os trabalhadores migrantes e de seus familiares, que foi aprovada em 1990 pela Assembleia das ONU.[63]

---

[59] SANTOS, Milton. *A Natureza do Espaço*: Técnica e Tempo, Razão e Emoção. 4. ed. 2. reimpr. São Paulo: Editora da Universidade de São Paulo, 2006. p. 223.

[60] Ibid.

[61] Ibid., p. 133.

[62] Ibid., p. 134.

[63] "Há que se considerar, no entanto, que já desde o Relatório da Conferência do Cairo, passando pelo Relatório a da GCIM, é preconizado o acesso dos migrantes a serviços públicos – particularmente saúde e educação – a todos os migrantes e seus familiares, independentemente de sua situação legal. De um modo geral, as

Por analogia, e nessa perspectiva, de novos deslocados (externos e internos), apresenta-se o projeto de Convenção relativa ao Estatuto Internacional dos «deslocados» ambientais de 2008.[64] Também, Astri Suhrke, que faz menção às diferentes causas (entre elas as econômicas e sociais) enquanto motivo para as migrações em massa.[65]

Dessa feita, e também para constar, os migrantes econômicos são diferenciados dos refugiados ambientais por Norman Myers.[66]

---

manifestações e ações da sociedade civil de proteção, apoio e reivindicações dos migrantes internacionais no Brasil tem se articulado, de maneira intensa e expressiva, no plano latino-americano – não apenas no âmbito do Mercosul. As instituições mais voltadas a essa tarefa tem sido o Serviço Pastoral do Migrante (SPM) criado em 1985 no âmbito da CNBB, o Centro de Estudos Migratórios, entre outras de menor expressão. [...] A migração internacional, contrapartida populacional desse contexto globalizado, representa hoje a transformação da herança alvissareira do país de imigrantes do século XX num grande desafio para país também de emigração do século XXI". PATARRA, Neide Lopes. *Governabilidade das migrações internacionais e direitos humanos*: o Brasil como país de emigração. Disponível em: <http://www.brasileirosnomundo.itamaraty.gov.br/file/Neide_Patarra.pdf> Acesso em: 09 out. 2012.

[64] Texto publicado na *Revue Européenne du Droit de L'Environnement*, n° 4/2008. p. 381-393. Versão original em francês. Projeto de Convenção elaborado pelo CRIDEAU (*Centre de Recherche Interdisciplinaire en Droit de l'Environnement, de l'Aménagement et de l'Urbanisme*) e pelo CRDP (*Centre de Recherche sur les Droits de la Personne*), equipes temáticas do OMIJ (Observatoire des Mutations Institutionnelles et juridiques), Faculdade de Direito e de Ciências Econômicas da Universidade de Limoges, com a participação do CIDCE (Centre International de Droit Comparé de l'Environnement). C.I.D.C.E – *Centre International de Droit Comparé de l'Environnement*. Disponível em: <http://www.cidce.org/> Acesso em: 13 abr. 2012.

[65] SUHRKE, Astri. *Pressure Points*: Environmental Degradation, Migration and Conflict. Monograph. Cambridge, Mass: American Academy of Arts and Sciences, 1993. p. 04-07.

[66] Aduz: "Refugiados ambientais são pessoas que já não conseguem ter uma vida segura em sua terra natal por causa de fatores ambientais de âmbito incomum. Esses fatores incluem a seca, a desertificação, desmatamentos, erosão do solo e outras formas de degradação dos solos; *déficits* de recursos, tais como a escassez de água, o declínio dos *habitats* urbanos através da sobrecarga maciça dos sistemas de cidade, problemas emergentes, tais como as mudanças climáticas, especialmente o aquecimento global, e desastres naturais como ciclones, tempestades e inundações, terremotos, com impactos agravados pela má gestão humana. Pode haver fatores adicionais que exacerbam os problemas ambientais e que muitas vezes resultam, em parte, de problemas ambientais: o crescimento populacional, pobreza generalizada, fome e doença pandêmica. Ainda há outros fatores que incluem as políticas de desenvolvimento deficiente e sistemas de governo que marginalizam o povo em sentido econômico, político, social e jurídico. Em determinadas circunstâncias, um número de fatores pode servir de 'gatilhos' imediatos da migração, por exemplo, grandes acidentes industriais e construção de grandes barragens. Desses fatores múltiplos, vários podem operar em conjunto, muitas vezes com impactos agravados. Diante dos problemas ambientais, pessoas envolvidas sentem que não tem alternativa senão a de buscar o sustento em outro lugar, dentro dos seus países ou em outros países, numa base semipermanente ou permanente".

Tradução livre de: "Environmental refugees are persons who can no longer gain a secure livelihood in their traditional homelands because of what are primarily environmental factors of unusual scope. These factors include drought, desertification, deforestations, soil erosion and other forms of land degradation; resource deficits such as water shortages; decline of urban habitats through massive over-loading of city systems; emergent problems such as climate change, especially global warming; and natural disasters such as cyclones, storm surges and floods, also earthquakes, with impacts aggravated by human mismanagement. There can be additional factors that exacerbate environmental problems and that often derive in part from environmental problems: population growth, widespread poverty, famine and pandemic disease. Still further factors include deficient development policies and government systems that "marginalize" people in senses economic, political, social and legal. In certain circumstances, a number of factors can serve as "immediate triggers" of migration, e.g. major industrial accidents and construction of outsize dams. Of these manifold factors, several can operate in combination, often with compounded impacts. In face of environmental problems, people concerned feel they have no alternative but to seek sustenance elsewhere, either within their countries or in other countries, and whether on a semipermanent or permanent basis." MYERS, Norman; KENT, Jennifer. Op. cit. p. 18. Norman Mayers: "Em suma, existe uma gama de fatores em ação. De um lado estão aqueles que são movidos por problemas ambientais imediatos, e, no outro extremo estão os migrantes

Por fim, os refugiados, diga-se migrantes/deslocados, muito embora exista uma dificuldade em precisar o momento do efetivo surgimento[67] do refugiado, pela corrente *criacionista*, "o primeiro refugiado foi Caim, ao matar seu irmão, Abel, foi condenado a peregrinar pelo mundo como fugitivo de Deus".[68] Por outro lado, segundo a corrente *evolucionista*, "desde que o homem 'colocou-se de pé sobre o planeta', ele vivia permanentemente em estado de refugiado",[69] em busca da sobrevivência, assim como na época de transição do paleolítico médio para o superior.[70] [71]

Para alguns autores, como José Henrique Fischel de Andrade, o instituto do refúgio está ligado ao instituto do asilo,[72] e menciona a Grécia Antiga, segundo "registros da época de Ésqulilo", cujos "cidadãos de cidades gregas eram banidos e se viam forçados a sair, muito embora pudessem abrigar-se em outra cidade grega".[73]

---

econômicos que são oportunistas voluntários em vez de refugiados. No meio está uma zona cinzenta em que uma categoria, por vezes, tende a se fundir a outra. A avaliação até o momento nada mais é que um primeiro esforço de corte, ainda que preliminar e exploratório, para vir a enfrentar um problema importante e de rápido crescimento que é muito real para aqueles que o suportam, por mais que os puristas possam argumentar sobre definições finais". *Tradução livre de:* "In short, there is a gradient of factors at work. At one end are those people who are driven by environmental problems outright, and at the other end are economic migrants who are voluntary opportunists rather than refugees. In between is a grey zone where one category sometimes tends to merge into the other. The assessment to date is no more than a first-cut effort, albeit preliminary and exploratory, to come to grips with a prominent and fast-growing problem that is all too real for those who endure it, however much the purists may argue about final definitions." MYERS, Norman. *Environmental Refugees:* an emergent security issue. The 13th OSCE Economic Forum, Session III – Environment and Migration. Prague: 23-27 May 2005. p. 03.

[67] VEGA, Fernando. O Refúgio na Bíblia. In: MILESI, Rosita (org.). *Refugiados:* realidade e perspectivas. Brasília: CSEM/ IMDH; Edições Loyola, 2003.

[68] Refere o autor, segundo o Livro Sagrado dos Cristãos: "Aliás a Bíblia é repleta de figuras que preenchem perfeitamente a condição de refugiado (Noé que abandonou seu local de moradia por causa do Dilúvio; Abraão que deixou a sua terra, Ur de Caldeus, em busca de outro lugar para viver; José, vendido por seus irmãos e indo morar no Egito; José e Maria, perseguidos pela 'matança dos inocentes', abrigando-se no Egito". RAIOL, Ivanilson Paulo Corrêa. *Ultrapassando fronteiras*: A proteção jurídica dos refugiados ambientais. Porto Alegre: Núria Fabris Editora, 2010. p. 96.

[69] Segue o autor "já que a necessidade constante de alimentos movia-o a caminhar sobre diferentes territórios que oferecessem melhores oportunidades de sobrevivência". RAIOL, Ivanilson Paulo Corrêa. *Ultrapassando fronteiras*: A proteção jurídica dos refugiados ambientais. Porto Alegre: Núria Fabris Editora, 2010. p. 96-97.

[70] "Fala-se de possíveis confrontos entre grupos populacionais, numa briga pela Europa que, à ocasião, era dominado pelo 'homem das cavernas europeu', o neandertal (*Homo sapiens neanderthalensis*), o que culminara com a hegemonia do *Homo sapiens* anatomicamente moderno e o possível desaparecimento dos neandertais, expulsos ou dizimados de seu território". RAIOL, Ivanilson Paulo Corrêa. *Ultrapassando fronteiras*: A proteção jurídica dos refugiados ambientais. Porto Alegre: Núria Fabris Editora, 2010. p. 97.

[71] Vale a pena referir que não existe unanimidade na fixação da data exata do aparecimento do *homo sapiens* moderno, todavia uma data entre 100.000 a 200.000 anos. KORMONDY, Edward J; BROWN, Daniel E. *Ecologia humana*. Trad. De Max Blum. São Paulo: Atheneu Editora, 2002. p. 24.

[72] Também Valério de Oliveira Mazzuolli aponta a "diferença entre as motivações que levam as pessoas a pedir asilo e refúgio, enquanto no primeiro é devido a perseguições políticas ou ideológicas, ou seja, motivações de caráter individual, no refúgio, as motivações tem caráter mais coletivo, por se tratar de motivos de raça, grupo social, religião, entre outras". MAZZUOLI, Valerio de Oliveira. *Curso de direito internacional público*. 3. ed. rev.,atual. e ampl. São Paulo: Editora Revista dos Tribunais: 2008. p. 679.

[73] ANDRADE, Jose Henrique Fischel de. Breve reconstituição histórica da tradição que culminou na proteção internacional dos refugiados. In: ARAÚJO, Nadia; ALMEIDA, Guilherme Assis de (Coords.) *O direito internacional dos refugiados*: uma perspectiva brasileira. Rio de Janeiro: Renovar, 2001. p. 100-114.

Outro acordo semântico se torna necessário, quanto ao salto histórico, pretendido aqui, da Grécia antiga à Revolução Francesa, de 1789, quando o indivíduo recebe mais atenção é que "o asilo é consolidado como instrumento internacional de proteção ao indivíduo perseguido".[74] Isso bem mostra, que para haver proteção é necessário o elemento chave: a perseguição.

Vale lembrar, já num momento histórico posterior, que no período de 1918 a 1939, que se refere à Primeira e à Segunda Guerra Mundial,

> quando o mundo presencia a destruição de sistemas políticos e das proteções por eles conferidas e a consequente necessidade de regulamentação da situação das pessoas que se viram destituídas de seus lares, de seus direitos e de suas nacionalidades, que se vê a maior preocupação com os refugiados e com a necessidade da normatização para que seus direitos fossem garantidos.[75]

O número de refugiados cresce assustadoramente. Em 1921, a Cruz Vermelha,[76] uma rede de amparo com cunho internacional, "juntamente com a Liga das Nações[77] criou o Alto Comissariado para os Refugiados Russos, para socorrer os quase 2 milhões de russos que foram obrigados a deixar seu país após a Revolução Bolchevique.[78] A função desse organismo era definir a situação jurídica dos refugiados, repatriá-los ou levá-los a assentamentos. Esse Comissariado era coordenado pelo prof. Fridtjof Nansen".[79] (Ganhador do prêmio Nobel da Paz em 1922[80]). E que em 1924 foi ampliado para outros refugiados.

---

[74] BARRETO, Luiz Paulo Teles F. *As diferenças entre os institutos jurídicos do asilo e do refúgio.* Comitê Nacional para os Refugiados – CONARE. Disponível em: <http://www.mj.gov.br/artigo_refugio.htm>. Acesso em: 05 ago. 2007.

[75] BRAZ SILVA, Camilla Rodrigues. *A questão dos refugiados ambientais:* Um novo desafio para o direito internacional. Disponível em: <gedi.objectis.net/eventos-1/ilsabrasil2008/artigos/dheh/brazsilva.pdf>. Acesso em: 11 abr. 2012.

[76] *Federação Internacional da Cruz Vermelha (FICV)* O Movimento Internacional da Cruz Vermelha e do Crescente Vermelho é integrado pelo Comitê Internacional da Cruz Vermelha, Federação Internacional da Cruz Vermelha e do Crescente Vermelho e pelas Sociedades Nacionais. Federação Internacional baseia seu trabalho sobre os princípios do Movimento. Ela é a maior organização humanitária do mundo, fornecendo assistência sem discriminação de nacionalidade, raça, religião, condição social ou opinião política. Fundada em 1919, a Federação Internacional compreende hoje, um total de 186 Sociedades Nacionais de Cruz Vermelha e do Crescente Vermelho, possui uma secretaria em Genebra e em mais de 60 delegações estrategicamente localizadas para apoiar as atividades realizadas em todo o mundo, trabalhando na orientação e coordenação de assistência internacional para vítimas de desastres naturais, catástrofes tecnológicas e emergências de saúde e aos refugiados. Cruz Vermelha Brasileira RJ. *Federação Internacional (FICV).* Disponível em: <http://www.cruzvermelha.org.br/index.php?option=com _content&view=article&id=81&Itemid=97 Acesso em: 12 abr. 2012.

[77] A primeira fonte da Liga das Nações foi mesmo a proposta na Conferência de Paz em Paris, em 1919, no Pós-Primeira Guerra. Criada em 1920, a Liga das Nações "tinha como finalidade promover a cooperação, paz e segurança internacional, condenando agressões externas contra a integridade territorial e a independência política de seus membros". PIOVESAN, Flávia. *Direitos humanos e o direito constitucional internacional.* 7 ed. rev. ampl.. e atual. São Paulo: Saraiva, 2006. p. 134.

[78] JUBILUT, Liliana Lyra. *O Direito internacional dos refugiados* e sua aplicação no ordenamento jurídico brasileiro. São Paulo: Método, 2007. p. 75.

[79] MAZZUOLI, Valério de Oliveira. *Curso de direito internacional público.* 3. ed. rev. e ampl. São Paulo: Editora Revista dos Tribunais, 2008. p. 168.

[80] Ver.: Cerimônia de premiação discurso de apresentação por Fredrik Stang*, Presidente do Comite Nobel, em 10 de dezembro de 1922. Tradução livre de: "Award Ceremony Speech, Presentation Speech by Fredrik Stang*, Chairman of the Nobel Committee, on December 10, 1922". Disponível em: MLA style: "The Nobel Peace Prize 1922". Nobelprize.org. *The Nobel Peace Prize 1922.* 12 Apr 2012 http://www.nobelprize.org/nobel_prizes/peace/laureates/1922/>. Acesso em: 12 abr. 2012.

Mobilidade, Fronteiras & Direito à Saúde

O propósito é definir a situação jurídica dos refugiados, prestar socorro, dar assistência e também organizar e providenciar o reassentamento desses,[81] assim, foi criado o Certificado de Identidade para Refugiados Russos, conhecido como passaporte Nansen.[82] Embora limitado, num primeiro momento, para pessoas de nacionalidade russa.

Com o passar do tempo, outras pessoas de outras nacionalidades também se beneficiaram como os armênios, "população que sofreu o primeiro genocídio da história da humanidade".[83] Foi assinado em 1926 o acordo para expedição de certificado de identidade para refugiados russos e armênios.[84]

Por importante, em 1928 ficou consagrado o "princípio do *non-refoulment* (princípio central para a questão dos refugiados e que proíbe a devolução do indivíduo refugiado ao país de onde ele está fugindo)".[85]

Por outro lado, refere Hannah Arendt, também foram criados os Tratados das Minorias, "que representavam para todos aqueles refugiados e apátridas uma garantia adicional de seus direitos elementares por parte de uma entidade externa".[86] Com o fim da Segunda Guerra,[87] aponta Hannah Arendt, surgiram os novos refugiados:

---

[81] JUBILUT, Liliana Lyra. *O Direito internacional dos refugiados e sua aplicação no ordenamento jurídico brasileiro.* São Paulo: Método, 2007. p. 75.

[82] RAIOL, Ivanilson Paulo Corrêa. *Ultrapassando Fronteiras*: a proteção jurídica dos refugiados ambientais. Porto Alegre: Núria Fabris Editora, 2010. p. 80.

[83] JUBILUT, Liliana Lyra. *O Direito internacional dos refugiados* e sua aplicação no ordenamento jurídico brasileiro. São Paulo: Método, 2007. p. 75.

[84] ANDRADE, Jose Henrique Fischel de. O direito internacional dos refugiados em perspectiva histórica. In: AMARAL JUNIOR. A. do e Perrone-Moisés, C. (org.). *O cinquentenário da Declaração Universal dos Direito Humanos.* São Paulo: Edusp, 1999. p. 75-120.

[85] "Tais documentos foram de relevante importância para o direito internacional dos refugiados. Ademais, ainda em 1928, o *status* de refugiado foi estendido a outros povos europeus, não apenas russos e armênios". [...] Sendo que em 1933, "foi assinada a Convenção Relativa ao Estatuto Internacional dos Refugiados que alargou ainda mais o conceito de refugiado e consagrou o princípio do *non-refoulement*. Ainda que fosse deficiente em termos conceituais a importância dessa Convenção deve-se ao seu pioneirismo e ao fato de abrir a países que não haviam ratificado os Ajustes anteriores a oportunidade de fazer parte".[...] A situação dos refugiados judeus alemães, com a chegada de Hitler ao poder e o advento da Segunda Guerra, foi se tornando cada vez pior. Após as desnaturalizações de 1933 os judeus passaram a ser perseguidos em toda a Alemanha, se tornando cidadãos de segunda classe e perdendo todos os seus direitos. [...] E em 1936 foi criado o Comissariado para os Refugiados Judeus provenientes da Alemanha (ACRJ) [...] Já em 1938 houve ampliação da competência do ACRJ da Alemanha para a Áustria. E, também em 1938, foi redigida a Convenção Relativa aos Refugiados Provenientes da Alemanha, que igualou a situação do apátrida à do refugiado e excluiu do rol de proteção aquelas pessoas que deixavam seu país por conveniência".[...] BRAZ SILVA, Camilla Rodrigues. *A questão dos refugiados ambientais:* Um novo desafio parao direito internacional. Disponível em: <gedi.objectis.net/eventos-1/ilsabrasil2008/artigos/dheh/brazsilva.pdf>. Acesso em 11 abr. 2012.

[86] ARENDT, Hannah. *Origens do Totalitarismo.* Trad. Roberto Raposo. São Paulo: Companhia das Letras, 1989. p. 308.

[87] Vale lembrar: "Em 1945 existiam cerca de 11 milhões de deslocados pela Europa, situação parcialmente controlada através do Acordo de Criação da Administração das Nações Unidas para o Controle e Reconstrução, o qual repatriou cerca de oito milhões de pessoas. [...] Entretanto, outros milhões ainda não tinham onde morar. [...] E em 1947, foi criada a Comissão Preparatória da Organização Internacional dos Refugiados para que, 1948, a Organização Internacional para os Refugiados (OIR) pudesse começar a funcionar. A Constituição dessa organização definia refugiado como: Aquela pessoa que partiu ou se encontre fora de seu país de nacionalidade, e se encaixe nas seguintes situações: a) vítimas dos regimes totalitários; b) republicanos espanhóis vítimas de Franco e c) pessoas que foram consideradas refugiadas, antes do início da Segunda Guerra Mundial, por razões de raça, religião, nacionalidade ou opinião política. [...] Como os demais organismos

Os novos refugiados não eram perseguidos por algo que tivessem feito ou pensado, mas sim em virtude daquilo que imutavelmente eram – nascidos na raça errada (como no caso dos judeus na Alemanha), ou na classe errada (como no caso dos aristocratas na Rússia), ou convocados pelo governo errado (como no caso dos soldados do Exército Republicano espanhol).[88]

Novos refugiados, também é a expressão utilizada por Ivanilson Raiol, ou seja, pessoas com fome, vivendo na miséria, desempregadas, vivendo em meio a rivalidades étnicas, ou mudanças climáticas, esses são os novos refugiados,[89] que não perdem somente o seu lugar, como também não recebem amparo-proteção internacional, vez que não fazem parte dos refugiados tradicionais,[90] com *status* de refugiado.

A OIR contribuiu também com a "formação de um conceito de refugiado, além de inovar incluindo na categoria de refugiado os deslocados internos".[91] Pois, desde o início da Primeira Guerra Mundial até a Rendição do Japão em 1945, foram 31 anos, "os acontecimentos desse período deixaram, milhares de mortos e ocasionaram muitas expulsões pela Europa atingindo gregos, russos, armênios e turcos, que resultou algo em torno de 40,5 milhões de refugiados europeus".[92]

Um corte se faz indispensável: o marco legal-jurídico é a Convenção[93] dos refugiados de 1951.

Antes, cabe mencionar, que foi no ano de 1950 que foi aprovado o Estatuto do Alto Comissariado das Nações Unidas para os Refugiados (ACNUR).

---

criados até então, a OIR também tinha um mandato temporário, e este chegou ao fim antes que se pudesse cumprir todas as prerrogativas que lhe haviam sido atribuídas. Com a extinção da OIR, os refugiados ficaram sem amparo legal internacional, até o advento da Declaração Universal dos Direitos Humanos, de 1948 que proclama em seu "artigo 14: 1. Todo ser humano, vítima de perseguição, tem o direito de procurar e de gozar asilo em outros países. 2. "Este direito não pode ser invocado em caso de perseguição legitimamente motivada por crimes de direito comum ou por atos contrários aos objetivos e princípios das Nações Unidas". (UN, 2004) BRAZ SILVA, Camilla Rodrigues. *A questão dos refugiados ambientais:* Um novo desafio para o direito internacional. Disponível em: <gedi.objectis.net/eventos-1/ilsabrasil2008/artigos/dheh/brazsilva. pdf>. Acesso em 11 abr. 2012.

[88] ARENDT, Hannah. *Origens do Totalitarismo.* Trad. Roberto Raposo. São Paulo: Companhia das Letras, 1989. p. 328.

[89] RAIOL, Ivanilson Paulo Corrêa. *Ultrapassando fronteiras*: a proteção jurídica dos refugiados ambientais. Porto Alegre: Núria Fabris Editora. 2010. p. 140.

[90] Aduz: "[...] ficam assim não somente deslocadas, mas também desprovidas de proteção internacional específica uma vez que não se enquadram na proteção concedida pelo Direito Internacional dos Refugiados [...] uma vez que elas muitas vezes seguem no interior de seu próprio Estado (assemelhando-se aos deslocados internos) e que, sobretudo, não são vitimas de perseguição". JUBILUT, Liliana Lyra. *O direito internacional dos refugiados* e sua aplicação no ordenamento jurídico brasileiro. São Paulo: Método, 2007. p. 169.

[91] JUBILUT, Liliana Lyra. *O direito internacional dos refugiados* e sua aplicação no ordenamento jurídico brasileiro. São Paulo: Método, 2007. p. 79.

[92] RAIOL, Ivanilson Paulo Corrêa. *Ultrapassando fronteiras*: a proteção jurídica dos refugiados ambientais. Porto Alegre: Núria Fabris Editora, 2010. p. 98.

[93] As Fontes do Direito Internacional Público "os tratados, o costume internacional, os princípios gerais de direito, a doutrina, as decisões judiciárias, a equidade, os atos unilaterais das organizações internacionais e os atos unilaterais dos Estados. Entre eles encontram-se as fontes do direito internacional dos Refugiados". JUBILUT, Liliana Lyra. *O direito internacional dos refugiados* e sua aplicação no ordenamento jurídico brasileiro. São Paulo: Método, 2007. p. 82-111.

Criado para que os refugiados recebessem proteção,[94] auxílio às vítimas. Todavia, somente no dia 28 de julho de 1951 que a Assembleia Geral da Organização das Nações Unidas (ONU) aprovou a Convenção relativa a refugiados e apátridas,[95] portanto, uma norma de direito internacional sobre refugiados é criada, com o fito de atender conceitualmente o refugiado.

Adverte-se, porém, que a Convenção entrou em vigor em 22 de abril de 1954 "após a Dinamarca (primeiro país a ratificar a Convenção em 1952), a Noruega, Luxemburgo, a Alemanha e a Austrália ratificarem a mesma".[96] O ACNUR é o órgão que, atualmente, tem o encargo de proteger os refugiados e cuja missão é coordenar e "promover ações em âmbito internacional para proteger e buscar soluções duradouras para a temática dos refugiados".[97]

Novamente adverte-se, o grande marco é a Convenção de 1951, relativa ao Estatuto dos Refugiados, e que fixa textualmente que são refugiados as pessoas

---

[94] O Alto Comissariado das Nações Unidas para Refugiados (ACNUR) "foi criado pela Assembléia Geral da ONU em 14 de dezembro de 1950 para proteger e assistir às vítimas de perseguição, da violência e da intolerância. Desde então, já ajudou mais de 50 milhões de pessoas, ganhou duas vezes o Prêmio Nobel da Paz (1954 e 1981). Hoje, é uma das principais agências humanitárias do mundo. Como organização humanitária, apolítica e social, o ACNUR tem *dois objetivos básicos*: proteger homens, mulheres e crianças refugiadas e buscar soluções duradouras para que possam reconstruir suas vidas em um ambiente normal".[...] O ACNUR tem cerca de 7.200 funcionários, sendo que só 705 deles trabalham atualmente na sede da organização em Genebra, enquanto o resto está empregado no campo e trabalha na assistência direta dos refugiados e deslocados internos. A agência da ONU para refugiados atua em 126 países, inclusive em regiões de conflito (como Sudão, Chade, Colômbia), zonas afetadas por catástrofes naturais e em operações de repatriação de refugiados, como em Angola e no Afeganistão. ACNUR. *Breve Histórico da ACNUR.* Disponível em: <http://www.acnur.org/t3/portugues/informacao-geral/breve-historico-do-acnur/?L=type>. Acesso em: 11 abr. 2012.

[95] Apátrida: "O direito a uma nacionalidade é largamente reconhecido no direito internacional e constitui um estatuto do qual podem derivar outros direitos. O problema da apatridia é particularmente grave no ex-Bloco do Leste, devido às recentes e súbitas alterações políticas na região. Contudo, não deixa de ser um problema comum em outras regiões, podendo ser particularmente preocupante nos casos de crianças com pais de nacionalidades mistas, ou que nasceram em outro país que não o país de origem dos seus pais (uma vez que pode não lhes ser, necessariamente, concedida a cidadania do país onde nasceram). Como os refugiados, também os apátridas podem ser obrigados a deslocar-se, porque não recebem a proteção adequada. A Convenção para Redução dos Casos de Apátridas, de 1961, determina que uma pessoa não pode ser privada da sua nacionalidade devido a razões raciais, étnicas, religiosas ou políticas; esboça medidas para prevenir a apatridia resultante da transferência do território; e estabelece regras para a concessão da nacionalidade a pessoas nascidas em um país que, de outro modo, seriam apátridas. A Convenção de 1961, à qual só aderiram 19 Estados, estipulava-se que um órgão das Nações Unidas supervisionaria as petições de acordo com os termos desta Convenção. Esse órgão específico nunca foi criado, mas foram confiadas ao ACNUR tais funções pela Assembleia Geral das Nações Unidas (Resolução 3274 XXIX). Em 1994, o Comitê Executivo do ACNUR exortou a organização a fortalecer os seus esforços para os reduzir e prevenir casos de apátridas, incluindo a promoção da adesão à Convenção de 1961 sobre Redução dos Casos de Apátridas e à Convenção de 1954 relativa ao Estatuto dos Apátridas. Cabe também ao ACNUR fornecer e compilar informações sobre a dimensão do problema. O estudo dos apátridas, concluído em 2006, sugere que centenas de milhares de pessoas se encontram nessa situação em todo o Mundo. Recentemente, o Brasil ratificou a Convenção de 1951 e promulgou uma emenda constitucional para prevenir casos de apátridas, beneficiando diretamente cerca de 200 mil crianças filhas de brasileiros e nascidas no exterior". ACNUR. *Perguntas e Respostas.* Disponível em: <http://www.acnur.org/t3/portugues/informacao-geral/perguntas-e-respostas/> Acesso em: 27 ago. 2012.

[96] ACNUR. *Breve Histórico da ACNUR.* Disponível em: <http://www.acnur.org/t3/portugues/informacao-geral/breve-historico-do-acnur/?L=type>. Acesso em: 11 abr. 2012.

[97] "O ACNUR deve empenhar-se em assegurar que qualquer pessoa, independente de raça, sexo, religião ou opinião política possa solicitar e gozar do refúgio. Não se pode deixar de pontuar que, a organização por meio de autorização do seu Comitê Executivo e da Assembléia Geral das Nações Unidas presta auxílio ainda, aos apátridas e aos deslocados internos". ACNUR. *A missão do ACNUR.* Disponível em <http://www.acnur.org/t3/portugues/informacao-geral/a-missao-do-acnur/> acesso em: 22 mar. 2012.

que se encontram fora do seu país, por causa de fundado temor de perseguição por motivos de raça, religião, nacionalidade, opinião política ou participação em grupos sociais, e que não possa (ou não queira) voltar para casa.

O motivo é a *perseguição*, (compreendida tão somente de eventos provocados pelo homem, ou seja, por um "agente perseguidor"), segundo a Convenção de 1951, que se dá por cinco diferentes motivos: 1° raça,[98] 2° nacionalidade,[99] [100] 3° religião,[101] [102] 4° pertencimento a grupo social,[103] e 5° opinião política.[104]

Menciona textualmente o artigo 1° da Convenção de 1951, quanto ao termo *refugiado*: (Digno de nota é que além de definir quem são os refugiados, esses também foram considerados indivíduos,)

> Para os fins da presente Convenção, o termo refugiado aplicar-se-á a qualquer pessoa:
>
> (1) Que tenha sido considerada refugiada em aplicação dos Arranjos de 12 de Maio de 1926 e de 30 de Junho de 1928, ou em aplicação das Convenções de 28 de Outubro de 1933 e de 10 de Fevereiro de 1938 e do Protocolo de 14 de Setembro de 1939, ou ainda em aplicação da Constituição da Organização Internacional dos Refugiados.
>
> As decisões de não elegibilidade tomadas pela Organização Internacional dos Refugiados enquanto durar o seu mandato não obstam a que se conceda a qualidade de refugiado a pessoas que preencham as condições previstas no (2) da presente secção;
>
> (2) Que, em consequência de acontecimentos ocorridos antes de I de Janeiro de 1951, e receando com razão ser perseguida em virtude da sua raça, religião, nacionalidade, filiação em certo

---

[98] "A expressão 'raça' deve ser aplicada da forma mais ampla possível, portanto, refere-se a qualquer discriminação relativa à origem étnica, discriminação sexual, ou baseada na cor". RAIOL, Ivanilson Paulo Corrêa. *Ultrapassando fronteiras*: a proteção jurídica dos refugiados ambientais. Porto Alegre: Núria Fabris Editora. 2010. p. 129-130.

[99] Nacionalidade é "o vinculo politico e jurídico que une o individuo ao Estado". JUBILUT, Liliana Lyra. *O direito internacional dos refugiados* e sua aplicação no ordenamento jurídico brasileiro. São Paulo: Método, 2007. p. 119.

[100] "[...]milhares de pessoas foram destituídas de sua nacionalidade, e consideradas apátridas, não em consequência de algum ato que cometeram, mas simplesmente por ser quem eram, como no caso dos judeus, foi necessário proteger tais pessoas, através da concessão de refúgio". RAIOL, Ivanilson Paulo Corrêa. *Ultrapassando fronteiras*: a proteção jurídica dos refugiados ambientais. Porto Alegre: Núria Fabris Editora. 2010. p. 129-130.

[101] "religião, que se inclui no rol de motivos, em virtude das guerras religiosas, como por exemplo, os armênios cristãos que eram perseguidos pelos turcos, e o atualmente pode-se citar a perseguição de afegãos por conta de motivos religiosos por parte do regime talibã". JUBILUT, Liliana Lyra. *O direito internacional dos refugiados* e sua aplicação no ordenamento jurídico brasileiro. São Paulo: Método, 2007. p. 129-131.

[102] "A Convenção de 1951 traz como garantia aos refugiados a liberdade de praticar a sua religião no Estado que os recebeu". RAIOL, Ivanilson Paulo Corrêa. *Ultrapassando fronteiras*: a proteção jurídica dos refugiados ambientais. Porto Alegre: Núria Fabris Editora. 2010. p. 134-135.

[103] A "identificação do individuo como parte de um subgrupo da sociedade". [...] o conceito de "grupo social" não é algo taxativo, e que os grupos de pessoas perseguidas por tal motivo modifica com o decorrer dos anos, se optou por deixar esse critério para concessão de refúgio dotado de uma certa imprecisão a fim de abarcar qualquer pessoa que esteja sendo perseguido por se sentir parte de um determinado grupo. JUBILUT, Liliana Lyra. *O direito internacional dos refugiados* e sua aplicação no ordenamento jurídico brasileiro. São Paulo: Método, 2007. p. 132.

[104] "Se justifica sua inclusão no direito de liberdade politica. Quando se fala em liberdade politica em um regime democrático, pode parecer irrelevante incluir tal critério como suficiente para conceder refúgio a alguém, mas em casos de regimes ditatoriais, como os ocorridos na Alemanha, Espanha e Brasil, o direito de opinião politica é uma garantia fundamental, "inclusive para a proteção da vida do individuo que discorda da opinião politica dominante". JUBILUT, Liliana Lyra. *O direito internacional dos refugiados* e sua aplicação no ordenamento jurídico brasileiro. São Paulo: Método, 2007. p. 128.

grupo social ou das suas opiniões políticas, se encontre fora do país de que tem a nacionalidade e não possa ou, em virtude daquele receio, não queira pedir a proteção daquele país; ou que, se não tiver nacionalidade e estiver fora do país no qual tinha a sua residência habitual após aqueles acontecimentos, não possa ou, em virtude do dito receio, a ele não queira voltar.

No caso de uma pessoa que tenha mais de uma nacionalidade, a expressão do país de que tem a nacionalidade refere-se a cada um dos países de que essa pessoa tem a nacionalidade. Não será considerada privada da proteção do país de que tem a nacionalidade qualquer pessoa que, sem razão válida, fundada num receio justificado, não tenha pedido a proteção de um dos países de que tem a nacionalidade.[105]

Digno de nota, também, é que, a partir desse momento, todos os que estavam nas situações descritas (raça, religião, nacionalidade, grupo social ou opiniões políticas) passaram a ser reconhecidos como refugiados e estavam sob proteção do ACNUR. Isso gerou um primeiro problema, a limitação no tempo: "pois somente se aplicava aos refugiados que passaram a ter tal condição como resultado dos fatos ocorridos antes de 1º de janeiro de 1951".[106]

Adverte-se ainda que a Convenção de 1951 representou um marco jurídico importante, pois "inaugurou-se uma nova maneira de cuidar do drama dos refugiados", com uma normatização efetiva, "uma precisão dos contornos da definição de refugiado e uma constante ampliação do sentido desse termo, a fim de abarcar as novas situações apresentadas pela realidade e ligadas à defesa dos direitos humanos".[107]

Esperava-se que o problema dos refugiados fosse solucionado num curto prazo, pois ao "ACNUR havia sido concedido um mandato limitado de três anos, a partir daí esperava-se que ele fechasse. Porém, a crise dos refugiados se espalhou da Europa na década de 1950 para a África em 1960 e depois para a Ásia e na década de 1990 de volta para a Europa".[108]

---

[105] *Preâmbulo da Convenção de 1951.* Estatuto dos Refugiados. "As Altas partes Contratantes: *Considerando* que a Carta das Nações Unidas e a Declaração Universal dos Direitos do Homem, aprovada em 10 de Dezembro de 1948 pela Assembleia Geral, afirmaram o princípio de que os seres humanos, sem distinção, devem desfrutar dos direitos do Homem e das liberdades fundamentais; *Considerando* que a Organização das Nações Unidas tem manifestado várias vezes a sua profunda solicitude para com os refugiados e que se preocupou com assegurar-lhes o exercício mais lato possível dos direitos do Homem e das liberdades fundamentais; *Considerando* que é desejável rever e codificar os acordos internacionais anteriores relativos ao estatuto dos refugiados, assim como alargar a aplicação daqueles instrumentos e a protecção que estes constituem para os refugiados, por meio de novo acordo; *Considerando* que da concessão do direito de asilo podem resultar encargos excepcionalmente pesados para alguns países e que a solução satisfatória dos problemas de que a Organização das Nações Unidas reconheceu o alcance e carácter internacionais não pode, nesta hipótese, obter-se sem uma solidariedade internacional; *Exprimindo* o desejo de que todos os Estados, reconhecendo o carácter social e humanitário do problema dos refugiados, façam tudo o que esteja em seu poder para evitar que este problema se torne uma causa de tensão entre Estados; *Registando* que o Alto-Comissário das Nações Unidas para os Refugiados tem a missão de velar pela aplicação das convenções internacionais que asseguram a protecção dos refugiados, e reconhecendo que a coordenação efectiva das medidas tomadas para resolver este problema dependerá da cooperação dos Estados com o Alto-Comissário: *Convencionaram* as disposições seguintes [...] BRASIL, Convenção de 1951 relativa ao Estatuto dos Refugiados. Disponível em: <http://www.cidadevirtual.pt/acnur/refworld/refworld/legal/instrume/asy lum/conv-0.html#art1>. Acesso em 12 abr. 2012.

[106] RAIOL, Ivanilson Paulo Corrêa. *Ultrapassando fronteiras*: A proteção jurídica dos refugiados ambientais. Porto Alegre: Núria Fabris Editora, 2010. p. 96.

[107] Ibid., p. 100.

[108] *Tradução livre de*: "UNHCR had been given a limited three-year mandate to help the post-World War II refugees and then, it was hoped, go out of business. Instead, the refugee crisis spread, from Europe in the 1950s to Africa in the 1960s and then to Asia and by the 1990s back to Europe." (UNHCR).

Oportuno, nessa linha, invocar os ensinamentos de Flávia Piovesan, que aponta que a Convenção Relativa ao Estatuto do Refugiado de 1951 "é considerada a Carta Magna do Instituto, pois estabelece, em caráter universal, o conceito de refugiado, e seus direitos e deveres, de modo restritivo, temporal e geograficamente".[109]

Assim como também são consideradas como refugiadas as pessoas que deixaram seus países motivados por conflitos armados, violência generalizada e violação aos direitos humanos,[110] e isso vem no Protocolo de 1967.

A exemplo da Convenção de Genebra de 1951 e o Protocolo de 1967, "o refugiado deve estar fora de seu país de origem, e seu deslocamento deve justificar-se em temores fundados de perseguição por raça, religião, nacionalidade, grupo social, opinião política".[111]

Vale lembrar, para o que José Henrique Fischel de Andrade já chamava atenção, que dois são os grandes momentos: o primeiro, ou "fase histórica de proteção jurídica dos refugiados", período compreendido entre 1921 e 1952.[112] E o segundo momento, da Convenção de 1951 até hoje, ainda em construção.

Nesse diapasão, a proibição de expulsar e de repelir vem expressa no art. 33 da Convenção de 1951:

1. Nenhum dos Estados Contratantes expulsará ou repelirá um refugiado, seja de que maneira for, para as fronteiras dos territórios onde a sua vida ou a sua liberdade sejam ameaçados em virtude da sua raça, religião, nacionalidade, filiação em certo grupo social ou opiniões políticas.

2. Contudo, o benefício da presente disposição não poderá ser invocado por um refugiado que haja razões sérias para considerar perigo para a segurança do país onde se encontra, ou que, tendo sido objecto de uma condenação definitiva por um crime ou delito particularmente grave, constitua ameaça para a comunidade do dito país. [113]

Também vale menção, que a Convenção estabeleceu outro limite: a aplicação de suas normas a refugiados provenientes do continente europeu. Se por um lado, a ONU sentiu a necessidade de ampliar a aplicação da Convenção de 1951, por outro lado, aprovou em 1967,[114] o Protocolo sobre o Estatuto

---

[109] PIOVESAN, Flávia. O direito de asilo e a proteção internacional dos refugiados. In: RODRIGUES, Viviane M. (Org.). *Direitos humanos e refugiados*. Vila Velha: UVV, 2007. p. 59.

[110] ACNUR. *Perguntas e Respostas*. Disponível em: <http://www.acnur.org/t3/portugues/informacao-geral/perguntas-e-respostas/> Acesso em: 27 ago. 2012.

[111] Divide estes dois elementos em quatro, de forma a constituir a condição de refugiado. Assim, segundo o autor, a pessoa deve estar fora do país de sua nacionalidade ou residência habitual; deve temer perseguições; o receio de tal perseguição deve fundar-se em questões de raça, nacionalidade, religião, grupo social ou opinião política e, tal temor deve ser bem fundamentado. BOGARDI, Janos (*et al.*) Control, adapt or flee. How to face Environmental Migration? In: UN. Intersections. *Bornheim*: United Nations University, n.5, mai 2007.

[112] ANDRADE, Jose Henrique Fischel de. Breve reconstituição histórica da tradição que culminou na proteção internacional dos refugiados. In: ARAÚJO, Nadia; ALMEIDA, Guilherme Assis de (Coords.) *O direito internacional dos refugiados*: uma perspectiva brasileira. Rio de Janeiro: Renovar, 2001. p. 26.

[113] BRASIL, Convenção de 1951 relativa ao Estatuto dos Refugiados. Disponível em: <http://www.cidade-virtual.pt/acnur/refworld/refworld/legal/instrume/asy lum/conv-0.html#art1>. Acesso em 12 abr. 2012.

[114] Para Andrea Maria Calazans Pacheco Pacifico e Renata de Lima Mendonça: "De acordo com a Convenção de 1951, apenas eram contempladas aquelas pessoas que se tornaram refugiadas em decorrência de acontecimentos ocorridos antes de 1° de janeiro de 1951. No entanto, com o passar do tempo, surgiram novos grupos de refugiados, que necessitavam de proteção, porém não se encaixavam na definição limitada da Convenção de 51, principalmente os oriundos do continente africano. Tem-se, assim, a adoção do Protocolo de 1967,

dos Refugiados, que omitiu as palavras "como resultado de acontecimentos ocorridos antes de 1° de janeiro de 1951", ou seja, retirou o critério temporal, tornando seus dispositivos aplicáveis a casos futuros, além de ter retirado também as restrições geográficas, tornando a norma aplicável aos refugiados de todo o mundo. (Esse talvez tenha sido o grande mérito do protocolo, além de ter inovado ao trazer no preâmbulo a referência expressa da possibilidade do surgimento de "novas categorias"). Em seu Preâmbulo,[115] uma referência expressa à possibilidade do surgimento dessas novas categorias.[116]

Note-se aqui que essas novas categorias são apresentadas pela realidade e principalmente voltadas à defesa dos direitos humanos. Esse foi, na verdade, o grande mérito da Convenção de 1951, do compromisso assumido na esteira do direito internacional de proteção dos direitos humanos; amparando, tutelando grupos vulneráveis.

A menção a grave e generalizada violação dos direitos humanos traz desde os motivos clássicos, como raça, nacionalidade, religião, opinião política, pertencimento a grupo social, até os motivos mais contemporâneos, como agressão ou conflitos externos, violência generalizada, perturbação da ordem publica, ou catástrofe ambiental.[117]

Importante mencionar, ainda, que de 1967 até os dias atuais, o número de migrantes/deslocados/refugiados só aumentou, seja com os avanços tecnológicos (capazes de gerar conflitos), a degradação, ou pessoas que fogem ou que simplesmente migram em busca de melhores lugares para (sobre)viver, novas teorias que surgem como a de Gaia,[118] por exemplo, para tentar explicar o futuro

---

que procurou remover as reservas geográficas e temporais, promovendo avanços quanto à ampliação de um conceito mais objetivo". PACIFICO. Andrea Maria Calazans Pacheco; MENDONÇA. Renata de Lima. *A proteção sociojurídica dos refugiados no Brasil.* Textos & Contextos (Porto Alegre), v. 9, n. 1. p. 170 – 181, jan./ jun. 2010. (PDF) Disponível em: <http://revistaseletronicas.pucrs.br/ojs/index.php/fass/article/viewFile/7290/5249>. Acesso 12 abr. 2012.

[115] PROTOCOLO DE 1967 RELATIVO AO ESTATUTO DOS REFUGIADOS: "Na sua resolução 1186 (XLI) de 18 de Novembro de 1966 o Conselho Económico e Social tomou nota do Protocolo com aprovação na sua resolução 2198 (XXI) de 16 de Dezembro de 1966, a Assembleia Geral tomou nota do Protocolo e solicitou ao Secretário-Geral que comunicasse o respectivo texto aos Estados visados no artigo V do referido protocolo, com vista a possibilitar que os mesmos a ele aderissem. Entrada em vigor na ordem jurídica internacional: 4 de Outubro de 1967, nos termos do artigo VIII". *Considerando* que a Convenção relativa ao Estatuto dos Refugiados, concluída em Genebra em 28 de Julho de 1951 (daqui em diante referida como a Convenção), só cobre aquelas pessoas que se tornaram refugiados em resultado de acontecimentos ocorridos antes de 1 de Janeiro de 1951, *Considerando* que, desde que a Convenção foi adoptada, surgiram novas situações de refugiados e que os refugiados em causa poderão não cair no âmbito da Convenção, *Considerando* que é desejável que todos os refugiados abrangidos na definição da Convenção, independentemente do prazo de 1 de Janeiro de 1951, possam gozar de igual estatuto, concordaram no seguinte:[...]. ACNUR. *Documentos.* Disponível em: <http://www.acnur.org/t3/ portugues/recursos/documentos/>. Acesso em: 12 abr. 2012.

[116] RAIOL, Ivanilson Paulo Corrêa. *Ultrapassando Fronteiras:* a proteção jurídica dos refugiados ambientais. Porto Alegre: Núria Fabris Editora, 2010. p. 101.

[117] RAIOL, Ivanilson Paulo Corrêa. *Ultrapassando fronteiras*: a proteção jurídica dos refugiados ambientais. Porto Alegre: Núria Fabris Editora. 2010. p. 113.

[118] LOVELOCK, James. *A Vingança de Gaia.* Rio de Janeiro: Editora Intrínseca, 2001. Ver também: *"Teoria de Gaia,* também conhecida como Hipótese de Gaia, é uma tese que afirma que o planeta Terra é um ser vivo. De acordo com esta teoria, nosso planeta possui a capacidade de auto-sustentação, ou seja é capaz de gerar, manter e alterar suas condições ambientais. A Teoria de Gaia foi criada pelo cientista e ambientalista inglês James Ephraim Lovelock, no ano de 1969. Contou com os estudos da bióloga norte-americana Lynn Margulis.

do planeta, assim como a dimensão assumida com o número crescente de pessoas que se movem e que buscam a satisfação de algo que lhes diz respeito, viver dignamente sua vida.

Ainda, na formação do sistema internacional de proteção ao direito dos refugiados, merecem destaque outros dois documentos importantes, ainda que de âmbito local, bem específico. O primeiro que fora inserido na Convenção da Organização da Unidade Africana de 1969 (OUA) e que define os refugiados, conceito esse ligado agora à perturbação da ordem pública, o que representa um rompimento com a Convenção de 51 e o protocolo de 67:

> O termo 'refugiado' deve também ser aplicado a toda pessoa que, devido a agressão externa, ocupação, dominação estrangeira, ou eventos que perturbem a ordem pública em qualquer parte ou o todo de seu país, se vejam compelidos a deixar seu lugar normal de residência para procurar refúgio em outro lugar fora de não seja seu país de origem ou nacionalidade.[119]

O mérito dessa convenção local é a inovação do ponto de vista da especificidade no que tange agora já não mais aos acontecimentos que perturbam a ordem pública, necessariamente se dar em todo o país, mas sim em parte dele. Assim como o termo eventos que perturbem a ordem pública.

E o segundo nas Américas, em 1984, onde 10 países latino-americanos adotaram a Declaração de Cartagena e na qual definiu os refugiados observando principalmente a violação dos direitos humanos:

> [...] pessoas que tenham deixado seus países devido à ameaça às suas vidas, segurança, ou liberdade causadas por violência generalizada, agressão estrangeira, conflitos internos, violações em massa aos direitos humanos, ou outras circunstâncias que tenham perturbado a ordem pública.[120]

Com acerto a Declaração de Cartagena (ainda que em âmbito local para as Américas) trouxe importante contribuição, ou seja, o aspecto da violação maciça dos direitos humanos. Afirma Ivanilson P. C. Raiol: "os refugiados foram definitivamente alcançados, pelo menos nas Américas, pela tutela da justiça internacional representada pela Corte Interamericana de Direitos

---

O nome da teoria é uma homenagem a deusa Gaia, divindade que representava a Terra na mitologia grega. Quando foi lançada, esta teoria não conseguiu agradar a comunidade de cientistas tradicionais. Foi, primeiramente, aceita por ambientalistas e defensores da ecologia. Porém, atualmente, com o problema do aquecimento global, esta teoria está sendo revista e muitos cientistas tradicionais já aceitam algumas idas da Teoria de Gaia. Sua pesquisa. *Teoria de Gaia*. Disponível em: <http://www.suapesquisa.com/o_que_e/teoria_gaia.htm>. Acesso em: 02 mai. 2012.

[119] Tradução livre de: "The term 'refugee' shall also apply to every person who, owing to external aggression, occupation, foreign domination or events seriously disturbing public order in either part or the whole of his country of origin or nationality, is compelled to leave his place of habitual residence in order to seek refuge in another place outside his country of origin or nationality". Amnesty. *Amnesty International Report 1997 This Report Covers The Period January-December 1996*. Disponível em: <http://www.amnesty.org/en/library/asset/POL10/001/1997/en/b1b44c55-eabb-11dd-9f63-e5716d3a1485/pol100011997en.pdf>. Acesso em: 13 abr. 2012.

[120] *Tradução livre de* ".. persons who have fled their country because their lives, safety, or freedom have been threatened by generalized violence, foreign aggression, internal conflicts, massive violations of human rights or other circumstances which have seriously disturbed public order. Amnesty. *Amnesty International Report 1997 This Report Covers The Period January-December 1996*. Disponível em: <http://www.amnesty.org/en/library/asset/POL10/001/1997/en/b1b44c55-eabb-11dd-9f63-e5716d3a1485/pol100011997en.pdf>. Acesso em: 13 abr. 2012

Humanos". Representa mais, a inclusão dos direitos humanos no "tratamento da questão dos refugiados passa a exigir uma apreciação do conceito de refugiados sempre associada à matéria dos direitos humanos, de tal sorte que tornou impossível contornar os direitos do refugiado sem referir-se à violação de direitos humanos".[121]

Também para Liliana Lyra Jubilut, conceder refúgio não deve ser visualizado como um ato "inamistoso do Estado que recebe o refugiado para com o Estado de origem", pois o refúgio é acima de tudo um ato humanitário.[122]

Com a Convenção Africana de 1969, e a Declaração de Cartagena, de 1984, foram adicionadas possibilidades de os refugiados originarem-se, também, de agressões e ocupações externas.

Advertem Andrea Maria Calazans Pacheco Pacifico e Renata de Lima Mendonça que esse documento diferenciava os refugiados:

> Não obstante, em 1984, foi desenvolvida a Declaração de Cartagena, com o objetivo de proteger os refugiados da América Central. Este documento enfatizava os motivos que diferenciavam os refugiados da Europa e da África dos que viviam na América Latina, adaptando a definição à região. Ademais, tinha o objetivo de discutir a Convenção de 1951, no que tange ao regresso forçado, consagrando o princípio *non-refoulement* (CARNEIRO, 2005, p. 60-63).[123]

Conforme Liliana Lyra Jubilut, o refúgio é um instituto[124] regulado por um Estatuto[125] (Convenção de 51 e Protocolo de 67), o qual assegura a "algumas pessoas em função de determinadas circunstancias o *status* de refugiado".[126] Note-se bem, algumas pessoas possuem esse *status*. É o que refere também Valério de Oliveira Mazzuoli:

---

[121] RAIOL, Ivanilson Paulo Corrêa. *Ultrapassando fronteiras*: a proteção jurídica dos refugiados ambientais. Porto Alegre: Núria Fabris Editora, 2010. p. 112.

[122] JUBILUT, Liliana Lyra. *O direito internacional dos refugiados* e sua aplicação no ordenamento jurídico brasileiro. São Paulo: Método, 2007. p. 88.

[123] Afirmam ainda: Andrea Maria Calazans Pacheco Pacifico e Renata de Lima Mendonça que: "A Declaração de Cartagena estendeu o conceito da Convenção de 1951 e apontou ideias inovadoras quanto ao reassentamento de refugiados na América, atendendo aos aspectos locais da região, ao considerar refugiadas também "as pessoas que tenham fugido dos seus países porque sua vida, segurança ou liberdade tenham sido ameaçadas pela violência generalizada, a agressão estrangeira, os conflitos internos, a violação maciça dos direitos humanos ou outras circunstâncias que tenham perturbado gravemente a ordem pública". PACIFICO. Andrea Maria Calazans Pacheco; MENDONÇA. Renata de Lima. *A proteção sociojurídica dos refugiados no Brasil*. Textos & Contextos (Porto Alegre), v. 9, n. 1. p. 170 – 181, jan./jun. 2010. (PDF) Disponível em: <http://revistaseletronicas.pucrs.br/ojs/ index.php/fass/article/viewFile/7290/5249>. Acesso 12 abr. 2012.

[124] Adverte a autora que "ao se falar em instituto quer-se denominar [seguindo Miguel Reale] estruturas normativas complexas mas homogêneas formadas pela subordinação de uma pluralidade de normas e modelos jurídicos menores a determinadas exigências comuns de ordem ou a certos princípios superiores". JUBILUT, Liliana Lyra. *O direito internacional dos refugiados* e sua aplicação no ordenamento jurídico brasileiro. São Paulo: Método, 2007. p. 43.

[125] Adverte também a autora, que "ao se utilizar a palavra estatuto refere-se a um 'conjunto de leis, regras, código', ou seja, um instituto pode ser regulado por um estatuto e é exatamente isso o que ocorre com o refúgio, ao ser regulado pela normativa internacional". JUBILUT, Liliana Lyra. *O direito internacional dos refugiados* e sua aplicação no ordenamento jurídico brasileiro. São Paulo: Método, 2007. p. 43.

[126] JUBILUT, Liliana Lyra. *O direito internacional dos refugiados* e sua aplicação no ordenamento jurídico brasileiro. São Paulo: Método, 2007. p. 43.

Aos refugiados são concedidos todos os direitos de um cidadão normal e atribuídos os deveres de um estrangeiro em território nacional, cabendo-lhes a obrigação de acatar as leis, regulamentos e demais atos do Poder Público destinados à manutenção da ordem pública.[127]

Seja como for, por outro lado, a Lei brasileira[128] [129] n° 9.474, de 1997, que, no artigo 5° enumera direitos e deveres do refugiado:

O refugiado gozará de direitos e estará sujeito aos deveres dos estrangeiros no Brasil, ao disposto nesta lei, na Convenção sobre o Estatuto dos Refugiados de 1951 e no Protocolo sobre o Estatuto dos Refugiados de 1967, cabendo-lhe a obrigação de acatar as leis, regulamentos e providências destinados à manutenção da ordem pública.[130]

---

[127] MAZZUOLI, Valerio de Oliveira. *Curso de direito internacional público*. 3. ed. rev., atual. e ampl. São Paulo: Editora Revista dos Tribunais, 2008. p. 678.

[128] *Comparativamente Portugal*: "por meio do artigo 2° da Lei n. 70 de 1993, define que refugiado é o estrangeiro e apátrida: a) perseguido ou gravemente ameaçado de perseguição em conseqüência da sua atividade em favor da democracia, da libertação social e nacional, da paz entre os povos, da liberdade e dos direitos da pessoa humana, exercida no Estado da sua nacionalidade ou da sua residência habitual; b) que receando com motivo ser perseguido em virtude da sua raça, religião, nacionalidade, opinião política ou integração em certo grupo social, não possa ou, receando, não queira voltar ao Estado da sua nacionalidade ou da sua residência habitual. Ao estrangeiro que tiver mais de uma nacionalidade, o asilo somente será concedido quando os motivos referidos nas letras anteriores se verifiquem relativamente a todos os Estados de que seja nacional". SAADEH, Cyro; EGUCHI, Mônica Mayumi. *Convenção relativa ao estatuto dos refugiados – protocolo sobre o estatuto dos refugiados*. Disponível em <http://www.pge.sp. gov.br/centrodeestudos/bibliotecavirtual/direitos/tratado12.htm>. Acesso em: 03 mai. 2012.

[129] *Comparativamente Colombia-Equador: Tradução livre de:* "Para contextualizar mejor la definición anterior con el caso presentado de los refugiados colombianos en Ecuador, se profundizará en la interrelación que da origen a la definición. En primer lugar, y como se evidencio anteriormente, las fumigaciones ocasionan un deterioro ambiental que influye considerablemente en todos los aspectos que le garantizan a la población fronteriza la seguridad humana, recordando que está no consiste en sentido estricto, en una concepción o definición internacional establecida, sino centrada en las percepciones de peligro y miedo que surge de los individuos, es decir; la importancia que ellos le otorguen a los efectos de las fumigaciones, según esto, las poblaciones fronterizas del Departamento de Nariño, perciben la inseguridad del ambiente provocada por la actividad humana (fumigaciones), que los induce a desplazarse. En segundo lugar, el conflicto, se determina por el lugar que la comunidad internacional y las políticas de los gobiernos colombianos, le han otorgado a la lucha contra las drogas, en donde las zonas del país históricamente abandonadas de presencia institucional, se convierten en centro de la lucha y lugar de operaciones militares bajo las estrategias del Plan Colombia y la IRA y continuando con las políticas de gobiernos siguientes, en donde la estrategia de fumigaciones aéreas con glifosato se convierte en herramienta principal. En tercer lugar, se consideran las consecuencias y pérdidas, no sólo materiales sino personales de las personas cuando se encuentran en una situación de desplazamiento, en este punto se hizo referencia a las barreras que afrontan en el país receptor bien sea de tipo económico, social y cultural". Propõe Lorena Esperanza Salazar Montes, a "posible aplicación del concepto de refugiado ambiental en los procesos de repatriación a la luz del caso colombo-ecuatoriano del 2007: El concepto de refugiado ambiental no ha sido debatido en el medio internacional profundamente y jurídicamente aún no se ha reconocido por el mismo disenso que existe para su aplicación, pese a esto, el tema ha sido ya considerado, desde la perspectiva de los desastres naturales. Diversas aproximaciones se han realizado sobre el tema, generando interpretaciones diferentes, una de ellas constituye la definida por el Alto Comisionado de Naciones Unidas para los Refugiados –ACNUR-, quién no se refiere específicamente a término refugiado ambiental, sino que habla de *"personas ambientalmente desplazadas como causa de la degradación, el deterioro o la destrucción del medio ambiente"*, y se enfoca en las víctimas de desastres naturales, la desertificación y el cambio climático". MONTES, Lorena Esperanza Salazar. *Posible aplicación del concepto de refugiado ambiental en los procesos de repatriación aplicado a la luz del caso Colombo-Ecuatoriano del 2007*. Monografía de Grado.2009. p. 33. Disponível em: <http://repository. urosario.edu.co/bitstream/10336/992/3/1032386920.pdf.txt>. Acesso em: 12 abr. 2012.

[130] BRASIL. Lei n° 9474, de 22 de julho de 1997. Define os mecanismos para a implementação do estatuto dos refugiados de 1951 e determina outras providências. Disponível em: <http://www.planalto.gov.br/ ccivil_03/Leis/L9474.htm>. Acesso em: 19 fev. 2013. Artigo 5.

Mobilidade, Fronteiras & Direito à Saúde

Pelo Ordenamento jurídico nacional, a proteção dada ao refugiado, encontra respaldo tanto na Constituição da República de 1988, como na Lei 9.474/97, além da aplicação do instituto do refúgio pelo Ordenamento Jurídico brasileiro, e reger suas relações internacionais, baseado nos princípios da prevalência dos direitos humanos e da concessão de asilo político, mencionado no art. 4º, e ainda a garantia da igualdade a todos, mencionado no *caput* do art. 5º.

Numa análise estatística no Brasil de 2010 a 2012, o mapa abaixo demonstra o número oficial de refugiados no Brasil, sabe-se que o número de deslocados – internos e externos – e migrantes no país é bem maior, mas desses dados não há estatísticas.

> A análise dos dados constantes nos ofícios enviados pelo CONARE ao ACNUR entre 2010 e 2012 demonstra que as solicitações de refúgio no Brasil são, em sua maioria, apresentadas em São Paulo (45% do total de solicitações no período), seguido pelo Rio de Janeiro (20%) e Distrito Federal (14%). Outros estados relevantes em termos de solicitações de refúgio são Amazonas, Acre e Rio Grande do Sul. Em termos regionais, a maioria das solicitações (66%) realizadas no Brasil entre 2010 e 2012 foi apresentada na Região Sudeste, a mais desenvolvida do país, seguida pelo Centro-Oeste (16%) e pela Região Norte (11%), a qual faz fronteira com Colômbia, Peru, Bolívia e Venezuela (entre outros países vizinhos). Todas as solicitações de refúgio apresentadas no Brasil são analisadas e decididas pelo CONARE, que é composto por representantes dos ministérios da Justiça, das Relações Exteriores, da Educação, do Trabalho e da Saúde, além de representantes da Polícia Federal e de organizações da sociedade civil que trabalham com o tema dos refugiados. O ACNUR é parte do comitê, apenas com direito a voz – assim como a Defensoria Pública da União.[131]

Figura 4 – Distribuição Geográfica das solicitações de refúgio

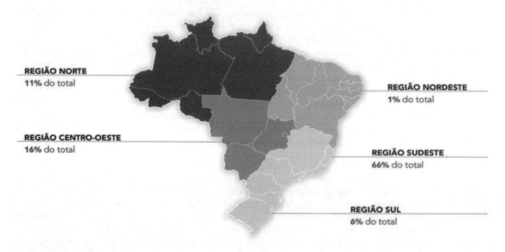

Fonte: ACNUR[132]

---

[131] ACNUR. *Dados sobre refúgio no Brasil*. Disponível em: <http://www.acnur.org/t3/portugues/ recursos/estatisticas/dados-sobre-refugio-no-brasil/>. Acesso em: 15 mai. 2013.

[132] ACNUR. *Refúgio no Brasil*: Uma Análise Estatística (2010-2012). Disponível em: <http://www.acnur.org/t3/fileadmin/Documentos/portugues/Estatisticas/Refugio_no_Brasil_-_Uma_analise_estatistica_2010-2012.pdf>. Acesso em: 15 mai. 2013.

No Brasil, a ACNUR[133] atua juntamente com o CONARE[134] (Comitê Nacional para os Refugiados), que é o órgão ligado ao Ministério da Justiça. O CONARE,[135] por sua vez, é um órgão misto, do qual fazem parte a ONU, por meio do ACNUR, o governo e a sociedade civil.[136] Vale referir, ainda, o importante papel exercido pela Cruz Vermelha brasileira,[137] desde sua fundação em 1908, para com os migrantes/deslocados/refugiados.

---

[133] "O Alto Comissariado das Nações Unidas para os Refugiados está, de certo modo, incumbido de assegurar que os Refugiados sejam protegidos pelo seu país de acolhimento e, tanto quanto possível, apoia o Governo em causa. Deve-se enfatizar que o Alto Comissariado não é uma organização de natureza supranacional e não substitui as competências e responsabilidades do Estado no que se refere à proteção da pessoa humana." GUERRA, Sidney. *Curso de Direito Internacional Público*. 4. ed. Rio de Janeiro: Lumen Juris, 2009. p. 512.

[134] No Brasil, o ACNUR atua em cooperação com o Comitê Nacional para os Refugiados (CONARE), ligado ao Ministério da Justiça. Além da proteção física e legal, os refugiados no país têm direito à documentação e aos benefícios das políticas públicas de educação, saúde e habitação, entre outras. Para garantir a assistência humanitária e a integração dessa população, o ACNUR também trabalha com diversas ONGs no país. Entre os programas implementados estão o de integração local, que busca facilitar a inserção do refugiado na comunidade, e o de reassentamento, que recebe refugiados que continuam sofrendo ameaças e problemas de adaptação no primeiro país de refúgio. ACNUR. *Breve Histórico da ACNUR*. Disponível em: <http://www.acnur.org/t3/portugues/informacao-geral/breve-historico-do-acnur/?L=type>. Acesso em: 11 abr. 2012.

[135] O Conare – Comitê Nacional para os Refugiados – é o órgão colegiado, vinculado ao Ministério da Justiça, que reúne segmentos representativos da área governamental, da Sociedade Civil e das Nações Unidas, e que tem por finalidade: analisar o pedido sobre o reconhecimento da condição de refugiado; deliberar quanto à cessação *ex officio* ou mediante requerimento das autoridades competentes, da condição de refugiado; declarar a perda da condição de refugiado; orientar e coordenar as ações necessárias à eficácia da proteção, assistência, integração local e apoio jurídico aos refugiados, com a participação dos Ministérios e instituições que compõem o Conare; e aprovar instruções normativas que possibilitem a execução da Lei nº 9.474/97. O Comitê é composto por representantes dos seguintes órgãos: Ministério da Justiça, que o preside; Ministério das Relações Exteriores, que exerce a Vice-Presidência; Ministério do Trabalho e do Emprego; Ministério da Saúde; Ministério da Educação; Departamento da Polícia Federal; Organização não governamental, que se dedica a atividade de assistência e de proteção aos refugiados no País – Cáritas Arquidiocesana de São Paulo e Rio de Janeiro; e Alto Comissariado das Nações Unidas para Refugiados – ACNUR –, com direito a voz, sem voto. Ministério da Justiça. *Estrangeiros*. Disponível em: <http://portal.mj.gov.br/main.asp?View={7605B707-F8BE-4027-A288-6CCA2D6CC1EC}&BrowserType= IE&LangID=pt-br&params=itemID%3D%7B5246DEB0%2DF8CB%2D4C1A%2D8B9B%2D54B473B697A4 %7D%3B&UIPartUID=%7B2868BA3C%2D1C72%2D4347%2DBE11%2DA26F70F4CB26%7D>. Acesso em 07 mai. 2012.

[136] BARRETO, Luiz Paulo Teles (Org.). *Refúgio no Brasil*: a proteção brasileira aos refugiados e seu impacto nas américas. Brasília: ACNUR, Ministério da Justiça, 2010.

[137] A História da *Cruz Vermelha Brasileira*: "se iniciou no ano de 1907, graças à ação do Dr. Joaquim de Oliveira Botelho, espírito culto e cheio de iniciativa que, inspirando-se naquilo que testemunhara em outros países, sentiu-se animado do desejo de ver, também aqui, fundada e funcionando, uma Sociedade da Cruz Vermelha. Junto com outros profissionais da área de saúde e pessoas da sociedade promoveu uma reunião em 17 de outubro daquele ano na Sociedade de Geografia do Rio de Janeiro, para lançamento as bases da organização da Cruz Vermelha Brasileira. Em reunião realizada em 5 de dezembro de 1908, foram discutidos e aprovados os Estatutos da Sociedade. Esta data ficou consagrada como a de fundação da Cruz Vermelha Brasileira, que teve como primeiro Presidente o Sanitarista Oswaldo Cruz. O registro e o reconhecimento da entidade nos âmbitos nacional e internacional se deu nos anos de 1910 e 1912, sendo que a I Grande Guerra (1914/1918) constitui-se, desde seus primórdios, no fator decisivo para o grande impulso que teria a novel Sociedade." Cruz Vermelha Brasileira RJ. *Federação Internacional (FICV)*. Disponível em: <http://www.cruzvermelha.org.br/index.php?option=com_content&view=article&id=81&Itemid=97 Acesso em: 12 abr. 2012.

Mobilidade, Fronteiras & Direito à Saúde

E num quadro mais atual, numa análise estatística (2010-2014):[138]

Figura 5 – Distribuição Geográfica das solicitações de refúgio

Fonte: ACNUR[139]

Percebe-se, com base em dados do CONARE no período de 2010 a 2014, por meio do ACNUR, que elaborou uma "análise estatística que demonstra o fortalecimento continuado da proteção aos refugiados e solicitantes de refúgio no Brasil".[140]

Além da Constituição Federal de 1988 e da Lei 9.474/97, o Brasil também aderiu a outros documentos internacionais, pois ratificou e recepcionou tanto a Convenção de 51 quanto o Protocolo de 1967. Sendo que em 1989 o Brasil, por meio do decreto n° 98.602, terminou com as reservas de só receber europeus aderindo totalmente a Convenção de Cartagena.[141]

Ainda apropriadas, nesse passo, as contribuições de Liliana Jubilut:

> Este diploma legal, muito em função de ser bem posterior às convenções internacionais sobre o tema, adotou oficialmente a definição mais ampla de refugiado, já utilizada na prática desde 1992, acolhendo também por meio deste instituto pessoas que fogem de graves e generalizadas violações dos direitos humanos. [...] além de obrigar o Brasil a zelar pelo respeito aos direitos humanos e a conceder asilo, assegurando mediatamente o refúgio, a Constituição Federal de 1988 estipula a igualdade de direitos entre brasileiros e estrangeiros – incluindo os solicitantes de refúgio e os refugiados – do que se depreende que, salvo nas exceções nele previstas, este documento colo-

---

[138] ACNUR. Disponível em: http://www.acnur.org/t3/portugues/recursos/estatisticas/dados-sobre-refugio-no-brasil/. Acesso em 06.jul. 2015.

[139] ACNUR. *Refúgio no Brasil*: Uma Análise Estatística (2010-2012). Disponível em: <http://www.acnur.org/t3/fileadmin/Documentos/portugues/Estatisticas/Refugio_no_Brasil_-_Uma_analise_estatistica_2010-2012.pdf>. Acesso em: 15 mai. 2013.

[140] ACNUR. *Refúgio no Brasil*: Uma Análise Estatística (2010-2014).Disponível em: http://www.acnur.org/t3/portugues/recursos/estatisticas/dados-sobre-refugio-no-brasil/. Acesso em 06.jul. 2015.

[141] BARRETO, Luiz Paulo Teles (Org.). *Refúgio no Brasil*: a proteção brasileira aos refugiados e seu impacto nas américas. Brasília: ACNUR, Ministério da Justiça, 2010. p. 18.

ca o ordenamento jurídico nacional, com todas as suas garantias e obrigações, à disposição dos estrangeiros que vêm buscar refúgio no Brasil [...].[142]

Ademais, Andrés Ramirez afirma que a "Declaração de Princípios do MERCOSUL sobre Proteção Internacional dos Refugiados"[143] propõe que os "países do Mercosul não apenas evitem a adoção de políticas migratórias restritivas, como possibilite alternativas para a regularização migratória, evitando assim a apresentação de solicitações que não tenham relação com situações de refúgio".[144] É, portanto, um ótimo exemplo de vontade política.

Ademais, ao final de 2012, o Brasil liderou dentro do MERCOSUL, "em âmbito ministerial, a adoção da *Declaração de Princípios Internacionais de Proteção dos Refugiados*". Esse documento reafirma alguns aspectos importantes, quais sejam, do "princípio da não devolução (*non-refoulement*), a importância da reunificação familiar e a priorização das abordagens de idade, gênero e diversidade". Além de se evitar "políticas migratórias restritivas e a necessidade de estabelecer mecanismos de cooperação adicionais e novas formas complementares de proteção humanitária".[145]

---

[142] JUBILUT, Liliana Lyra. *O direito internacional dos refugiados* e sua aplicação no ordenamento jurídico brasileiro. São Paulo: Método, 2007. p. 176 e 182.

[143] Em Fortaleza, República Federativa do Brasil, no dia 23 do mês de novembro de 2012 , no âmbito da Reunião de Ministros de Interior do MERCOSUL e Estados Associados, a Ministra de Segurança da República da Argentina, o Ministro da Justiça da República Federativa do Brasil, o Ministro do Interior da República Oriental do Uruguai, o Ministro do Poder Popular para Relações Interiores e Justiça da República Bolivariana da Venezuela, Estados Parte do MERCOSUL, o Ministro de Governo do Estado Plurinacional da Bolívia, o Ministro do Interior e Segurança Pública da República do Chile, a Ministra das Relações Exteriores da República da Colômbia, o Ministro do Interior da República do Equador, e o Ministro do Interior da República do Peru, Estados Associados do MERCOSUL: RECORDANDO a importância de harmonizar suas legislações nas áreas pertinente, a fim de lograr o fortalecimento do processo de integração consagrado no Tratado de Assunção, de 26 de marco de 1991. ONUBR. *Países do Mercosul assinam compromisso de políticas comuns para refugiados na região*. Disponível em: <http://www.onu.org.br/paises-do-mercosul-assinam-compromisso-de-politicas-comuns-para-refugiados-na-regiao/>. Acesso em: 12 mai. 2013.

[144] A assinatura do documento "acontece no momento em que a região se prepara para as comemorações do 30º aniversário da Declaração de Cartagena sobre os Refugiados, que ocorre em 2014. O documento, de 1974, é considerado um marco para a proteção de refugiados e outros deslocados forçados na América Latina e Caribe – uma população estimada em aproximadamente 4,5 milhões de pessoas. Entre outros compromissos assumidos pelos países signatários da Declaração estão a garantia de que refugiados poderão exercer os mesmos direitos de outros estrangeiros em situação regular, adoção de uma abordagem favorável à reunificação familiar de refugiados e o estabelecimento de mecanismos de cooperação entre as instituições que tratam do tema do refúgio em cada país. Além disso, o documento ressalta a importância de se dar atenção especial às questões de gênero e idade (particularmente em casos de crianças desacompanhadas ou separadas de sua família) e não devolver refugiados e solicitantes de refúgio aos seus países de origem ou a territórios onde suas vidas corram perigo. A Declaração é um ótimo exemplo da vontade política dos países membros e associados ao Mercosul para manter a bandeira da solidariedade com os refugiados, em um contexto internacional de políticas restritivas tanto no tema dos migrantes, em geral, como com o tema dos refugiados em particular, afirmou o representante do Alto Comissariado da ONU para Refugiados (ACNUR) no Brasil, Andrés Ramirez". ONUBR. *Países do Mercosul assinam compromisso de políticas comuns para refugiados na região*. Disponível em: <http://www.onu.org.br/paises-do-mercosul-assinam-compromisso-de-politicas-comuns-para-refugiados-na-regiao/>. Acesso em: 12 mai. 2013.

[145] Veja-se que em termos de apoio financeiro às respostas humanitárias ao redor do mundo, "o *Brasil se consolidou como o principal doador do ACNUR entre os países emergentes*, com US$ 3,5 milhões doados em 2010, US$ 3,7 milhões em 2011 e US$ 3,6 milhões em 2012." ACNUR. *Dados sobre refúgio no Brasil*. Disponível em: <http://www.acnur.org/t3/portugues/recursos/estatisticas/dados-sobre-refugio-no-brasil/>. Acesso em: 15 mai. 2013.

Também merece menção a Rede *Caritas*, que é internacional, organismo da CNBB (Conferência Nacional dos Bispos do Brasil) e no Brasil, a *Caritas* Brasil[146] vem desempenhando importante trabalho no auxílio aos migrantes/deslocados/ refugiados, no que se refere à defesa e promoção de direitos, controle social de políticas públicas, entre outros.

Noutra senda, apresenta Antônio Carlos Pedroso, numa dimensão antropológica dos direitos fundamentais, a dignidade da pessoa humana, enquanto substância individual, existência relacional e ainda como fonte material dos direitos fundamentais,[147] dessa forma, deve ser assegurada uma vida digna a todos os migrantes/deslocados/refugiados.

Então, concretizar-se-ia o "direito universal de hospitalidade" expressão cunhada por Cristel Cournil e Pierre Mazzega, ao se estabelecer uma Convenção Internacional para proteger os migrantes/deslocados/refugiados, poder-se-ia aproveitar tal ocasião para "incorporar novos requisitos para o acolhimento de refugiados". Refere ainda "para além das habituais regras de não repulsão e acolhimento temporário, seria desafiador integrar em um tratado internacional sobre as obrigações de tratamento digno de refugiados pelo país de acolhimento, seja o movimento dos refugiados interno ou internacional".[148]

Certamente sejam esses os grandes desafios que circundam a problemática dos migrantes/deslocados/refugiados, e que exigirão certa sensibilidade dos governantes e dos organismos internacionais para que as respostas dadas acabem por não tornar ainda mais complexa à questão.

Afirma, ainda, Stephen Castles que "existem um conjunto de fatores, interrelacionados, nas migrações forçadas, são fatores ambientais, políticos e econômicos".[149]

---

[146] A Cáritas Brasileira faz parte da Rede Caritas Internationalis, rede da Igreja Católica de atuação social composta por 162 organizações presentes em 200 países e territórios, com sede em Roma. Organismo da CNBB – Conferência Nacional dos Bispos do Brasil, foi criada em 12 de novembro de 1956 e é reconhecida como de utilidade pública federal. Atua na defesa dos direitos humanos e do desenvolvimento sustentável solidário na perspectiva de políticas públicas, com uma mística ecumênica. Seus agentes trabalham junto aos excluídos e excluídas, muitas vezes em parceria com outras instituições e movimentos sociais. Atualmente, a Cáritas Brasileira tem quatro diretrizes institucionais: defesa e promoção de direitos; incidência e controle social de políticas públicas; construção de um projeto de desenvolvimento solidário e sustentável; fortalecimento da Rede Cáritas. [...] A cruz isósceles (de braços iguais) é um símbolo milenar. Talvez tão antigo quanto à história da humanidade. Para vários povos, em épocas diversas, seu significado é similar: "eixo do mundo", "unidade do todo", "verdade". A primeira Caritas surge na Alemanha, em 1897, e o nome da instituição foi inspirado na afirmação de São Paulo: "Caritas Christus urget nos!" (2Cor 5,14). Em português: "O amor de Cristo nos impulsiona". A cruz isósceles (que simboliza a verdade), em sua forma flamejante, unida ao nome Cáritas (caridade/amor) traz como significado a verdade e o amor irradiante de Cristo pela humanidade. Caritas Brasileiras. *Quem somos.* Disponível em: <http://www.caritasrs.org.br/quemSomos.php>. Acesso em: 07 mai. 2012.

[147] PEDROSO, Antônio Carlos. A dimensão antropológica dos direitos fundamentais. In: *Direitos Humanos Fundamentais Positivação e Concretização.* Org. Anna C. da C. Ferraz e Eduardo C. B. Bittar, Osasco: EDIFIEO, 2006. p. 14-29.

[148] *Tradução livre de*: "[...] d'insérer de nouvelles exigences pour l'accueil des réfugiés. Ainsi, en plus des règles coutumières de non-refoulement et d'accueil temporaire, il serait ambitieux d'intégrer dans un traité international des obligations sur le traitement digne des réfugiés par le pays d'accueil, et ce, que le déplacement du réfugié soit interne ou international. " COURNIL, Christel; MAZZEGA, Pierre. Réflexions prospectives sur une protection juridique des réfugiés écologiques. In: *Revue Européenne des Migrations Internationales.* n. 1, 2007. p. 17.

[149] *Tradução livre de*: "Black argues that there are no environmental refugees as such. While environmental factors do play a part in forced migration, they are always closely linked to a range of other political and

Nesse sentido, por derradeiro, é preciso reconhecer que, com o MERCO-SUL (Mercado Comum do Sul) implantado entre os países, em termos práticos muito ainda há que se fazer, pois os processos migratórios têm características específicas, bem como possuir fatores distintos, além de envolver também atores estatais distintos. São os países de origem, o trânsito e destino das pessoas, as responsabilidades compartilhadas, ou seja, as migrações, enquanto fenômeno transversal, envolvem o controle de fronteiras, o acesso à educação, à saúde, aos direitos humanos, ao trabalho, entre outros.

Por outro lado, os tsunamis, furacões,[150] elevação do nível do mar,[151] desertificação,[152] enchentes,[153] são hoje muito mais frequentes que outrora, e representam também um grande número de pessoas que perdem suas casas, suas famílias, seu lugar-espaço, suas vidas, em razão dos desastres climáticos. Ano após ano, são noticiadas para o mundo, e de forma recorrente, catástrofes que abalam o mundo e que exigem políticas públicas prévias, assim como pós-desastres.

Já se mencionou que o conceito de "refugiados ambientais" foi introduzido por Lester Brown, do World Watch Institute, durante os anos setenta.[154] Todavia, a expressão foi definida pelo professor do Centro Nacional de Pesquisas Egípcio, Essam El-Hinnawi,[155] em 1985, em um artigo escrito para o Programa das Nações Unidas para o Meio Ambiente (PNUMA),[156] que popularizou o termo "refugiados ambientais". Assim Janos Bogardi também define:

---

economic factors, so that focussing on the environmental factors in isolation does not help in understanding specific situations of population displacement." CASTLES, Stephen. *Environmental change and forced migration*: making sense of the debate. In: *New Issues in Refugee Research*. Working Paper n. 70, out 2002. UNHCR (United Nations High Commissioner for Refugees): Genebra, 2002. p. 1-2.

[150] Os maiores terremotos e tsunamis do mundo. Disponível em http://oglobo.globo.com/mundo/os-maiores-terremotos-tsunamis-do-mundo-2813015#ixzz1toBI8tEl. Acesso em 15 dez. 2014.

[151] Disponível em http://www.estadao.com.br/noticias/vidae,cientistas-preveem-aumento-do-nivel-do-mar-maior-do-que-o-esperado,336519,0.htm. Acesso em 15 dez. 2014.

[152] Os 10 maiores desertos do mundo. Disponível em http://gigantesdomundo.blogspot.com.br/2011/11/os-10-maiores-desrtos-do-mundo.html. Acesso em 15 dez. 2014.

[153] As 5 maiores enchentes e deslizamentos de terra do mundo ocorridos nos últimos 12 meses. Disponível em http://super.abril.com.br/blogs/superlistas/as-5-maiores-enchentes-e-deslizamentos-de-terra-do-mundo-ocorridos-nos-ultimos-12-meses/. Acesso em 15 dez. 2014.

[154] BOGARDI, Janos (*et al.*) *Control, adapt or flee*. How to face Environmental Migration? In: UN. Intersections. Bornheim: United Nations University, n.5, mai 2007, p. 12.

[155] EL-HINNAWI, Essam. *Environmental Refugees*. Nairobi: United Nations Environment Programme, 1985.

[156] "O PNUMA, principal autoridade global em meio ambiente, é a agência do Sistema das Nações Unidas (ONU) responsável por promover a conservação do meio ambiente e o uso eficiente de recursos no contexto do desenvolvimento sustentável. Estabelecido em 1972, o PNUMA tem entre seus principais objetivos manter o estado do meio ambiente global sob contínuo monitoramento; alertar povos e nações sobre problemas e ameaças ao meio ambiente e recomendar medidas para aumentar a qualidade de vida da população sem comprometer os recursos e serviços ambientais das futuras gerações. Com sede em Nairóbi, no Quênia, o PNUMA dispõe de uma rede de escritórios regionais para apoiar instituições e processos de governança ambiental e, por intermédio desta rede, engaja uma ampla gama de parceiros dos setores governamental, não-governamental, acadêmico e privado em torno de acordos ambientais multilaterais e de programas e projetos de sustentabilidade[...]". Disponível em: http://www.pnuma.org.br/interna.php?id=44 Acesso em 17.04.2012.

[...] aquelas pessoas que foram forçadas a abandonar o seu habitat tradicional, de forma temporária ou permanente, por causa de uma evidente perturbação ambiental (natural e/ou acionada por pessoas), que ameaça a sua existência e/ou afeta gravemente a qualidade da sua vida.[157]

Embora muitos autores[158] não concordem que a expressão tenha sido utilizada pela primeira vez por El-Hinnawi, foi ele que a divulgou no meio científico. Adverte, ainda, Érika Pires Ramos, que há uma série de definições técnicas sugeridas por especialistas, mas ainda não há uma definição legal. "A mais conhecida foi proposta por Essam El-Hinnawi em 1985, que atuava na época para o PNUMA (Programa das Nações Unidas para o Meio Ambiente)".[159]

Todos os inúmeros acordos e convenções que foram realizados, em nenhum momento, expressaram a intenção de amparar às pessoas deslocadas ou que precisam migrar, por causas ambientais.

O que se percebe hoje é que as Guerras e conflitos, tanto religiosos como raciais, já não são mais os únicos motivos para migrações, segundo a ONU (Organização das Nações Unidas), cujas "mudanças climáticas farão 50 milhões de pessoas mudar de casa até 2020".[160]

Inclusive, o Guia de Estudos do Alto Comissariado das Nações Unidas para Refugiados aponta pelo menos quatro importantes consequências das alterações clímáticas, como a segurança alimentar; a segurança da água; o aumento de doenças; a infraestrutura e perda de território com a elevação do nível do mar.[161] E sobre essas consequências precisam ser traçadas políticas públicas.

---

[157] BOGARDI, Janos (et al.) *Control, adapt or flee*. How to face Environmental Migration? In: UN. Intersections. Bornheim: United Nations University, n.5, mai 2007, p. 13. *Tradução livre de*: "[...] those people who have been forced to leave their traditional habitat, temprarily or permanently, because of a marked environmental disruption (natural and/or triggered by people) that jeopardized their existence and/or seriously affected the quality of their life."

[158] BLACK, Richard. Environmental refugees: myth or reality? In: *New Issues in Refugee Research*. Working Paper n. 34, mar 2001. UNHCR (United Nations High Commissioner for Refugees): Genebra, 2001. "Lester Brown, do *Worldwatch Institute*, utilizou-a pela primeira vez sem, defini-la. Em 1984 o Instituto Internacional para o Meio Ambiente e Desenvolvimento (*International Institute for Environment and Development*), de Londres, abordou-a num documento informativo". Alguns autores atribuem, erroneamente, a origem do conceito de "refugiados ambientais" ao artigo preparado por El-Hinnawi para as Nações Unidas, uma vez que ele já havia sido utilizado um ano antes pelo *International Institute for Environment and Development*. Esta atribuição equivocada é percebida nos textos de JACOBSON, Jodi L. *Environmental Refugees*: A Yardstick of Habitability. Worldwatch Paper 86, Washington: Worldwatch Institute, 1988, COURNIL, Christel. Les réfugiés écologiques: Quelle(s) protection(s), quel(s) statut(s)? In: *Revue du Droit Public*. p. 1035-1066. n.4, 2006 e PIGUET, Etienne. Climate change and forced migration. In: *New Issues in Refugee Research*. Research Paper n. 153, jan 2008. UNHCR (United Nations High Commissioner for Refugees): Genebra, 2008. Contudo, tal informação em nada interfere no conteúdo do conceito, uma vez que, realmente, foi El-Hinnawi quem o popularizou no meio científico.

[159] RAMOS, Erika Pires. *Refugiados ambientais, o desafio do século 21*. Disponível em : http://www.observatorioeco.com.br/index.php/refugiados-ambientais-o-desafio-do-seculo-21/. Acesso em 8 junho de 2010.

[160] JULIÃO, A. Refugiados do clima. *Isto é Independente*, v. 2156, Disponível em http://www.istoe.com.br/reportagens/127095_REFUGIADOS+DO+CLIMA. Acesso em 15 dez. 2014.

[161] PUCMinas (Pontifícia Universidade Católica de Minas Gerais, Brasil). (2013). Refugiados Ambientais. ACNUR (2020) – 14ª. MINIONU. Disponível em http://14minionuacnur2020.wordpress.com/2013/04/09/refugiados-ambientais/ Acesso em 15 dez. 2014.

Segundo Erica Pires Ramos, os "refugiados ambientais" poderiam ser classificados em:

Refugiados de desastres ou catástrofes: resultam de eventos agudos naturais, de acidentes tecnológicos ou da interação entre ambos, que provocam deslocamentos forçados não planejados. Exemplos: desastres naturais — furacões, inundações, tornados, terremotos, erupções vulcânicas ou qualquer outro evento climático ou geológico que torna o ambiente anteriormente habitado impróprio para habitação; desastres tecnológicos — acidentes industriais, nucleares.

Refugiados de expropriações: resultam de perturbações ambientais antropogênicas agudas ou discretas que intencionalmente deslocam populações-alvo. Exemplos: desocupação de áreas para a execução de empreendimentos de infraestrutura (usinas hidrelétricas, estradas) ou para a criação de áreas protegidas; destruição dos recursos naturais como estratégia de guerra (bombardeios e aplicação nociva de herbicidas em áreas agricultáveis).

Refugiados de deteriorações: resultam de transformações graduais e antropogênicas que podem culminar na inviabilidade da sobrevivência em virtude de contaminação ou exaurimento dos recursos ambientais locais. Exemplos: poluição, desertificação, esgotamento do solo.[162]

Por conseguinte, conclui Erica Pires Ramos:

Somente uma definição jurídica ampla da expressão "refugiados ambientais", que abranja o desenraizamento forçado interno e externo, poderá garantir padrões mínimos e unificados de proteção em nível global às pessoas e grupos gravemente afetados por eventos ambientais cuja sobrevivência e segurança demandam igualmente a proteção internacional, independentemente de estarem dentro ou fora dos limites de seu Estado de origem ou residência habitual.[163]

Assim, seja em nivel nacional ou internacional, não existe o mesmo amparo para os "refugiados ambientais" que existe para os demais refugiadas, amparados pela Convenção de 1951, que fixa textualmente que são refugiados as pessoas que se encontram fora do seu país, por causa de fundado temor de perseguição por motivos de raça, religião, nacionalidade, opinião política ou participação em grupos sociais, e que não possam (ou não queiram) voltar para casa.

2.3. Globalização ou (contexto global – local)

A associação da origem da globalização aos primeiros fluxos migratórios humanos, na história, teve inúmeros "surtos de globalização" a exemplo da exploração além-fronteiras de novos mercados.[164]

---

[162] RAMOS, Érika Pires. *Refugiados ambientais* : em busca de reconhecimento pelo direito internacional. São Paulo : E. P. Ramos, 2011. Tese.

[163] Ibid., p. 131.

[164] Veja-se: "[...] tais como a exploração além-fronteiras de novos mercados fornecedores de matérias-primas essenciais, exóticas e valiosas até a considerável expansão global do comércio e dos mercados de capitais, largamente facilitada pelos meios de comunicação, contribuindo para o progressivo estreitamento dos vínculos sociais e econômicos transfronteiriços ao longo do tempo. [...] a globalização, que se caracteriza pela alta complexidade e dinamismo das relações sociais transfronteiriças, pode ser considerada a principal causa da ruptura na ordem internacional de Westfália e da nova configuração da ordem internacional". AMARAL JÚNIOR, Alberto do. *Introdução ao direito internacional público*. São Paulo: Atlas, 2008. p. 35 e 37.

Mobilidade, Fronteiras & Direito à Saúde

A globalização é e continua sendo a mais complexa das relações transfronteiriças, em verdade, sempre houve globalização e mundialização, ou ainda, planetarização, segundo adverte Marc Auge, pois todos pertencem a um único e a um mesmo planeta, e essa consciência se afirmou com a ecologia,[165] e com a questão social,[166] que vem representado num contraste – da uniformização e da desigualdade.

> Então, a grande tensão do período atual é esta oposição entre a globalização econômica tecnológica que cobre de redes globais a Terra inteira e uma consciência de que pertencemos a um mesmo planeta, com os problemas que isto implica, tanto no aspecto físico do planeta ou no conjunto da população. Contraste, portanto, da uniformização e da desigualdade. Esta é, evidentemente, uma vasta questão, cujos efeitos podemos observar localmente. É este o contexto atual e, portanto, é necessário ter consciência para observar as coisas.[167]

---

[165] Afirma: "A globalização, é apenas um aspecto da mundialização. Há um outro aspecto, o que chamaria de planetarização: a consciência planetária que tem pelo menos dois aspectos. A consciência de que pertencemos a um único planeta. A ecologia nos ajudou a tomar consciência deste fato a partir do momento que nos preocupamos com as ameaças provenientes dos buracos nas camadas de ozônio – ou coisas como estas. Estamos falando do corpo físico do planeta. Do aquecimento, etc". PEIXOTO, Elane; GOLOBOVANTE, Maria da Conceição. *Entrevista inédita com o antropólogo Marc Augé*: conceitos e apresentação audiovisual. Disponível em: <http://www.intercom.org.br/papers/nacionais/2007/resumos/ R1560-2.pdf>. Acesso em: 18 jul. 2012.
Ver também, AUGE, Marc. *Los «no lugares» espacios del anonimato*: Una antropología de la Sobremodernidad (Título del original en francés: *Non-lieux. Introduction á une anthropologie de la surmodenité*. Edition de Seuil, 1992. Colection La Librairie du XX é siecle, sous la direction de Maurice Olender). Traducción: Margarita Mizraji, Quinta reimpresión, Barcelona: Editorial Gedisa, S.A., 2000.
Ver também sobre a dinâmica e os efeitos do processo de globalização sobre o ambiente natural segundo Matthew R. Sanderson: "Uma crescente literatura, no entanto, examina os efeitos da globalização sobre o meio ambiente natural. Muitos países menos desenvolvidos contraíram uma grande dívida externa em uma tentativa de facilitar o desenvolvimento econômico e elevar os padrões de vida. A fim de gerar as divisas necessárias para saldar a dívida, estes países menos desenvolvidos têm atraído investimentos estrangeiros diretos em grande escala, indústrias extrativistas, como as mineradoras e a agricultura de exportação. Grandes fluxos de investimentos geralmente fornecem a escala de operações necessárias para expandir a produção econômica e comercial e, portanto, gerar quantidades significativas de divisas. No entanto, a escala dessas operações também tem agravado a degradação ambiental nesses países. Com efeito, um número estudos quantitativos transnacionais descobriram que a globalização do comércio, investimento, produção contribui para várias formas de degradação ambiental nos países menos desenvolvidos, incluindo o desmatamento, as emissões de gases de efeitos estufa e a poluição dos recursos hídricos". SANDERSON, Matthew R. Globalization and the environment: implications for human migration. *Human Ecology Review*, v. 16, n. 1. p. 94-95, 2009 *(tradução livre)*

[166] Há um outro aspecto, um aspecto social. "É necessário ver que mais o mundo se uniformiza, através das redes de comunicação, mais ele se torna desigual. Os mais ricos tornam-se cada vez mais ricos e os mais pobres cada vez mais pobres. É uma espécie de contradição entre esta aparente igualdade de um lado e desigualdade do outro. É uma contradição que me atinge muito. Parece-me, hoje em dia, que é necessário estar dentro do sistema. Se estamos fora do sistema, nos tornamos objetos da caridade, das ações humanitárias. Todas estas palavras que surgiram há pouco tempo. Eu fazia alusão, há pouco, sobre os anos 70. Nos anos 70, havia alusão a esta linguagem de desenvolvimento. Estávamos, verdadeiramente, em uma perspectiva em que todos conseguiriam se desenvolver. Hoje, parece-me que há, oficialmente, a ideia de que uma parte do mundo deve ser objeto de caridade, uma ideia que é sustentada pela ideologia atual dominante". PEIXOTO, Elane; GOLOBOVANTE, Maria da Conceição. *Entrevista inédita com o antropólogo Marc Augé*: conceitos e apresentação audiovisual.. Disponível em http://www.intercom.org.br/papers/nacionais/2007/resumos/ R1560-2.pdf>. Acesso em: 18 jul. 2012.
Ver também, AUGE, Marc. *Los «no lugares» espacios del anonimato*: Una antropología de la Sobremodernidad (*Título del original en francés: Non-lieux. Introduction á une anthropologie de la surmodenité. Edition de Seuil, 1992. Colection La Librairie du XX é siecle, sous la direction de Maurice Olender*). Traducción: Margarita Mizraji, Quinta reimpresión, Barcelona: Editorial Gedisa, S.A., 2000.

[167] PEIXOTO, Elane; GOLOBOVANTE, Maria da Conceição. *Entrevista inédita com o antropólogo Marc Augé*: conceitos e apresentação audiovisual. Disponível em: <http://www.intercom.org.br/papers/ nacionais/2007/resumos/R1560-2.pdf>. Acesso em: 18 jul. 2012.

E esse é ponto que interessa particularmente à pergunta principal: Como associar a questão social do direito à saúde, em área de fronteira, nesse contexto que é global e local ao mesmo tempo, assegurando que a saúde integral da mulher seja atendida? Sem que isso represente uma contradição – dos ricos cada vez mais ricos e os pobres cada vez mais pobres, seres iguais de um lado e desiguais de outro, atualmente, é necessário estar dentro do sistema para estar incluído; estar fora do sistema, portanto excluído, faz com que as pessoas se tornem objetos da caridade humanitária. Não se quer caridade, se quer a efetivação dos direitos, a exemplo do direito a saúde da mulher, não basta existir acordo internacional, MERCOSUL, se em termos práticos, a mulher não consegue atendimento do outro lado quando precisa? Então quando se diz que a "saúde para na linha da fronteira",[168] se está justamente verificando a não efetividade do atendimento a saúde.

Destaque-se por oportuno, que a globalização universaliza padrões culturais,[169] (o que foi percebido na fronteira visitada) tida como um aspecto positivo, pois universaliza oportunidades, onde a sociedade pode perceber-se como parte de um todo, e que necessitam de politicas públicas para a partilha de riscos,[170]

Outro é o sentido atribuído por Zygmunt Baumann, que vê a globalização num aspecto negativo, ou seja, enquanto processo irreversível,[171] que está associada ao tempo/espaço, cuja utilização desse tempo e espaço são diferen-

---

Ver também, AUGE, Marc. *Los «no lugares» espacios del anonimato*: Una antropología de la Sobremodernidad (Título del original en francés: Non-lieux. Introduction á une antropologie de la surmodenité. Edition de Seuil, 1992. Colection La Librairie du XX é siecle, sous la direction de Maurice Olender). Traducción: Margarita Mizraji, Quinta reimpresión, Barcelona: Editorial Gedisa, S.A., 2000.

[168] Ver Entrevistas capitulo 5.

[169] Adverte Fagundes Cunha: "a globalização não ocorre apenas em razão da intensa circulação de bens, capitais, informações e de tecnologia através das fronteiras nacionais, com a conseqüente criação de um mercado mundial, mas também em função da universalização dos padrões culturais e da necessidade de equacionamento comum de problemas que afetam a totalidade do planeta, como o combate a degradação do meio ambiente, a proteção dos direitos humanos, o desarmamento nuclear, o crescimento populacional". CUNHA, Fagundes J. S. *Os Direitos humanos e o direito de integração*. In Revista Jurídica da UEPG. Ano I, vol. 2. Ponta Grossa-PR jan./jun 1998. pp. 51/52. Disponível em: <http://jus.com.br/revista/texto/2479/o-impacto-da-globalizacao-nas-relacoes-sociais-e-integracao-na-america-latina/4#ixzz258x1xhDy>. Acesso em: 18 jul. 2012.

[170] Refere Jorge E. Douglas Price: *Tradução livre de*: "La proyección positiva de la globalizacción, pues los gobiernos de las grandes potencias (y de los paises que no son potencias) no parecen absorber el riesgo que ella implica; pero, en la medida que la comunidad internacional, se abre una oportunidad de que las sociedades puedan percibirse a sí mismas como formando parte de un todo que necesita de políticas compartidas para asumir aquél riesgo DOUGLAS PRICE, Jorge E. Modelos de integración regional, aspectos jurídicos y sociológicos apud CUNHA, Fagundes J. S. *Os Direitos humanos e o direito de integração*. In Revista Jurídica da UEPG. Ano I, vol. 2. Ponta Grossa-PR jan./jun 1998. p. 51/52. Disponível em: <http://jus.com.br/revista/texto/2479/o-impacto-da-globalizacao-nas-relacoes-sociais-e-integracao-na-america-latina/4#ixzz258x1xhDy>. Acesso em: 18 jul. 2012.

[171] "A "globalização" está na ordem do dia; uma palavra da moda que se transforma rapidamente em um lema, uma encantação mágica, uma senha capaz de abrir as portas de todos os mistérios presentes e futuros. Para alguns, "globalização" é o que devemos fazer se quisermos ser felizes; para outros, é a causa da nossa infelicidade. Para todos, porém, "globalização" é o destino irremediável do mundo, um processo irreversível; é também um processo que nos afeta a todos na mesma medida e da mesma maneira. Estamos todos sendo "globalizados" – e isso significa basicamente o mesmo para todos." BAUMAN, Zygmunt. *Globalização*: As Conseqüências Humanas. Tradução de Marcus Penchel. Rio de Janeiro: Jorge Zahar Editor, 1999. p. 5.

ciados; e diferenciadores novamente associados à fronteira visitada que une e divide, um chamado "processo localizador" que fixa o espaço,[172] pois "ser local num mundo globalizado é sinal de privação e degradação social".[173]

Ainda no que tange ao espaço e tempo, Boaventura de Sousa Santos adverte que o problema fundamental do espaço-tempo mundial e a irreversível polarização entre o "Norte e o Sul" (expressão cunhada pelo autor), ou seja, entre países centrais e periféricos no sistema mundial, refere uma pluralidade de vetores, como a) grande explosão demográfica; b) a economia globalizada; e também c) a degradação ambiental; o que se percebe é que há inter-relação entre os três vetores de desigualdade, todavia, quanto à globalização,[174] sabe-se que existe uma economia-mundo desde o século XVI, muito embora os processos de globalização tenham se intensificado efetivamente apenas nas últimas décadas, a exemplo da "deslocação da produção mundial para a Ásia consolidando-se essa como uma das grandes regiões do sistema mundial", assim como a "primazia total das empresas multinacionais, enquanto agentes do mercado global, além, é claro, da "erosão da eficácia do Estado na gestão macroeconômica e o avanço tecnológico".[175]

Dessa feita, a globalização que pode ser associada à desregulamentação, como destaca, nesse âmbito, Carlos A. de Mattos, se de um lado a globalização enquanto processo crescente, e "cujo progresso exige uma maior liberalização no funcionamento das economias nacionais", de outro lado, a desregulamentação, "que está focado na intensificação como condição prévia para uma economia nacional para melhorar a sua posição na dinâmica global". E adverte para as consequências com impacto na dinâmica econômica apresentando três fenômenos também vinculados, entrelaçados, ou seja "a) a autonomia crescente do capital; b) o contínuo fortalecimento da tendência secular à conglo-

---

[172] Aduz:"A expressão 'compressão tempo/espaço' encerra a multifacetada transformação em curso dos parâmetros da condição humana. Assim que examinarmos as causas e conseqüências sociais dessa compressão, ficará evidente que os processos globalizadores não têm a unidade de efeitos que se supõe comumente. Os usos do tempo e do espaço são acentuadamente diferenciados e diferenciadores. A globalização tanto divide como une; divide enquanto une – e as causas da divisão são idênticas às que promovem a uniformidade do globo. Junto com as dimensões planetárias dos negócios, das finanças, do comércio e do fluxo de informação, é colocado em movimento um processo 'localizador', de fixação no espaço. Conjuntamente, os dois processos intimamente relacionados diferenciam nitidamente as condições existências de populações inteiras e de vários segmentos de cada população. O que para alguns parece globalização, para outros significa localização; o que para alguns é sinalização de liberdade, para muitos outros é um destino indesejado e cruel. A mobilidade galga ao mais alto nível dentre os valores cobiçados – e a liberdade de movimentos, uma mercadoria sempre escassa e distribuída de forma desigual, logo se torna o principal fator estratificador de nossos tardios tempos modernos ou pós-modernos". BAUMAN, Zygmunt. *Globalização*: As Conseqüências Humanas. Tradução de Marcus Penchel. Rio de Janeiro: Jorge Zahar Editor, 1999. p. 5-6.

[173] "Os desconfortos da existência localizada compõem-se do fato de que, com os espaços públicos removidos para além do alcance da vida localizada, as localidades estão perdendo a capacidade de gerar e negociar sentidos e se tornam cada vez mais dependentes de ações que dão e interpretam sentidos, ações que elas não controlam – chega dos sonhos e consolos comunitaristas dos intelectuais globalizados". BAUMAN, Zygmunt. *Globalização*: As Conseqüências Humanas. Tradução de Marcus Penchel. Rio de Janeiro: Jorge Zahar Editor, 1999. p. 7.

[174] SANTOS, Boaventura de Sousa. *Pela mão de Alice*: o social e o político na pós-modernidade. São Paulo: Cortez, 1997. p. 286.

[175] Ibid.

meração de capital e c) o progressivo enfraquecimento das raízes da capital territorial".[176]

A globalização também se consubstancia na "intensificação crescente das relações sociais e comunicações suprarregionais mundializadas, com reflexos profundos na reprodução dos sistemas político-jurídicos territorialmente segmentados em forma de Estado".[177] Comenta Antony Giddens, ainda, que também estabelece "a reorganização do tempo e do espaço", vez que acarreta uma profunda relação de "desencaixe, produzindo um deslocamento das relações sociais dos contextos locais e sua (re)articulação através de partes indeterminadas – espaço-tempo, possibilitando uma situação de reflexibilidade institucional".[178]

Ou, ainda, um fenômeno multifacetado, como adverte Boaventura de Sousa Santos, que define globalização como "conjuntos de relações sociais que se traduzem na intensificação das interações transnacionais, sejam elas práticas interestatais, práticas capitalistas globais ou práticas sociais e culturais transnacionais".[179]

Noutra seara, Ulrich Beck, quando questiona: "¿Qué es la globalización?", apresenta inicialmente 3 (três) dimensões distintas: a primeira é o que se entende por globalismo,[180] que quer dizer, predomina o sistema de mercado; a

---

[176] *Tradução livre de:* "Luego de la crisis que afectó al mundo capitalista al promediar la década de los años 70, bajo el impulso simultáneo e interrelacionado, por una parte, de la consolidación de un nuevo paradigma científico-técnico y, por otra parte, del incontenible avance del proceso de globalización, un número creciente de países optó por realizar cambios radicales en la orientación de sus estrategias y políticas macroeconómicas. Tanto para las naciones como para las empresas, la posibilidad de acumular y crecer en el ámbito de la dinámica económica que entonces comenzó a perfilarse, quedó condicionada por la capacidad de estas entidades para ajustar sus estructuras internas a las exigencias de la nueva situación.[...] Al generalizarse su aplicación, las políticas de liberalización económica promovieron –y, al mismo tiempo, utilizaron– el desarrollo de dos procesos complementarios, retroalimentados recíprocamente, considerados como el camino idóneo para la consolidación de la nueva dinámica económica: por una parte, la globalización, cuyo avance requiere de la mayor liberalización en el funcionamiento de las distintas economías nacionales y, por otra parte, la desregulación, cuya intensificación se ubica como una condición ineludible para que una economía nacional pueda mejorar su inserción en la dinámica globalizada. ¿Que consecuencias relevantes, con incidencia en la dinámica económica territorial, han resultado del avance de la globalización y de la desregulación? A este respecto, tres fenómenos indisolublemente entrelazados, merecen ser destacados especialmente: la creciente autonomización del capital [...] la persistente intensificación de la secular tendencia a la conglomeración del capital, [...] c) el progresivo debilitamiento de las raíces territoriales del capital,[...]". MATTOS, Carlos A. de. Globalización, movimentos del capital, mercados de trabajo y concentración territorial expandida. In: *Fronteiras na América Latina:* Espaços em transformação. Orgs. Iára Regina Castello, Mirian Regina Koch, Naia Oliveira, Neiva Otero Schäeffer e Tânia Strohaecker. Porto Alegre: Editora da Universidade Federal do Rio Grande do Sul, 1997, (Fundação de Economia e Estatística) p. 14-15.

[177] GIDDENS, Anthony. *As conseqüências da modernidade.* São Paulo: Trad. Raul Fiker. Unesp, 1991. p. 64).

[178] GIDDENS, Anthony. *Modernidade e Identidade.* Rio de Janeiro: Zahar, 2002. p. 221.

[179] SANTOS, Boaventura de Sousa (Org.). *Globalização:* Fatalidade ou Utopia?. Porto: Afrontamento. 2001. p. 90.

[180] Para Ulrich Beck A primeira dimensão, o que se entende por globalismo. Tradução livre de: "Por *globalismo* entendo la concepción según la cual el mercado mundial desaloja o sustituye al quehacer político; es decir, la ideología del dominio del mercado mundial o la ideología del liberalismo. Esta procede de manera monocausal y economicista y reduce la pluridimensionalidad de la globalización a una sola dimensión, la económica, dimensión que considera asimismo de manera lineal, y pone sobre el tapete (cuando, y si es que, lo hace), todas las demás dimensiones – las globalizaciones ecológica, cultural, politica y social sólo para destacar el presunto predomínio del sistema de mercado mundial [...]". BECK, Ulrich. *¿Qué es la globalización? Falácias del globalismo, respuestas a la globalización.* España: PAIDÓS, 1998. p. 27.

Mobilidade, Fronteiras & Direito à Saúde

segunda, o que se entende por globalidade,[181] refere, vive-se numa sociedade mundial; e a terceira o que se entende por globalização,[182] apontado enquanto processos perfectibilizados, dimensões essas intrinsecamente ligadas, conectadas.

Tece, ainda, importante associação Ulrich Beck, nesse contexto, da riqueza globalizada e da pobreza localizada, que é o que se percebe especificamente na área de fronteira, pois a globalização não produziu uma unificação cultural, mas o que se pode perceber é que os cenários locais (globais, expressão cunhada por Ulrich Beck) são antes uma "imaginação de vidas possíveis",[183] são dois mundos tão próximos e tão distantes, tão diferentes.

O próprio Ulrich Beck, inspirado em Zymunt Bauman, aponta que "não são apenas dois momentos ou lados da mesma moeda, são as duas forças motrizes e formas de expressão de uma nova polarização e estratificação da população em ricos globalizados e pobres localizados".[184] Todavia, grande parte da população mundial vive em lados distintos, mas veem só um lado.

---

[181] Para Ulrich Beck A segunda dimensão, o que se entende por globalidade: *Tradução livre de:* "La *Globalidad* significa lo siguiente: *hace ya bastante tiempo que vivimos en una sociedad mundial*, de manera que la tesis de los espacios cerrados es ficticia. No hay ningún país ni grupo que pueda vivir al margen de los demás. [...] Así, 'sociedad mundial' significa la totalidad de las relaciones sociales que no están integradas en la política del Estado nacional ni están determinadas (ni son determinables) a través de ésta". BECK, Ulrich. *¿Qué es la globalización? Falácias del globalismo, respuestas a la globalización.* España: PAIDÓS, 1998. p. 28.

[182] Para Ulrich Beck A terceira, o que se entende por globalização: *Tradução livre de:* "Por su parte, la *globalización*, significa los *procesos* en virtud de los cuales los Estados nacionales soberanos se entremezclan e imbrican mediante actores transnacionales y sus respectivas probabilidades de poder, orientaciones, identidades y entramados vários". BECK, Ulrich. *¿Qué es la globalización? Falácias del globalismo, respuestas a la globalización.* España: PAIDÓS, 1998. p. 29.

[183] *Tradução livre de:* "Resumamos: los observadores anglosajones de los escenários globales deudores de la teoria cultural han dado carpetazo a lo que se poderia denominar la <mcdonaldización> del mundo. Parecen coincidir en que la globalización no produce necessariamente ninguna unificación cultural; la produción masiva de símbolos e informaciones culturales no origina el surgimiento de algo que se pueda parecer a una <cultura global>. Los escenários globales que se derivan de ella deben, antes bien, entenderse como una extremada <imaginación de vidas posibles> de dos caras, que permita una multiplicidad de combinaciones y de la cual se recoja, con vistas a las identidades de la propia vida y de los respectivos grupos, colecciones fuertemente variables y abigarradas". BECK, Ulrich. *¿Qué es la globalización? Falácias del globalismo, respuestas a la globalización.* España: PAIDÓS, 1998. p. 87-91.

[184] *Tradução livre de:* "Escribe Zygmunt Bauman, «se aíslan símbolos culturales y se tejen identidades de varia índole. La industria de la auto diferenciación local se convierte en uno de los rasgos distintivos (globalmente determinados) de las postrimerías del siglo xx... Los mercados globales de bienes de consumo, junto con las informaciones, hacen indispensable elegir lo que se debe absorber, pero la manera y modo de la elección se decide a nivel local o comunitario para asegurar nuevos distintivos simbólicos para las identidades extinguidas y resucitadas, o reinventadas o hasta ahora solamente postuladas. La *comunidad,* redescubierta por sus redivivos y románticos admiradores (la ven ahora nuevamente amenazada por fuerzas oscuras, desarraigadoras y despesonalizadoras atrincheradas esta vez en la *sociedad global),* no es el contraveneno de la globalización, sino una de sus inevitables consecuencias globales, producto y condición al mismo tiempo». Y ahora, para concluir esta argumentación acerca del desarrollo «dotado de su propia lógica»- de una dimensión concreta de la globalización, vamos a preguntarnos por las consecuencias más i portantes resultantes de las desigualdades globales, y que más tan. Z. Bauman describe de la siguiente manera tales consecuencias: nexo global-local permite y produce forzosamente no sólo nuevos modos de estudio analítico-empírico de culturas y mundos vitales locales, sino que, antes bien, sostiene Bauman, desagrega la sociedad mundial que se anunciasimismo, la globalización y la localización no sólo son dos momentos o caras de la misma moneda; son al mismo tiempo fuerzas impulsoras y formas de expresión de una nueva *polarización y estratificación de la población mundial en ricos globalizados y. pobres localizados".* BECK, Ulrich. *¿Qué es la globalización? Falácias del globalismo, respuestas a la globalización.* España: PAIDÓS, 1998. p. 88.

A Glocalização é essencialmente um negócio novo, "a falta de direitos e privilégios, riqueza e pobreza, as chances de sucesso e falta de perspectivas, poder e impotência, falta de liberdade e liberdade". O processo de glocalização "é uma nova estratificação global, cuja evolução é construída sobre uma nova hierarquia mundial cultural".[185]

Essa dinâmica Norte-Sul, para Hassan Zaoual, significa que a medida em que o sentimento global cresce, o sentimento local também cresce, isto é, "o fracasso do desenvolvimento nos países do Sul e a eficácia econômica e social das 'dinâmicas informais' associadas às profundas incertezas da economia de mercado, nos grandes países do Norte, geram confusão no modo de representar o mundo e nele agir". Justamente porque, cada vez mais, as "pessoas sentem a necessidade de crer e de se inserir em locais de pertencimento".[186] Ainda sobre as convergências Norte-Sul, atualmente, há uma articulação mais plena entre o econômico e o social, há "delocamento do global em direção ao local".[187]

Os países considerados do Norte, (1 na legenda) são os países ricos, desenvolvidos, e os do Sul, (2 na legenda) são os países pobres, os subdesenvolvidos ou em vias de desenvolvimento.

São considerados do Norte os países ricos ou industrializados, com população de 15 % do total mundial, estão incluídos os países dos Estados Unidos, Canadá, Japão, Austrália, Nova Zelândia, Alemanha, França, entre outros.

E são considerados do Sul os países pobres, subdesenvolvidos, com população de 85% do total mundial, estão incluídos os países do Brasil, países da América Central e Sul, continente africano, entre outros. Veja-se o mapa da página seguinte:

---

[185] *Tradução livre de:* «La globalización y la localización pueden ser las dos caras inseparables de la misma medalla, pero las dos partes de la población mundial viven en lados distintos y ven sólo un lado –así como vemos y observamos desde la Tierra un solo lado de la Luna–. Los unos son los auténticos moradores del globo; los otros están simplemente encadenados a su puesto [...] La globalización es, fundamentalmente, un nuevo reparto de, a la vez, privilegios y ausencia de derechos, riqueza y pobreza, posibilidades de triunfo y falta de perspectivas, poder e impotencia, libertad y falta de libertad. Podríamos decir que la globalización es un proceso de *nueva estratificación a nivel mundial,* en cuyo devenir se construye una nueva jerarquía a nivel mundial sociocultural y autorreproductora. En la cuestión de la diferencia y de las identidades comunitarias que impulsan la globalización de los mercados y de la información y se dejan convertir en 'necesidad', no se trata de socios múltiples, sino de socios iguales. Lo que para unos es libre elección, para otros es destino implacable. Y como estos otros aumentan sin parar en número y caen en una situación cada vez más desesperada, fruto de una existencia sin perspectivas, tenemos derecho a posibilitar la libre elección y un quehacer eficaz cuando tomamos la glocalización como una concentración de capital, finanzas y demás recursos imaginables –pero sobre todo también cuando la tomamos como una *concentración de la libertad de acción...*–. La libertad (principalmente de acción y de movilidad financiera) es el invernadero donde la riqueza va a crecer sin duda más que nunca; y cuando la riqueza se multiplique, habrá más para todos, dicen los optimistas. Los pobres del mundo, los nuevos y los viejos, los de toda la vida y los producidos por ordenador, apenas reconocerían su situación desesperada en medio de este folclore." BECK, Ulrich. *¿Qué es la globalización? Falácias del globalismo, respuestas a la globalización.* España: PAIDÓS, 1998. p. 88.

[186] ZAOUAL, Hassan. *Globalização e diversidade cultural.* Textos selecionados e traduzidos por Michel Thiollent. São Paulo: Editora Cortez, 2003. (Coleção questões da nossa época; v. 106). p. 20-21.

[187] ZAOUAL, Hassan. *Globalização e diversidade cultural.* Textos selecionados e traduzidos por Michel Thiollent. São Paulo: Editora Cortez, 2003. (Coleção questões da nossa época; v. 106). p. 25.

Mobilidade, Fronteiras & Direito à Saúde

Figura 6 – Mapa múndi: linha divisória dos países do Norte e do Sul

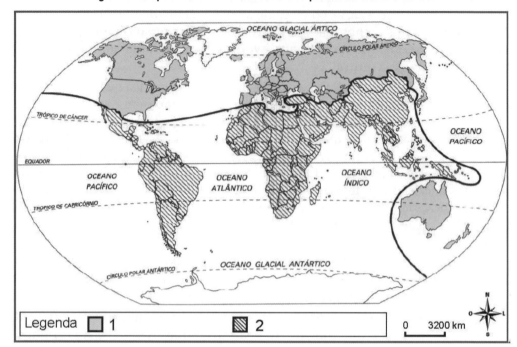

Fonte: Atlas Geografico, 2013.[188]

Noutra seara, três níveis são apontados por Milton Santos de solidariedade, quando refere à natureza do espaço: o global em nível mundial e também em nível de territórios de um país e Estados (as fronteiras) e o nível local, ou seja, o lugar,[189] pois a ordem global tenta impor uma única racionalidade. Nota-se:

> A ordem global busca impor, a todos os lugares, uma única racionalidade. E os lugares respondem ao Mundo segundo os diversos modos de sua própria racionalidade. A ordem global serve-se de uma população esparsa de objetos regidos por essa lei única que os constitui em sistema. A ordem local é associada a uma população contígua de objetos, reunidos pelo território e como território, regidos pela interação. No primeiro caso, a solidariedade é produto da organização. No segundo caso, é a organização que é produto da solidariedade. A ordem global e a ordem local constituem duas situações geneticamente opostas, ainda que em cada uma se verifiquem aspectos da outra. A *razão* universal é organizacional, a razão local é orgânica. No primeiro caso, prima a *informação* que, aliás, é sinônimo de organização. No segundo caso, prima a comunicação. A ordem global funda as escalas superiores ou externas à escala do cotidiano. Seus parâmetros são a razão técnica e operacional, o cálculo de função, a linguagem matemática. A ordem local funda a escala do cotidiano, e seus parâmetros são a co-presença, a vizinhança, a intimidade, a emoção, a cooperação e a socialização com base na contiguidade.[190]

---

[188] Atlas Geográfico. *Divisão em N e S*. Disponível em: <http://atlasgg.blogspot.com/>. Acesso em: 25 mai. 2013.
[189] SANTOS, Milton. *A Natureza do Espaço*: Técnica e Tempo, Razão e Emoção. 4. ed. 2. reimpr. São Paulo: Editora da Universidade de São Paulo, 2006. p. 225.
[190] Ibid., p. 137.

Aponta, noutra seara, Héctor Ricardo Leis, em "La Modernidad Insustentable", que nunca antes na história, a não ser com a Declaração Universal dos Direitos Humanos, em 1948, houve um consenso que fosse possível de legitimar tal alcance transnacional, como o faz a globalização, [191] pois, segundo Hassan Zaoual, insere os aspectos econômicos (exigências de mercado), no conjunto das instituições sociais, culturais e crenças sociais-locais,[192] e chega a questionar se seria o fim da globalização? Ao que responde que não, pois "contrariamente ao cientificismo, observa-se e age-se somente com crenças e conceitos. Ninguém fala ou escuta se não estiver situado em algum lugar!".[193]

Com certeza, não será o fim da globalização, pois o indivíduo precisa de um sítio,[194] sítio esse, enquanto lugar de pertencimento, um espaço vivido, de um lugar, que lhe ampare, que lhe sirva de ancoragem para a integração social.[195]

Esquematicamente, vizualizam-se, com essa abordagem, três níveis de realidade articulados, constituindo um todo, segundo o senso comum, é o lugar de encontro e ancoragem para os sujeitos que a ele pertencem, e sabe-se que a transição de um paradigma[196] dura até o momento em que outro surja. O

---

[191] *Tradução livre de*: "Pocas veces antes en la historia (la Declaración Universal de los Derechos Humanos, firmada por la ONU en 1948, fue otro gran ejemplo), había sido posible legitimizar consensos transnacionales de tal alcance. [...] Cuando se habla de problemas ambientales globales en una cumbre internacional y poco o nada se hace, frente a los problemas denunciados, se pretende implícitamente conciliar las perspectivas político económicas dominantes con el ambientalismo y su emergente espiritualidad. Aunque las elites puedan estar ajenas a esta maniobra de colonización del mundo vivido (a pesar de que, en algunos casos, su cinismo es un indicador de la percepción del fenómeno), no es por eso menos peligrosa, ya que atenta directamente contra la posibilidad de hacer convergir históricamente aspectos civilizatorios y coyunturales". LEIS, Héctor Ricardo. *La modernidad insustentable:* Las críticas del ambientalismo a la sociedad contemporánea. La globalización y la espiritualización del ambientalismo Montevideo: Editorial Nordan-Comunidad. 2001. p. 153-158.

[192] ZAOUAL, Hassan. *Globalização e diversidade cultural*. Textos selecionados e traduzidos por Michel Thiollent. São Paulo: Editora Cortez, 2003. (Coleção questões da nossa época; v. 106).

[193] Ibid., p. 18-19.

[194] Em outros termos, "trata-se de uma entidade imaterial (ou intangível) que impregna o conjunto do universo local dos atures. Sempre o sítio é singular, aberto ou fechado. Ele contém um código de seleção e de evolução própria: nesse sentido, é dinâmico. Contrariamente ao culturalismo, o estudo dos sítios (sitologie) é uma abordagem não estática, pensando o plano de movimento, de complexo e de mestiçagem cultural. Conforme essa ótica, oposta à do economicismo, nenhuma dimensão da existência humana pode estar separada das outras. Crenças, conceitos e comportamentos se rticulam em torno de um sentido de pertencimento e criam forte relatividade das leis econômicas no mesmo momento em que o mundo parece uniformizar-se". ZAOUAL, Hassan. *Globalização e diversidade cultural*. Textos selecionados e traduzidos por Michel Thiollent. São Paulo: Editora Cortez, 2003. (Coleção questões da nossa época; v. 106). p. 28-29.

[195] Aduz mais, "Universalme, o homem precisa de sítio. É da ordem do incálculável. Ele gosta do sítio onde se encontra. É seu lugar de encontro e ancorgem. No plano conceptual, o sítio é uma entidade que contribui para a integração das organizações sociais e dos indivíduos que as compõem. O sítio é antes de tudo uma entidade imaterial, um espaço cognitivo que estabiliza o caos social. De modo esquemático, o sítio é constituído de 'três caixas', estreitamente vinculadas. Sua 'caixa preta' contém os mitos fundadores, suas crenças, sua experiência, su memória e trajetória. Sua 'caixa conceitual' contém seu saber social, suas teorias e seus modelos. Por fim, sua 'caixa de ferramentas' restitui, de modo imediato, seus ofícios, seus modelos de ação etc. O todo está estruturado ao redor do senso comum que seus aderentes produzem em suas interações. O senso comum partilhado percorre o conjunto dos diferentes níveis de realidade do sítio. Mitos, ritos, sitios estão interligados [...]". ZAOUAL, Hassan. *Globalização e diversidade cultural*. Textos selecionados e traduzidos por Michel Thiollent. São Paulo: Editora Cortez, 2003. (Coleção questões da nossa época; v. 106). p. 54-55.

[196] Segundo Kuhn, os "paradigmas são as realizações cientificas universalmente reconhecidas que, durante algum tempo, fornece problemas e soluções modelares para uma comunidade de praticantes de uma ciência" KUHN, Thomas. S. A *estrutura das revoluções científicas*. São Paulo: Perspectiva, 1991. p. 13.

Mobilidade, Fronteiras & Direito à Saúde

homem moderno precisa que sua vida faça sentido "de sentido, de ancoragem e de vínculo social. O que a economia do capital não lhe oferece".[197] Pode-se, dessa forma, decifrar o conceito de sítio simbólico, como algo invisível, uma cosmovisão (por analogia, pode-se vincular ao próprio conceito de fronteira, enquanto lugar incomum, um não lugar, um vazio fronteiriço). O sítio é entendido ainda como um espaço, "patrimônio coletivo que estabelece sua consistência no espaço vivido dos atores, cuja identidade do sítio é transmitida pela socialização entre gerações". Tal unicidade faz com que a diversidade dos diferentes sítios (quer da região, da nação, do continente, ou do conjunto da humanidade), seja tanto onipresente quanto proliferante, justamente em razão das mudanças e intercâmbios que acontecem na sociedade, visto que a "humanidade é una e diversa".[198]

Soma-se a tudo isso a liberdade, ou como Amartya Sen destaca, no desenvolvimento como liberdade – cinco liberdades instrumentais,[199] dentre elas, as oportunidades sociais, principalmente no que tange à saúde, (em todas as suas dimensões) viver melhor, mais dignamente, (não só tratando da doença) depois que ela já existe. E que passa necessariamente pela liberdade, isto é, enquanto fim e meio para um efetivo desenvolvimento.

E, para que possa atingir um efetivo bem-estar, as pessoas são diferentes (mas iguais em direitos e obrigações) umas das outras,[200] e identifica cinco fontes distintas e fundamentais da diversidade humana,[201] pois as pessoas são

---

[197] ZAOUAL, Hassan. *Globalização e diversidade cultural*. Textos selecionados e traduzidos por Michel Thiollent. São Paulo: Editora Cortez, 2003. (Coleção questões da nossa época; v. 106). p. 92.

[198] Ibid., p. 112. Anexo, Nota explicativa.

[199] São elas: "1) Liberdades políticas: Incluem os direitos civis, e referem-se à liberdade de escolha por parte das pessoas sobre que deve governar e porque, além dos direitos de fiscalização e crítica dos governantes através de uma imprensa livre e atuante; 2) Facilidades econômicas: Oportunidades por parte das pessoas para utilizar recursos econômicos para o consumo, produção ou troca. Para isto, os mecanismos de mercado podem ter um valor fundamental, já que permitem a livre circulação de pessoas e produtos na economia; 3) Oportunidades sociais: Referem-se aos serviços de saúde, educação, etc, que permitem ao indivíduo não apenas viver melhor em sua vida privada (escapando da miséria através de um trabalho mais bem qualificado, por exemplo), quanto também participar melhor da vida pública (a capacidade de ler jornais é fundamental para a atividade política, por exemplo); 4) Garantias de transparência: Referem-se à necessidade de uma pessoa esperar sinceridade em sua relação com outras pessoas, instituições e com o próprio Estado. Além de essencial para a coesão social, ela pode ter papel importante na prevenção da corrupção, por exemplo; 5) Segurança protetora: resguarda os vulneráveis de caírem na miséria extrema através de uma rede de segurança social e outras medidas que visem as garantias mínimas de sobrevivência das pessoas. Medidas estas que não são tão caras quanto alardeiam alguns, especialmente nos países em desenvolvimento, onde o custo da mão de obra e dos produtos é menor." SEN, Amartya. *Desenvolvimento como liberdade*. Tradução Laura Teixeira Motta. São Paulo. Companhia das Letras, 2010. p. 25 e 77.

[200] SEN, Amartya. *Desenvolvimento como liberdade*. Tradução Laura Teixeira Motta. São Paulo. Companhia das Letras, 2010. p. 76-77.

[201] São elas: "(*i*) *Heterogeneidades pessoais*: características díspares das pessoas relacionadas, por exemplo, a idade, sexo, incapacidade, doença etc.; (ii) Diversidades ambientais: variações nas condições ambientais, como, por exemplo, circunstâncias climáticas, poluição etc.; (iii) Variações no clima social: a qualidade de vida das pessoas sofre influências das condições sociais, incluindo os serviços públicos oferecidos, da violência, da epidemiologia, das relações comunitárias etc.; (iv) Diferenças de perspectivas relativas: as necessidades das pessoas estão relacionadas a padrões de comportamento estabelecidos, podendo variar entre comunidades devido a convenções e/ou costumes; e (v) Distribuição na família: as rendas ou recursos auferidos por um ou mais membros de uma família são compartilhadas por todos – tanto por quem os adquire como por quem não os adquire – sendo, assim, ela é a unidade básica de análise em relação a essas variáveis".

heterogêneas, o meio ambiente no qual se encontram é diverso, o clima social é múltiplo, e múltiplas também são as perspectivas das pessoas e, por fim, a família como base, sustentação, um todo complexo e embricado de pessoas, atitudes, comportamentos que compõem a unidade.

Repare-se que a globalização faz redescobrir a corporeidade, os deslocamentos populacionais e a sua frequência, também o "mundo da fluidez, a vertigem da velocidade", ou ainda, a própria "banalidade do movimento e das alusões a lugares e a coisas distantes, revelam, por contraste, no ser humano, o corpo como uma certeza materialmente sensível, diante de um universo difícil de apreender".[202]

Importante salientar que a globalização se dá em diferentes campos, da economia, política, cultura e também dos direitos. E soma-se a isso o fato sobre os problemas sociais da América Latina, ou melhor, de direito social, ao que Bernardo Kliksberg aponta 10 falácias,[203] ou mitos, que apresentam, por vezes, uma visão "distorcida dos problemas sociais da América Latina e de suas causas e levam a graves erros nas políticas adotadas, é parte dos retrocessos e da dificuldade para melhorar a situação". Sendo assim, não contribuem para superar a pobreza e a desigualdade, antes o contrário. Pois, não se pode mais justificar a pobreza, veja-se:

> Antes o contrário: "com freqüência, reforçam-nas estruturalmente visões como: negar a gravidade da pobreza; não considerar a irreversibilidade dos danos que causa; argumentar que o crescimento econômico sozinho resolverá os problemas; desconhecer a transcendência do peso regressivo da desigualdade; desvalorizar a função das políticas sociais; desqualificar totalmente a ação do Estado; desestimar o papel da sociedade civil e do capital social; bloquear a utilização da participação comunitária; esquivar as discussões éticas e apresentar o modelo reducionista que se propõe, com suas falácias implícitas, como a única alternativa possível. Estas visões não são a causa única dos problemas, que possuem raízes profundas internas e externas, mas obscurecem a busca das causas e pretendem legitimar algumas delas. Buscar caminhos diferentes exige enfrentar e superar estas e outras falácias semelhantes. Isto aparece em primeiro lugar como uma exigência ética. [...] Ao mesmo tempo, atacar frontalmente as causas da pobreza, não dando lugar às negativas e tergiversações, é trabalhar por restituir cidadania a grande parte dos habitantes da região, cujos direitos humanos elementares estão, de fato, aviltados pelas carências sociais. Por

---

SEN, Amartya. *Desenvolvimento como liberdade*. Tradução Laura Teixeira Motta. São Paulo. Companhia das Letras, 2010. p. 76-77.

[202] Aduz; "Essa é uma realidade tensa, um dinamismo que se está recriando a cada momento, uma relação permanente instável, e onde globalização e localização, globalização e fragmentação são termos de uma dialética que se refaz com frequência. [...] A uma maior globalidade, corresponde uma maior individualidade. É a esse fenômeno que G. Benko (1990. p. 65) denomina "glocalidade", chamando a atenção para as dificuldades do seu tratamento teórico. Para apreender essa nova realidade do lugar, não basta adotar um tratamento localista, já que o mundo se encontra em toda parte. Também devemos evitar o "risco de nos perder em uma simplificação cega", a partir de uma noção de particularidade que apenas leve em conta "os fenômenos gerais dominados pelas forças sociais globais"." SANTOS, Milton. *A Natureza do Espaço*: Técnica e Tempo, Razão e Emoção. 4. ed. 2. reimpr. São Paulo: Editora da Universidade de São Paulo, 2006. p. 213.

[203] São elas: "Primeira falácia: a negação ou a minimização da pobreza; Segunda falácia: a falácia da paciência; Terceira falácia: com o crescimento econômico é suficiente; Quarta falácia: a desigualdade é um fato da natureza e não um obstáculo para o desenvolvimento; Quinta falácia: a desvalorização da política social; Sexta falácia: a maniqueização do Estado; Sétima falácia: a incredulidade sobre as possibilidades de contribuição por parte da sociedade civil; Oitava falácia: a participação sim, mas não; Nona falácia: a esquivança ética e Décima falácia: não há outra alternativa". KLIKSBERG, Bernardo. *Falácias e mitos do desenvolvimento social*. Tradução de Sandra Trabucco Valenzuela. São Paulo: Cortez, 2001. p. 15ss.

último, diante das falácias, permitam-nos elevar a voz do grande escritor latino-americano, Carlos Fuentes: "Algo se esgotou na América Latina, os pretextos para justificar a pobreza".[204]

Registre-se a contribuição de Peter Burke quanto aos três eixos (eleitos por ele) da globalização, ou seja, – política, econômica e cultural, e que vê o Brasil como "um país com uma cultura mista, híbrida, em que interagem várias culturas e sociedades diferentes com um relativo grau de harmonia e pluralismo – um ponto crucial para o futuro da globalização",[205] justamente sustentando, o que chama de "abordagem tridimensional", sustentada por três eixos, da sociologia, da geografia e da história.

Ainda no que tange à América Latina, refere Flávia Piovesan, a globalização econômica tem agravado muito o "dualismo econômico e estrutural da realidade latino-americana, com o aumento das desigualdades sociais e do desemprego, aprofundando-se as marcas da pobreza absoluta e da exclusão social", sendo que 15% da população brasileira não tem acesso à saúde.[206] Além disso, o esvaziamento de direitos humanos e fundamentais como o direito à saúde, por vezes serve de entrave para o desenvolvimento. Aduz:

> O forte padrão de exclusão sócio-econômica constitui um grave comprometimento às noções de universalidade e indivisibilidade dos Direitos Humanos. O alcance universal dos Direitos Humanos é mitigado pelo largo exército de excluídos, que se tornam supérfluos em face do paradigma econômico vigente, vivendo mais no "Estado da natureza" que propriamente no "Estado Democrático de Direito". Por sua vez, o caráter indivisível desses direitos é também mitigado pelo esvaziamento dos direitos sociais fundamentais, especialmente em virtude da tendência de flexibilização de direitos sociais básicos, que integram o conteúdo de Direitos Humanos fundamentais. A garantia dos direitos sociais básicos (como o direito ao trabalho, à saúde e à educação), que integram o conteúdo dos Direitos Humanos, tem sido apontada como um entrave ao funcionamento do mercado e um obstáculo à livre circulação do capital e à competitividade internacional. A educação, a saúde e a previdência, de direitos sociais básicos transformam-se em mercadoria, objeto de contratos privados de compra e venda – em um mercado marcadamente desigual, no qual grande parcela populacional não dispõe de poder de consumo. Em razão da indivisibilidade dos Direitos Humanos, a violação aos direitos econômicos, sociais e culturais propicia a violação aos direitos civis e políticos, eis que a vulnerabilidade econômico-social leva à vulnerabilidade dos direitos civis e políticos. Acrescente-se ainda que esse processo de violação dos Direitos Humanos alcança prioritariamente os grupos sociais vulneráveis, como as mulheres e a população negra (daí os fenômenos da "feminização" e "etnicização" da "pobreza".[207]

---

[204] KLIKSBERG, Bernardo. *Falácias e mitos do desenvolvimento social.* Tradução de Sandra Trabucco Valenzuela. São Paulo: Cortez, 2001. p. 46.

[205] ZERO HORA. *Peter Burke e os três eixos da globalização.* Publicado em abr. 2007. Disponível em: <http://wp. clicrbs.com.br/culturazh/files/2010/05/zh027_111.pdf>. Acesso em: 01 fev. 2013.

[206] "Os mercados têm se mostrado, assim, incompletos, falhos e imperfeitos. De acordo com o relatório sobre o Desenvolvimento Humano de 1999, elaborado pelo Programa das Nações Unidas para o Desenvolvimento (PNUD), 15,8% da população brasileira (26 milhões de pessoas) não têm acesso às condições mínimas de educação, saúde e serviços básicos, 24% da população não têm acesso a água potável e 30% estão privados de esgoto. Esse relatório, que avalia o grau de desenvolvimento humano de 174 países, situa o Brasil na 79ª posição do *ranking* e atesta que o país continua o primeiro em concentração de renda – o PIB dos 20% mais ricos é 32 vezes maior que o dos 20% mais pobres. [...]. PIOVESAN. Flávia. *Democracia, Direitos Humanos e globalização.* Disponível em: <http://www. dhnet.org.br/direitos/militantes/flaviapiovesan/piovesan_libglobal.html>. Acesso em 25 jan. 2013.

[207] PIOVESAN. Flávia. *Democracia, Direitos Humanos e globalização.* Disponível em: <http://www. dhnet.org. br/direitos/militantes/flaviapiovesan/piovesan_libglobal.html>. Acesso em 25 jan. 2013.

E conclui, nesse ínterim, também Maria Alice Lahorgue, (referindo-se ao Brasil) que dois são os pontos a serem analisados, primeiro é o caráter excludente, na era globalizada e segundo a ação dos governos.[208]

O pacto social contra a exclusão apresenta quatro circunstâncias graves, pelas quais estão passando diferentes países da União Europeia, em específico Alemanha, a exemplo do "alargamento do fosso entre os rendimentos e muitos grupos foram atingidos pelo desemprego, pelos altos indices de pobreza".[209] Afirma que "ninguém tem uma resposta para a pergunta-chave da segunda modernidade sobre como apoiar, compatibilizar a justiça social com a era global". Nem resposta ou previsão para discussão nos próximos anos. A grande pergunta:primeiro a incorporação de garantias básicas fundamentais; e segundo, o fortalecimento das redes sociais e de auto-organização e autoprevisão; e em terceiro lugar, acompanhamento da questão da justiça social em âmbito global.[210]

---

[208] Concluindo, sublinham-se dois pontos. Primeiro, não há como deixar de reconhecer o caráter excludente da organização de produção impulsionada pela estratégia global ou mundial. Essa nova organização rebate-se no território, reforçando, na maioria das vezes, hierarquias preexistentes, como visto acima no caso do Brasil, alijando as áreas mais frágeis das suas análises locacionais. Segundo, esperar que os governos centrais ajam, espontaneamente, em defesa dos espaços não rentáveis pode estar significando a perda de uma chance de sua inserção positiva na nova dinâmica mundial. Os governos centrais estão, via de regra, ocupados em cumprir uma agenda de eliminação de pressões inflacionárias, onde o zeramento do déficit público aparece com máxima prioridade, tornando-os pouco receptivos a políticas de compensação ou de subsídios. Entretanto, as saídas não podem ser buscadas exclusivamente a nível federal. A articulação e a concertação a nível regional aparecem como uma alternativa a ser incentivada pelo que representam em termos de soluções originais e do avanço na elaboração de projetos de desenvolvimento democraticamente definidos". LAHORGUE, Maria Alice. A dinâmica espacial da produção e da população e as zonas de fronteiras – reflexões sobre o Mercosul. In: *Fronteiras na América Latina:* Espaços em transformação. Orgs. Iára Regina Castello, Mirian Regina Koch, Naia Oliveira, Neiva Otero Schäeffer e Tânia Strohaecker. Porto Alegre: Editora da Universidade Federal do Rio Grande do Sul, 1997, (Fundação de Economia e Estatística). p. 53.

[209] *Tradução livre de*: ¿PACTO SOCIAL CONTRA LA EXCLUSIÓN? Pero hay que preguntarse si ese maravilloso panorama de una sociedad en su nicho de bienestar puede estropearse por las tempestades generadas, ya que durante el verano de 1997 en Alemania había casi cinco millones de parados *registrados.* Quizá los discursos del «nicho de cultura» creativa y de la «sociedad cosmopolita» transnacional se adaptaban a las circunstancias de ayer y hoy ya no sirven, si consideramos la miseria creciente y el abandono de las ciudades. ¿No es algo previo garantizar la seguridad de no estar expuesto al robo o al ataque en cualquier esquina? ¿No se está expresando aquí el fundamento de todos los irracionalismos ocultos, a saber, la violencia, desde el propio centro de la sociedad y no en sus zonas marginales? En primer lugar, se ensancha la brecha entre las rentas [...] En segundo lugar, cada vez hay más grupos –por lo menos transitoriamente– afectados por el paro y la miseria [...]. Mientras tanto, en Alemania, viven más de siete millones de personas al margen del bienestar; [...] En tercer lugar, la miseria y el paro cada vez se corresponden menos con los estereotipos de las clases y por ello son más difíciles de identificar así como de organizar como fuerza política. [...] En cuarto lugar, en las formas de existencia individualizadas, las personas han de entender como destino personal lo que antes constituía el destino de su clase social; hay que atribuirse a uno mismo la incapacidad individual e incluso la pérdida de fuerzas. «Ya no somos personas. La pérdida de imagen es indescriptible» dijo un parado de la Alemania oriental para expresar su miseria. [...]". BECK, Ulrich. *¿Qué es la globalización? Falácias del globalismo, respuestas a la globalización.* España: PAIDÓS, 1998. p. 208.

[210] *Tradução livre de:* "Nadie tiene respuesta ante la cuestión clave de la segunda modernidad acerca de cómo hacer compatible con la era global la justicia social. Tampoco hay respuesta sobre si existe algo parecido a un sistema de previsión social de carácter transnacional, cuestión que está llamada a ser discutida en los próximos años.[...] No hay porqué argumentar en contra del Estado mundial, ni del Estado mundial de previsión, pues no existe realmente esa perspectiva. La cuestión, pragmáticamente tiene que ver con, en primer lugar, incorporación de garantías básicas; en segundo lugar, fortalecimiento de redes sociales de autoprevisión y autoorganización; en tercer lugar, proyección y vigilancia de la cuestión de la justicia social y económica a escala mundial en los centros de la sociedad global". BECK, Ulrich. *¿Qué es la globalización? Falácias del globalismo, respuestas a la globalización.* España: PAIDÓS, 1998. p. 208.

Mobilidade, Fronteiras & Direito à Saúde

É o que adverte, também, Friedrich Müller, que o Estado-nação perdeu a sua "base de direito, ainda se fala de 'povo' ou 'nação', mas de fato a sociedade individualisticamente diferenciada está em vias de tornar-se uma única sociedade mundial". Por assim dizer, é descentralizada, "não podendo mais ser controlada por nenhuma representação de 'soberania nacional'".[211] E quando pergunta Friedrich Müller, "o que a globalização faz contra a democracia e o que os democratas podem fazer contra a globalização", ele mesmo responde que a globalização prejudica a democracia em todos os níveis.[212]

E, justamente com a globalização, os sistemas sociais dos Estados perderam esse vértice único, o processo de "internacionalização" com respeito a padrões, em áreas diversas, e esses "ramos e setores do direito positivo nacional é que vão forjar o caráter da racionalidade jurídica inerente ao fenômeno da globalização econômica".[213]

Percebe-se que ao mesmo tempo em que a globalização, nos diferentes segmentos e áreas, foi e continua sendo importante, pois ampliou mercados, ultrapassou fronteiras, assumiu uma postura mundial inclusão e exclusão. Também significou um grande avanço para a área social, pelo menos uma preocupação mais efetiva no que tange ao aspecto local, resolvendo-se, por meio de políticas públicas, a inclusão dos que ficam a margem da sociedade.

2.4. Conexão entre pobreza e vulnerabilidade: cidadania ou subcidadania?

Inicialmente, concorda-se com Amartya Sen, quando traz a "pobreza como privação da liberdade", pois múltiplos são os parâmetros dos processos de pobreza: a exemplo do sexo, idade, classe, etnia, nível de educação, saúde, entre outros,[214] vez que a pobreza abarca múltiplos fatores.

Importante mencionar que há um círculo vicioso da pobreza, tal qual destacado por Hassan Zaoual,[215] "o pobre não se torna cidadão, o *homme debout* de Kant, mas um cliente atomizado das instituições do social", e mais, que "se profissionalizam sem poder resolver em profundidade os problemas econômicos e sociais legitimando sua existência. Sua *performance* chega a ser discutível em matéria de aplicação dos fundos públicos nacionais e internacionais". E por

---

[211] MÜLLER, Friedrich. O futuro do Estado-nação e a nossa luta contra a turboglobalização. In: PETERSON, Nikolai; SOUZA, Draiton Gonzaga. Org. *Globalização e justiça*. Porto Alegre: Edipucrs, 2002. p. 28.

[212] MÜLLER, Friedrich. O que a globalização faz contra a democracia e o que os democratas podem fazer contra a globalização. In: PETERSON, Nikolai; SOUZA, Draiton Gonzaga. Org. *Globalização e justiça*. Porto Alegre: Edipucrs, 2002. p. 59.

[213] FARIA José Eduardo. *O Direito na Economia Globalizada*. São Paulo: Malheiros, 2002. p. 154.

[214] SEN, Amartya. *Desenvolvimento como liberdade*. Tradução Laura Teixeira Motta. São Paulo. Companhia das Letras, 2010. p. 120.

[215] ZAOUAL, Hassan. *Globalização e diversidade cultural*. Textos selecionados e traduzidos por Michel Thiollent. São Paulo: Editora Cortez, 2003. (Coleção questões da nossa época; v. 106). p. 77.

isso adverte Amartya Sen que nos países em desenvolvimento as iniciativas públicas são fundamentais na geração de oportunidades sociais.[216]

A lógica histórica tem vinculado a pobreza aos países considerados do Sul, e a riqueza aos países do Norte, embora os níveis de pobreza estejam em queda, Amartya Sen relata quando perguntado sobre a última vez que esteve no Brasil sobre "qual a avaliação da evolução brasileira nesse período (quase 6 décadas)?" ao que responde que a economia brasileira passa por um bom momento. "O importante é que o país tem distribuído os recursos gerados pelo aumento de sua riqueza. Houve uma melhora indiscutível nos indicadores sociais". E ressalta principalmente a questão da saúde: "para sustentar o crescimento e consolidar os avanços conquistados, será preciso aprimorar a educação e também o sistema público de saúde, tanto em termos de cobertura da população como no que diz respeito à qualidade". O desenvolvimento econômico e social tem evoluído, e adverte: "Os níveis de pobreza estão em queda. Em diversos países, há milhões de pessoas deixando a pobreza e também muita gente enriquecendo. Houve progresso considerável na oferta e na qualidade do ensino, a saúde melhorou", além da "queda na desigualdade entre homens e mulheres".[217]

Pobreza que aponta para a vulnerabilidade, segundo Nora Lustig, vez que os pobres são sempre os mais vulneráveis, principalmente quando o país é atingido por um choque ou crises macroeconômicas. Faz alusão à América Latina, cujos pobres têm sido alvejados por uma série de choques ao longo dos últimos 20 anos que reduziu a renda e agravou a pobreza persistente e crônica na região. Que houve uma maior proteção social, com as intervenções públicas – incluindo as medidas de mercado de trabalho, redes de segurança social, os sistemas de pensões e fundos" justamente para diminuir os impactos.[218]

A vulnerabilidade pode ser definida, levando em consideração três fatores: o risco iminente, não conseguir reagir e impossibilidade de adaptação,[219] todavia, não há uma unidade em torno do conceito de vulnerabilidade, que

---

[216] SEN, Amartya. *Desenvolvimento como liberdade*. Tradução Laura Teixeira Motta. São Paulo. Companhia das Letras, 2010. p. 190.

[217] SETTI, Ricardo. *Entrevista imperdível com o Nobel de Economia Amartya Sen:* ele fala sobre China, Índia, Brasil – e diz que a crise na Europa se resolve com ênfase no crescimento. Publicado em maio 2012. Disponível em: <http://veja.abril.com.br/blog/ricardo-setti/vasto-mundo/entrevista-imperdivel-com-o-nobel-de-economia-amartya-sen-ele-fala-sobre-china-india-brasil-e-diz-que-a-crise-na-europa-se-resolve-com-enfase-no-crescimento/>. Acesso em: 12 mar. 2013.

[218] *Tradução livre de:* "Poor people are among the most vulnerable when a country is hit by a shock such as a macroeconomic crisis or a natural disaster. In Latin America, the poor have been buffeted by a series of shocks over the past 20 years that have reduced incomes and exacerbated persistent and chronic poverty in the region. Social Protection for Equity and Growth provides policy recommendations to reduce the economic vulnerability of the poor to adverse shocks and help them cope with downturns in income. Social protection refers to public interventions – including labor market measures, social safety nets, pension systems and calamity funds – that can lessen the impact of these sudden events. They target persons with precarious employment conditions or limited access to social security or other insurance systems, as well as the elderly and disabled. Often living at or near the subsistence level, these groups generally lack the economic or political power to push for policies that respond to their needs during times of crisis". LUSTIG, Nora. *Social Protection for Equity and Growth*. Washington, Inter-American Development Bank, 2000.

[219] MOSER, C. The asset vulnerability framework: reassessing urban poverty reduction strategies. *World Development*, New York, v. 26, n. 1, 1998.

Mobilidade, Fronteiras & Direito à Saúde

tão abrangente que já foram identificados, em torno de dezoito diferentes definições.[220] Já a noção de vulnerabilidade social aponta uma "insegurança e exposição a riscos e perturbações provocadas por eventos ou mudanças econômicas".[221] Tanto a demografia, como a geografia, têm trazido a questão da vulnerabilidade como um conceito linear e complementar ao de risco.[222]

Concluem os autores que na dimensão demográfica, poderiam ser incluídos indicadores quanto "à estrutura domiciliar e migração".

> o componente demográfica estrutura domiciliar pode explicar grande parte das diferenças observadas nas resultantes de desastres em populações com indicadores socioeconômicos semelhantes e graus de exposição similares a eventos perigosos. [...]. Outros exemplos de variáveis relativas à estrutura domiciliar que poderiam explicar componentes importantes da vulnerabilidade seriam famílias chefiadas por desempregados e famílias residentes em moradias subnormais e/ou ilegais. No que se refere à migração, a incorporação desta dimensão poderia trazer a tona a existência de grupos populacionais muito vulneráveis em países onde a componente suscetibilidade da vulnerabilidade é baixa em função dos valores médios dos indicadores socioeconômicos. Este é o caso de imigrantes internacionais, como os latinos nos Estados Unidos ou os africanos e árabes na Europa, e de imigrantes domésticos em países com alta desigualdade regional, como os imigrantes brasileiros provenientes de regiões economicamente deprimidas e empobrecidas.[223]

Hodiernamente, são vulneráveis os dois grupos (os incluídos e os excluídos), tanto "os que se veem incluídos nos sistemas de produção, acesso e descarte dos bens de consumo correntes – uma vez que as intensidades de suas interações sociais, biológicas e físicas os predispõem a sofrer os efeitos nocivos resultantes" como os que "estão excluídos dos benefícios dos sistemas supra, mas são obrigados a lidar com os impactos, socialmente mais abrangentes, de seus malefícios".[224]

O tema da vulnerabilidade é amplo e transversal, autores como Laura Maria Pedrosa de Almeida[225] retiram "o foco da natureza econômica" e atribuem "importância dos vínculos afetivo-relacionais e de pertencimento social, nos quais cada um enfrenta suas perdas", inclusive adverte para a vulnerabilidade enquanto processo, "uma situação dinâmica na qual indivíduos ou grupos adentram ou superam".[226]

---

[220] CUTTER, S.L. Vulnerability to environmental hazards. *Progress in Human Geography*, v. 20, n. 4. p. 529-539, Dec. 1996.

[221] KAZTMAN, R.; BECCARIA, L.; FILGUEIRA, F.; GOLBERT, L.; KESSLER, G. *Vulnerabilidad, activos y exclusión social en Argentina y Uruguay*. Santiago de Chile: OIT, 1999. 22 p.

[222] MARANDOLA JR., E.; HOGAN, D.J. Vulnerabilidade e riscos: entre geografia e demografia. *Revista Brasileira de Estudos de População*, São Paulo, v. 22, n. 1. p. 29-53, jan./jun. 2005.

[223] BRAGA, Tania Moreira; Elzira lucia de oliveira; Gustavo Henrique Naves Givisiez. Avaliação de metodologias de mensuração de risco e vulnerabilidade social a desastres naturais associados a mudança climática. *São Paulo em Perspectiva*, v. 20, n. 1. p. 81-95, jan./mar. 2006. p. 93.

[224] HOGAN, D.J. População, pobreza e poluição em Cubatão, São Paulo. In: MARTINE, G. (Org.). População, meio ambiente e desenvolvimento: verdades e contradições. Campinas: Unicamp, 1993. p. 101-132.

[225] ALMEIDA, Laura Maria Pedrosa de. *Vulnerabilidade social*. Disponível em: <http://www.recife. pe.gov. br/pr/secplanejamento/pnud2005/idh-m.html>. Acesso em: 16 mar. 2013.

[226] VALENCIO, Norma Felicidade Lopes da Silva; SIENA, Mariana; PAVAN, Beatriz Janine Cardoso; ZAGO, Juliana Roversi; BARBOSA, Aline Ramos. Implicações éticas e sociopolíticas das práticas de defesa civil diante das chuvas reflexões sobre grupos vulneráveis e cidadania participativa. *São Paulo em Perspectiva*, v. 20, n. 1. p. 96-108, jan./mar. 2006. p. 106.

A questão da vulnerabilidade das suas condições existenciais é apontada por Ingo Wolfgang Sarlet e Tiago Fensterseifer, além de ser uma problemática, também como um enorme desafio, enxergam nas pessoas necessitadas em termos socioambientais (mesmo se referindo especificamente às pessoas mais vulneráveis aos efeitos negativos da degradação ambiental) as mais pobres, com uma vida "precária em termos de bem-estar, desprovidas do acesso aos seus direitos sociais básicos (moradia adequada e segura, saúde básica, saneamento básico e água potável, educação, alimentação adequada etc.)".[227]

É de extrema vulnerabilidade a situação das pessoas que precisam se deslocar e mudar de lugar, como aborda Hannah Arendt,[228] cujo objetivo maior, e muitas vezes, inalcançável que apenas sejam criadas condições para uma vida digna. Endossa-se, inclusive, que as pessoas migram, deslocam-se, por múltiplos fatores, uma sobreposição de várias situações, como destaca Emir Sander e outros, enfrentando problemas semelhantes, sendo que os migrantes se encontram vulneráveis com inúmeras carências,[229] falta tudo, dentre elas, o básico, o mais elementar para a própria sobrevivência, tais como moradia, saúde, trabalho, alimentação.

Nesse sentido, Edith Weiss, destacando o acesso das pessoas aos recursos mínimos, refere que "a obrigação planetária de assegurar o uso equitativo requer que essas populações tenham um acesso razoável aos recursos naturais, tais como a água doce e terra cultivável, ou seus benefícios",[230] sem isso, não há como assegurar a saúde integral, proteção ou uma vida digna.

---

[227] SARLET, Ingo Wolfgang; FENSTERSEIFER, Tiago. Estado socioambiental e mínimo existencial (ecológico?): algumas aproximações. In: KRELL, Andréas J. [et al]. *Estado Socioambiental e Direitos Fundamentais*. Porto Alegre: Livraria do Advogado Editora, 2010. p. 50ss.

[228] Argumenta Hannah Arendt: "A situação dos refugiados e refugiadas é, sem dúvida, uma das mais precárias a que fica sujeito o ser humano. Extremamente vulnerável, distante de tudo o que habitualmente sustenta as relações e a estrutura emocional e afetiva de uma pessoa, o refugiado se depara com os desafios de quem só tem a alternativa de recomeçar a própria vida, com a força das boas lembranças e da terra de origem, com a experiência dos difíceis momentos que o expulsaram de sua pátria e com a esperança de que alguém, um país, uma comunidade, o acolham e lhe protejam, pelo menos, o grande bem que lhe restou, a própria vida". ARENDT, Hannah. *As origens do totalitarismo*. Anti-semitismo. Imperialismo. Totalitarismo. Tradução de Roberto Raposo. 4. reimp. São Paulo: Companhia das Letras, 1989. p. 327.

[229] *Tradução livre de:* Também cabe mencionar a preocupação existente em torno das "migrações mistas", a partir da relação cada vez mais estreita e complexa entre a proteção dos refugiados e as migrações internacionais: "Las "migraciones mixtas", situaciones en la cuales se trasladan personas juntas con distintos objetivos que usan las mismas rutas y medios de transporte o los servicios de los mismos traficantes, ocasionan serias preocupaciones en cuanto a la protección. [...] La mayor parte de los migrantes cuando viajan en forma irregular se encuentran en situaciones vulnerables y muchos tienen necesidades específicas que requieren atención urgente. Identificar a los refugiados que van en los flujos migratorios irregulares puede ser un reto, en especial cuando los mismos individuos tienen varios motivos para trasladarse [...]." SADER, Emir; JINKINGS, Ivana; NOBILE, Rodrigo; MARTINS, Carlos Eduardo (Coordenadores). *Latinoamericana*: enciclopédia contemporânea da América Latina e do Caribe. 1. ed. São Paulo: Boitempo Editorial; Rio de Janeiro: Laboratório de Políticas Públicas da UERJ, 2006. p. 794.

[230] *Tradução livre de:* "La obligación planetaria de asegurar el uso equitativo requeriría que esas poblaciones tengan un acceso razonable a os recursos naturales, tales como el agua dulce, y tierra cultivable, o sus benefícios." Sugere inclusive uma *"obrigação planetária"* – pressupõe que se compreenda e se assuma uma responsabilidade para com o outro desconhecido, fundada no princípio da "hospitalidade universal", seja pela via do compromisso de um Estado com outro ou mesmo de uma comunidade para com as pessoas que migram. WEISS, Edith Brown. *Un mundo justo para las futuras generaciones:* derecho internacional, patrimonio común y equidad intergeneracional. New York: United Nations Press, 1999, 87.

Mobilidade, Fronteiras & Direito à Saúde

Com a revalorização da importância da família e seu papel no contexto de sociedade mundial, muitos são os ganhos, assim como, grandes são também os impactos[231] da situação social sobre a família latino-americana, que precisa de apoio concreto, no direito à saúde, a proteção à maternidade, nas diferentes fases, pois ao "fortalecer a família, melhora-se o capital humano da sociedade, eixo do crescimento econômico, e o desenvolvimento social, base da estabilidade democrática". Veja-se:

A política social deveria estar fortemente voltada para essa unidade decisiva. É preciso dar apoio concreto à constituição de famílias nos setores desfavorecidos, proteger detalhadamente as diversas fases da maternidade, respaldar a sobrecarga que se apresenta para as famílias com problemas econômicos nos momentos fundamentais de sua existência, dar-lhes apoio para erradicar o trabalho infantil e para que seus filhos possam se dedicar à escola, desenvolver uma rede de serviços de apoio às crianças (creches, subsídios para idosos e portadores de deficiências etc.), ampliar as oportunidades de desenvolvimento cultural e de lazer familiar. Isto exige políticas explícitas e que se conte com instrumentos organizacionais para sua execução, atribuição de recursos, alianças entre setor público e setores da sociedade civil que podem contribuir para esses objetivos.[...] Além disso, agir nessa direção não é apenas melhorar um meio, mas sim o fim último de toda sociedade democrática. A família é uma base fundamental para múltiplas áreas de atividade, mas é sobretudo um fim em si mesma. Fortalecê-la é dar um passo efetivo para as possibilidades de desenvolvimento das potencialidades do ser humano, é dignificá-lo, é ampliar suas oportunidades, é aumentar sua liberdade real. Cada hora que passa nesta América Latina, afetada pelos problemas sociais descritos, sem que haja políticas efetivas em campos como esse, significará mais famílias destruídas, ou que nem chegam a se formar, mães adolescentes, crianças abandonando a escola, jovens excluídos. A ética, em primeiro lugar, a proposta de pluralismo da democracia e o ideário histórico da região exigem que se somem esforços para agir com urgência para evitá-lo.[232]

Por oportuno, para enfrentar os desafios sociais do século XXI no que tange às disparidades no acesso a um bem decisivo como a saúde, pois muitos já eram os desafios em 1998, informa Bernardo Kliksberg, que

apesar dos enormes e tão positivos avanços da medicina em numerosos campos, o aumento da pobreza, as carências por parte dos pobres, de condições mínimas de grande impacto em prevenção em saúde, como o saneamento básico, a eletricidade e a água, os problemas de desnutrição

---

[231] Refere: "A família é um âmbito determinante dos graus de crescimento, realização, equilíbrio, saúde e plenitude efetiva que as pessoas podem alcançar. A sociedade e seus membros apostam aspectos centrais de seu progresso e bem-estar nas condições em que atuam as estruturas familiares. A deterioração de parâmetros socioeconômicos básicos da vida cotidiana de amplos setores da população da região está incidindo silenciosamente em um processo de reestruturação de numerosas famílias. Está surgindo o perfil de uma família desarticulada em aspectos importantes, instável, significativamente debilitada. Esse tipo de família dificilmente pode cumprir as funções potenciais da unidade familiar, caracterizadas em uma seção anterior. Isso faz com que o último reduto com o qual a sociedade conta para fazer frente às crises sociais careça, por sua debilidade, da possibilidade de fazer o papel que poderia desempenhar. Entre as principais expressões dos processos em curso, em relação às famílias, encontram-se as que são apresentadas resumidamente a seguir: – *Mulheres sozinhas chefes de família;- Efeitos da família incompleta sobre os filhos;* – A resistência a formar e manter famílias; – *Nascimentos ilegítimos; – Mães precoces;* – Violência doméstica; – *Incapacidade da família de proporcionar uma infância normal; – Os menores abandonados".* KLIKSBERG, Bernardo. *Falácias e mitos do desenvolvimento social.* Tradução de Sandra Trabucco Valenzuela. São Paulo: Cortez, 2001. p. 58ss.

[232] KLIKSBERG, Bernardo. *Falácias e mitos do desenvolvimento social.* Tradução de Sandra Trabucco Valenzuela. São Paulo: Cortez, 2001. p. 66-67ss.

e a falta de acesso a serviços de saúde (880 milhões carecem deles) eram alguns dos fatores incidentes nas profundas disparidades existentes.[233]

Num contexto mais atual, o último relatório de Estatísticas Mundiais de Saúde de 2011 que foi divulgado pela Organização Mundial de Saúde (OMS) aponta que um "número crescente de países enfrenta um duplo fardo", ou seja, à medida que, por um lado, "aumenta a prevalência de fatores de risco para doenças crônicas, como a diabetes, as doenças cardíacas e o câncer", e por outro lado, "muitos países ainda lutam para reduzir as mortes maternas e infantis causadas por doenças infecciosas",[234] os dados não mudaram muito, nas últimas décadas, só se agravaram.

Isso pode ser percebido também no Relatório de 2012, de Estatística Mundial da Saúde da OMS, são 194 Estados-Membros, e traz alguns progressos realizados no sentido de alcançar as metas de desenvolvimento do milênio (ODM) O "World Health Statistics 2012" traz dados das Nações Unidas, UNESCO, UNICEF e Banco Mundial. O resumo abrange a situação atual dos sistemas de saúde em dez áreas, ou seja, expectativa de vida e mortalidade, causas de mortalidade e morbidade, doenças infecciosas, cobertura dos serviços de saúde, fatores de risco, profissionais de saúde, infraestrutura, despesas, desigualdades, estatísticas demográficas e sócioeconômicas, sistemas de informação de saúde e disponibilidade de dados.[235]

Trata-se, pois, de evidente problemática que recai também sobre os aspectos da cultura e políticas sociais, vez que, como aponta, Bernardo Kliksberg, "a mobilização cultural pode ser de grande relevância para a luta contra a pobreza que hoje aflige, através de diversas expressões, cerca da metade da popula-

---

[233] KLIKSBERG, Bernardo. *Falácias e mitos do desenvolvimento social*. Tradução de Sandra Trabucco Valenzuela. São Paulo: Cortez, 2001. p. 73-74ss.

[234] ONU. *Novo relatório da OMS traz informações sobre estatísticas de saúde em todo o mundo*. Disponível em: <http://www.onu.org.br/novo-relatorio-da-oms-traz-informacoes-sobre-estatisticas-de-saude-em-todo-o-mundo/> Acesso em: 23 mar. 2013.

[235] *Tradução livre de:* "The World Health Statistics series is WHO's annual compilation of health-related data for its 194 Member States and includes a summary of the progress made towards achieving the health-related Millennium Development Goals (MDGs) and associated targets. This year, it also includes highlight summaries on the topics of noncommunicable diseases, universal health coverage and civil registration coverage. The series is produced by the WHO Department of Health Statistics and Information Systems of the Innovation, Information, Evidence and Research Cluster. As in previous years, World Health Statistics 2012 has been compiled using publications and databases produced and maintained by WHO technical programmes and regional ofices. A number of demographic and socioeconomic statistics have also been derived from databases maintained by a range of other organizations. These include the United Nations International Telecommunication Union (ITU), the United Nations Department of Economic and Social Affairs (UNDESA), the United Nations Educational, Scientiic and Cultural Organization (UNESCO), the United Nations Children's Fund (UNICEF) and the World Bank. Indicators have been included on the basis of their relevance to global public health; the availability and quality of the data; and the reliability and comparability of the resulting estimates. Taken together, these indicators provide a comprehensive summary of the current status of national health and health systems in the following ten areas: life expectancy and mortality, ause-specific mortality and morbidity; selected infectious diseases; health service coverage; risk factors; health workforce, infrastructure and essential medicines; health expenditure; health inequities; demographic and socioeconomic statistics; health information systems and data availability." OMS. *Estatística Mundial da Saúde*. Disponível em: <http://www.who.int/gho/publica tions/world_health_statistics/en/index.html>. Acesso em: 13 mai. 2013.

ção da região", a pobreza é um fenômeno complexo,[236] sendo que a valorização da cultura o ponto chave para a afirmação da identidade de um povo.[237] Para que possam, valorizada a cultura, transmitir aos outros e as futuras gerações, vez que, a cultura é o âmbito básico, na qual a sociedade "gera valores e os transmite de geração em geração".[238]

A observação do contexto socioespacial, é muito importante, apontam Ana Lucia de Siqueira Brito *et al:*

> O contexto socioespacial, definindo o volume de recursos disponíveis no domicílio, os níveis de escolaridade e informação (práticas contraceptivas, atenção (pré e pós-natal) parecem influenciar algumas condições presentes ao nascimento, como atenção pré-natal insuficiente, maior paridade, gravidez na adolescência e maior prática do parto natural. A relação entre segregação socioespacial e algumas características dos nascimentos reflete também o acesso desigual e o modelo de atenção dos serviços de saúde. Uma maior proporção de gestantes com menor número de visitas pré-natal e maior incidência de partos normais concentra-se nas áreas predominantemente pobres, as quais reúnem os mais baixos níveis de renda familiar e escolaridade de seus chefes. Nesses contextos, onde existe grande demanda por parte de uma população que não pode arcar com os custos de um atendimento privado, alia-se a escassez na oferta de serviços de saúde presente no município. Em síntese, observa-se entre as mulheres classificadas nas áreas predo-

---

[236] Segundo S. Rocha, "pobreza é um fenômeno complexo, definindo-a como a situação na qual as necessidades não são atendidas de forma adequada", E, "ser pobre significa não dispor de meios para operar adequadamente no grupo social em que se vive". ROCHA, S. *Pobreza no Brasil* – Afinal, de que se trata?. Rio de Janeiro: Editora FGV, 2003. p. 9.

[237] Aduz: "Os elementos 'intangíveis' subjacentes na cultura podem cooperar de múltiplas formas. Os grupos pobres não têm riquezas materiais, mas têm uma bagagem cultural, em oportunidade, como ocorre com as populações indígenas, de séculos ou milênios. O respeito profundo por sua cultura criará condições favoráveis para a utilização, no âmbito dos programas sociais, de saberes acumulados, tradições, modos de vincular-se com a natureza, capacidades culturais naturais para a auto-organização, que podem ser de grande utilidade. Por outro lado, a consideração e valorização da cultura dos setores desfavorecidos é um ponto--chave para o crucial tema da identidade coletiva e da auto-estima. Com freqüência, a marginalidade e a pobreza econômica são acompanhadas por desvalorizações culturais. A cultura dos pobres é estigmatizada por setores da sociedade como inferior, precária, atrasada. Atribui-se, inclusive, 'alegremente', a pautas dessa cultura as próprias razões da pobreza. Os pobres sentem que, além de suas dificuldades materiais, há um processo silencioso de 'desprezo cultural' com relação a seus valores, tradições, saberes, formas de relação. Ao se desvalorizar a cultura, está se enfraquecendo a identidade. Uma identidade golpeada gera sentimentos coletivos e individuais de baixa auto-estima. As políticas sociais deveriam ter como objetivo relevante a reversão deste processo e a elevação da auto-estima grupal e pessoal das populações desfavorecidas. Uma auto-estima fortalecida pode ser um potente motor de construção e criatividade. A mediação imprescindível é a cultura. A promoção da cultura popular, a abertura de canais para sua expressão, seu cultivo nas gerações jovens, a criação de um clima de apreço genuíno por seus conteúdos, fará crescer a cultura e, com isso, devolverá identidade aos grupos empobrecidos". KLIKSBERG, Bernardo. *Falácias e mitos do desenvolvimento social.* Tradução de Sandra Trabucco Valenzuela. São Paulo: Cortez, 2001. p. 141.

[238] "Valores positivos conduzem a diversas direções. Assim, por exemplo, sociedades que estimularam e cultivaram valores favoráveis à eqüidade, e os refletiram em múltiplas expressões, de seus sistemas fiscais até a universalização de serviços de assistência à saúde, e educação de boa qualidade, têm hoje nesse campo bons níveis que, por sua vez, facilitam seu progresso econômico e tecnológico e sua competitividade. Mencionam-se com freqüência, a respeito, casos como os dos países nórdicos, Canadá, Japão, Israel, entre outros. A cultura é o âmbito básico onde uma sociedade gera valores e os transmite de geração em geração. O trabalho em cultura na América Latina para promover e difundir sistematicamente valores tais como: a solidariedade de profundas raízes nas culturas indígenas autóctones; a cooperação; a responsabilidade de uns pelos outros, o cuidado conjunto do bem-estar coletivo; a superação das discriminações, a erradicação da corrupção; atitudes em prol da melhoria da eqüidade numa região tão marcadamente desigual; atitudes democráticas, pode claramente ajudar no desenvolvimento, além de contribuir para o perfil final da sociedade". KLIKSBERG, Bernardo. *Falácias e mitos do desenvolvimento social.* Tradução de Sandra Trabucco Valenzuela. São Paulo: Cortez, 2001. p. 144-145.

minantemente pobres: maior proporção de gestações precoces; menor número de consultas pré-natais; maior prática de partos normais; o dobro de mães menos escolarizadas; maior proporção de nascidos de cor negra; e maior paridade.

O resultado da análise aponta os territórios em situação de maior vulnerabilidade na capital e municípios metropolitanos possibilitando o planejamento de ações mais específicas e dirigidas a essas áreas em um contexto de vigilância da saúde.[239]

Renove-se, por oportuno a menção de Norma Valencio *et al.*, que "uma ética da compaixão pode ser movente em direção ao outro e não deve ser descartada num contexto de afirmação do individualismo e da concepção de invulnerabilidade dos superincluídos".[240] Além disso, os excluídos não são apenas "rejeitados fisicamente (racismo), geograficamente (gueto) ou materialmente (pobreza)". Eles não são tão somente excluídos das riquezas materiais, (trocas) mas também das riquezas espirituais (valores), explica Martine Xiberras "têm falta de reconhecimento e estão banidos do universo simbólico".[241]

Nesse sentido, Jessé de Souza, adverte para os problemas decorrentes da chamada injustiça simbólica, que se caracteriza "pela hostilidade, a invisibilidade social e o desrespeito que a associação de interpretações ou estereótipos sociais reproduzem na vida cotidiana ou institucional". O que prejudica a própria autoestima, o sentimento de pertencimento seja dos indivíduos, seja dos grupos.[242]

Atualmente fala-se em novos condicionamentos sociais, em circunstâncias de vulnerabilidade e privações, refere José Rogério:

> O jogo das relações entre processos de exclusão e controle social, de um lado, e liberdade e autonomia dos sujeitos, de outro, passa, na atualidade, pela combinação dos fatores que definem os novos condicionamentos sociais, em situações de vulnerabilidade e privações. Nos processos de vulnerabilização, como o aqui citado, contam muito mais as regras que se impõem aos excluídos, para que participem – ou ao menos se sintam participantes – dos jogos de sociabilidade. Esses novos condicionamentos implicam, também, que o campo de ações dos sujeitos contemporâneos é plural, o que inclui mesmo a sociabilidade configurada em condições de privação social, como na pobreza ou nos processos de exclusão. Essa condição impõe uma constante necessidade de refletir e redefinir ações sociais na esfera acadêmica ou governamental, atentando aos critérios de comunidade e seus padrões de sociabilidade, configurados nos processos de exclusão territorialmente definidos nas cidades.[243]

Com isso, podem-se mencionar também as rupturas que o próprio processo de globalização caos, e tem causado, afirmam Naia de Oliveira e Tanya

---

[239] BRITO, Ana Lúcia de Siqueira; Yazaki, Lúcia Mayumi; MAIA, Paulo Borlina. Vulnerabilidade ao nascer no espaço metropolitano. *São Paulo em Perspectiva*, v. 20, n. 1. p. 18-32, jan./mar. 2006. p. 29-30.

[240] VALENCIO, Norma Felicidade Lopes da Silva; SIENA, Mariana; PAVAN, Beatriz Janine Cardoso; ZAGO, Juliana Roversi; BARBOSA, Aline Ramos. Implicações éticas e sociopolíticas das práticas de defesa civil diante das chuvas reflexões sobre grupos vulneráveis e cidadania participativa. *São Paulo em Perspectiva*, v. 20, n. 1. p. 96-108, jan./mar. 2006. p. 106.

[241] XIBERRAS, Martine. *As teorias da exclusão*: para uma construção do imaginário do desvio. 2. ed. Lisboa: Instituto Piaget, 1993. p. 18.

[242] SOUZA, Jessé de. Uma teoria crítica do conhecimento. *Revista Lua Nova*, São Paulo, Cedec, n. 50. p. 133-158, 2000.

[243] LOPES, José Rogério. Exclusão Social, Privações e Vulnerabilidade: uma análise dos novos condicionamentos sociais. *São Paulo em Perspectiva*, v. 20, n. 1. p. 123-135, jan./mar. 2006. p. 132-133.

de Barcelos, rupturas essas "de fronteiras, na medida em que são estabelecidas novas escalas produtivas com a transnacionalização da economia e com o surgimento de reagrupamentos nacionais".[244] Assim como há uma tendência à "intensificação de migrações, pois, para as populações, geralmente as fronteiras apresentam menor permeabilidade",[245] ocorrendo uma faixa de interfaces, pelas quais tanto as culturas como os costumes são compartilhados,[246] na área de fronteira.

Nesse sentido aponta também Armand Mattelart que não há cultura sem mediação, nem mesmo identidade sem tradução. "Cada sociedade retranscreve os signos transnacionais, adapta-os, os reconstrói, reinterpreta-os, reterritorializa-os, ressemantiza-os". E nesse contexto a globalização "reconfigura as identidades e ajuda as pessoas a reconstruir novos imaginários".[247]

Na verdade, viver juntos, sob mesmo "teto planetário", e em épocas de dominação global, além de necessário é imprescindível, refere Alain Touraine, "só conseguiremos viver juntos se reconhecermos que a nossa tarefa comum é combinar acção instrumental e identidade cultural", de ser o Sujeito da história.[248] A mesma globalização que impõe regras econômicas, tem destruído as "mediações sociais e políticas que uniam a economia e a cultura e garantiam, [...] forte integração de todos os elementos da vida social".[249] Ou, comunidades culturais conforme abordado por Alain Touraine:

> A dissociação entre a economia e as culturas conduz seja à redução do ator à lógica da economia globalizada – o que corresponde ao triunfo desta cultura global que se acaba de lembrar –, seja à reconstrução das identidades não sociais baseadas nas pertenças culturais e não mais em papéis sociais. É tanto mais difícil se definir como cidadão ou trabalhador nessa sociedade globalizada

---

[244] OLIVEIRA, Naia; BARCELLOS, Tanya de. *As áreas de fronteira na perspectiva da globalização*: reflexões a partir do caso Rio Grande do Sul/Corrientes. Ensaios FEE, Porto Alegre, v 19, n1. p. 218-244. 1998. p. 223. Disponível em <http://revistas.fee.tche.br/index.php/ensaios/article/viewFile/1917/2292>. Acesso em: 09 out. 2012.

[245] OLIVEIRA, Naia; BARCELLOS, Tanya de. *As áreas de fronteira na perspectiva da globalização*: reflexões a partir do caso Rio Grande do Sul/Corrientes. Ensaios FEE, Porto Alegre, v 19, n1. p. 218-244. 1998. p. 224. Disponível em <http://revistas.fee.tche.br/index.php/ensaios/article/viewFile/1917/2292>. Acesso em: 09 out. 2012.

[246] "O que seria uma zona de choque ou diferenciação entre os dois sistemas vem configurando-se em áreas de transição ou de interface. O que antes se chamava de 'espaço fronteiriço', e que ocupava uma pequena dimensão de cada lado da fronteira, atualmente se amplia, formando verdadeiras zonas de fronteira ou espaços regionais fronteiriços". OLIVEIRA, Naia; BARCELLOS, Tanya de. *As áreas de fronteira na perspectiva da globalização*: reflexões a partir do caso Rio Grande do Sul/Corrientes. Ensaios FEE, Porto Alegre, v 19, n1. p. 218-244. 1998. p. 223. Disponível em <http://revistas.fee.tche.br/index.php/ensaios/article/viewFile/1917/2292>. Acesso em: 09 out. 2012.

[247] MATTELART, Armand. *Diversidade cultural e mundialização*. São Paulo: Parábola, 2005. p. 97-98.

[248] Aduz: "logo, se cada um de nós se construir como Sujeito e se nos dermos leis, instituições e formas de organização social cujo objectivo principal é proteger a nossa exigência de viver como Sujeitos da nossa própria existência. Sem este princípio central e mediador, a combinação das duas faces da nossa existência é tão impossível de realizar como a quadratura do círculo". TOURAINE, Alain. *Poderemos viver juntos?*: iguais e diferentes. Trad. Jaime A. Glasen e Ephraim F. Alves. Petropolis-RJ: Vozes, 1998. p. 214.

[249] TOURAINE, Alain. *Poderemos viver juntos?*: iguais e diferentes. Trad. Jaime A. Glasen e Ephraim F. Alves. Petropolis-RJ: Vozes, 1998. p. 38.

quanto é tentador se definir pela etnia, pela religião ou pelas crenças, pelo gênero ou pelos costumes, entendidos como comunidades culturais.[250]

Alain Touraine adverte ainda para a modernização[251] (entre o racional e a liberdade) e a desmodernização,[252] (enquanto dissociação, degradação, ruptura).[253] E conclui:

Como conclusão, retenhamos a idéia de que o culturalismo não é uma fragmentação sem limite do espaço cultural nem *melting-pot*[254] cultural mundial. Ele procura combinar a diversidade das experiências culturais com a produção e a difusão em massa dos bens culturais.[255]

Noutra seara, Alain Touraine refere às mulheres,[256] e que suas ações, suas práticas sociais, são locais e inovadoras, e que "não é em nível mundial – aliás, não mais do que em nível nacional – que se formam as práticas inovadoras, mas localmente, em torno de apostas concretas e próximas ou em relações interpessoais diretas". São – o sujeito, a comunicação e a solidariedade – três elementos inseparáveis.[257]

Por isso a abordagem também da cidadania e/ou subcidadania, pois cidadania, nesse contexto, significa, segundo o Dicionário Aurélio Buarque de Holanda Ferreira, "a qualidade ou estado do cidadão". E, cidadão significa "o indivíduo no gozo dos direitos civis e políticos de um estado, ou no desempenho de seus deveres para com este".[258] Já no sentido etimológico da palavra,

---

[250] TOURAINE, Alain. *Poderemos viver juntos?*: iguais e diferentes. Trad. Jaime A. Glasen e Ephraim F. Alves. Petropolis-RJ: Vozes, 1998. p. 43.

[251] Alain Touraine menciona que a "Leitura de Hannah Arendt, "Arendt define o mundo moderno por duas características principais: a irreversibilidade e a imprevisibilidade". Ibid., p. 161.

[252] A desmodernização "é definida pela dissociação entre economia e culturas e pela degradação de uma e das outras, que se seguiu como consequência direta". Ibid., p. 49.

[253] "Dissociação entre a extensão e a alma, para retomar palavras antigas, entre economia e culturas e entre trocas e identidades. É a esta dissociação que chamo de *desmodernização*. Se a modernização foi a gestão da dualidade da produção racionalizada e da liberdade interior do sujeito humano pela ideia de sociedade nacional, a desmodernização define-se pela ruptura dos laços que unem a liberdade pessoal e a eficácia coletiva". Ibid., p. 36.

[254] Caldeirão como metáfora nos Estados Unidos, a miscigenação dos povos.

[255] TOURAINE, Alain. *Poderemos viver juntos?*: iguais e diferentes. Trad. Jaime A. Glasen e Ephraim F. Alves. Petropolis-RJ: Vozes, 1998. p. 199.

[256] "A ação das mulheres de modo algum pode ser considerada como a defesa de uma minoria, mesmo se esta última palavra for tomada no sentido de categoria dominada. Ela é melhor definida por seus debates internos que opõem a prioridade dada à igualdade à afirmação da diferença". Ibid., p. 220.

[257] Aduz: "A linha diretriz deste livro é esta: deve-se partir do sujeito pessoal, deve-se chegar à democracia, e a comunicação intercultural é o caminho que permite passar de um à outra. Sem a liberdade do sujeito, sem seu trabalho de composição do mundo, de busca da unidade entre os elementos que foram separados e opostos entre si, não há comunicação interpessoal e intercultural possível; a pura tolerância e a aceitação das diferenças não bastam para tornar possível a comunicação intercultural. E a democracia não teria sentido se apelasse somente – além das diferenças sociais e culturais – para a unidade entre cidadania e igualdade de todos perante a lei; ela só é real quando permite a defesa de direitos sociais e culturais como formas concretas do direito de ser sujeito, quer dizer, de combinar uma experiência vivida particular com a ação racional para dar ao indivíduo sua liberdade criadora. O sujeito, a comunicação e a solidariedade são três elementos inseparáveis, como foram a liberdade, a igualdade e a fraternidade na etapa republicana da democracia. A sua interdependência desenha o campo das mediações sociais e políticas que podem restabelecer a ligação entre o universo instrumental e o universo simbólico e evitar, assim, a redução da sociedade civil a um mercado ou a uma comunidade fechada em si mesma". Ibid., p. 360-361.

[258] *Dicionário Completo da Língua Portuguesa*. Folha da Tarde, São Paulo: Melhoramentos, 1994. p. 202.

Mobilidade, Fronteiras & Direito à Saúde

cidadão vem de *civita*, que em grego significa *politikos* – aquele que habita na cidade – e em *latin*, significa *cidade*.

A expressão do latim, "indivíduo habitante da cidade" (*civitas*), na Roma antiga já indicava a "situação política" de uma pessoa (vale a referência que pessoa, exceto mulheres, escravos, crianças) e seus direitos frente ao Estado Romano, expressa um "conjunto de direitos que dá à pessoa a possibilidade de participar ativamente da vida e do governo de seu povo. Quem não tem cidadania está marginalizado ou excluído da vida social e da tomada de decisões", quer dizer que está a mercê, em uma "posição de inferioridade dentro do grupo social".[259]

Cidadania essa que Ulysses Guimarães, em seu discurso na Constituinte em 1988, almejava: "essa será a Constituição cidadã, porque recuperará como cidadãos milhões de brasileiros, vítimas da pior das discriminações: a miséria. Cidadão é o usuário de bens e serviços do desenvolvimento".[260]

Então se o cidadão é o usuário de bens e serviços do desenvolvimento, a subcidadania é a condição de quem não é considerado um verdadeiro cidadão, pois falta algo, negando seu direito e, com isso, abandonando os seus sonhos.

Entende-se que ser cidadão é ter direito à vida, liberdade, propriedade, igualdade, segurança, como preconiza o artigo 5º da Constituição Federal. É ter direitos civis e direitos políticos de participar no destino da sociedade, de votar, e de ser votado, por exemplo.

Nesse ínterim, os direitos civis e políticos não têm o condão de assegurar a democracia sem os direitos sociais, ou seja, os que garantem ao indivíduo a participação "na riqueza coletiva", exemplificativamente o direito à educação, ao trabalho, principalmente à saúde, entre outros. Portanto, a cidadania é essa expressão concreta do exercício da democracia. E justamente exercer a cidadania de forma plena, efetiva, é ter direitos civis – políticos – sociais, com a participação da pessoa na sociedade, além de cuidar para que seus direitos não sejam violados.

E a questão da cidadania passa, necessariamente, pelo direito de voto, de escolha dos representantes, todavia, esse direito não é dado aos imigrantes "segundo o relatório 'Brasil: Informe sobre a legislação migratória e a realidade dos imigrantes', produzido pelo Centro de Direitos Humanos e Cidadania do Imigrante, divulgado em dezembro de 2011. É negado esse direito, serão sempre subcidadãos".[261]

---

[259] DALLARI, Dalmo de Abreu. *Direitos Humanos e Cidadania*. São Paulo: Moderna, 1998. p. 14.

[260] PLANALTO, *Ulysses Guimarães discurso "na Constituinte em 27 de julho de 1988"*. Disponível em: <http://www.planalto.gov.br/ccivil_03/revista/Rev_62/panteao/panteao.htm> Acesso em: 25 mai. 2013.

[261] Adverte André Antunes: "Atualmente, uma das principais reivindicações de imigrantes e de entidades de apoio a essas populações no Brasil é a garantia do direito de participar da vida política do país. A Constituição Federal de 1988 proíbe que os imigrantes votem e sejam votados. Segundo o relatório 'Brasil: Informe sobre a legislação migratória e a realidade dos imigrantes', produzido pelo Centro de Direitos Humanos e Cidadania do Imigrante, divulgado em dezembro de 2011, o Brasil é o único entre os países da América do Sul a não reconhecer o direito ao voto dos estrangeiros em nenhum nível da administração política. Para Marina Novaes, advogada do Centro de Apoio ao Migrante de São Paulo (Cami), ligado ao Serviço Pastoral dos Migrantes (SPM) da Igreja Católica, essa proibição é fruto de uma 'mentalidade militar' no tratamento aos imigrantes. 'A

O próprio Estatuto do Estrangeiro, Lei 6.815, de 1980, também "proíbe que os imigrantes participem da administração ou representação de sindicatos ou associações profissionais".[262]

A partir do relatório do Centro de Direitos Humanos e Cidadania do Imigrante – CDHIC –, a constatação de que o Estatuto "inspira-se na doutrina da segurança nacional, impondo uma série de controles burocráticos e restringindo as possibilidades de residência no Brasil", sendo que o Estatuto peca pela discricionariedade, informa André Antunes:

> Isto significa que os critérios para a concessão dos pedidos não são totalmente previstos no Estatuto ou em outras regras. Pode significar também que a norma não é totalmente objetiva, dando margem a uma avaliação subjetiva do agente administrativo, afirma o relatório, que aponta que isso gera insegurança jurídica para os imigrantes.[263]

Isso vale também para os migrantes/deslocados/refugiados, muitas vezes sem documentos, e sem direitos, sem amparo, clandestinos, subcidadãos.

Por importe veja-se abaixo a divisão de competências de cada órgão da Administração Federal que atua com temas migratórios:

> 1) Ministério das Relações Exteriores, coube a responsabilidade sobre a concessão de vistos;
>
> 2) Ministério do Trabalho e Emprego, a concessão de autorizações para o trabalho; por fim,
>
> 3) Ministério da Justiça, por meio do Departamento dos Estrangeiros – órgão da Secretaria Nacional de Justiça –, em parceria com a Polícia Federal (PF), coube a responsabilidade sobre a tramitação dos documentos relacionados com as residências temporária e permanente, e a emissão da Carteira de Identidade do Estrangeiro (CIE).[264]

O que se percebe é que as diferentes competências para atuar junto aos imigrantes em três distintos ministérios, vinculada à discricionariedade das disposições da lei, é só mais um obstáculo, entre tantos outros, que têm que enfrentar os imigrantes para a sua regularização, pois, no que tange à política migratória do Brasil, existe o Projeto de Lei de nº 5.655, que está em tramitação no momento.

---

legislação que se refere aos estrangeiros no Brasil em geral é pautada pelo paradigma da segurança nacional: existe uma preocupação em não deixar que os estrangeiros interfiram no país', analisa. Segundo Marina, a luta pela garantia do direito ao voto é hoje a principal bandeira dos imigrantes que residem no país. 'Sem isso os imigrantes vão ser para sempre sub-cidadãos, sem poder escolher quem os representa', aponta. Para piorar, diz ela, os imigrantes não despertam o interesse da classe política, justamente pela sua impossibilidade de votar". ANTUNES, André. Imigração. jornalismo público para o fortalecimento da Educação Profissional em Saúde. *Revista POLI: saúde, educação e trabalho*, Ano IV, nº 23, mai./jun. 2012.

[262] Ibid.

[263] Ibid.

[264] "Para muitos imigrantes, principalmente para aqueles que entram no Brasil fugindo da pobreza em seus países de origem, frente às dificuldades colocadas pelo processo de regularização previsto na lei, só resta viver e trabalhar no país de maneira irregular. Segundo Roberto Marinucci, o Ministério da Justiça estima em 600 mil o número de imigrantes irregulares vivendo no Brasil, embora algumas ONGs aleguem que esse número pode chegar a 1,5 milhão de pessoas. "O migrante em situação administrativa irregular vive permanentemente como um 'foragido', sem poder reivindicar direitos, denunciar violações ou, mais simplesmente, usufruir dos serviços sociais. Há muitas denúncias, no Brasil, sobre bolivianos ou peruanos que trabalham em condições análogas à escravidão: o problema principal é representado pela condição migratória irregular, pois essas pessoas não têm como denunciar seus algozes", afirma Marinucci". Ibid.

O espaço-tempo da cidadania[265] é constituído pelas relações sociais entre o Estado e os cidadãos, "e nele se gera uma forma de poder, a dominação, que estabelece a desigualdade entre cidadãos e Estado",[266] e também entre grupos e interesses "politicamente organizados".[267]

Por hora, proteger o meio (espaço-lugar) em que se encontram "significa proteger a própria preservação da espécie humana",[268] e significa também e ao mesmo tempo, criar mecanismos de proteção aos migrantes/deslocados/refugiados, capazes de lhes assegurar condições dignas – de vida digna, pois já foram despojados, humilhados.[269] E assegurar o respeito de direitos sociais e políticos, entre outros, para assegurar a sua cidadania.

Por fim, adverte Carlos Alberto Molinaro que "o exercício da cidadania exige um lugar" um lugar de encontro, sendo que esse direito ao lugar significa o "espaço onde fixa seu domicílio, sua residência e seu entorno inclusivo das relações que estabelece".

> O exercício da cidadania exige, pois, um *lugar*. Um ambiente onde efetivamente se exerçam direitos, deveres, pretensões, obrigações, ações e exceções da participação cidadã. [...] A ação cidadã se dá neste *lugar de encontro*. Um espaço privilegiado da prática social, cultural e política: a cidade. Atente-se que o exercício da cidadania, na perspectiva da sua inclusão na soberania do Estado, e mesmo na do Estado-membro que a conforta, se dá, de modo efetivo e concreto, no espaço urbano, no Município, este é o *ente* visível onde o cidadão, consciente ou inconscientemente, nasce, vive e morre. Por isso mesmo, por tal qualidade de cidadania, dimensionada no *citadino*, é conferido, entre outros, o *direito ao lugar*, um espaço onde fixa seu domicílio, sua residência e seu entorno inclusivo das relações que estabelece, neste lugar reclama por políticas de desenvolvimento urbano, ou exige a reabilitação de áreas degradadas ou marginais; ademais, do *direito à mobilidade e a acessibilidade*, indispensável para fazer concretas as liberdades urbanas, isto é, tornar possível a utilização das oportunidades sociais, econômicas, e culturais que a cidade oferece.[270]

O cidadão aufere cômodo, almeja esse lugar, ou seja, um lugar que possa chamar e reconhecer como seu, que lhe seja próprio, a fim de que possa estabelecer relação de identidade, firmando vínculos coletivos e afetivos. Para tanto, o próximo capítulo traz a abordagem da fronteira, sua definição tradicional e atual, com uma redefinição, do espaço-lugar, e o sentimento de pertença.

---

[265] SANTOS, Boaventura de Sousa. *Pela mão de Alice*: o social e o político na pós-modernidade. São Paulo: Cortez, 1997. p. 314.

[266] Menciona ainda Claus Offe "Mas quero concluir com o prognostico de que a crise do Estado de Bem-Estar Social caminha na direção de uma solução que consiste em uma ponderação dos princípios da justiça social: as pretensões de renda dos pobres e, em parte, também as pretensões de renda dos trabalhadores são traduzidas em direitos econômicos de cidadania". OFFE, Claus. Princípios de justiça social e o futuro do estado de bem estar social. In: PETERSEN, Nikolai e Souza, Draiton Gonzaga (Org.). *Globalização e Justiça II*. Porto Alegre: Edipucrs, 2005. p. 85. Coleção Filosofia 186.

[267] SANTOS, Boaventura de Sousa. *Pela mão de Alice*: o social e o político na pós-modernidade. São Paulo: Cortez, 1997. p. 314.

[268] FIORILLO, Celso Antonio Paduco e RODRIGUES, Marcelo Abelha. *Manual de Direito Ambiental e legislação aplicável*. 2 ed. rev e ampl. São Paulo: Max limonad, 1999. p. 73.

[269] Ver nesse sentido também: LINDNER, Evelin. *Human Dignity and Humiliation Studies (HumanDHS)*. Disponível em: <http://www.humiliationstudies.org/whoweare/evelin084.php>. Acesso em: 30 set. 2009.

[270] MOLINARO, Carlos Alberto. *Direito à Cidade e o Princípio de Proibição de Retrocesso*. Disponível em: <http://www.dfj.inf.br/Arquivos/PDF_Livre/10_Dout_Nacional_2.pdf>. Acesso em: 25 jun.2013.

3. Fronteira ontem e hoje, no contexto MERCOSUL

> "Vivemos tempos líquidos.
> Nada é para durar"
> *Bauman*

> "Viver na fronteira significa viver fora da fortaleza,
> numa disponibilidade total para esperar por
> quem quer que seja, incluindo Godot..."
> *Santos*

> "Caminante, son tus huellas
> Caminhante, são teus rastros
> el camino y nada más;
> o caminho, e nada mais;
> Caminante, no hay camino,
> caminhante, não há caminho,
> se hace camino al andar,
> faz-se caminho ao andar".
> *Machado*

3.1. Fronteira – definição e diferentes aspectos – áreas do conhecimento e a questão da identidade

3.1.1. Noção – Definição/Conceito[271] em diferentes áreas do conhecimento

Para Norberto Bobbio, "o problema de fundo dos direitos humanos não é, hoje, tanto o de sua justificação – seja em Deus, na natureza ou no consenso das pessoas – mas sim a busca de instrumentos políticos e jurídicos para sua proteção e efetivação".

O termo fronteira surge em diferentes contextos, momentos, áreas do conhecimento/disciplinas. Contudo, um acordo semântico se faz necessário, em

---

[271] "Noção", do latim *noscere*, significa "saber". Já "Conceito", do latim *conceptu*, significa "ideia sobre uma coisa" ou "opinião". Para Paulo Nader, "a definição é juízo externo, que se forma pela indicação de caracteres essenciais, conceito ou noção é juízo interno que revela apreensão mental" exemplo: "o Direito enquanto conceito é objeto em pensamento; enquanto definição é divulgação de pensamento mediante palavras" NADER, Paulo. *Filosofia do Direito*. 7. ed. Rio de Janeiro: Forense, 1999.

Mobilidade, Fronteiras & Direito à Saúde

razão do próprio objeto da tese: fronteira aqui será utilizada como um lugar incomum, um não lugar, um vazio fronteiriço; fronteira também é a visitada em dezembro de 2012, quando realizada a pesquisa de campo nas cidades gêmeas de Santana do Livramento/BR e Rivera/UR e Chuí/BR e Chuy/UR, as chamadas fronteiras secas, separadas por ruas (únicas entre Brasil e Uruguai), ou seja, (praça internacional da Paz) e pela rua Brasil/Uruguai, que divide, além dos dois municípios, os dois países, Brasil e Uruguai. Uma fronteira que – separa e que une – ao mesmo tempo, principalmente no que tange à saúde da mulher.

A palavra *fronteira* abre um leque de possibilidades optou-se por fazer uma abordagem, apontando o significado do termo *fronteira(as)* em diferentes áreas do conhecimento, (do tradicional ao novo) a exemplo da história, literatura, antropologia, sociologia, geografia, filosofia, e que podem ser utilizados como elo com o direito.

O radical da palavra *fronteira* deriva do latim *frons ou frontis*, – fronte, cabeça, testa, frontaria, indicava o terreno que se situava "in fronte", ou seja, na frente, nas margens, explica Lia Osório Machado:

> A palavra fronteira implica, historicamente, aquilo que sua etimologia sugere – o que está na frente. A origem histórica da palavra mostra que seu uso não estava associado a nenhum conceito legal e que não é um conceito essencialmente político ou intelectual. Nasceu como um fenômeno da vida social espontânea, indicando a margem do mundo habitado.[272]

Por importante a definição do Dicionário Aurélio: "Fron.tei.ra s.f. (fronte + eira) 1 Zona de um país que confina com outra do país vizinho. 2 Limite ou linha divisória entre dois países, dois Estados, etc. 3 Raia; linde. 4 Marco, baliza. 5 Confins, extremos".[273]

A visão tradicional da fronteira, que diz respeito ao campo da história (diplomática e militar), está vinculada diretamente ao âmbito político – estatal, como fruto de tratados e negociações diplomáticas, ou vitórias heroicas,[274] e que tem um significado especial de acordo com a sociedade que se forma.

Uma dinâmica fronteiriça, uma realidade que se move, com ambíguos significados, sem esquecer o sentido tradicional empregado,[275] todavia novos

---

[272] MACHADO, Lia Osório. Limites, fronteiras, redes. In: STROHAECKER, Tânia *et al.* (Org.). *Fronteiras e espaço global.* Porto Alegre: Associação dos Geógrafos Brasileiros – secção Porto Alegre, 1998. p. 41.

[273] FERREIRA, Aurélio Buarque de Holanda. *Novo dicionário da língua portuguesa.* 2.ed. Rio de Janeiro: Nova Fronteira, 1986. p. 814.

[274] "Tradicionalmente a história diplomática e a história militar fazem da fronteira um espaço privilegiado, mas geralmente ela é abordada ou como fruto de tratados e de negociações hábeis de diplomatas pela primeira, ou como resultado de vitórias heróicas em campo de batalha pela segunda. Trata-se antes de tudo, de uma fronteira política e estatal [...] as fronteiras podem ser culturais, tecnológicas, agrárias; podem trazer consigo a idéia de zonas ou de linhas plenamente demarcadas. Possuem diferentes funções nos diferentes modos de produção: enfim, só adquirem significado quando referenciadas às sociedades que as produziram". OSORIO, Helen. *et alli* (Orgs). "Espaço Platino: Fronteira Colonial no século XVIII". In: *Praticas de Integração nas Fronteiras*: temas para o Mercosul. Porto Alegre: EdUFRGS, Instituto Goethe/ICBA, 1995. p. 110.

[275] Refere: "o relato diplomático valoriza a história dos grandes personagens, que batalharam pela conquista e defesa do território ao qual pertencem, enfatizando, além dos interesses em jogo das nações envolvidas, o patriotismo, a coragem e a honra. Estas disputas não competem apenas à luta em campo aberto, mas, sobretudo e também, desde os gabinetes dos palácios governamentais. Os novos enfoques sociológicos, antropológicos e historiográficos têm propiciado uma abertura de estudos referente ao tema. Esses estudos focam as relações

enfoques surgem, a história está ligada à cultura, e no contexto das fronteiras as pessoas comuns que ali habitam aquele lugar-espaço, são portanto agentes históricos,[276] pois nesse espaço fronteiriço, esses agentes não são neutros, tanto que são eles que dinamizam a fronteira,[277] ou seja, a fronteira, como espaço efetivamente ágil e dinâmico de interelações.

Para o campo da literatura, a fronteira divide o espaço do texto em subespaços impenetráveis,[278] também uma forma de definir fronteira. E aqui, vale ainda a ressalva tangenciada por Michel de Certeau, trazendo esse limite e a transgressão desse limite, no cotidiano, como "um vácuo, símbolo narrativo de intercâmbios e encontros".[279] É um "não lugar", ou seja, um limite "entre dois", um terceiro lugar. A título de exemplo, ainda, na literatura, a analogia, do trânsito de um não lugar a outro,[280] como na mitologia grega – dois mundos, ou melhor, entre mundos, mas que nunca chega ao lugar desejado.

---

sociais e as práticas culturais e, por que não dizer, a cultura específica dessas populações no ambiente de fronteira. O aprofundamento do sentido mais amplo da definição de fronteira se faz necessário para o entendimento dela pela população, bem como para os teóricos que refletem sobre a temática". BALLER, Leandro. *Cultura, identidade e fronteira*: Transitoriedade Brasil/Paraguai (1980-2005). Dissertação de Mestrado. Programa de Pós-Graduação em História da Faculdade de Ciências Humanas da Universidade Federal da Grande Dourados, 2008. p. 86-87.

[276] CAMPIGOTO, José Adilçon. "Fronteira e História Cultural". In: SCHALLENBERGER, Erneldo. (org.). Cultura e memória social: territórios em construção. Cascavel: Coluna do Saber, 2006, p. 11-32. p. 23.

[277] BALLER, Leandro. *Cultura, identidade e fronteira*: Transitoriedade Brasil/Paraguai (1980-2005). Dissertação de Mestrado. Programa de Pós-Graduação em História da Faculdade de Ciências Humanas da Universidade Federal da Grande Dourados, 2008 p. 86.

[278] Como informa Ozíris Borges Filho: O único teórico a tratar desse interessante tema na obra literária foi o russo Iuri Lotman (LOTMAN, Iuri. *A estrutura do texto artístico*. Lisboa: Estampa, 1978.). "... um traço topológico muito importante é a fronteira. A fronteira divide todo o espaço do texto em dois subespaços, que não se tornam a dividir mutuamente. A sua propriedade fundamental é a impenetrabilidade. O modo como o texto é dividido pela sua fronteira constitui uma das suas características essenciais. Isso pode ser uma divisão em «seus» e alheios, vivos e mortos, pobres e ricos. O importante está noutro aspecto: a fronteira que divide um espaço em duas partes deve ser impenetrável e a estrutura interna de cada subespaço, diferente. Pelo trecho acima percebemos já algumas características muito importantes para a topoanálise da fronteira. Primeira característica é a divisão de todo o texto em dois espaços que não se tornam a dividir. Em outras palavras, a fronteira não divide apenas um ponto particular do espaço no texto literário, mas é um corte grandioso, longitudinal. Dessa maneira, não podemos considerar fronteira um muro que separa a casa de uma personagem e outra a não ser que todo o espaço da trama seja as duas casas. Se houver outros espaços como teatros, cafés, cinemas, etc. nesse texto e pelos quais as personagens transitam livremente, não teremos uma fronteira. Outra característica importante sobre a fronteira que podemos perceber no trecho citado de Lotman é a idéia de impenetrabilidade." BORGES FILHO, Ozíris. A questão da fronteira na construção do espaço da obra literária. *Revista do Centro Ítalo-Luso-Brasileiro de Estudos Lingüísticos e Culturais*. Triceversa. Assis, v.2, n.1, maio-out.2008.

[279] "Transgressão do limite, desobediência à lei do lugar, ela representa a partida, a lesão de um estado, a ambição de um poder conquistador, ou a fuga de um exílio, de qualquer maneira a 'traição' de uma ordem. Mas ao mesmo tempo ergue um alhures que extravia, deixa ou faz ressurgir, fora das fronteiras, a estranheza que era controlada no interior, dá objetividade (ou seja, expressão e representação) à alteridade que se escondia do lado de cá dos limites, de sorte que cruzando a ponte para lá e para cá e voltando ao recinto fechado, o viajante aí encontra agora o outro lugar que tinha a princípio procurado partindo e fugido depois voltando. No interior das fronteiras já está o estrangeiro, exotismo o sabbat da memória, inquietante familiaridade. Tudo ocorre como se a própria delimitação fosse a ponte que abre o dentro para seu outro. Então, pergunta-se: a quem pertence a fronteira? Nem a um, nem a outro. (fronteira funciona como um terceiro, é um 'entre dois'). Lugar terceiro, jogo de interações e de entrevistas, a fronteira é como um vácuo, símbolo narrativo de intercâmbios e encontros". CERTEAU, Michel de. *A invenção do cotidiano:* 1. Artes de fazer. Rio de Janeiro: Vozes, 2003. p. 213-215.

[280] Aduz: "[...] transita de um não-lugar a outro, atravessando inúmeras fronteiras, inúmeros países, regiões p. 13 desconhecidas, mas, contrariamente a Gulliver ou Alice, nunca chega ao seu tópos. O caminho é o seu

As fronteiras "apresentam-se no imaginário social como um limite", ou seja, são "elementos simbólicos carregados de ambiguidades, pois, ao mesmo tempo em que impedem, permitem ultrapassar",[281] é também fato social, e que vai muito além do aspecto geográfico, necessário se torna, "retomar a expressão *regere fines* que significa traçar em linha reta as fronteiras, os limites. É o mesmo procedimento utilizado pelo padre na construção de um templo ou de uma cidade, quando ele determina esse espaço consagrado sobre o terreno", é delimitar (interior e exterior).[282]

Além do fato social, pode-se mencionar o espaço social, o diálogo que pode ser realizado entre a sociologia e as ciências jurídicas e sociais é profícuo, como a própria noção de *habitus*, (ou hábito social) segundo obras de Norbert Elias e Pierre Bourdieu, que é fundamental, como aduz Norbert Elias, o espaço social é chamado de *outsiders*.[283] O problema, menciona o autor, é saber – como e por que – os "indivíduos percebem uns aos outros como pertencentes a um grupo e se incluem mutuamente dentro das fronteiras grupais que estabelecem ao dizer *'nós'*," sendo que "excluem outros seres humanos a quem percebem como pertencentes a outro grupo e a quem referem coletivamente como *'eles'*".[284]

Essa relação (do conceito de *habitus*) entre os dois autores também é explicitado por Jurandir Malerba, por um lado, "Elias concebe a possibilidade de transformações do habitus decorrentes de mudanças históricas, as quais incidem sobre a hierarquia das posições", por outro lado, Bourdieu concebe o *habitus* "como os limites de ação, das soluções ao alcance do indivíduo em uma determinada situação social concreta",[285] é produto da história traduzido nas práticas (individuais e coletivas).

---

não-espaço e a sua própria razão de ser". BORGES FILHO, Ozíris. A questão da fronteira na construção do espaço da obra literária. *Revista do Centro Ítalo-Luso-Brasileiro de Estudos Lingüísticos e Culturais*. Triceversa. Assis, v.2, n.1, maio-out. 2008. p. 13.

[281] MELO, José Luis Bica de. Reflexões conceituais sobre fronteira. In: CASTELLO, Iara Regina; KOCH, Mirian Regina; OLIVEIRA, Naia; SCHÄEFFER, Neiva otero e STROHAECKER, Tânia. (orgs.). *Fronteiras na América Latina*: espaços em transformação. Porto Alegre: Ed. Universidade. UFRGS. Fundação de Economia e Estatística, 1997. p. 68-69.

[282] RAFFESTIN, Claude. A ordem e a desordem ou os paradoxos da fronteira. In: OLIVEIRA, Tito C. M. de (Orgs.). *Território sem limites:* estudos sobre fronteiras. Campo Grande: Ed. da UFMS, 2005. p. 10.

[283] Os termos *estabelecidos* e *outsiders* correspondem ao título da obra de Norbert Elias e John L. Scotson. Os *estabelecidos* de maneira geral correspondem a um grupo social que habita um espaço há vários anos, apresentando-se como residentes a mais tempo naquele espaço social. Os *outsiders* de maneira geral são as pessoas que vêm de fora e passam a viver no mesmo espaço social. Essa classificação é genérica e não representa uma diferenciação entre os grupos, seja em relação à etnia, classe social, cargos empregatícios, entre outras possíveis diferenças. Ver BALLER, Leandro. *Cultura, identidade e fronteira*: Transitoriedade Brasil/Paraguai (1980-2005). Dissertação de Mestrado. Programa de Pós-Graduação em História da Faculdade de Ciências Humanas da Universidade Federal da Grande Dourados, 2008. p. 114.

[284] ELIAS, Norbert; SCOTSON, John L. *Os estabelecidos e os outsiders:* sociologia das relações de poder a partir de uma pequena comunidade. Rio de Janeiro: Jorge Zahar, 2000. p. 36-38.

[285] Comenta: "Uma dificuldade suplementar que emerge quando se intenta comparar ambas as matrizes repousa no fato de que, se em Elias é possível encontrar uma unidade orgânica e conceitual na obra produzida ao longo de mais de seis décadas, em Bourdieu, é detectável uma permanente inquietação, que se manifesta na contínua revisão que opera em seus conceitos, e em sensíveis nuances nesses conceitos ao longo da carreira intelectual desse autor [...]. Elias concebe a possibilidade de transformações do *habitus* decorrentes de mudanças históricas, as quais incidem sobre a hierarquia das posições. Por isso, seu conceito de campo é mais

Note-se que fronteira é o que Pierre Bordieu definiu de região, relacionado à luta simbólica de "fazer crer e fazer ver, de dar a conhecer e fazer reconhecer, de impor as definições legítimas das divisões do mundo social e, por este meio, de fazer e desfazer os grupos".[286]

Seguindo a linha das novas realidades socioculturais, a fronteira corresponde a espaços de dualidades, é ao mesmo tempo área de separação e aproximação,[287] ou melhor, linha de barreira e espaço polarizador, ainda, fenômenos duais, como referido por Eric Hobsbawn, "construídos essencialmente pelo alto, mas que, no entanto, não podem ser compreendidas sem ser analisadas de baixo", isso consiste "em termos das suposições, esperanças, necessidades, aspirações e interesses das pessoas comuns, as quais não são necessariamente nacionais e menos ainda nacionalistas",[288] pertencer ao lugar, integrar-se e sentir-se parte do conjunto.

E, nesse sentido, Manuel Castels traz o significado social do espaço e do tempo, enquanto dimensões da vida humana,[289] ao que adverte Miguel Reale, que é "inconcebível uma estrutura social que seja desvinculada do processo histórico", essa é a própria função do direito.[290]

O espaço de fluxos, (de capital, trabalho, informação, etc.) o espaço de expressão da sociedade,[291] reafirme-se, com novas formas e processos espaciais, o

---

flexível do que o de Bourdieu: trata-se de uma rede de relações estruturadas em espaço de posições, mas aberta e constantemente trabalhada pelas contingências históricas, que fazem o papel de variáveis exógenas e que, por certo, transformam a hierarquia das posições". MALERBA, Jurandir. "Para uma teoria simbólica: conexões entre Elias e Bourdieu". In: CARDOSO, Ciro Flamarion; MALERBA, Jurandir (orgs.). *Representações:* contribuição a um debate transdisciplinar. Campinas: Papirus, 2000. p. 15-18.

[286] Por outro lado, Pierre Bourdieu aponta que o mundo social é o espaço. "Os agentes e grupos de agentes são assim definidos pelas suas *posições relativas* neste espaço. Cada um deles está acantonado numa posição ou numa classe precisa de posições vizinhas, quer dizer, numa região determinada do espaço [...]. Na medida em que as propriedades tidas em consideração para se construir este espaço são propriedades atuantes, ele pode ser descrito também como campo de forças, quer dizer, como um conjunto de relações de forças objetivas impostas a todos os que entrem nesse campo e irredutíveis às intenções dos agentes individuais ou mesmo às interações diretas entre os agentes". BOURDIEU, Pierre. *O poder simbólico*. Trad. Fernando Tomaz. 8. ed. Rio de Janeiro: Bertrand Brasil, 2005. p. 134.

[287] CASTELLO, Iara Regina. Áreas de fronteira: territórios de integração, espaços culturalmente identificados. In: HAUSEN, Ênio Costa, LEHNENE, Arno Carlos (orgs.) *Prática de integração nas fronteiras:* temas para o Mercosul. Porto Alegre: EdUFRGS: Instituto Goethe/ICBA, 1995. p. 18.

[288] HOBSBAWM, Eric. *Nações e nacionalismo desde 1780:* programa, mito e realidade. Rio de Janeiro: Paz e Terra, 1994. p. 19-20.

[289] "Espacio y tempo son las dimensiones materiales fundamentales de la vida humana. [...]. proponho la hipótesis de que el espacio organiza al tempo en la sociedade red.[...]". CASTELLS, Manuel. "El espacio de los flujos". Cap 6. In: *La era de la Información, Economía, Sociedad y Cultura.* La sociedad red. (Siglo veintiuno editores) Buenos Aires: Alianza Editorial, Vol. 1 y 3, 2006. p. 453.

[290] Argumenta: "Quando, porém, se fala na 'estrutura tridimensional do direito', neste conceito já está implícita a nota essencial da temporalidade, pois é inconcebível uma estrutura social estática, desvinculada do processo histórico: o direito, como a realidade social toda da qual participa, é, fundamentalmente, uma estrutura tridimensional e histórica, distinguindo-se das demais por possuir uma nota específica, que é a *bilateralidade atributiva* inerente a todas as formas de ordenação jurídica da conduta humana. Essas três características essenciais de *tridimensionalidade, temporalidade e bilateralidade-atributiva,* penso estarem sintetizadas quando conceituo o Direito como *realidade histórica-cultural tridimensional de natureza bilateral atributiva*". REALE, Miguel. *O direito como experiência*: introdução a epistemologia jurídica. 2. ed. São Paulo: Saraiva, 1992. p. 218.

[291] *Tradução livre de*: "El espacio es la exression de la sociedad. Puesto que nuestras sociedades están sufriendo una transformación estructural, es uma hipótesis razonable sugerir que están surgiendo nuevas formas

espaço não é reflexo, é expressão da sociedade, é a própria sociedade, e o "tempo intemporal pertence ao espaço de fluxos, enquanto a disciplina temporal, a sequencia biológica, determinada pela sociedade caracteriza lugares ao redor do mundo".[292]

Ainda que referindo a sociedade em rede, cujo lugar é uma localidade cuja forma, função e significado estão delimitados pelas fronteiras de contiguidade física,[293] também chamados de hiperespaço social,[294] e que atualmente, no mundo de fluxos globais de riqueza, poder e imagens na busca da identidade, seja coletiva, ou individual, atribuída ou construída, que se converte na fonte fundamental do significado social,[295] conclui Manuel Castels:

> Nossa exploração das estruturas sociais emergentes para diferentes áreas da atividade humana e da experiência leva para uma conclusão geral: como tendência histórica, as funções e os processos dominantes na era da informação cada vez mais organizadas em torno de redes. Estas constituem uma nova morgología social de nossas sociedades e a difusão de sua lógica de ligação modifica substancialmente a operação e os resultados dos processos de produção, experiência, poder e cultura.[296]

E menciona essa relação de poder Claude Raffestin, fica clara e evidente na fronteira que é "compreendida como zona de contacto e limite, ou seja, é uma linha de separação definida que cristalizada se torna então ideológica, pois justifica territorialmente as relações de poder",[297] embora Michael Foucault

---

y procesos espaciales.[...] el espacio no es un reflejo de la sociedad, sino su expresión. En otras palabras, el espacio no e uma fotocopia de la sociedade: es la sociedad misma. [...] nuestra sociedade está construida en torno a flujos: (flujos de capital, información, tecnología, interacción organizativa, imágenes, sonidos y símbolos). Los flujos no son sólo un elemento de la organización social: son la expresión de los procesos que *dominan* nuestra vida económica, política, y simbólica. [...] *El espacio de los flujos es la organización material de las prácticas sociales en tempo compartido que funcionan a través de los flujos.* Pues flujos entiendo las secuencias de intercambio e interacción determinadas, repetitivas y programables entre las posiciones físicamente inconexas que mantienen los actores sociales en las estructuras sociales dominantes. Por estructuras dominantes entiendo los dispositivos de organizaciones e instituciones cuya lógica interna desempeña un papel estratégico para dar forma a las prácticas sociales y la consciencia social de la sociedad en general". CASTELLS, Manuel. "El espacio de los flujos". Cap 6. In: *La era de la Información, Economía, Sociedad y Cultura.* La sociedad red. (Siglo veintiuno editores) Buenos Aires: Alianza Editorial, Vol. 1 y 3, 2006. p. 488-490.

[292] *Tradução livre de*: "El tempo atemporal pertenece al espacio de los flujos, mientras que la disciplina temporal, el tempo biológico y la secuenciación determinada por la sociedade caracterizan a los lugares de todo el mundo, estructurando y desestructurando materialmente nuestras sociedades segmentadas". Ibid., p. 545.

[293] *Tradução Livre de*: "El espacio de los flujos no impregna todo el ámbito de la experiencia humana en la sociedade red. En efecto, la inmensa mayoría de la gente, tanto en las sociedades avanzadas como en las tradicionales, vive en lugares y, por lo tanto, percibe su espacio en virtud de ellos. *Un lugar es uma localidades cuya forma, función y significado están delimitados por las fronteras de la contigüidad física*". Ibid., p. 501-502.

[294] *Tradução livre de*: "em dimensiones diferentes de um hiperespacio social". Ibid., p. 506.

[295] Prólogo: *Tradução livre de*: "Los cambios sociales son tan espectaculares como los procesos de transformación tecnológicos y económicos. [...] En un mundo de flujos globales de riqueza, poder e imágenes, la búsqueda de la identidad, colectiva o individual, atribuida o construida, se convierte en la fuente fundamental de significado social". Ibid., p. 32

[296] *Tradução livre de:* Nuestra exploración de las estructuras sociales emergentes por distintos ámbitos de la actividad y experiencia humanas conduce a uma conclusión general: como tendencia histórica, las funciones y los procesos dominantes en la era de la información cada vez se organizan más en torno a redes. Éstas constituyen la nueva morfología social de nuestras sociedades u la difusión de su lógica de enlace modifica de forma substancial la operación y los resultados de los procesos de producción, la experiencia, el poder y la cultura". Ibid., p. 549-550

[297] RAFFESTIN, Claude. *Por uma geografía do poder*. São Paulo: Ática, 1993. p. 165.

adverte que o poder não existe, o que existe são "práticas ou relações de poder",[298] e esse espaço social pode ser um espaço multidimensional,[299] e essas relações sociais-político-culturais estão impregnadas do simbólico, nas palavras de Pierre Bourdieu, produções simbólicas, privilegiando seus interesses.[300]

Portanto a fronteira é produção simbólica "que responde ou corresponde aos interesses, às condições, as circunstâncias, aos valores e visões de mundo das pessoas envolvidas no processo histórico concreto de sua constituição".[301]

Espaço que também é definido por Milton Santos, como *"lugar banal: locus* da solidariedade coletiva, da contiguidade, da vizinhança e do território compartido",[302] também o limite, que se transforma em fronteira, ou seja, "foi concebido para delimitar territórios com precisão como se fosse uma linha divisória, espraia-se em uma zona de interface e de transição entre dois mundos tomados distintos".[303]

Esses dois mundos, um deles, simplesmente reproduzido, artificial, e o outro real, efetivo, "fora do mapa, a vida pulsa, põe o mundo em movimento e amplia as fronteiras entre as duas peças".[304]

Assim as fronteiras são "o produto da capacidade imaginária de reconfigurar a realidade", se há dificuldade em pensá-las, em apreendê-las, "é porque aparecem tanto reais como imaginárias, intransponíveis e escamoteáveis", são dois mundos distintos e complexos.[305]

---

[298] FOUCAULT, Michael. *Microfísica do poder.* Rio de Janeiro: Edições Graal, 1985. p. 14.

[299] "[...] na realidade, o espaço social é um espaço multidimensional, conjunto aberto de campos relativamente autônomos, quer dizer, subordinados quanto ao seu funcionamento e às suas transformações, de modo mais ou menos firme e direto ao campo de produção econômica: no interior de cada um dos subespaços, os ocupantes das posições dominantes e os ocupantes das posições dominadas estão ininterruptamente envolvidos em lutas de diferentes formas (sem por isso se constituírem necessariamente em grupos antagonistas).". BOURDIEU, Pierre. *O poder simbólico.* Trad. Fernando Tomaz. 8. ed. Rio de Janeiro: Bertrand Brasil, 2005. p. 153.

[300] Comenta: "As diferentes classes e frações de classes estão envolvidas numa luta propriamente simbólica para imporem a definição do mundo social mais conforme aos seus interesses, e imporem o campo das tomadas de posições sociais ideológicas reproduzindo em forma transfigurada o campo das posições sociais". Ibid., p. 11.

[301] BALLER, Leandro. *Cultura, identidade e fronteira*: Transitoriedade Brasil/Paraguai (1980-2005). Dissertação de Mestrado. Programa de Pós-Graduação em História da Faculdade de Ciências Humanas da Universidade Federal da Grande Dourados, 2008. p. 103.

[302] SANTOS, Milton. O retorno do território. In: SANTOS Milton et al. *Território*: globalização e fragmentação. 2. ed. São Paulo: Hucitec, 1996. p. 15-20.

[303] Refere: "Fronteiras e limites, em princípio, fornecem imagens conceituais equivalentes. Entretanto, aproximações e distanciamentos podem ser concebidos entre fronteiras e limites. Focaliza-se o limite: ele parece consistir de uma linha abstrata fina o suficiente para ser incorporada pela fronteira. O marco de fronteira, reivindicando o caráter de símbolo visual do limite, define por onde passa a linha imaginária que divide territórios. A fronteira coloca-se à frente, como se ousasse representar o começo de tudo onde exatamente parece terminar: o limite, de outra parte, parece significar o fim do que estabelece a coesão do território. O limite estimula a idéia sobre a distância e a separação, enquanto a fronteira movimenta a reflexão sobre o contato e a integração. Entretanto, a linha que separa os conceitos é espaço vago e abstrato". HISSA, Cássio E. V. *A mobilidade das fronteiras*: inserções da Geografia na crise da modernidade. Belo Horizonte: Ed. da UFMG, 2006. p. 34.

[304] Ibid., p. 28.

[305] HANCIAU, Núbia J. Entre-Lugar. In: FIGUEIREDO, Eurídice (Org.). *Conceitos de literatura e cultura.* Juiz de Fora: UFJF, 2005. p. 133.

Mobilidade, Fronteiras & Direito à Saúde

Observe-se ainda, por importante, que a região é o espaço fronteiriço, na percepção tradicional a fronteira é o limite, o corte, a descontinuidade, a barreira entre Estados Nacionais. No tocante à geopolítica é um "órgão periférico do Estado que tanto pode ser receptora de influências como pode ser pólo de irradiação, projetando-se sobre os países vizinhos",[306] e no tocante à perspectiva integracionista, a integração fronteiriça "sintetiza a sobreposição de fluxo e forças de atração de diversa intensidade que origina um novo espaço conjunto onde anteriormente existiam dois espaços separados e impermeáveis entre si".[307]

Tanto que, fronteira é territorialidade permeável à mobilidade social, vez que se estabelecem múltiplas relações sociais, culturais, econômicas e comerciais, fronteira não é limite à cidadania, é antes processo de interação.[308]

Nesse contexto ainda, Peter Burke nos seus estudos culturais no final do século XX, inicio do século XXI frisa:

> O terreno comum dos historiadores culturais pode ser descrito como a preocupação com o simbólico e suas interpretações. Símbolos, conscientes ou não, podem ser encontrados em todos os lugares, da arte à vida cotidiana, mas a abordagem do passado em termos de simbolismo é apenas uma entre outras.[309]

Ainda no campo da história, José Adilçon Campigoto traz a problemática da fronteira vinculada ao local fronteiriço e aos sentimentos de pertencimento, esse lugar periférico, "em que vivem e pelo qual transitam sujeitos excluídos da sociedade brasileira e paraguaia, os sentidos de fronteira constituem um terceiro lugar, nem Brasil, nem Paraguai". É a história desenvolvida "para além do circuito fechado pela sociedade, porque é protagonizada pelos excluídos, por sujeitos que não se definem como brasileiros nem como paraguaios".[310]

É o que Stuart Hall refere enquanto sociedade multicultural, que sempre envolve mais do que um único grupo,[311] e justamente por novas áreas ganharem

---

[306] PADRÓS, Enrique Serra. Fronteiras e integração fronteiriça: elementos para uma abordagem conceitual. *Revista do Instituto de Filosofia e Ciências Humanas*, Porto Alegre, v. 17, n. 1/2, janeiro/dezembro, 1997. p. 63-85. p. 72.

[307] Ibid., p. 76-77.

[308] BUTIERRES, Maria Cecília. *Assimetrias no acesso e na garantia do Direito à Saúde do Trabalhador na fronteira Brasil-Uruguai*. Dissertação de Mestrado PUCRS. Orientadora Jussara Maria Rosa Mendes. Porto Alegre, 2011.

[309] BURKE, Peter. *O que é história cultural?* Rio de Janeiro: Jorge Zahar Editor, 2005. p. 10.
OBS: Quando esteve no Brasil em 2007, nas Fronteiras do Pensamento, comentou sobre a globalização da cultura, ou se o mundo todo fosse Brasil – 10/04/2007 dando relevância aos aspectos socioculturais em suas análises. "Em sua conferência, Peter Burke discorreu sobre globalização e identidade global. Frente aos avanços da tecnologia, sustentou que as instituições, apesar de se atrasarem, também se adaptam às rápidas transformações. Porém, a principal barreira é a mentalidade e o comportamento, mais rígidos e lentos para aceitarem as mudanças. Positivo quanto ao novo homem global, Burke defendeu como o desequilíbrio ecológico tem acelerado o processo da identidade única, sendo esta essencial para o futuro do planeta". Fronteiras dos Pensamento. *Conferencistas*. Disponível em: <http://www.fronteirasdo pensamento.com.br/portal/conferencista/66/>. Acesso em: 01 fev. 2013.

[310] CAMPIGOTO, José Adilçon. "Fronteira e História Cultural." In: SCHALLENBERGER, Erneldo. (org.). Cultura e memória social: territórios em construção. Cascavel: Coluna do Saber, 2006, p. 11-32. p. 17-18.

[311] HALL, Stuart. *Da diáspora*: identidades e mediações culturais. Belo Horizonte: EdUFMG, 2003. p. 84-85.

destaque, no campo da sociologia, o termo *fronteira*, passa a ter uma abrangência maior, com uma ampla gama de significados, quais sejam, culturais, políticos e econômicos, é fronteira de diferentes coisas "fronteira da civilização, fronteira espacial, fronteira de culturas e visões de mundo, fronteira de etnias, fronteira da história e da historicidade do homem. E, sobretudo, fronteira do humano".[312]

Há uma forte ligação entre identidade, fronteira e cultura,[313] por isso, adverte, a fragilidade das culturas locais deve ser observada,[314] num contexto sociocultural de fronteira, onde "cotidianamente se entrecruzam diferentes etnias, em razão da intensa circulação de pessoas, a etnicidade desenvolve-se de forma inevitável".[315]

3.1.2. A questão da identidade e o não lugar

Ou seja, a identidade, (do latim *identitas, identitate*) se traduz, inicialmente, "pela percepção do mesmo, do igual, daquilo que imprime caráter do que é idêntico", o distingue dos demais indivíduos, "se traduz ainda por conformidade, ajustamento, comunhão, sugerindo um processo de identificação que permita a um indivíduo confundir-se com outra pessoa, de quem assume as características".[316]

Também Íngrid Johanna Bolívar, ao definir o sujeito politico,[317] aponta que os "atores históricos explicam seu próprio comportamento e preferências

---

[312] MARTINS, José de Souza. O tempo da fronteira: retorno à controvérsia sobre o tempo histórico da frente de expansão e da frente pioneira. In: MARTINS, José de Souza. *Fronteira*: a degradação do outro nos confins do humano. São Paulo: Hucitec, 1997. p. 13.

[313] BALLER, Leandro. *Cultura, identidade e fronteira*: Transitoriedade Brasil/Paraguai (1980-2005). Dissertação de Mestrado. Programa de Pós-Graduação em História da Faculdade de Ciências Humanas da Universidade Federal da Grande Dourados, 2008. p. 86.

[314] Aduz: "A história tradicional, como querem algumas perspectivas políticas, acaba por diminuir o sentido das fronteiras. As teorias geopolíticas também compactuam com essas opções manipuladoras, percebendo em cada ponto um problema de hegemonia, especialmente relativo ao espaço e ao tempo que geram um país ou nação, o que busca evidenciar a fragilidade das culturas locais em detrimento desse complexo espaço fronteiriço. Estas concepções tradicionais de fronteira muitas vezes acabam por influenciar e direcionar até mesmo os cientistas sociais". Ibid., p. 86.

[315] PEREIRA, Jacira Helena do Valle. Processos identitários da segunda geração de migrantes de diferentes etnias na fronteira Brasil-Paraguai. In: MARIN, Jérri R;VASCONCELOS, Cláudio A de (orgs.) *História Região e identidades*. Campo Grande: Editora da UFMS, 2003. p. 140.

[316] BORGES. Maria Stela Lemos. *Terra, ponto de partida, ponto de chegada*: identidade e luta pela terra. São Paulo: Editora Anita, 1997. p. 22-23.

[317] *Tradução livre de:* "Aunque los actores históricos expliquen su propio comportamiento y sus preferencias apelando a la identidad, el trabajo del analista social no se puede agotar en la reproducción de tales explicaciones. Más bien, habría que esclarecer cómo, cuándo y por qué apelar a tales identidades empezó a explicar, a los ojos de los actores, su propio comportamiento. Más puntualmente, habría que analizar como los comportamientos y las 'formas de ser' que los actores consideran constitutivas y explicadas por su identidad participan en el conjunto del entramado social, como por intermedio de estas "identidades" se les asigna un lugar en el orden social". BOLÍVAR. Íngrid Johanna. Identidades Y Estado: La Definición Del Sujeto Político. In: *Identidades culturales y formación del estado en Colombia*: colonización, naturaleza y cultura / Ingrid Johanna Bolívar R., editora; autores, Julio Arias Vanegas; Íngrid Johanna Bolívar R.; Daniel Ruiz Serna; María de la Luz Vásquez. Bogotá: Universidad de los Andes, Facultad de Ciencias Sociales, Departamento de Ciencia Política, CESO, Ediciones Uniandes, 2006. p. 13.

Mobilidade, Fronteiras & Direito à Saúde

apelando à questão da identidade". E, nesse particular, Immanuel Wallerstein e Etiene Balibar mencionam, no que tange à identidade, "o neo-racismo europeu (que) é novo na medida em que o seu tema dominante não é superioridade biológica, mas antes as insuperáveis diferenças culturais, a conduta racial em vez da pertença racial".[318]

A construção da(s) identidade(s) ocorre justamente das vivências diárias daquilo que se perfectibiliza constantemente. Por isso Eric Hobsbawm destaca que o próprio conceito de nação é frágil nesse "espaço fronteiriço", sendo que o autor procurou mostrar essa fragilidade da "história da nação ocidental moderna sob a perspectiva da margem da nação e do exílio de migrantes", para tanto aponta a "identificação nacional e tudo o que se acredita nela implicado pode mudar e deslocar-se no tempo, mesmo em períodos muito curtos".[319]

Que também é uma ideia defendida por Stuar Hall – em diáspora[320] – ao abordar na ideia de comunidade uma cultura implícita, e que as práticas concretas vêm a mostrar isso, no que se refere aos fenômenos "relativos a migrações humanas dos ex-países coloniais para as antigas metrópoles". Essa concepção binária da diferença, cuja ideia de cultura está subentendida, nas "comunidades de minoria étnica", sendo que a "noção de comunidade inclui uma ampla gama de práticas concretas".[321]

Contrariamente, Rosa Moura traz, que as fronteiras formais, já não abraçam nacionalismo nem representam os limites da soberania de um povo. "Também pouco expressam ou em nada traduzem traços de identidade", para a autora, apenas barram "a entrada de capitais e investimentos, mas são usados para excluir". Como exemplo, aponta que "no sul do Brasil, cidadãos forçados a migrar na busca de oportunidades de sobrevivência são julgados, nas fronteiras, por sua procedência, cor e condição econômica e, muitas vezes, são devolvidos ao seu lugar de origem", por isso, somente os "aparatos jurídicos e institucionais não são suficientes para solucionar os obstáculos impostos pelas fronteiras".[322]

Por outro lado, Homi Bhabha defende a identidade como interação, o desejo de reconhecimento, e sugere ver a história de migrantes/refugiados,

---

[318] WALLERSTEIN, Immanuel; BALIBAR, Etiene. *Race, Nation, Class*: Ambiguos Identities, Londres: Verso, 1991. p. 17-28.

[319] HOBSBAWM, Eric. *Nações e nacionalismo desde 1780*: programa, mito e realidade. Rio de Janeiro: Paz e Terra, 1994. p. 20.

[320] *Diáspora* significa, segundo o próprio autor: "o conceito fechado de diáspora se apóia sobre uma concepção binária de diferença. Está fundado sobre a construção de uma fronteira de exclusão e depende da construção de um "outro" e de uma oposição rígida entre o de dentro e o de fora. Porém, as configurações sincretizadas da identidade cultural requerem a noção derridiana de *différance*, uma diferença que não funciona através dos binarismos, fronteiras veladas que separam finalmente, mas são também *places* de passaje e significados que são posicionais e relacionais, sempre em deslize ao longo de um espectro sem começo nem fim". HALL, Stuart. *Da diáspora*: identidades e mediações culturais. Belo Horizonte: EdUFMG, 2008. p. 32-33.

[321] HALL, Stuart. *Da diáspora:* identidades e mediações culturais. Belo Horizonte: EdUFMG, 2003. p. 75-76.

[322] MOURA, Rosa. Dos espaços sem fronteiras às fronteiras dos espaços. In: CASTELLO, Iara Regina; KOCH, Mirian Regina; OLIVEIRA, Naia; SCHÄEFFER, Neiva otero e STROHAECKER, Tânia. (orgs.). *Fronteiras na América Latina*: espaços em transformação. Porto Alegre: Ed. Universidade. UFRGS. Fundação de Economia e Estatística, 1997. (Fundação de Economia e Estatística). p. 102.

do ponto de vista dos deslocamentos sociais e culturais anômalos,[323] que quer dizer, uma última vez, "há um retorno à encenação da identidade como interação, a re-criação do eu no mundo da viagem, o re-estabelecimento da comunidade fronteiriça da migração. O desejo de reconhecimento da presença cultural como "atividade negadora".[324]

A identidade como necessidade, algo que deve se construir para poder negociar e obter um lugar no espaço nacional, muito mais do que algo que se tem, mas algo que se deve manter,[325] mas as identidades são flexíveis e mudam de acordo com o tempo e o lugar. Quando Boaventura de Sousa Santos descreve a modernidade, Identidade e a Cultura de Fronteira adverte que hoje se têm processos de identificação, pois a preocupação com a identidade nasce com a modernidade, veja-se:

> Mesmo as identidades mais sólidas, como a de mulher, homem, país africano, pais latino-americano ou país europeu, escondem negociações de sentido, jogos de polissemia, choques de temporalidades em constante processo de transformação, responsáveis em última instância pela sucessão de configurações hermenêuticas que de época para época dão corpo e vida a tais identidades. Identidades são pois, identificações em curso. Sabemos também que as identificações, além de plurais, são dominadas pela obsessão da diferença e pela hierarquia das distinções. Quem pergunta pela sua identidade questiona as referências hegemônicas, mas, ao fazê-lo, coloca-se na posição de outro e, simultânea mente, numasituação de carência e por isso de subordinação.[326]

Sendo que a identidade social está ligada a ação coletiva, é um sistema de múltiplos níveis, é a base do poder social, que serve de base para a comunicação com as massas,[327] além disso, grandes são também os desafios na semi-

---

[323] "Talvez possamos agora sugerir que histórias transnacionais de migrantes, colonizados ou refugiados políticos – essas condições de fronteira e divisas – possam ser o terreno da literatura mundial, em lugar da transmissão de tradições nacionais, antes o tema central da literatura mundial. O centro de tal estudo não seria nem a soberania de culturas nacionais nem o universalismo da cultura humana, mas o foco sobre aqueles 'deslocamentos sociais e culturais anômalos'". BHABHA, Homi K. *O local da cultura.* Trad. Myriam Ávila, Eliana Lourenço de Lima Reis, Gláucia Renate Gonçalves. Belo Horizonte: UFMG, 1998. p. 33.

[324] BHABHA, Homi K. *O local da cultura.* Trad. Myriam Ávila, Eliana Lourenço de Lima Reis, Gláucia Renate Gonçalves. Belo Horizonte: UFMG, 1998. p. 29.

[325] *Tradução livre de:* "La identidad y la marginalidad: ¿esencia o estrategia de representación? A lo largo de este texto se han mostrado las diferentes etapas por las que ha pasado la relación entre el Estado y los habitantes de la antigua zona de distensión. Este evento hizo visible el marco de esa interacción, ya que hizo circular estereotipos sobre la región y sus habitantes, reveló las diferencias y oposiciones entre los niveles del Estado y generó una coyuntura importante para la pregunta por la identidad y el desarrollo de estrategias de representación por parte de los habitantes locales. Para los municipios de la zona, la identidad es una necesidad, es algo que debe construirse para poder negociar y obtener un lugar en el espacio nacional, más que algo que se tiene y/o hay que mantener. VÁSQUEZ, Maria de la Luz. Las políticas de la representación. In: VANEGAS, Julio Arias [et al.]. *Identidades culturales y formación del estado en Colombia* : colonización, naturaleza y cultura. Bogotá: Universidad de los Andes, Facultad de Ciencias Sociales, Departamento de Ciencia Política, CESO, Ediciones Uniandes, 2006. p. 172-173.

[326] SANTOS, Boaventura de Sousa. *Pela mão de Alice*: o social e o político na pós-modernidade. São Paulo: Cortez, 1997. p. 135.

[327] *Tradução livre de:* "La identidad como un sistema de múltiples niveles. Para los teóricos de la identidad social, el yo no es una interpretación individual unitaria, sino un sistema complejo. Aunque siempre definimos nuestra identidad en función de nuestra relación con los demás, eso se puede hacer en diferentes niveles de abstracción: en el nivel subordinado o personal (donde mi individualidad hace que "yo" sea distinto de "tú"); en el nivel intermedio o social (lo que nos hace a "nosotros" distintos de "ellos"), y en el nivel superordenado o humano (lo que hace a las personas diferentes de los no humanos). La identidad social como base del po-

periferia,[328] cuja cultura é que serve de sustentação para as tensões, a fronteira (cultural aqui), segundo Boaventura de Souza Santos, "não é o *front* e sim o *border*", veja-se:

> A nossa fronteira não é *frontier*, é *border*. A cultura portuguesa é uma cultura de fronteira, não porque para além de nós se conceba o vazio, uma terra de ninguém, mas porque de algum modo o vazio está do lado de cá, do nosso lado. E é por isso que nosso trajecto histórico cultural da modernidade fomos tanto o Europeu como o selvagem, tanto o colonizador como o emigrante. A zona fronteiriça é uma zona híbrida, babélica, onde os contatos se pulverizam e se ordenam segundo micro-hierarquias pouco suscetíveis de globalização. Em tal zona, são imensas as possibilidades de identificação e de criação cultural, todas igualmente superficiais e igualmente subvertíveis.[329]

É de Homi Bhahba, ainda, um importante conceito de fronteira como um entrelugar, que também é adotado aqui, pela aproximação da identificação de fronteira com um não lugar, ou seja.

> A fronteira que assinala a individualidade da nação interrompe o tempo autogerador da produção nacional e desestabiliza o significado do povo como homogêneo. O problema não é simplesmente a "individualidade" da nação em oposição à alteridade de outras nações. Estamos diante da nação dividida no interior dela própria, articulando a heterogeneidade de sua população. A nação barrada Ela/Própria, alienada de sua eterna autogeração, torna-se um espaço liminar de significação, que é marcado *internamente* pelos discursos de minorias, pelas histórias heterogêneas de povos em disputa, por autoridades antagônicas e por locais de diferença cultural.[330]

O autor indaga, ainda, de que forma se pode refletir sobre – a identidade num espaço-tempo contemporâneo – vez que hoje a "marca é a não fixidez, o constante movimento, certa fluidez do que antes era considerado estático, tomado como porto seguro", assim como complexo, pois o intercâmbio de "valores, significados e prioridades pode nem sempre ser colaborativo e dialógico, podendo ser profundamente antagônico, conflituoso e até incomensurável".[331]

---

der social. Entre tanto, hay un abundante y complejo cuerpo de investigaciones basado en estos principios, pero no tenemos espacio aquí para hacerle justicia. Sin embargo, para los fines del presente artículo, hay tres elementos en particular que revisten especial importancia". REICHER, Stephen, HOPKINS Nick, LEVINE, Mark, RATH, Rakshi. "Movilizar el odio, movilizar a solidaridad: la identidad social como base para la comunicación de masas", In: International Review of the Red Cross. *Revista Internacional de La Cruz Roja*. Selecion de artículos, CICR. 2005. p. 309-311.

[328] A recontextualização das identidades "exige, nas condições actuais que o esforço analítico e teórico se concentre na dilucidação das especificidades dos campos de confrontação e de negociação em que as identidades se formam e se dissolvem e na localização dessas especificidades nos movimentos de globalização do capital e, portanto, no sistema mundial. As novas-velhas identidades constroem-se numa linha de tensão entre o *demos* e *ethnos* encontra a identificação entre ambos, (é a cultura que sustenta tal tensão) Daí a autoconcepção das identidades contextuais como multiculturalidades, daí o renovado interesse pela cultura nas ciências sociais, e daí, também, a crescente interdisciplinariedade entre ciências sociais e humanidades". SANTOS, Boaventura de Sousa. *Pela mão de Alice*: o social e o político na pós-modernidade. São Paulo: Cortez, 1997. p. 147-148.

[329] SANTOS, Boaventura de Sousa. *Pela mão de Alice*: o social e o político na pós-modernidade. São Paulo: Cortez, 1997. p. 152-153.

[330] BHABHA, Homi K. *O local da cultura*. Trad. Myriam Ávila, Eliana Lourenço de Lima Reis, Gláucia Renate Gonçalves. Belo Horizonte: UFMG, 1998. p. 209-210.

[331] Ibid., p. 20.

Esse conceito de entrelugar, segundo Nubia Hanciau, torna-se propício para a reconfiguração de "limites difusos entre centro e periferia, cópia e simulacro, autoria e processos de textualização, literatura e uma multiplicidade de vertentes culturais que circulam na contemporaneidade e ultrapassam fronteiras", e destaca, "fazendo do mundo uma formação de entre-lugares",[332] estimulado pelos realinhamentos globais.

Por outro lado, no campo da filosofia, Tzvetan Todorov refere que as questões identitárias estão ligadas ao *outro*:

> Posso conceber os outros como uma abstração, como uma instância da configuração psíquica de todo indivíduo, como o Outro, outro ou outrem em relação a *mim*. Ou então como um grupo social concreto ao qual *nós* não pertencemos. Este grupo, por sua vez, pode estar contido numa sociedade: as mulheres para os homens, os ricos para os pobres, os loucos para os 'normais'. Ou poder ser exterior a ela, uma outra sociedade que, dependendo do caso, será próxima ou longínqua: seres que em tudo se aproximam de nós, no plano cultural, moral e histórico, ou desconhecidos, estrangeiros cuja língua e costumes não compreendo, tão estrangeiros que chego a hesitar em reconhecer que pertencemos a uma mesma espécie.[333]

A questão da identidade, também vinculada à alteridade, cuja questão da "identificação nunca é a afirmação de uma identidade pré-dada, nunca uma profecia autocumpridora – é sempre a produção de uma imagem de identidade e a transformação do sujeito ao assumir aquela imagem".[334]

Sendo que a busca da verdade do *outro*, a ultrapassagem de fronteiras, é que leva à alteridade, vez que até há pouco tempo, as identidades sociais estavam associadas a grupos que ocupavam certo espaço, como o país, a cidade ou bairro, e nesse espaço, eram revelados os valores, símbolos, a língua, as memórias e as tradições ou os costumes, portanto, o aspecto cultural sempre pode ser delineado pela fronteira.[335]

Ou ainda, segundo Enrique Dussel, a questão do *outro*, associado à questão das vítimas,[336] de responsabilidade para com o *outro*, com o que se concorda, haja vista, que a solidariedade para com o outro é algo inerente ao ser humano.

Já no campo da antropologia, a fronteira é associada ao imaginário, como adverte Gilbert Durand, quando aborda o imaginário como parte de um co-

---

[332] HANCIAU, Núbia J. Entre-Lugar. In: FIGUEIREDO, Eurídice (Org.). *Conceitos de literatura e cultura*. Juiz de Fora: UFJF, 2005. p. 125.

[333] TODOROV, Tzvetan. *A conquista da América*: a questão do outro. Tradução de Beatriz Perrone Moisés. São Paulo: Martins Fontes, 1993. p. 3.

[334] BHABHA, Homi K. *O local da cultura*. Trad. Myriam Ávila, Eliana Lourenço de Lima Reis, Gláucia Renate Gonçalves. Belo Horizonte: UFMG, 1998. p. 76-77.

[335] OLIVEN, Ruben G. Territórios, fronteiras e identidades. In: SCHULER, Fernando; BARCELLOS, Marília de A. (Orgs.). *Fronteiras*: arte e pensamento na época do multiculturalismo. Porto Alegre: Sulina, 2006. 157.

[336] Comenta Enrique Dussel: "A ética da libertação é uma ética da responsabilidade a *priori* para com o outro, mas responsabilidade também a *posteriori* dos efeitos não intencionais das estruturas dos sistemas que se manifestam à mera consciência cotidiana do senso comum: as vítimas. Mas, como já frequentemente repetimos, e como essa ética da responsabilidade das consequências é uma ética que tem princípios materiais e formais, não se reduz à boa vontade, à mera boa intenção. A ética da libertação é uma ética da responsabilidade radical, já que se defronta com a consequência inevitável de toda ordem injusta: as vítimas". DUSSEL, Enrique. *Ética da Libertação*: na idade da globalização e da exclusão. Petrópolis: Vozes, 2002. p. 571.

Mobilidade, Fronteiras & Direito à Saúde

nhecimento – interno e o externo – objeto do presente-passado,[337] o imaginário social mostra quão complexas são as relações entre os grupos sociais que se (des)encontram na fronteira, por diferentes motivações e interesses,[338] para os habitantes "que vivem neste espaço durante gerações, a fronteira é um "lugar", "seu lugar", aonde vêm construindo espaços de relações sociais, vinculações afetivas e emocionais, formas concretas de entender as relações com o meio".[339]

Aqui, importante destacar que o fio condutor da tese está baseado no conceito de não lugar de Marc Auge,[340] também chamado de lugar incomum ou de espaços de anonimato, analisou o contexto mundial, no qual todos os fenômenos locais ganham significado, hoje em dia.

Construiu um conceito novo, que designou de sobremodernidade,[341] para o mundo contemporâneo, em razão de sua transformação acelerada atrai uma reflexão renovada e metódica da categoria de alteridade, ou seja, ao tempo, ao espaço e ao ego. E para construir essa noção, a diferencia da pós-modernidade. Sendo que a pós-modernidade é "concebida como a adição arbitrária de traços aleatórios".

Já a sobremodernidade comenta o autor, releva de três figuras de excesso, que são: o tempo, o espaço e o ego. Quanto ao uso de tempo averte para "o que fazemos dele – o uso, e nossa percepção dele".[342] Cuja aceleração da história, tornou tudo e nada em acontecimentos, deixando assim de fazer sentido.

---

[337] Imaginário "é o conjunto das imagens e relações de imagens que constitui o capital pensado do *homo sapiens* – aparece-nos como o grande denominador fundamental onde se vêm a encontrar todas as criações de pensamento humano". DURAND, Gilbert. *As estruturas antropológicas do imaginário*: introdução à arqueotipologia geral. São Paulo: Martins Fontes, 1997. p. 18.

[338] BALLER, Leandro. *Cultura, identidade e fronteira*: Transitoriedade Brasil/Paraguai (1980-2005). Dissertação de Mestrado. Programa de Pós-Graduação em História da Faculdade de Ciências Humanas da Universidade Federal da Grande Dourados, 2008. p. 86.

[339] CARDIA, Laís M. Espaço e culturas de fronteira na Amazônia ocidental. In: *Revista Ateliê Geográfico*, v. 3, nº. 7. Universidade Federal de Goiás, Goiás, 2009. p. 111.

[340] *Entrevista*: "um mundo onde a circulação, a comunicação, o consumo são privilegiados – são a ideologia do mundo, hoje. Não se pode dizer que todos consomem ou circulam na mesma proporção, bem entendido. Há um sistema de valores – ambientes, e um aparelho tecnológico que caminha em paralelo. Foi o que tentei mostrar em *Não lugares* há espaços inéditos no mundo atual – os espaços justamente de circulação e consumo, sem precedentes, que não tinham equivalentes estritos no século anterior". PEIXOTO, Elane; GOLOBOVANTE, Maria da Conceição. *Entrevista inédita com o antropólogo Marc Augé*: conceitos e apresentação audiovisual. Disponível em <http://www.intercom.org.br/papers/ nacionais/2007/resumos/R1560-2.pdf>. Acesso em: 18 jul. 2012.

[341] A ida de "Supermodernidade" Ver PEIXOTO, Elane; GOLOBOVANTE, Maria da Conceição. *Entrevista inédita com o antropólogo Marc Augé*: conceitos e apresentação audiovisual. Disponível em <http://www.intercom.org.br/papers/nacionais/2007/resumos/R1560-2.pdf>. Acesso em: 18 jul. 2012. E ver também: "da supermodernidade, poder-se-ia dizer que é o lado 'cara' de uma moeda da qual a pós-modernidade só nos apresenta o lado 'coroa' – o positivo e o negativo". AUGÉ, Marc. *Não-lugares*: introdução a uma antropologia da supermodernidade. Campinas: Papirus, 1994 (Coleção Travessia do Século). p. 33.

[342] *Tradução livre de*: "La primera se refiere al tiempo, a nuestra percepción del tiempo, pero también al uso que hacemos de él, a la manera en que disponemos de él. Para un cierto número de intelectuales, el tiempo ya no es hoy un principio de inteligibilidad. La idea de progreso, que implicaba que el después pudiera explicarse en función del antes, ha encallado de alguna manera en los arrecifes del siglo XX, al salir de las esperanzas o de las ilusiones que habían acompañado la travesía de gran aliento en el siglo XIX. Este cuestionamiento, a decir verdad, se refiere a varias comprobaciones distintas unas de otras: las atrocidades de las guerras mundiales, los totalitarismos y las políticas de genocidio, que no testimonian, es lo menos que se puede decir, un pro-

Quanto ao espaço ou excesso de espaço,[343] são tanto as comodidades necessárias para a rápida circulação de pessoas, os bens e as informações, como por exemplo, as estradas, os aeroportos, enfim como os transportes em si, ou ainda, como os "campos de refugiados" do planeta.[344] E por fim, o ego, enquanto referência ao indivíduo,[345] isto é, o excesso de individualismo por efeito do enfraquecimento das referências coletivas, vez que as singularidades que passaram a organizar a relação do homem com o mundo. E adverte:

> Essas três "figuras do excesso" com que tentaram caracterizar a situação de supermodernidade (o excesso de eventos, superabundância espacial e a individualização das referências) pode capturar essa situação, sem ignorar suas complexidades e contradições, mas também ligar o horizonte intransitável da perda de uma modernidade que não apenas siga as pegadas, elementos isolados ou coordenados a catalogar arquivos de inventário. O século XXI é antropológico, não apenas porque as três figuras do excesso, mas são a forma atual da matéria-prima perene é a essência da antropologia.[346]

---

greso moral de la humanidad; el fin de los grandes relatos, es decir de los grandes sistemas de interpretación que pretendían dar cuenta de la evolución del conjunto de la humanidad y que no lo han logrado, así corno se desviaron o se borraron los sistemas políticos que se inspiraban oficialmente en algunos de ellos"; AUGE, Marc. Los «no lugares» espacios del anonimato: Una antropología de la Sobremodernidad (Título del original en francés: Non-lieux. Introduction á une anthropologie de la surmodenité. Edition de Seuil, 1992. Colection La Librairie du XX é siecle, sous la direction de Maurice Olender). Traducción: Margarita Mizraji, Quinta reimpresión, Barcelona: Editorial Gedisa, 2000. p. 31.

[343] Adverte Flávia Rieth: "Propõe (Marc Augê) uma reflexão renovada sobre a contemporaneidade ante o deslocamento da discussão do método para o objeto. A supermodernidade é caracterizada pelas figuras de excesso: superabundância factual, superabundância espacial e individualização das referências, correspondendo a transformações das categorias de tempo, espaço e indivíduo. A renovação da categoria tempo se concretiza no aceleramento da história através do excesso de informações e da interdependência do 'sistemamundo', criando a necessidade de dar sentido ao presente – diferentemente da perspectiva pós-moderna sobre a perda da inteligibilidade da história em função da derrocada da idéia de progresso. O excesso de espaço, paradoxalmente, constitui-se pelo encolhimento do mundo, que provoca alteração da escala em termos planetários através da concentração urbana, migrações populacionais e produção de não-lugares – aeroportos, vias expressas, salas de espera, centros comerciais, estações de metrô, campos de refugiados, supermercados, etc., por onde circulam pessoas e bens. O indivíduo que se crê o centro do mundo, tornando-se referência para interpretar as informações que lhe chegam, constitui-se a terceira figura de excesso. O processo amplo de singularização de pessoas, lugares, bens e pertencimentos faz o contraponto com um processo de relacionamento tal qual o da mundialização da cultura." RIETH Flávia. *Horizontes Antropológicos*, Porto Alegre, ano 1, n. 2. p. 270-271, jul./set. 1995. p. 270.

[344] *Tradução livre de:* "Esta concepción del espacio se expresa, como hemos visto, en los cambios en escala, en la multiplicación de las referencias imaginadas e imaginarias y en la espectacular aceleración de los medios de transporte y conduce concretamente a modificaciones físicas considerables: concentraciones urbanas, traslados de poblaciones y multiplicación de lo que llamaríamos los 'no lugares', por oposición al concepto sociológico de lugar, asociado por Mauss y toda una tradición etnológica con el de cultura localizada en el tiempo y en el espacio. Los no lugares son tanto las instalaciones necesarias para la circulación acelerada de personas y bienes (vías rápidas, empalmes de rutas, aeropuertos) como los medios de transporte mismos o los grandes centros comerciales, o también los campos de tránsito prolongado donde se estacionan los refugiados del planeta". AUGE, Marc. Los «no lugares» espacios del anonimato: Una antropología de la Sobremodernidad (Título del original en francés: Non-lieux. Introduction á une anthropologie de la surmodenité. Edition de Seuil, 1992. Colection La Librairie du XX é siecle, sous la direction de Maurice Olender). Traducción: Margarita Mizraji, Quinta reimpresión, Barcelona: Editorial Gedisa, 2000. p. 41-42.

[345] *Tradução livre de:* "La tercera figura del exceso con la que se podría definir la situación de sobremodernidad, la conocemos. Es la figura del ego, del individuo, que vuelve, como se suele decir, hasta en la reflexión antropológica puesto que, a falta de nuevos terrenos, en un universo sin territorios, y de aliento teórico, en un mundo sin grandes relatos [...]". Ibid. p. 42.

[346] *Tradução livre de:* "Las tres figuras del exceso con las que hemos tratado de caracterizar la situación de sobremodernidad (la superabundancia de acontecimientos, la superabundancia espacial y la individualización de las referencias) permiten captar esta situación sin ignorar sus complejidades y contradicciones,

E é justamente essa referência coletiva, esse lugar que une e que separa a que existe na fronteira, nas cidades gêmeas, especificamente Brasil e Uruguai.

Ademais, o lugar-comum[347] é o lugar onde os nativos vivem, trabalham, cuidam das fronteiras, lugar de culto dedicado aos ancestrais. Esse lugar comum é uma invenção, sendo que um bom exemplo disso são as migrações do campo para a cidade e a formação de novos povoados, ou seja, a natureza dos grupos é sempre diversa, mas a identidade do lugar se une, funde-se, converge-se em um lugar próprio daqueles que passam a ocupar o lugar.[348] E aqui é perfeitamente possível trazer a fronteira enquanto não lugar.

Utiliza Marc Auge, ainda, o conceito de ilha para referir que ali estão claramente definidos os contornos da fronteira,[349] enquanto lugar de excelência da totalidade pelos claros contornos entre a zona de identidade relativa, ou seja, reconhecida e de relações instituídas, e o mundo exterior, ou seja, da estranheza absoluta ou (do estrangeiro) absoluto.[350]

Portanto, lugar é, segundo o autor, o espaço antropológico, a identidade, a relação e a história, e o não lugar é o contrário: o não relacional, não identitário e não histórico. Como exemplo de não lugar, os povoados de "viajantes" ou "passeantes", ou ainda "transeuntes". Esses viajam sozinhos, nos espaços de ninguém. Têm revelado uma nova forma de "viver" o mundo. Muito embora o retorno ao lugar pode ser o sonho dos que frequentam os não lugares. São, por conseguinte os não lugares livres de identidades.[351] É estar sozinho, sem saber que está sozinho, é sentir-se parte integrante do contexto produzido pela

---

pero sin convertirlas tampoco en el horizonte infranqueable de una modernidad perdida de la que no tendríamos más que seguir las huellas, catalogar los elementos aislados o inventariar los archivos. El siglo XXI será antropológico, no sólo porque las tres figuras del exceso no son sino la forma actual de una materia prima perenne que es la materia misma de la antropología [...]." AUGE, Marc. *Los «no lugares» espacios del anonimato*: Una antropología de la Sobremodernidad (Título del original en francés: Non-lieux. Introduction á une anthropologie de la surmodenité. Edition de Seuil, 1992. Colection La Librairie du XX é siecle, sous la direction de Maurice Olender). Traducción: Margarita Mizraji, Quinta reimpresión, Barcelona: Editorial Gedisa, 2000. p. 46.

[347] *Tradução livre de:* "El lugar común al etnólogo y a aquellos de los que habla es un lugar, precisamente: el que ocupan los nativos que en él viven, trabajan, lo defienden, marcan sus puntos fuertes, cuidan las fronteras pero señalan también la huella de las potencias infernales o celestes, la de los antepasados o de los espíritus que pueblan y animan la geografía íntima, como si el pequeño trozo de humanidad que les dirige en ese lugar ofrendas y sacrificios fuera también la quintaesencia de la humanidad, como si no hubiera humanidad digna de ese nombre más que en el lugar mismo del culto que se les consagra". Ibid., p. 49.

[348] *Tradução livre de:* "Que los términos de este discurso sean voluntariamente espaciales no podría sorprender, a partir del momento en que el dispositivo espacial es a la vez lo que expresa la identidad del grupo (los orígenes del grupo son a menudo diversos, pero es la identidad del lugar la que lo funda, lo reúne y lo une) y es lo que el grupo debe defender contra las amenazas externas y internas para que el lenguaje de la identidad conserve su sentido". Ibid., p. 51.

[349] *Tradução livre de:* "[...] pero también es significativo que uma isla (una islita) sea propuesta ejemplarmente como el lugar por excelencia de la totalidad cultural. De una isla, se pueden delinear o dibujar sin vacilación los contornos y las fronteras; de isla en isla, en el interior de un archipiélago, los circuitos de la navegación y del intercambio componen itinerarios fijos y reconocidos que delinean una clara frontera entre la zona de identidad relativa (de identidad reconocida y de relaciones instituidas) y el mundo exterior, el mundo de la extranjeridad absoluta". Ibid., p. 55-56.

[350] Ibid., p. 56.

[351] Ibid.

sociedade, ou esperado pela sociedade, se está em contato com outras pessoas, sem efetivamente ou de fato estar com alguém.

O não lugar, ou o espaço vazio,[352] caracteriza-se pela ausência dos símbolos (identidade, relação e história),[353] pois é a negação do lugar, nessa linha de raciocínio, adverte ainda, Marc Augé, o estrangeiro não se reconhece no *outro*, quando todo o espaço "se assemelha somos de certo modo todos estrangeiros porque já nada nos identifica",[354] essa falta de nexo entre a pessoa e o lugar é muito comum na região de fronteira. A noção de lugar e não lugar são noções que possuem um limite, "que correspondem a espaços muito concretos, mas também a atitudes, a posturas, à relação que os indivíduos mantêm com os espaços onde vivem ou que eles percorrem".[355]

Traz, ainda, o lugar objetivo, o lugar da identidade e o lugar simbólico o espaço onde se estabelecem as relações,[356] assim como os não lugares objetivos os espaços de circulação-comunicação-consumo. E os não lugares subjetivos os espaços pelos modos de relação com o exterior,[357] um constante ir e vir do espaço construído ao vivido.

O que Marc Augé faz é relacionar os não lugares com diferentes fenômenos, seja "do espaço construído e a relação dos indivíduos com ele".[358] Contemporaneamente, vive-se em tempos líquidos, (expressão cunhada por Zigmunt

---

[352] "Por mais cheios que possam estar, os lugares de consumo coletivo não têm nada de 'coletivo': Para utilizar a memorável expressão de Althusser, quem quer que entre em tais espaços é 'interpelado' enquanto indivíduo, chamado a suspender ou romper os laços e descartar as lealdades. Os encontros, inevitáveis num espaço lotado, interferem com o propósito. Precisam ser breves e superficiais: não mais longos nem mais profundos do que o ator os deseja. O lugar é protegido contra aqueles que costumam quebrar essa regra – todo tipo de intrometidos, chatos e outros que poderiam interferir com o maravilhoso isolamento do consumidor ou comprador. O templo do consumo bem supervisionado, apropriadamente vigiado e guardado é uma ilha de ordem, livre de mendigos, desocupados, assaltantes e traficantes – pelo menos é o que se espera e supõe. As pessoas não vão para esses templos para conversar ou socializar. Levam com elas qualquer companhia de que queiram gozar (ou tolerem), como os caracóis levam suas casas. Lugares êmicos, lugares fágicos, não-lugares, espaços vazios. O que quer que possa acontecer dentro do templo do consumo tem pouca ou nenhuma relação com o ritmo e teor da vida diária que flui 'fora dos portões': Estar num shopping center se parece com 'estar noutro lugar'. O templo do consumo, como o 'barco' de Michel Foucault, 'é um pedaço flutuante do espaço, um lugar sem lugar, que existe por si mesmo, que está fechado em si mesmo e ao mesmo tempo se dá ao infinito do mar', pode realizar esse 'dar-se ao infinito' porque se afasta do porto doméstico e se mantém a distância. Esse 'lugar sem lugar' auto-cercado, diferentemente de todos os lugares ocupados ou cruzados diariamente, é também um espaço purificado. [...] Os lugares de compra/consumo oferecem o que nenhuma 'realidade real' externa pode dar: o equilíbrio quase perfeito entre liberdade e segurança. Dentro de seus templos, os compradores/consumidores podem encontrar, além disso, o que zelosamente e em vão procuram fora deles: o sentimento reconfortante de pertencer – a impressão de fazer parte de uma comunidade.[...]. 'Estar dentro' produz uma verdadeira comunidade de crentes, unificados tanto pelos fins quanto pelos meios, tanto pelos valores que estimam quanto pela lógica de conduta que seguem. [...]". BAUMANN, Zygmunt. *Modernidade Líquida*. Tradução: Plínio Dentzien. Rio de Janeiro: Jorge Zahar, 2001. p. 115-116.

[353] AUGÉ, Marc. *Não-lugares*: introdução a uma antropologia da supermodernidade. Campinas: Papirus, 1994. (Coleção Travessia do Século). p. 156.

[354] Ibid.

[355] Ibid., p. 167.

[356] Ibid., p. 141.

[357] Ibid.

[358] Ibid.

Mobilidade, Fronteiras & Direito à Saúde

Baumann,[359] nada é feito para durar, a mudança é instantânea, e refere à comunidade definida por suas fronteiras vigiadas pelos estranhos que se encontram (ou desencontram).[360] Além dos espaços públicos, que servem de ponto de encontro (entre estranhos) que não se encontram, pois o espaço é um lugar de não interação,[361] mas o fato de se estar nesse (não lugar) chamado de lugar de consumo coletivo a exemplo dos *shopping centers*, é sentir-se integrado, como parte do todo, como pertencente ao lugar, de fazer parte, de integrar-se a ele.

Aponta Zygmunt Baumann que os não lugares "não requerem domínio da sofisticada e difícil arte da civilidade, uma vez que reduzem o comportamento em público a preceitos simples e fáceis de aprender":

> Os residentes temporários dos não-lugares são possivelmente diferentes, cada variedade com seus próprios hábitos e expectativas; e o truque é fazer com que isso seja irrelevante durante sua estadia. Quaisquer que sejam suas outras diferenças, deverão seguir os mesmos padrões de conduta: e as pistas que disparam o padrão uniforme de conduta devem ser legíveis por todos eles, independente das línguas que prefiram ou que costumem utilizar em seus afazeres diários.[362]

Por outro lado, para explorar as possibilidades emancipatórias, Boaventura de Sousa Santos ao destacar os três grandes *topos:* a fronteira, o barroco e o Sul, importa aqui, apenas a fronteira enquanto forma "privilegiada de sociabilidade", são características desse viver na fronteira "uso muito selectivo e instrumental das tradições trazidas para fronteira por pioneiros e emigrantes", assim como novas "formas de sociabilidade; hierarquias fracas, pluralidade de poderes e de ordens jurídicas; fluidez das relações sociais; promiscuidade entre estranhos e íntimos; misturas de heranças e invenções".[363]

Viver na fronteira é, sem dúvida, "viver nas margens sem viver uma vida marginal", na fronteira, repita-se com Boaventura de Sousa Santos, todos são "migrantes indocumentados ou refugiados em busca de asilo".[364] Isso não sig-

---

[359] Líquidos mudam de forma muito rapidamente, sob a menor pressão. Na verdade, são incapazes de manter a mesma forma por muito tempo. No atual estágio "líquido" da modernidade, os líquidos são deliberadamente impedidos de se solidificarem." PRADO, Adrana. *Zygmunt Bauman*: "Vivemos tempos líquidos. Nada é para durar". Disponível em: <http://www.istoe.com.br/assuntos/entrevista/detalhe/102755 _VIVEMOS+TEMPOS+LIQUIDOS+NADA+E+PARA+DURAR+?pathImagens=&path=&actualArea=internalPage>. Acesso em: 12 out. 2012.

[360] Comenta: "No encontro de estranhos não há uma retomada a partir do ponto em que o último encontro acabou, nem troca de informações sobre as tentativas, atribulações ou alegrias desse intervalo, nem lembranças compartilhadas: nada em que se apoiar ou que sirva de guia para o presente encontro. O encontro de estranhos é um evento sem passado. Freqüentemente é também um evento sem futuro (o esperado é não tenha futuro), uma história para "não ser continuada uma oportunidade única a ser consumada enquanto dure e no ato, sem adiamento e sem deixar questões inacabadas para outra ocasião". BAUMANN, Zygmunt. *Modernidade Líquida*. Tradução: Plínio Dentzien. Rio de Janeiro: Jorge Zahar, 2001. p. 111-112.

[361] Ibid., p. 114.

[362] Ibid., p. 119.

[363] SANTOS, Boaventura de Sousa. *A crítica da razão indolente:* contra o desperdício da experiência. Para um novo senso comum. A ciência, o direito e a política na transição paradigmática. 7. ed. São Paulo: Cortez, 2009. Vol. 1. p. 347-348.

[364] Enfatiza: "Na transição paradigmática, a subjetividade de fronteira navega por cabotagem,(forma de navegação dominante sec. XV) guiando-se ora pelo paradigma dominante, ora pelo paradigma emergente. E se é verdade que o seu objetivo último é aproximar-se tanto quanto possível do paradigma emergente, ela sabe

nifica que na fronteira tudo seja "instável, transitório ou precário", a questão relacionada ao direito fundamental social da saúde bem demonstra isso. (Para tanto, ver capítulo 4).

Por outro lado, a fronteira também pode ser identificada como lugar regional,[365] (região como produção, processo histórico concreto, atravessado pela temporalidade e nela interferente).

A esse respeito, acrescenta Boaventura de Sousa Santos, que "o conceito de imigração substitui o de raça e dissolve a consciência de classe. Trata-se, pois, de um racismo de descolonização diferente do racismo de colonização, esse, sim, definitivamente biológico". É o fenômeno da "etnicização da maioria mais do que de etcicização das minorias."[366]

Mais especificamente, no que tange a migração, os migrantes, sujeitos esses "que vivem *a* e *na* fronteira podem ser classificados em categorias como *fronteiriços*, aqueles nascidos nessa zona de fronteira; os *fronteiriços nacionais migrantes*, que são os provenientes de outras regiões do país; e os *fronteiriços internacionais migrantes*, que incluem todos os estrangeiros".[367] Além dos *"viajantes"*, aqueles que fazem da fronteira "um lugar de trânsito, de cruzamento diário por motivos laborais, de diversão e lazer".[368] São novas situações que surgem de migração como herança do século XX e grande desafio do século XXI.[369]

Por isso, é preciso ir além, além do campo geográfico, pois contemporaneamente a noção de fronteira "deve ser entendida enquanto territorialidade

---

que só ziguezagueando lá poderá chegar e que , mais do que uma vez, será o paradigma dominante a continuar a guia-la. Cabotando assim ao longo da transição paradigmática, a subjetividade de fronteira sabe que navega num vazio cujo significado é preenchido, pedaço a pedaço, pelos limites que ela vai vislumbrando, ora próximos, ora longínquos[...]." (p. 354-355)." SANTOS, Boaventura de Sousa. *A crítica da razão indolente*: contra o desperdício da experiência. Para um novo senso comum. A ciência, o direito e a política na transição paradigmática. 7. ed. São Paulo: Cortez, 2009. Vol. 1. p. 350-353.

[365] RANGEL. Carlos Roberto da Rosa. *Fronteira Brasil-Uruguai*: entre o nacional e o regional (1928/1938). Territórios e Fronteiras – Revista do Programa de Pós-Graduação em História da Universidade Federal de Mato Grosso, v. 6, n. 2, jul./dez. 2005 – Cuiabá-MT. Disponível em <http://www.ppghis.com/revista_artigo/arquivos/v6-n2-jul-dez-2005-miolo.pdf>. Acesso em: 15 mai. 2013.

[366] SANTOS, Boaventura de Sousa. *Pela mão de Alice*: o social e o político na pós-modernidade. São Paulo: Cortez, 1997. p. 145.

[367] MARCANO, E. E. J. *La construccion de espacios sociales transfronterizos entre Santa Elena de Uairén (Venezuela) y Villa Pacaraima (Brasil)*. Brasilia, 1996. Tese de Doutorado em Sociologia. Facultad Latinoamericana de Ciencias Sociales, Flacso. Universidade de Brasília.1996.

[368] CLIFFORD, James. *Itinerários transculturais*. Barcelona: Gedisa, 1999.

[369] Refere: "O desafio consiste em transformar os compromissos assumidos internacionalmente em programas e práticas sociais condizentes com a articulação proposta – síntese das contradições, conflitos e antagonismos intensificados neste início de século. A migração internacional, que é a contrapartida populacional desse contexto globalizado, representa hoje a transformação da herança alvissareira do século 20 e um grande desafio para o século 21". PATARRA, Neide Lopes. *Migrações Internacionais de e para o Brasil Contemporâneo*: volumes, fluxos, significados e políticas. São Paulo em Perspectiva, v. 19, n. 3. p. 23-33, jul./set. 2005. p. 31. Disponível em: <http://www.scielo.br/pdf/spp/v19n3/v19n3a02.pdf>. Acesso em: 09 out. 2012. Ver também: PATARRA, Neide Lopes; BAENINGER, R. Migrações internacionais recentes: o caso do Brasil. In: PATARRA, Neide Lopes (Coord.) *Emigração e imigração internacional no Brasil Contemporâneo*. São Paulo: Fundo de Populações das Nações Unidas, 1996.

permeável à mobilidade social, em que as relações sociais constituem-se".[370] Veja-se que a fronteira além do limite físico é considerada como área de interação. A noção contemporânea de território, deve necessariamente compreender além do limite físico, o conteúdo imaterial, cuja "sociedade e o território devem ser simultaneamente ator e objeto da ação".[371]

A territorialidade é um processo inclusivo, incorporando novos e velhos espaços de forma "oportunista e/ou seletiva, não separando quem está 'dentro' de quem está fora".[372]

A fronteira é um lugar tanto de trocas, como de comunicação, vez que, o limite jurídico do território "é uma abstração, gerada e sustentada pela ação institucional no sentido de controle efetivo do Estado territorial, portanto, um instrumento de separação entre unidades políticas soberanas".[373] Dessa feita, o limite territorial entendido também como "limite de cidadania constitui-se em óbice para os processos integracionistas".[374]

Na dinâmica territorial (em específico sobre a fronteira Brasil – Uruguai), Monica Arroyo pergunta: "Como se situam, então, as áreas de fronteira frente a essa dinâmica?" Ao que ela mesma responde: "são parte desse processo histórico e, por conseguinte, continuam sendo um recorte espacial definido pela existência dos limites político-territoriais dos Estados-nação". Ao que, faz nova pergunta: "as áreas de fronteira são subespaços periféricos dessa totalidade, ou se estão sendo privilegiadas pelos fluxos"? Responde novamente: "Tudo indica que esses fluxos (de negócios, de investimentos operados a partir das empresas), privilegiam as metrópoles (São Paulo, Buenos Aires), e, em menor medida, algumas cidades regionais (Curitiba, Porto Alegre, Córdoba), criando e recriando hierarquias e polarizações espaciais". Sendo que os núcleos urbanos situados próximos à linha de fronteira são poucas vezes atingidos pelos fluxos.[375]

---

[370] BUTIERRES, Maria Cecília. *Assimetrias no acesso e na garantia do Direito à Saúde do Trabalhador na fronteira Brasil-Uruguai.* Dissertação de Mestrado PUCRS. Orientadora Jussara Maria Rosa Mendes. Porto Alegre, 2011.

[371] SANTOS, Milton. *O Espaço do Cidadão.* 5. ed. São Paulo: Studio Nobel, 2000.

[372] BRASIL. Ministério da Integração Nacional. *Proposta de Reestruturação do Programa de Desenvolvimento da Faixa de Fronteira.* Brasília: Ministério da Integração Nacional, 2005. p. 17.

[373] MACHADO, Lia Osório. Limites e Fronteiras: Da alta diplomacia aos circuitos da ilegalidade. In: *Revista Território*, ano V, nº. 8. p. 7-23. Universidade Federal do Rio de Janeiro. Rio de Janeiro, 2000. p. 9-10.

[374] BUTIERRES, Maria Cecília. *Assimetrias no acesso e na garantia do Direito à Saúde do Trabalhador na fronteira Brasil-Uruguai.* Dissertação de Mestrado PUCRS. Orientadora Jussara Maria Rosa Mendes. Porto Alegre, 2011.

[375] ARROYO, Monica. A internacionalização do externo no ambiente dos negócios: novos elementos na dinâmica territorial. In: CASTELLO, Iara Regina; KOCH, Mirian Regina; OLIVEIRA, Naia; SCHÄEFFER, Neiva otero e STROHAECKER, Tânia. (orgs.). *Fronteiras na América Latina*: espaços em transformação. Porto Alegre: Ed. Universidade. UFRGS. Fundação de Economia e Estatística, 1997. (Fundação de Economia e Estatística) p. 41ss

3.1.3. Área e zona de fronteira – as cidades gêmeas

Noutra seara, no campo da geografia, as fronteiras são "molduras dos Estados-nações",[376] associadas à guerra, por vezes até num sentido negativo,[377] ou ainda, ao aspecto do limite físico, geográfico, a zona de fronteira, que difere de faixa e área de fronteira.

O conceito de fronteira é diferente de acordo com a disciplina na qual passa a ser verificado; as fronteiras, no entanto, podem ser classificadas segundo Ernesto González Posse em zonas de fronteira (de menor dimensão) e região (para maior alcance).[378] De acordo com os objetivos, comenta que nas zonas de fronteira há uma maior preocupação em que serviços e infraestrutura sejam melhorados, ao contrário das regiões de fronteira, que voltam a sua preocupação para o desenvolvimento.[379]

A faixa de fronteira brasileira está contida na Lei nº 6.634, de 1979, é a norma que identifica a faixa de fronteira como região estratégica ao Estado em harmonia com os ideais de justiça e desenvolvimento na referida região.

É nas zonas fronteiriças que se estabelecem a dimensão do espaço-lugar "onde os desafios e tensões entre a continuidade e o câmbio se estabelecem de modo mais agudo e ali o cotidiano é atravessado pelas relações com os países vizinhos".[380]

Assim ocorre também uma redefinição da função das zonas fronteiriças, conforme já referia Camilo Vallaux: "Não é como linhas, mas como zonas, como convém considerar as fronteiras".[381]

A análise das cidades na fronteira internacional faz-se necessária, como adverte Lia Osorio Machado,[382] cujos limites são importantes tanto para governos como para a população de uma maneira geral, é uma simbologia, um espaço relacional e não dicotômico, além de cosmopolita, a exemplo das cidades gêmeas. Veja-se no organograma na página seguinte, no que tange à interação em zona de fronteira.

---

[376] MARTIN, André Roberto. *Fronteiras e nações*. São Paulo: Contexto, 1992. p. 46.

[377] MARTIN, André Roberto. *Fronteiras e nações*. São Paulo: Contexto, 1992. p. 11 "O tema das "fronteiras" tem sido bastante polêmico ao longo da história, embora em certas ocasiões ele tenha permanecido relativamente esquecido. É bem provável que para a grande maioria das pessoas a simples menção à palavra "fronteira" provoque uma reação negativa, posto que, efetivamente, a memória humana registra um sem-número de conflitos e muitos sofrimentos em torno do seu estabelecimento, manutenção ou destruição. Assim, associamos quase mecanicamente a ida de "fronteira" à de "guerra"."

[378] POSSE, Ernesto González. *Marco conceptual de la integración fronteriza promovida*: las iniciativas de integración fronteriza. Disponível em: <http://www.iadb.org/intal/intalcdi/integracion_latinoamericana/ documentos/156-Revista_Completa.pdf>. Acesso em: 25 mai. 2013.

[379] Nesse sentido ver: PUCCI, Adriano Silva. *O Estatuto da Fronteira Brasil-Uruguai*. Brasília: Editora Funag, 2010.

[380] GRIMSON, Alejandro. *El otro lado del río*: periodistas, nación y Mercosur en la frontera. 1 ed. Buenos Aires: Universitária de Buenos Aires: Eudeba, 2002. p. 19.

[381] VALLAUX, Camilo. *Geografia social*. El suelo y el Estado. Madrid: Daniel Jorro Editor, 1914. p. 406.

[382] MACHADO, Lia Osório. Cidades na Fronteira Internacional: Conceitos e Tipologia. In: *Dilemas e Diálogos Platinos*. Fronteiras. Editora Gráfica Universitaria. PREC-UFPel. Editora UFGD. 2010. p. 4.

Figura 7 – Zona de fronteira: interação local – regional

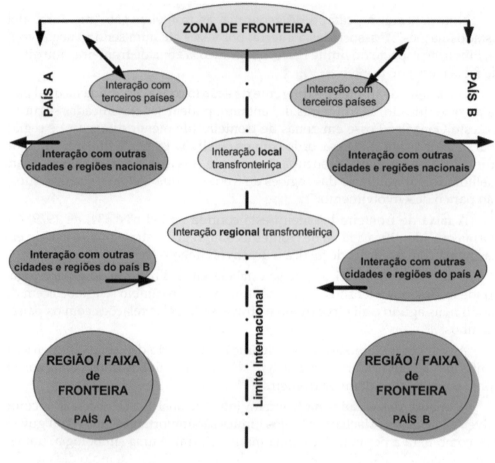

Fonte: Machado, 2010.[383]

Portanto, essas cidades – cosmopolitas[384] – na fronteira internacional, têm nos seus limites a separação e a diferença,[385] o começo e o fim. Refere Lia Osorio Machado:

---

[383] MACHADO. Lia Osorio. Cidades na Fronteira Internacional: conceitos e tipologia. In: *Dilemas e diálogos platinos*. Orgs: Angel Nuñes, Maria Medianeira Padoin, Tito Carlos Machado de Oliveira. Dourados, MS: Ed.UFGD, 2010.

[384] *Cosmopolitismo* "as cidades-gêmeas são, no mínimo, bi-nacionais, mas com freqüência abrigam pessoas de diferentes lugares do país e do mundo, em parte atraídas pela possibilidade de ser mais um 'estrangeiro' em meio a outros. Geralmente considerado como algo 'natural' pelos habitantes locais, o ambiente cosmopolita fundamentado na diversidade cultural e étnica pode ser explorado por políticas de desenvolvimento urbano – alimentos, música, bilingüismo, arquitetura, etc., são elementos que enriquecem a qualidade de vida e a convivência transfronteiriça ao mesmo tempo em que reafirmam a heterogeneidade do lugar e, com ela, a possibilidade de se articular a redes de diversos tipos e origens". Ibid., p. 11.

[385] O limite internacional "foi estabelecido como conceito jurídico associado ao Estado territorial no sentido de delimitar espaços mutuamente excludentes e definir o perímetro máximo de controle soberano exercido por um Estado central. Apesar de não ter vida própria nem existência material (por definição, a linha é abstrata e não pertence a nenhum dos lados) o limite internacional não é uma ficção e sim uma realidade geográfica que gera outras realidades". Ibid., p. 59-60.

Embora operem em todo o território nacional, essas redes encontram um ambiente que favorece o estabelecimento de nódulos de articulação transnacionais nas cidades de fronteira, particularmente nas cidades situadas na divisa internacional – o ambiente fronteiriço. Não porque as regras são ambíguas, mas porque podem se beneficiar e negociar com as diferenças de normas entre estados vizinhos estabelecidas pelos limites internacionais.[386]

No que se refere ao Estado-nação, existe um conjunto de formas "institucionais de governo mantendo um monopólio administrativo sobre um território com fronteiras (limites) demarcado",[387] caracteriza-se geograficamente a faixa de fronteira, em razão da "faixa de até 150 km de largura ao longo de 15.719 km da fronteira terrestre brasileira, que abrange quinhentos e oitenta e oito municípios de onze estados".[388]

Os estados com faixa de fronteira são: Acre, Amapá, Amazonas, Mato Grosso, Mato Grosso do Sul, Pará, Paraná, Rio Grande do Sul, Rondônia, Roraima e Santa Catarina. Essa área, adverte Lislei Terezinha Preuss, "corresponde a 27% do território brasileiro e reúne uma população estimada em dez milhões de habitantes, ou seja, 19% da população brasileira". Sendo que o Brasil faz fronteira "com dez países da América do Sul e busca a ocupação e a utilização dessa Faixa de forma compatível com sua importância territorial estratégica".[389]

Para tanto, a visualização[390] no mapa na página seguinte se faz necessária, para compreensão do todo no qual se encontra inserido o objeto da análise da fronteira do Rio Grande do Sul com o Uruguai. Veja-se a tipologia básica das subregiões da faixa de fronteira brasileira, com os países vizinhos.

---

[386] MACHADO. Lia Osorio. Cidades na Fronteira Internacional: conceitos e tipologia. In: *Dilemas e diálogos platinos*. Orgs: Angel Nuñes, Maria Medianeira Padoin, Tito Carlos Machado de Oliveira. Dourados, MS: Ed.UFGD, 2010. p. 74.

[387] GIDDENS, Anthony. *A Contemporary Critique of Historical Materialism*. London: Macmillan, 1981, vol. I. p. 190.

[388] PREUSS, Lislei Teresinha. *O pacto pela saúde nas cidades-gêmeas da fronteira do rio grande do sul com a Argentina e o Uruguai*. Porto Alegre, 2011. Tese (Doutorado em Serviço Social). Faculdade de Serviço Social, PUCRS. 2011.

[389] Ibid.

[390] Obs.: "utiliza-se deste valioso recurso visual, pois uma imagem ou mapa vale mil palavras" HARVEY, David. *Condição Pós-moderna*. São Paulo: Ed. Loyola, 1999. p. 23.

Mobilidade, Fronteiras & Direito à Saúde

Figura 8 – Mapa da Faixa de Fronteira do Brasil

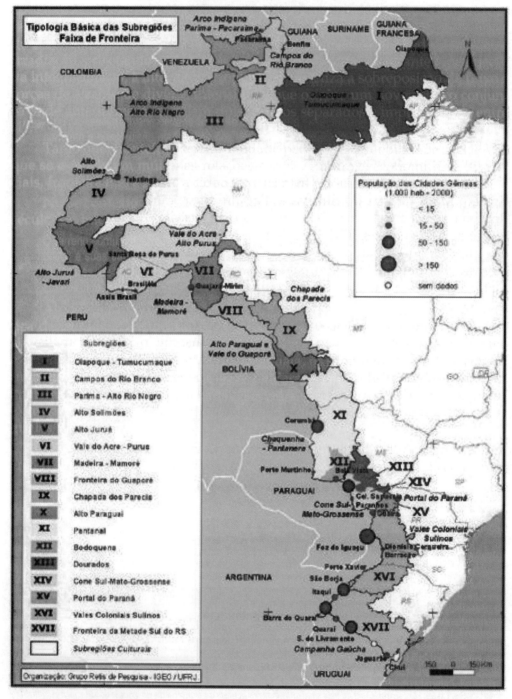

Fonte: BRASIL, 2005.[391]

---

[391] BRASIL. Ministério da Integração Nacional. *Proposta de Reestruturação do Programa de Desenvolvimento da Faixa de Fronteira*. Brasília: Ministério da Integração Nacional, 2005. p. 23.

No que tange à evolução histórica legislativa desse conceito, comenta Renata de Souza Furtado, do gabinete da Segurança Nacional do Brasil:

> No Brasil, a faixa de fronteira variou de tamanho ao longo da história. Iniciou-se com 10 léguas (66 quilômetros) na Lei do Império de 1891 e na Constituição de 1891. Na Constituição de 1934, passou para 100 quilômetros e, na Constituição de 1937, foi alterada para 150 quilômetros. E foi assim mantida até os dias atuais, com a diferença de que a regra normativa de dimensão de área saiu do nível constitucional e foi para a esfera infraconstitucional. Portanto, o tema faixa de fronteira foi constitucional até o ano de 1937. Houve um lapso temporal de 9 (nove) anos até a promulgação da Constituição de 1946, quando foi editada Lei específica para a faixa de fronteira de 150 quilômetros (Lei nº 2.597/55). O tema manteve-se regrado por norma infraconstitucional durante a vigência da Constituição de 1967 e EC nº 1/69. Com a Constituição de 1988 (CF/88), o tema voltou para a esfera constitucional, com a introdução de um conceito mais flexível de dimensão mediante a utilização da expressão "até 150 quilômetros".[392]

Existem, contudo, diferentes fronteiras, adverte ainda Renata de Souza Furtado, por um lado, "as fronteiras geográficas (que podem ser artificiais ou naturais); as fronteiras econômicas; as zonas de desenvolvimento nas áreas de fronteiras; e as fronteiras de defesa". Por outro lado, há fronteiras conflituosas e também aquelas que não representam ameaça para a segurança interna dos países. Também existem as fronteiras geopolíticas.[393]

O conceito de fronteira vem sendo radicalmente modificado, como afirma Arturo Villarreal, da Embaixada da República Oriental do Uruguai, de estática em dinâmica:

> Passamos da idéia de uma fronteira estática, mais rígida, com sentido de pertencimento, para uma fronteira que requer, como já disse o General Felix, um grau de complementação, de cooperação e de convivência, o que facilita sobremaneira a integração dos países. No caso específico do Uruguai, a fronteira vai desde a Barra do Quaraí, com Bella Unión, até a Barra do Chuí. Isto significa que esta fronteira, delimitada inicialmente pelo Tratado de 1851, com uma extensão de 1.068 quilômetros, está perfeitamente demarcada. Os trabalhos, já concluídos, ficaram a cargo de uma Comissão Mista de Limites e Caracterização da Fronteira Brasil-Uruguai. Da extensão total, 608 quilômetros estão demarcados por rios e canais; 140 quilômetros, por lagoas; 57 quilômetros, por linhas convencionais; e mais 262, por divisor de águas. Os documentos que estabeleceram tais limites fronteiriços são o já mencionado Tratado de 1851; o Tratado da Lagoa Mirim, de 1909; a Convenção do Arroio São Miguel, de 1913; e o Estatuto Jurídico da Fronteira, de 1933.[394]

Aponta também Arturo Villarreal que muitos são os acordos entre Brasil e Uruguai, principalmente na área da saúde (área que interessa particularmente a tese) e do trabalho.[395]

---

[392] FURTADO, Renata de Souza. *Seminário Fronteiras e Segurança Nacional*: América do Sul, México e Estados Unidos. Brasília: Presidência da República, Gabinete de Segurança Institucional, 2009. p. 30.

[393] Ibid., p. 83.

[394] VILLARREAL, Arturo. *Seminário Fronteiras e Segurança Nacional*: América do Sul, México e Estados Unidos. Brasília: Presidência da República, Gabinete de Segurança Institucional, 2009. p. 159.

[395] Refere: "Esses acordos prevêem o que chamamos de seminário taller, normalmente conduzido pelo Ministério de Desenvolvimento Social do Uruguai, por meio da Direção de Coordenação Territorial, que por sua vez já realizou cinco seminários nos quais foram discutidas as políticas de integração de fronteira, bem como a complexidade e a diversidade desse ambiente. Destes seminários participam pessoas do Ministério de Desenvolvimento Social e do Ministério das Relações Exteriores do Uruguai e do Brasil. Também estão integrados a esse trabalho os cônsules de fronteira ou de cidades fronteiriças de ambos os lados, e os prefeitos e autoridades locais. O último seminário taller foi realizado na cidade de Chuí, fronteira com os dois países,

Principalmente, e salienta-se pela importância, no âmbito da Comissão Binacional Assessora de Saúde na Fronteira, o Ajuste Complementar do Convênio de Segurança Social, "no que tange a primeira atenção médica nos centros de saúde que não pertençam ao seu lugar de origem". Ou seja, nessa zona fronteiriça, os "cidadãos de ambos os países circulam livremente e, no caso, tanto os cidadãos uruguaios como os brasileiros podem ser atendidos, em primeira instância, nas instituições públicas da cidade em que se encontrem". Só após "essa primeira atenção, serão encaminhados para o atendimento correspondente do seu país de origem".[396]

Outro aspecto também merece ser destacado, pela importância, quanto ao Acordo sobre Permissão de Residência, Estudo e Trabalho, referente ao acesso à educação, ao trabalho, à segurança social e à atenção médica de 2002. E o Ajuste Complementar ao Acordo para Prestação de Serviços de Saúde em 2009,[397] e um último aspecto, diz respeito ao Comitê Binacional de Intendentes e Prefeitos de Fronteira, incluído no marco da nova Agenda de Cooperação e Desenvolvimento Fronteiriço Brasil-Uruguai.[398]

Pois bem, a análise se dá na fronteira da metade sul do Rio Grande do Sul, portanto, geograficamente, a fronteira Brasil-Uruguai é a maior que o Rio Grande do Sul possui, são aproximados 1.003 km, sendo a mais longa das fronteiras do Brasil. E onde 60% de sua extensão é definida por uma linha imaginária, sendo que "nessa região vivem aproximadamente 517 mil habitantes,

---

de 22 a 25 de abril passado. O resultado dos trabalhos inclui o recolhimento das inquietações dos cidadãos fronteiriços, das autoridades e da sociedade civil, concernentes a problemas que afetam suas vidas cotidianas. Com o fim de avançar nessas problemáticas, dando um alcance de conteúdo aos ajustes complementares sobre segurança social, as autoridades consulares dos Estados contratantes (Brasil e Uruguai) poderão representar, sem mandato especial, os nacionais de seus países perante as autoridades competentes e as entidades gestora responsáveis pela manutenção da segurança social do outro Estado. Também poderão acordar com atores locais a execução dos postulados contidos nos acordos de cooperação em matéria ambiental; verificar, no âmbito da Comissão Binacional Assessora de Saúde na Fronteira, a aplicação efetiva do Ajuste Complementar do Convênio de Segurança Social [...] VILLARREAL, Arturo. *Seminário Fronteiras e Segurança Nacional*: América do Sul, México e Estados Unidos. Brasília: Presidência da República, Gabinete de Segurança Institucional, 2009. p. 161-162.

[396] VILLARREAL, Arturo. *Seminário Fronteiras e Segurança Nacional*: América do Sul, México e Estados Unidos. Brasília: Presidência da República, Gabinete de Segurança Institucional, 2009. p. 161-162.

[397] Aduz: "Tudo isso leva a elaborar um manual de uso exclusivo do cidadão fronteiriço, do qual constem seus direitos, derivados desses acordos, e também uma campanha de informação em nível local. Quer dizer, cada pessoa que mora ali, passa a estar ciente dos seus direitos. Nesse sentido, também estariam incluídos os direitos outorgados aos cidadãos fronteiriços pelo Acordo sobre Permissão de Residência, Estudo e Trabalho, referentes ao acesso à educação, ao trabalho, à segurança social e à atenção médica". Ibid., p. 162.

[398] Aduz: "As autoridades, que se reúnem indistintamente em cidades fronteiriças do Uruguai ou do Brasil, chegaram a um acordo no qual são considerados os direitos dos cidadãos residentes fronteiriços e a necessidade de fazer chegar a esses cidadãos as informações retromencionadas. Estes acordos binacionais podem ser resumidos em *quatro pontos*: fomentar a implementação de medidas para solucionar situações referentes às normas vigentes; desenvolver e concretizar ações no sentido de alcançar o exercício pleno dos direitos dos cidadãos; fomentar espaços que contribuam à difusão das normas locais; e comprometer-se em constituir-se no elo entre a cidadania e as autoridades do Poder Executivo central da República Federativa do Brasil e do Uruguai. [...] Uruguai e Brasil estão inseridos no marco normativo do Mercosul. Esse marco, que evidentemente facilita a livre circulação, não só no aspecto comercial, como também cultural e outros, muitas vezes se contrapõe às legislações locais que, de acordo com o marco do Mercosul, devem ser modificadas para adaptar-se, pois o acordo do Mercosul teria força bastante para isso.". Ibid., p. 162.

que transitam livremente entre os dois países".[399] Veja-se no mapa baixo cuja fronteira Brasil – Uruguai totaliza 1.003 km.

Figura 9 – Mapa do Rio Grande do Sul, extensão das fronteiras em km

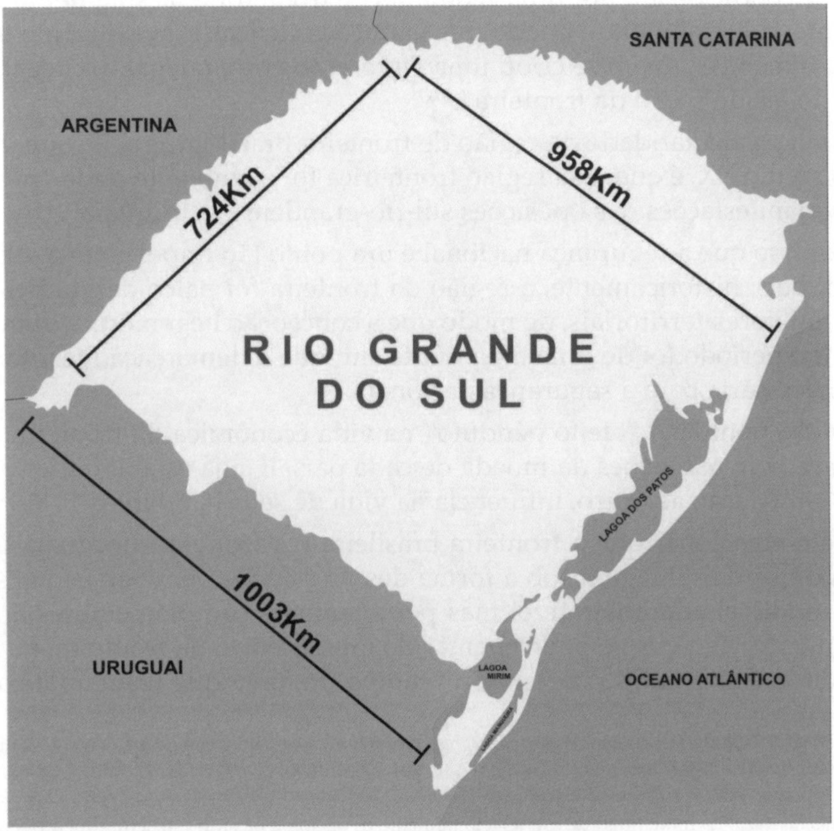

Fonte: mapa esquematizado, com base em dados da SETUR.[400]

Desde 2005, têm-se várias propostas de reestruturação em âmbito nacional, e na Proposta de Reestruturação do Programa de Desenvolvimento da Faixa de Fronteira, do Ministério da Integração Nacional, verifica-se que:

> Em muitos lugares, é a interação entre as atividades econômicas locais, tradições, crenças e costumes que gera e consolida na população local sentimentos de pertencimento e auto-estima, essenciais ao fortalecimento do senso de auto-organização, à emergência da inovação e do incentivo a trocas e colaboração com o "não-próprio".[401]

Já no Plano de Trabalho Interfederativo para a Integração Fronteiriça de 2010, refere que "o meio geográfico que melhor caracteriza a zona de fronteira

---

[399] DUPLA Atenção à Saúde. *Diário Popular*, Pelotas. p. 12, 10 dez. 2009.

[400] BUTIERRES, Maria Cecília. *Assimetrias no acesso e na garantia do Direito à Saúde do Trabalhador na fronteira Brasil-Uruguai.* Dissertação de Mestrado PUCRS. Orientadora Jussara Maria Rosa Mendes. Porto Alegre, 2011.

[401] BRASIL. Ministério da Integração Nacional. Secretaria de Programas Regionais. Programa de Desenvolvimento da Faixa de Fronteira. *Proposta de Reestruturação do Programa de Desenvolvimento da Faixa de Fronteira.* Ministério da Integração Nacional, Secretaria de Programas Regionais, Programa de Desenvolvimento da Faixa de Fronteira – Brasília: Ministério da Integração Nacional, 2005. p. 23.

Mobilidade, Fronteiras & Direito à Saúde

é aquele formado pelas cidades-gêmeas", pelo grande potencial que apresenta para uma efetiva integração.[402]

Noutro enfoque, a relação binacional entre Brasil e Uruguai foi estruturalmente condicionada por uma economia de fronteira, e, assim, definida pela constante vulnerabilidade criada por variações cíclicas na política de taxa de câmbio e moedas, assim se criou uma "interação entre o legal e o ilegal, que é à base do tecido social da fronteira".[403]

Uma particularidade da região de fronteira Brasil-Uruguai é que desde o fim do século XX, é que essa região fronteiriça foi o ambiente onde "proliferaram as manifestações das oposições sul-rio-grandense e uruguaia".[404]

Por isso que a segurança nacional é um ponto tão importante a ser considerado, pois, historicamente, a região da fronteira foi palco de inúmeras disputas "militares-territoriais, de modo que a concepção hegemônica dominante por longo período foi de uma área limite, em que a demarcação territorial fazia-se necessária para a segurança nacional".[405]

Outro ponto é o "efeito pêndulo" na vida econômica da fronteira Brasil-Uruguai, com oscilações da moeda de cada país. E cuja estabilidade superior de um em relação ao outro, influencia na vida de seus habitantes.[406]

Vale mencionar que a fronteira brasileira e a fronteira uruguaia tinham seus "pontos de soldagem sob a forma dessas cidades geminadas que são bicéfalas no nível administrativo, mas perfeitamente complementares no nível econômico".[407] É o que se pode chamar de interferência da fronteira, ou seja, a capacidade das cidades criarem um "campo de força que resulta da comple-

---

[402] IICA. *Plano de Trabalho Interfederativo para a Integração Fronteiriça*. Disponível em <http://www.iica.int/Esp/regiones/sur/brasil/Lists/DocumentosTecnicosAbertos/Attachments/18/Afr%C3%A2nio%20Jos%C3%A9%20Ribeiro%20de%20Castro%20-%20109383%20-%20Des%20Regional%20P6.pdf. Acesso em: 19 jul. 2012.

[403] *Tradução livre de*: "La modalidad de ese relacionamiento bi-nacional ha sido estructuralmente condicionada por una economía fronteriza, y por tanto definida por la constante vulnerabilidad generada por las variaciones cíclicas de la política cambiaria de las monedas de Uruguay y Brasil. Así se ha constituido un acervo patrimonial fuertemente caracterizado por el juego entre lo legal y lo ilegal el que es la base del entramado social fronterizo". MAZZEI, Enrique. Rivera (Uruguay)- Sant Ana (Brasil). *Identidad, território e integración fronteriza*. Montevideo: Rosgal, 2000.

[404] RANGEL. Carlos Roberto da Rosa. *Fronteira Brasil-Uruguai*: entre o nacional e o regional (1928/1938). Territórios e Fronteiras – Revista do Programa de Pós-Graduação em História da Universidade Federal de Mato Grosso, v. 6, n. 2, jul./dez. 2005 – Cuiabá-MT. Disponível em <http://www.ppghis.com/revista_artigo/arquivos/v6-n2-jul-dez-2005-miolo.pdf>. Acesso em: 19 jul. 2012.

[405] BUTIERRES, Maria Cecília. *Assimetrias no acesso e na garantia do Direito à Saúde do Trabalhador na fronteira Brasil-Uruguai*. Dissertação de Mestrado PUCRS. Orientadora Jussara Maria Rosa Mendes. Porto Alegre, 2011.

[406] *Tradução livre de*: "En esas fronteras sus moradores históricos, el común de las personas, tejen la trama de historia que les ha correspondido en función de sus condiciones de vida. Poseen nuevas o antiguas ocupaciones, aspiran tal vez solamente a un trabajo temporario, saben lo que es vivir a pesos uruguayos dada la fortaleza del real, viven transformaciones vertiginosas (free-shops, etc.) ". DE MARTINO, Mónica; ORTEGA, Elizabeth; LEMA, Silvia. Tendencias Actuales en el Patrón de Protección Social Claro-Oscuros en la Era Progresista. In: *MERCOSUL em Múltiplas Perspectivas*. Org. MENDES, Jussara et.al. Porto Alegre: EDIPUCRS, 2008. p. 239.

[407] SOUZA, Susana B. de. Os caminhos e os homens do contrabando. In: CASTELLO, Iara Regina (Org.) *Práticas de Integração nas fronteiras*: temas para o Mercosul. Porto Alegre: Editora da Universidade/ UFRGS, 1996. p. 83.

mentaridade econômica através da geração de uma economia básica flutuante, segundo as condições de câmbio. Portanto, são cidades que se complementam além do território nacional".[408]

Levando em consideração as características físicas dos municípios, o Ministério da Integração Nacional identificou cinco tipos de interação transfronteiriça, pois as "simetrias e assimetrias entre cidades-gêmeas nem sempre decorrem de diferenças no nível de desenvolvimento dos países e sim de sua própria dinâmica e da função que exercem para os respectivos países": 1) Margem; 2) Zona-tampão; 3) Frentes; 4) Capilar e 5) Sinapse, verifique-se:

A *Margem* se caracteriza por um tipo de interação em que a população fronteiriça de cada lado do limite internacional mantém pouco contato entre si, exceto de tipo familiar ou para modestas trocas comerciais. As relações são mais fortes com a estrutura nacional de cada país do que entre si. A ausência de infraestrutura conectando os principais núcleos de povoamento é uma característica do modelo. O segundo tipo, *Zona-tampão* aplica-se às zonas estratégicas onde o Estado central restringe ou interdita o acesso à faixa e à zona de fronteira, criando parques naturais nacionais, áreas protegidas ou áreas de reserva, como é o caso das terras indígenas. O terceiro tipo é caracterizado pelas frentes de povoamento. No caso das interações fronteiriças, a *"Frente"* também designa outros tipos de dinâmicas espaciais, como a frente cultural (afinidades seletivas), a frente indígena ou a frente militar. As interações do tipo *Capilar* podem ocorrer somente no nível local, como no caso das feiras, exemplo concreto de interação e integração fronteiriça espontânea. Pode ocorrer por meio de trocas difusas entre vizinhos com limitadas redes de comunicação, ou resultam de zonas de integração espontânea, nas quais o Estado intervém pouco, principalmente não investindo na construção de infraestrutura de articulação transfronteiriça. O modelo *Sinapse* refere-se à presença de alto grau de troca entre as populações fronteiriças apoiado pelos Estados contíguos. As cidades-gêmeas mais dinâmicas podem ser caracterizadas de acordo com esse modelo[409]

Ou seja, o modelo Sinapse justamente por referir-se ao alto grau de troca entre as populações fronteiriças apoiadas pelos Estados contíguos, merece a atenção aqui para o estudo, pois as cidades-gêmeas Santana do Livramento (BR) e Rivera (UR) assim como, o Chuí (BR) e Chuy (UR), representam muito bem essa possibilidade de trocas, em razão da fronteira ser composta por uma rua, (fronteira seca) e não por um rio, como a maioria delas.

Abaixo segue também um mapa das cidades germinadas do Brasil, sempre atentos às cidades objeto do estudo. No total são 29 cidades nessa situação.

Especificamente na divisa entre Brasil e Uruguai estão localizados ao todo, seis pares de cidades-gêmeas, são elas: Chuí-Chuy, Jaguarão-Rio Branco, Aceguá-Acegua, Santana do Livramento-Rivera, Quaraí-Artigas e Barra do Quaraí-Bella Unión.

---

[408] NEVES, Gervásio Rodrigo. Rede Urbana da Zona de Interferência da Fronteira. In: *Desenvolvimento Urbano do Rio Grande do Sul*. Semanas Sociais do Rio Grande do Sul. V Semana. Porto Alegre: Editora A Nação, 1971.

[409] IICA. *Plano de Trabalho Interfederativo para a Integração Fronteiriça*. Disponível em <http://www.iica.int/Esp/regiones/sur/brasil/Lists/DocumentosTecnicosAbertos/Attachments/18/Afr%C3%A2nio%20Jos%C3%A9%20Ribeiro%20de%20Castro%20-%20109383%20-%20Des%20Regional%20P6.pdf. Acesso em: 19 jul. 2012. p. 16.

Mobilidade, Fronteiras & Direito à Saúde

Vale a pena mencionar, segundo dados do IBGE de 2010, que a fronteira com os demais países do MERCOSUL é integrada por sessenta e nove municípios e uma população de 1.438.206 habitantes. Já o Rio Grande do Sul é o Estado com maior número de municípios na fronteira.[410]

Advertindo-se que Santana do Livramento (BR) e Rivera (UR), assim como o Chuí (BR) e Chuy (UR), é que serão as duas cidades objeto da pesquisa-investigação, mais especificamente para a área do direito social à saúde integral da mulher.

A denominação 'cidades-gêmeas' como – no caso da fronteira internacional brasileira – compõem arranjos espaciais bastante diversificados. Dificilmente apresentam tamanhos urbanos similares, "inclusive em alguns casos um dos núcleos na divisa não chega a ser uma 'cidade', não estão necessariamente em fronteiras secas ou formam uma conurbação; podem não ocupar posições simétricas em relação à divisa".[411]

Veja-se no mapa ao lado a identificação das cidades gêmeas do país:

---

[410] "O Rio Grande do Sul é o Estado que possui maior número de municípios na fronteira (42,6%), totalizando vinte e nove municípios, sendo dez na fronteira com Uruguai e dezenove na fronteira com a Argentina. Em segundo lugar, está o Estado do Paraná com dezoito municípios (26,5%) sendo nove na fronteira com a Argentina e nove na fronteira com o Paraguai. O Estado de Mato Grosso do Sul possui onze municípios (16,2%) na fronteira com o Paraguai e o Estado de Santa Catarina dez municípios (14,7%) na fronteira com a Argentina. Na fronteira com a Argentina estão localizados trinte e oito municípios brasileiros (55,9%), na fronteira com o Paraguai vinte municípios (29,4%) e na fronteira com o Uruguai dez municípios (14,7%). Em termos populacionais há certa correspondência, pois o RS agrega 45,4% da população total dos municípios da linha de fronteira do Brasil com o MERCOSUL, seguido do Estado do Paraná com 32,1%, do Estado de Mato Grosso do Sul com 17,7% e do Estado de Santa Catarina com apenas 4,9% da população total. Com referência aos países, há uma inversão quando à fronteira brasileira com o Paraguai. Esta assume o primeiro lugar no contingente populacional, correspondendo a 42,7%. A Argentina está em segundo lugar com 33,8% e o Uruguai com 23,6%." PREUSS, Lislei Teresinha. *O pacto pela saúde nas cidades-gêmeas da fronteira do rio grande do sul com a Argentina e o Uruguai*. Porto Alegre, 2011. Tese (Doutorado em Serviço Social). Faculdade de Serviço Social, PUCRS. 2011.

[411] MACHADO. Lia Osorio. Cidades na Fronteira Internacional: conceitos e tipologia. In: *Dilemas e diálogos platinos*. Orgs: Angel Nuñes, Maria Medianeira Padoin, Tito Carlos Machado de Oliveira. Dourados, MS: Ed.UFGD, 2010. p. 66.

Figura 10 – Mapa das cidades-gêmeas e suas divisas

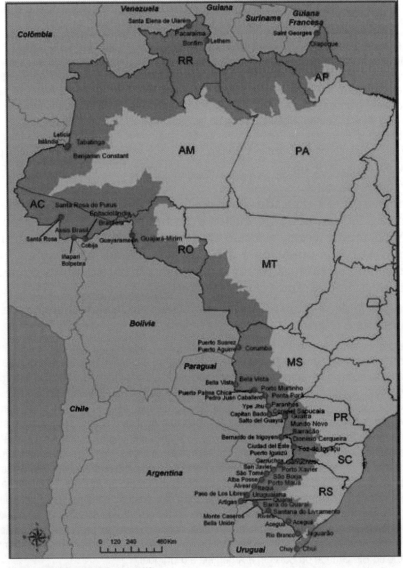

Fonte: MI/SPR/PDFF 2005.[412]

As cidades-gêmeas na fronteira Brasil-Uruguai são marcadas por intensos fluxos migratórios, são aglomerações urbanas, aos pares ao longo de todo limite internacional, geralmente possuem como característica marcante os intensos fluxos de trocas e têm funcionado como importantes "nós" entre os mercados dos países vizinhos.[413]

---

[412] IICA. *Plano de Trabalho Interfederativo para a Integração Fronteiriça*. Disponível em <http://www.iica.int/Esp/regiones/sur/brasil/Lists/DocumentosTecnicosAbertos/Attachments/18/Afr%C3%A2nio%20Jos%C3%A9%20Ribeiro%20de%20Castro%20-%20109383%20-%20Des%20Regional%20P6.pdf. Acesso em: 19 jul. 2012.

[413] FERREIRA, André Cassino. *Interações na Fronteira Brasil Uruguai:* um Estudo de Caso das Cidades de Jaguarão e Rio Branco. 2008 Disponível em: <http://www.igeo.ufrj.br/fronteiras>. Acesso em: 13 out. 2010.

Noutra seara, conclui Lislei Preuss que existem vários aspectos negativos também, como a distância dos grandes centros, o acesso à saúde e a não efetivação do "Pacto pela Saúde" realizada pelos dois países, veja-se:

> As cidades-gêmeas não só estão distantes geograficamente da capital do Estado e de outros centros, há distâncias em comunicação, desenvolvimento, negociação com as demais esferas, cooperação, integração, dentre outras que reforçam ainda mais as desigualdades regionais. Por apresentar baixo Índice de Desenvolvimento Humano (IDH), as regiões fronteiriças, neste caso, as cidades-gêmeas são alvo de políticas, ações e programas de diferentes áreas por parte do governo federal, como o Sistema Integrado de Saúde nas Fronteiras (SIS-Fronteiras – Ministério da Saúde), o Programa de Desenvolvimento da Faixa de Fronteira (Ministério da Integração Nacional), os Territórios da Cidadania (Ministério do Desenvolvimento Agrário). Porém, programas e ações que muitas vezes não se concretizam e até mesmo não – chegam no município são frequentes.[414]

Outro aspecto destacado diz respeito aos estrangeiros, (em relação aos serviços de saúde) que é pelo menos preocupante. Aduz: "Para a população que ali vive, muitas vezes, o acesso à saúde significa ultrapassar a fronteira: o outro lado da rua, a ponte, ou a balsa". Essas cidades na fronteira "não possuem atividade econômica rentável e podem ser consideradas de pequeno e médio porte, sendo carentes em infraestrutura".[415]

A saúde é de responsabilidade do município, todavia, enfatiza a autora, sua autonomia é restrita:

> A tensão histórica e contraditória entre centralização e descentralização ainda está presente no âmbito da gestão da política da saúde. No que se refere à autonomia, pode-se constatar que, embora tenha ocorrido um aumento da capacidade gerencial dos municípios no SUS e as três esferas de governo, autônomas e interdependentes, tenham definido suas competências e responsabilidades, a saúde é responsabilidade do município. Entretanto este ente tem sua autonomia restrita (para não se dizer nula) no âmbito da definição das políticas, ações, programas e serviços. O Ministério da Saúde utiliza-se de mecanismos de financiamento para a indução e adesão ao Pacto pela Saúde, porém essa estratégia não tem se mostrado eficaz. Há dificuldades de comunicação e socialização das informações referentes ao Pacto, não somente entre as equipes de saúde como também entre os países, implicando em limitações para a regionalização. [...] Conclui-se, portanto, que a estratégia de descentralização e regionalização preconizadas no Pacto pela Saúde pode ser uma importante ferramenta para a melhoria do provimento de serviços e garantia de direitos à saúde, porém a implementação tem sido falha, desde o início, no processo de adesão, repercutindo mais uma vez para o acirramento das desigualdades nas cidades-gêmeas da fronteira entre estado do Rio Grande do Sul com a Argentina e o Uruguai.[...].[416]

Sabe-se que o fluxo migratório inclui, entre outros, a busca por serviços de saúde, pois o fluxo constante, quer dizer a migração/deslocamento das pessoas, exige pelo menos um melhor planejamento da gestão em saúde, e que necessariamente deve levar em conta as particularidades desses locais.[417]

---

[414] PREUSS, Lislei Teresinha. *O pacto pela saúde nas cidades-gêmeas da fronteira do rio grande do sul com a Argentina e o Uruguai*. Porto Alegre, 2011. Tese (Doutorado em Serviço Social). Faculdade de Serviço Social, PUCRS. 2011.

[415] Ibid.

[416] Ibid.

[417] MACHADO, Rosane Cardoso; STEIN, Airton Tetelbom; BASTOS, Gisele Alcina Nader. *O paradoxo da saúde em cidades-gêmeas no sul do Brasil e no Uruguai*. Disponível em: <http://www.fazendogenero.ufsc.br/9/resources/anais/1274972824_ARQUIVO_artigo.fazendogenero.pdf>. Acesso em: 21 dez. 2010.

Memoravelmente, em 1920, por exemplo, a permeabilidade existente entre as cidades de Rivera e Santana do Livramento já se consagravam,[418] durante as décadas de 30 a 40, houve uma inversão, Rivera passou a se desenvolver e Santana do Livramento decaiu.[419]

Historicamente a complementaridade existente entre as duas cidades geminadas passou a ter novo enfoque, enquanto "Livramento ostentava a imagem de uma 'progressista' cidade brasileira, com suas indústrias, Rivera garantia, para si, a imagem de uma moderna e civilizada cidade uruguaia".[420]

É uma fronteira singular, única, cuja vida cotidiana nas cidades gêmeas: Rivera (Uruguay) y Sant'Ana do Livramento (Brasil), afirma Gladys Bentancor,[421] é incomparável, muito embora seja comum associar-se a noção de fronteira ao conflito, guerra, vigilância, repressão ou controle ao mesmo tempo o desejo de liberdade.[422] E propõe uma mudança conceitual observando a diferença entre limite e fronteira, e cuja área de fronteira, compreende a fronteira internacional, construída por meio de disputas e conflitos, e que são parte da "memória coletiva" de um povo.[423]

Destaque-se que Rivera é um polo para a imigração no Uruguai e é um verdadeiro laboratório de observação da vida cotidiana com o outro, diferente e perto ao mesmo tempo, constituindo assim um lugar privilegiado, com a utilização de códigos comuns que dão sentido à existência".[424] Suas vidas diárias, cotidianas, estão além dessas limitações e que rompem com as abstrações conceituais do Estado, país, ou cultura, cujo cotidiano é caracterizado por

---

[418] LUSO, João. Terras do Brasil. In: FORTUNATO, Pimentel. *Aspectos gerais de Livramento*. Porto Alegre: Livraria Continente, 1943. p. 11.

[419] PINTOS, Anibal Barrios. *Rivera*: una historia diferente. Montevidéu: Ministerio de Educación y Cultura, 1990, Tomo II. p. 248-249. E, SCHÄFFER, Neiva Otero. *Urbanização na fronteira*: a expansão de Santana do Livramento. Porto Alegre: Editora da UFRGS, 1993. p. 42-50.

[420] RANGEL. Carlos Roberto da Rosa. *Fronteira Brasil-Uruguai*: entre o nacional e o regional (1928/1938). Territórios e Fronteiras – Revista do Programa de Pós-Graduação em História da Universidade Federal de Mato Grosso, v. 6, n. 2, jul./dez. 2005 – Cuiabá-MT. Disponível em <http://www.ppghis.com/revista_artigo/arquivos/v6-n2-jul-dez-2005-miolo.pdf>. Acesso em: 15 mai. 2013.

[421] BENTANCOR, Gladys. Una fronteira singular. La vida cotidiana en ciudades gemelas: Rivera (Uruguay) y Sant'Ana do Livramento (Brasil). In: *Dilemas e diálogos platinos*. Orgs: Angel Nuñes, Maria Medianeira Padoin, Tito Carlos Machado de Oliveira. Dourados, MS: Ed.UFGD, 2010. p. 73.

[422] *Tradução livre de:* "El común de la gente, asocia casi mecánicamente la noción de frontera a la de conflicto, guerra, vigilancia, represión o control, por lo que la relaciona al cercenamiento de libertades. Pero en contraposición, es también el deseo de libertad expresado por grupos autonomistas, que crea nuevos territorios y por ende nuevas fronteras. Las áreas fronterizas consideradas confines territoriales, ante el reordenamiento regional que impone la implantación de procesos de integración de estados nacionales, como el MERCOSUR, pasan a ocupar centralidades, que pueden no pasar del simple dato geográfico. Los nuevos escenarios mundiales, apertura de mercados y la consiguiente globalización han provocado un aumento de las desigualdades sociales y regionales, que se intensifican en los países menos desarrollados y con economías más débiles". Ibid., p. 74.

[423] *Tradução livre de:* "Límite y Frontera: Partiendo de consideraciones de concepción lineal o espacial proponemos un cambio conceptual significativo, para el estudio de las áreas fronterizas. Es común entender que los términos límite y frontera son sinónimos, sin embargo son dos conceptos diferenciados etimológicamente y cargados de significados conceptuales, de los cuales surgen interrelaciones, pero donde también surge que la riqueza conceptual atribuible al término frontera es mucho más amplia que la de limite". Ibid.

[424] *Tradução livre de:* "Rivera es un polo de atracción migratoria dentro de Uruguay y representa un verdadero laboratorio de observación de un cotidiano de convivencia con el otro, diferente y cercano al mismo tiempo, constituyendo así un "lugar" privilegiado". Ibid., p. 80.

Mobilidade, Fronteiras & Direito à Saúde

dualidades.[425] Se outrora marcado por tráficos e contrabandos,[426] atualmente é marcado pela interação, ou seja, uma interação que se caracterizou como 'a integração de fato', que ocorre em paralelo com uma forte necessidade de diferenciação, embora existam vários graus de estresse normais que marcam a relação com o outro, mas que não gera confrontos de convivência e destaca-se a boa vizinhança que rege a vida de fronteira, os termos "fronteira da paz" e "fronteira irmã" fazem parte do discurso institucional e cidadão.[427]

Veja-se abaixo a Praça e a linha imaginária entre os dois países, de um lado, Sant'Ana do Livramento-BR, e de outro, Rivera-UR.

Figura 11 – Foto da Praça Internacional – Fronteira da paz

Fonte: Foto tirada pela autora em 03.12.2012.

---

[425] *Tradução livre de:* "La vida cotidiana – El lugar está cargado de sentido, sirve de contexto y da significado a la vida de los individuos que en él habitan. Está marcado por los itinerarios que en él se efectúan, los discursos sostenidos y el lenguaje que los caracteriza. [...] En general los habitantes de una frontera especialmente de contacto como se da sobre todo entre ciudades gemelas, "no realizan sus recorridos, sus reuniones de trabajo, sus espacios de ocio o residencia ciñéndose a las áreas definidas o delimitadas políticamente para cada unidad nacional. Sus vidas cotidianas escapan a esas limitaciones y se rompe así con las abstracciones conceptuales del Estado, la nación, la cultura nacional, para hacer reaparecer a los sujetos, su quehacer y vida diaria". BENTANCOR, Gladys Teresa. *Dilemas e diálogos platinos*. Orgs: Angel Nuñes, Maria Medianeira Padoin, Tito Carlos Machado de Oliveira. Dourados, MS: Ed.UFGD, 2010. p. 81-82.

[426] *Tradução livre de:* "Intercambios – tráficos – Históricamente el contrabando se desarrolló en función de las políticas económicas implantadas por el sistema colonizador en América del Sur". Ibid., p. 82-84.

[427] *Tradução livre de:* "El relacionamiento fronterizo – En Rivera-Livramento existe una fuerte interacción, que caracterizo como 'integración de hecho' que se da paralelamente con una marcada necesidad de diferenciación, que se percibe cuando se entrevista a ciudadanos de ambas nacionalidades, pero sólo del lado uruguayo parece alcanzar en algunos sectores de la población el grado de un sentimiento antibrasileño. Son normales diferentes grados de tensión marcando la relación con el 'otro', pero la convivencia no genera enfrentamientos y se resalta la buena vecindad que rige la vida fronteriza, las expresiones "Frontera de la Paz" y "Frontera hermana" forman parte del discurso institucional y ciudadano. Ibid.

Também o mapa abaixo bem representa essa linha da fronteira, e os limites físicos que inexistem, pois trata-se de conurbação internacional, ou seja, um único núcleo urbano, são cidades gêmeas internacionais.

Figura 12 – Mapa Aéreo – Fronteira Brasil – Uruguai – Santana do Livramento-BR e Rivera-UR

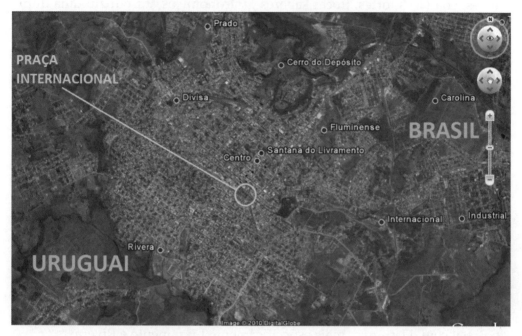

Fonte: skyscrapercity, 2013.[428]

Nesse sentido, destaca Enrique Mazzei que: "Allí, sin ningunas otras concesiones, los riverenses se investen de 'uruguayos' y los santanenses de 'brasileiros',[429] ou seja, os riverenses assumem ser uruguaios e os santanenses assumem ser brasileiros. Ainda assim, muitas são as influências, seja no campo politico, seja no comércio ou no campo civil, com as uniões estáveis ou casamentos, que são binacionais, um verdadeiro "jogo entre o legal e o ilegal".[430]

Conclui Gladys Bentancor que a sociedade fronteiriça apresenta características realmente únicas, construída em uma área comum de contato binacional, afirmou-se na dimensão do parentesco, solidariedade, intercâmbio, que formam a fronteira todos os dias.

---

[428] Skyscrapercity. *Contornando o RS – Parte III – Fronteira Rio Grande do Sul – Uruguai (dos pampas de volta ao mar)*. Disponível em: <http://www.skyscrapercity.com/showthread.php?t=1146629>. Acesso em: 23 mai. 2013.

[429] MAZZEI, Enrique. Rivera (Uruguay)-Sant Ana(Brasil). *Identidad, território e integración fronteriza*. Montevideo: Rosgal, 2000.

[430] *Tradução livre de:* "En ambas ciudades se constata, un importante número de parejas que concretan los matrimonios binacionales, la mayoría se oficializan en Rivera, también en este aspecto se plantea un juego entre lo legal y lo ilegal. Hay situaciones especiales respecto del tema de la documentación de la pareja y su descendencia, lo que ha dado lugar a los característicos "doble chapa". BENTANCOR, Gladys Teresa. *Dilemas e diálogos platinos*. Orgs: Angel Nuñes, Maria Medianeira Padoin, Tito Carlos Machado de Oliveira. Dourados, MS: Ed.UFGD, 2010. p. 86-87.

Para os atores de fronteira, a percepção da fronteira é "troca" lugar "de passagem", "diálogo" "comunicação, expressa ou dialeto bilinguismo de Espanhol e Português". Definir um trânsito, não só o lugar, mas também se refere a situações que têm uma evolução temporal, os costumes e as tradições de marcação. O estabelecimento de famílias binacionais que permeia todas as classes, cria laços fortes, trocas sabores gastronómicos, introduziu uma dupla cidadania, que se estende para além da posse de documentos, participação em política partidária, o uso de áreas comuns, de partilha de campanhas culturais e sociais. Isso gera, a partir de contato diário, uma permeabilidade que ocorre uma identidade diferente, a da fronteira, que é híbrido e misto, o último em sua concepção de produzir algo novo.[431]

Justamente pela fronteira viver das diferenças e se aproveitar delas,[432] que a questão da saúde, enquanto direito fundamental social à saúde, merece destaque nesse contexto fronteiriço.

No que diz respeito aos serviços de saúde, adverte Gladys Bentancor, a escolha e utilização, tanto de médicos como de sistemas de saúde – público ou privado – uruguaios tem boa reputação. Assim como a qualidade do serviço dos médicos brasileiros, que melhorou muito nos últimos anos. A escolha por médicos uruguaios ou brasileiros não é totalmente livre porque muitos dos usuários de ambas as nacionalidades têm seguros (planos) de saúde devido ao vínculo laboral, muito embora a saúde pública, em razão da crise, seja bem mais procurada que a privada atualmente.[433]

As fronteiras estão carregadas de simbologias, de ambiguidades, "pois ao mesmo tempo em que impedem, permitem a ultrapassagem",[434] e na fronteira do Brasil com o Uruguai, mais especificamente Livramento e Rivera:

---

[431] *Tradução livre de:* "Para los actores fronterizos, la percepción sobre la frontera es "intercambio" "lugar de pasaje", "diálogo" "comunicación, expresada en dialecto o en el bilingüismo del español y el portugués". Configura un tránsito, no el solo del lugar, sino referido también a situaciones que han tenido una evolución temporal, que marca costumbres y tradiciones. La constitución de familias binacionales que permea todas las clases sociales, genera fuertes vínculos, intercambia sabores gastronómicos, introduce una doble ciudadanía, que se extiende más allá de la posesión de documentos, en la participación político-partidaria, en el uso de espacios comunes, de campañas sociales y culturales compartidas. Se genera así, a partir del contacto cotidiano, una permeabilidad que produce una identidad diferente, la del fronterizo, que es híbrida y mestiza, ésta última en su concepción de producir algo nuevo". BENTANCOR, Gladys. *Rivera-Livramento*: Uma frontera diferente. Pelotas: Editora Universitária UFPEL, 2009. Serie Fronteiras da Integração. 163-170.

[432] Ibid., p. 124.

[433] *Tradução livre de:* "Con respecto a servicios relacionados, a la salud la elección y el uso de los mismos siguen una lógica similar a la planteada para el abastecimiento de los bienes básicos y suntuosos. Los médicos uruguayos tienen buena fama, así como los sistemas de salud, públicos o privados, aunque la calidad del servicio mpedico brasileño ha mejorado en el concepto de muchos fronterizos de ambas nacionalidades. La opción no termina siendo totalmente libre, debido a que muchos de los usuarios de ambas nacionalidades tiene algún seguro de salud en relación a sus cargos laborales a nivel nacional, pero no es extraño que entre quienes tienen un mayor poder adquisitivo consulten especialistas, a partir de elementos como fama, relaciones interpersonales u otras. [...] La crisis económica-financiera que vive el país, (Uruguay) aunado a la crisis de la frontero ha influido en el acceso a los servicios de salud, especialmente a la salud privada, lo que ha implicado una mayor demanda al servicio público. Ibid., p. 126-127.

[434] MÉLO, José Luiz Bica de. Reflexões conceituais sobre Fronteira. In: CASTELLO, Iara Regina; KOCH, Mirian Regina; OLIVEIRA, Naia; SCHÄEFFER, Neiva otero e STROHAECKER, Tânia. (orgs.). *Fronteiras na América Latina*: espaços em transformação. Porto Alegre: Ed. Universidade. UFRGS. Fundação de Economia e Estatística, 1997. (Fundação de Economia e Estatística). p. 68-69.

O processo de globalização e a integração regional dele resultante não constituíram, até o momento, novos agentes sociais na fronteira, ou mesmo no poder central dos dois países, capazes de alterações substantivas no campo do poder. [...] Se o processo de integração regional na esfera econômica vem avançando, o mesmo não tem ocorrido com as relações políticas e socioculturais, sendo, portanto, problemático falar em integração ou fronteira da paz. Talvez os ícones da integración de hecho sejam a televisão, no presente, e o contrabando – como era no passado. Na apreensão de um processo complexo – o campo do poder no espaço fronteiriço – as representações discursivas possibilitaram a compreensão de diferentes interesses e, portanto, de diferentes representações da fronteira.[435]

Percebe-se, contudo, que a linha imaginária da fronteira não une e nem separa efetivamente, é um ponto de partida e de chegada, tornou-se símbolo de dois países ao mesmo tempo.

Algumas das observações de Karla Maria Muller, na pesquisa realizada em Santana do Livramento e Rivera, no que diz respeito às relações entre os vizinhos, e essa barreira invisível, podem ser apontadas aqui:

A fronteira existente em Livramento-Rivera é tratada – com orgulho – por seus habitantes como "A Fronteira da Paz": "aqui há integração do Uruguai com o Brasil, acontecem episódios onde a boa intenção exerce um domínio, somos uma só cidade, pois sozinhas [Livramento e Rivera] não podem viver; ao invés de um enfrentamento entre o Brasil e o Uruguai, há um entrosamento há muito tempo, até porque os primeiros moradores de Rivera eram portugueses e brasileiros". [...] As diferenças entre brasileiros e uruguaios são destacadas com respeito pelos fronteiriços e são poucos os relatos onde tais diferenças são vistas com negatividade. Os temas de conflitos são trabalhados, na sua grande maioria, com vistas a buscar uma aproximação. Ao serem questionados sobre a existência da divisa, confirmam e apontam onde se dá o contato: a rua, o parque, os pequenos marcos construídos em concreto e colocados espaçadamente de modo a formar uma linha demarcatória. Não vão muito além destas marcas físicas e salientam que "aqui a fronteira é ligada, mas ao mesmo tempo é separada; as duas são uma só, a barreira é invisível".[436]

Ainda, quanto às particularidades, a fronteira Brasil-Uruguai, possui essas muitas similitudes, bem próprias como a do significado de "ser gaúcho", com adverte Maria Celina Butierres:

A "vida de fronteira" é elemento de identidade; pertencimento de seus habitantes, os quais quando indagados sobre onde vivem muitos respondem "eu sou da fronteira". Em relação à fronteira Brasil-Uruguai, esse sentimento de identificação é incrementado pela identidade cultural advinda de processos sócio-históricos, pois tanto de um lado quanto de outro os habitantes são identificados como "gaúchos".[437]

A tradição gaúcha refere noutra via; Ruben Oliver diz respeito também a comportamentos, cujos CTGs[438] são um grande e bom exemplo, e aqui se volta às fronteiras culturais e simbólicas.[439]

---

[435] MÉLO, Jose Luiz Bica de. *Fronteiras*: da linha imaginária ao campo de conflitos. Sociologias, Dossiê. Porto Alegre, ano 6, nº 11, jan/jun 2004. p. 126-146. Disponível em <http://www.scielo.br/pdf/soc/ n11/n11a07. pdf>. Acesso em: 09 out. 2012.

[436] MULLER, Karla Maria. *TESE. Mídia e fronteira*: jornais locais em Uruguaiana-Libres e Livramento-Rivera. Disponível em: <http://www.midiaefronteira.com.br/tese/cap4.htm#4.2>. Acesso em: 09 out. 2012.

[437] BUTIERRES, Maria Cecília. *Assimetrias no acesso e na garantia do Direito à Saúde do Trabalhador na fronteira Brasil-Uruguai*. Dissertação de Mestrado PUCRS. Orientadora Jussara Maria Rosa Mendes. Porto Alegre, 2011.

[438] "A adoção da tradição originária da região da Campanha por habitantes de outras áreas do Rio Grande do Sul significou um primeiro processo de desterritorialização da cultura gaúcha que saiu de sua origem e adquiriu novos significados em novos contextos. Hoje há CTGs em todas as regiões do Rio Grande do Sul.

Mobilidade, Fronteiras & Direito à Saúde

Para Pablo José Ciccolella, quando refere uma redefinição de fronteiras, territórios e mercados, enquanto marco do capitalismo de blocos, adverte que os processos de integração têm grande potencialidade, uma capacidade de transformação e reorganização tanto econômica quanto socioterritorial, em nível nacional, supranacional ou continental, ao mesmo tempo em que representa também, além da integração, uma segregação, fragmentação e exclusão.[440]

No mesmo sentido de linha divisória, invisível, marco que separa, e que une, em área de fronteira, como a de Santana do Livramento e Rivera, também o marco divisório na segunda cidade gêmea, do Estado do Rio Grande do Sul, portanto coirmã – Chuí no Brasil e Chuy no Uruguai – também separadas por uma rua, mais especificamente uma avenida, que curiosamente do lado brasileiro a avenida se chama "avenida Uruguai" e do lado uruguaio, a avenida se chama "avenida Brasil".

Figura 13 – Marco divisório – Chuí-BR e Chuy-UR. Direção Sul – Direção Norte

Fonte: Foto tirada pela autora em 17.12.2012.

[...] E onde há gaúchos há CTGs. Hoje, 37% dos CTGs estão no Rio Grande do Sul. A manutenção da cultura gaúcha por parte dos rio-grandenses que migraram para outros estados representa um novo processo de desterritorialização que é importante porque a cultura gaúcha continua com seus descendentes que muitas vezes nunca estiveram no Rio Grande do Sul. [...] Estima-se que atualmente haja aproximadamente um milhão de brasileiros vivendo nos Estados Unidos, Europa e Japão. E onde há gaúchos há CTGs. Assim, em 1992, foi criado um CTG em Los Angeles que acabou servindo de estímulo para a criação de outros. No mesmo ano, foi criado um CTG em Osaka, Japão. Este último tem o sugestivo nome de CTG Sol Nascente, numa prova de que as culturas viajam com seus portadores e se aclimatam em outros solos". OLIVEN, Ruben G. Territórios, fronteiras e identidades. In: SCHULER, Fernando; BARCELLOS, Marília de A. (Orgs.). *Fronteiras*: arte e pensamento na época do multiculturalismo. Porto Alegre: Sulina, 2006. 160-161.

[439] "Se antigamente as culturas tendiam a ser associadas a um território e a identidades definidas, o que se verifica atualmente é um cruzamento das fronteiras culturais e simbólicas que faz com que haja uma desterritorialização dos fenômenos culturais. Uma manifestação simbólica que surge num contexto migra para outros e é recontextualizada. É claro que essa adoção não é passiva e implica sempre reelaboração. Isso significa que as culturas se tornam cada vez mais híbridas". Ibid., p. 166.

[440] *Tradução livre de*: "Los procesos de integración poseen uma gran potencialidad y capacidad de transformación y reorganización económica y socioterritorial, tanto a escala nacional como supranacional o continental. Sin embargo, resulta previsible que no todos las áreas o territorios supuestamente involucrados en la integración de economías nacionales, participarán con protagonismo semejante en el proceso integrador. Algo similar sucederá sectorialmente y socialmente. De modo que integración, también supone fragmentación, segregación y exclusión de territorios, economías regionales, sectores productivos y sectores sociales, así como el desmantelamiento de ciertos rubros de la prodición y de la infraestructura en algunas regiones". CICCOLELLA, Pablo Jose. Redefinición de fronteras, territorios y mercados en el marco del capitalismo de bloques. In: CASTELLO, Iara Regina; KOCH, Mirian Regina; OLIVEIRA, Naia; SCHÄEFFER, Neiva otero e STROHAECKER, Tânia. (orgs.). *Fronteiras na América Latina*: espaços em transformação. Porto Alegre: Ed. Universidade. UFRGS. Fundação de Economia e Estatística, 1997. (Fundação de Economia e Estatística). p. 64-65.

Também na foto abaixo, novamente, bem representa essa linha da fronteira, e os limites físicos que inexistem, pois trata-se de conurbação internacional, ou seja, um único núcleo urbano, são cidades gêmeas internacionais.

Figura 14 – Vista do espaço – Fronteira Brasil – Uruguai – Chui (BR) e Chuy(UR)

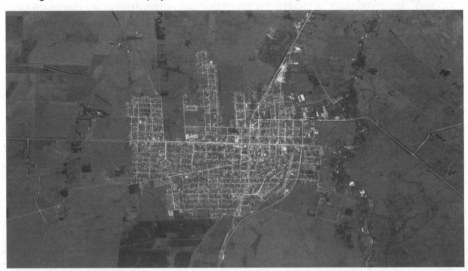

Fonte: VIEIRA, 2012[441]

Por outro lado, adverte Elsa Laurelli, no que chamou de novo mapa para o Cone Sul da América Latina, que algumas regiões sairiam lucrando, e outra restariam excluídas,[442] pois as experiências Mercosul e NAFTA ignoram algumas situações para aumentar a competitividade territorial. Atualmente, regiões e circuitos produtivos não rentáveis, são abandonados a própria sorte. Assim como nas regiões mais avançadas, as disparidades continuam, surgindo "novos pobres e marginalizados".[443]

É justamente o que se verá no próximo item, as experiências do Mercosul, Unasul, Parlasul e Rede Mercocidades.

---

[441] VIEIRA, Paulo André. *De Oiapoque até Chuí, as cidades vistas do espaço*. Publicado em 28 de Novembro de 2012. Disponível em: <http://www.oeco.org.br/geonoticias/26683-de-oiapoque-ate-chui-as-cidades-vistas-do-espaco>. Acesso em: 23 mai. 2013.

[442] *Tradução livre de*: "*El nuevo mapa para el Cono Sur de América Latín*": "De los procesos citados resultarían regiones que obtienen beneficios y regiones que serán excluidas. Em las primeras resultarán beneficiados los sectores más poderosos, los grandes capitales monopólicos y los sectores medios integrados; em las segundas, los efectos negativos se difundirán em todos sectores sociales". LAURELLI , Elsa. "Reestructuración económica en América Latina: Integración o Fractura de los Territorios Fronterizos". In: CASTELLO, Iara Regina; KOCH, Mirian Regina; OLIVEIRA, Naia; SCHÄEFFER, Neiva otero e STROHAECKER, Tânia. (orgs.). *Fronteiras na América Latina*: espaços em transformação. Porto Alegre: Ed. Universidade. UFRGS. Fundação de Economia e Estatística, 1997. (Fundação de Economia e Estatística). p. 175.

[443] *Tradução livre de:* [...] Desgraciadamente, las experiencias de integración tales como el NAFTA o Mercosur, tienden no sólo a ignorar esta situación, sino a potenciar la competitividad interterritorial. Actualmente, las 'regiones no rentables', así como los circuitos productivos no rentables y los ciudadanos no rentables son abandonados a su sorte. Por supuesto aún en las regiones más avanzadas del mundo continúan habiendo disparidades internas, diferenciais socioeconómicas, pobres y marginados. Y no sólo esto, sino que además están apareciendo 'nuevos pobres' y 'nuevos marginalizados'." CICCOLELLA, Pablo Jose. Redefinición de fronteras, territorios y mercados en el marco del capitalismo de bloques. Ibid., p. 64-65.

3.2. MERCOSUL – Mercado Comum do Sul: criação, composição e função

O sucesso dos acordos internacionais,[444] necessariamente, transita pela chamada integração entre os países, haja vista, que a fronteira é a "porta de acesso", ou ainda, o "termômetro" que refere os processos de integração entre os países. "De modo que, o sucesso do MERCOSUL, não só nas tratativas comerciais (cujo foco é evidente), mas também na necessária integração social perpassa pela integração fronteiriça". Vez que, a fronteira, que é visivelmente um limite ao território, "não necessariamente deve ser vista como um limite de cidadania".[445]

Por isso, historicamente, sentiu-se a necessidade de se estabelecer convênios aduaneiros entre os países que representassem um combate efetivo primeiro para reprimir o contrabando,[446] depois para salvaguardar interesses alfandegários e para a migração. Acordo esse que só foi firmado em 1939,[447] com interesse e participação efetiva dos ministros da Fazenda de quatro países: Argentina, Brasil, Paraguai e Uruguai, na cidade de Montevidéu.

A criação do MERCOSUL iniciou em 1985, é, portanto, "o marco inicial do processo político que resultou na criação do Mercado Comum do Sul", pelo

---

[444] Vejam-se as diferentes definições: "Ato internacional é um acordo firmado entre países, regido pelo direito internacional. São como 'contratos' firmados entre pessoas jurídicas de direito internacional (Estados, organismos internacionais, etc.) com a finalidade de regulamentar determinadas situações e convergir interesses comuns ou antagônicos. Dependendo do tipo de conteúdo, adotam-se diferentes nomes, detalhados a seguir: *Tratado:* termo usado para designar os acordos internacionais entre dois ou entre vários países – ou seja, bilaterais ou multilaterais. Recebem o nome de tratado os acordos aos quais se pretende atribuir importânc ia política.
Convenção: refere-se a atos multilaterais assinados em conferências internacionais e que versam sobre assuntos de interesse geral. É uma espécie de convênio entre dois ou mais países sobre os mais variados temas – questões comerciais, industriais, relativas a direitos humanos.
Acordo: expressão de uso livre e de alta incidência na prática internacional. Eles estabelecem a base institucional que orienta a cooperação entre dois ou mais países. Os acordos costumam ter número reduzido de participantes.
Ajuste ou acordo complementar: estabelece os termos de execução de outro ato internacional. Também pode detalhar áreas específicas de um ato.
Protocolo: designa acordos bilaterais ou multilaterais menos formais do que os tratados ou acordos complementares. Podem ainda ser documentos que interpretam tratados ou convenções anteriores ou ser utilizado para designar a ata final de uma conferência internacional. Na prática diplomática brasileira, o termo também é usado sob a forma 'protocolo de intenções'. BRASIL. *Atos Internacionais.* Disponivel em: <http://www.brasil.gov.br/sobre/o-brasil/brasil-no-exterior/atos-internacionais/print>. Acesso em: 22 mai. 2013.
[445] BUTIERRES, Maria Cecília. *Assimetrias no acesso e na garantia do Direito à Saúde do Trabalhador na fronteira Brasil-Uruguai.* Dissertação de Mestrado PUCRS. Orientadora Jussara Maria Rosa Mendes. Porto Alegre, 2011.
[446] Aduz: "Já em 1903, o ministro da Fazenda Leopoldo Bulhões destacava, num pronunciamento na Câmara de Deputados, a necessidade de um convênio aduaneiro entre os países do Prata para reprimir o contrabando, com estes argumentos: Com as larguezas que oferecem as fronteiras, ou seja pela via fluvial, ou pela terrestre, proporcionando as maiores facilidades para o transporte de mercadorias em infração; com o corpo de desocupados que ali existem perfeitamente aclimatados, porque ali nasceram, se criaram e vivem entregues àquela ocupação que lhes é como uma profissão, difícil é com efeito a repressão à prática criminosa e que, estou convencido, não cessará enquanto não for aplicada a providência sempre lembrada e sempre desatendida até hoje: o convênio aduaneiro internacional". VASCONCELLOS, Henrique Pinheiro. *Uruguay-Brasil.* Rio de Janeiro: Imprensa nacional, 1929. v. 1. p. 643.
[447] Refere: "O acordo aduaneiro com o Uruguai só foi efetivado com a conferência dos ministros da Fazenda do Uruguai, Argentina, Paraguai e Brasil, na cidade de Montevidéu, em janeiro de 1939, quando foram firmados acordos alfandegários, bancários e migratórios, visando coibir o trânsito ilegal de pessoas, mercadorias e capitais". OLIVERA, Enrique Arocena. *Evolución y apogeo de la diplomacia uruguaya* – 1828-1948. Montevidéu, 1984.

qual, Brasil e Argentina iniciaram as "negociações comerciais, no âmbito da Associação Latino-Americana de Integração (ALADI),[448] com vistas à formação de um mercado regional". O intercâmbio entre Brasil e Argentina impulsionou a assinatura do Tratado de Integração, Cooperação e Desenvolvimento, em 29 de novembro de 1988.[449] Ou seja, iniciou em 1985 e foi efetivamente assinado em 1988.

Vale ressaltar, que o prenúncio da integração econômica evidenciava uma melhoria na qualidade de vida, ainda que indiretamente, das pessoas da região. Todavia, essa proposta foi abandonada pelo então Presidente brasileiro Fernando Collor de Mello e não foi contemplada pelo posterior governo Fernando Henrique Cardoso.

Ao complexo do esforço de integração uniram-se posteriormente os países do Paraguai e Uruguai, assim sendo, os quatro países formularam o projeto de criação do MERCOSUL, e em 26 de março de 1991 resultou na assinatura do Tratado de Assunção, cujo preâmbulo já abordava toda a preocupação com a integração proposta.[450] De acordo com o artigo 1º implica em:

> Livre circulação de bens, serviços e fatores de produção entre os países do bloco; o estabelecimento de uma tarifa externa comum e a adoção de uma política comercial conjunta em relação a terceiros Estados ou agrupamentos de Estados e a coordenação de posições em foros econômico-comerciais regionais e internacionais; a coordenação de políticas macroeconômicas e setoriais entre os Estados Partes; o compromisso dos Estados Partes de harmonizar suas legislações nas áreas pertinentes, a fim de fortalecer o processo de integração.[451]

---

[448] A ALADI "é o maior grupo latino-americano de integração. É formado por treze países-membros Argentina, Bolívia, Brasilt, Chile, Colômbia, Cuba, Equador, México, Panamá, Paraguai, Peru, Uruguai e Venezuela, representando, em conjunto, 20 milhões de quilômetros quadrados e mais de 510 milhões de habitantes (Ver indicadores socioeconômicos). O Tratado de Montevidéu 1980 (TM80), âmbito jurídico global, constitutivo e regulador da ALADI, foi assinado em 12 de agosto de 1980, estabelecendo os seguintes princípios gerais: pluralismo em matéria política e econômica, convergência progressiva de ações parciais para a criação de um mercado comum latino-americano, flexibilidade, tratamentos diferenciais com base no nível de desenvolvimento dos países-membros e multiplicidade nas formas de concertação de instrumentos comerciais". ALADI. *Quem somos?*. Disponível em: <http://www.aladi.org/nsfaladi/arquitec.nsf/VSITIOWEBp/quienes_somosp>. Acesso em: 25 jul. 2012.

[449] Refere: "Em contexto histórico marcado pela redemocratização dos dois países, os Presidentes José Sarney e Raul Afonsín assinaram, em 30 de novembro de 1985, a Declaração de Iguaçu. No documento, os mandatários do Brasil e da Argentina enfatizaram, entre outros temas, a importância da consolidação do processo democrático e da união de esforços com vistas à defesa de interesses comuns nos foros internacionais. Reafirmaram o desejo de aproximar as duas economias e criaram a Comissão Mista de Cooperação e Integração Bilateral, à qual coube a formulação de propostas de integração entre Brasil e Argentina. MERCOSUL. *O Mercosul, Hoje*. Disponível em: <http://www.mercosul.gov.br/principais-tema-da-agenda-do-mercosul>. Acesso em: 25 jul. 2012.

[450] Aduz: "Naquela data, Argentina, Brasil, Paraguai e Uruguai acordaram ampliar as dimensões dos seus mercados nacionais, com base na premissa de que a integração constitui condição fundamental para acelerar o processo de desenvolvimento econômico e social de seus povos. Estabeleceram, no preâmbulo do Tratado de Assunção, que a constituição do mercado comum deve pautar-se pelo aproveitamento mais eficaz dos recursos disponíveis, pela preservação do meio ambiente, pela melhora das interconexões físicas e pela coordenação de políticas macroeconômicas de complementação dos diferentes setores da economia". Ibid.

[451] Por importante: "Para a criação de um mercado comum, o Tratado de Assunção previu o estabelecimento de programa de liberação comercial, com vistas à aplicação de tarifa zero no comércio intrazona para a totalidade do universo tarifário e a implementação de uma tarifa externa comum. Reconheceu, ainda, a necessidade de que Paraguai e Uruguai cumprissem com o programa de liberação comercial de forma diferenciada. Em observância aos princípios do gradualismo e da flexibilidade, os quatro sócios consideraram importante que a desgravação tarifária ocorresse em velocidade menos intensa para as economias menores do agrupamento". Ibid.

Mobilidade, Fronteiras & Direito à Saúde

Dessa forma, o MERCOSUL tem se caracterizado pelo regionalismo aberto, que representa um amplo projeto de integração que envolve "dimensões econômicas, políticas e sociais, o que se pode inferir da diversidade de órgãos que ora o compõem, os quais cuidam de temas variados". Resta evidente quanto ao aspecto econômico que, atualmente, o caráter de União Aduaneira, cuja finalidade "é constituir-se em verdadeiro Mercado Comum, seguindo os objetivos estabelecidos no Tratado". [452]

Segue abaixo o Organograma do MERCOSUL, com os conselhos, grupos e comissões:

Figura 15 – Organograma Mercosul

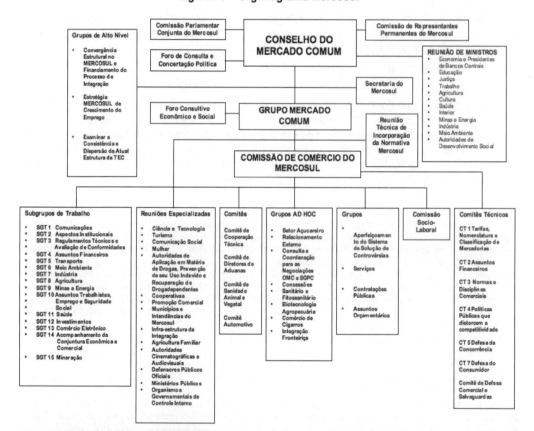

Fonte: Wikimedia Commons, 2013.[453]

A partir desse organograma, percebe-se, quão complexa é a sua estrutura, e funcionamento, com diferentes grupos e comissões, tratando dos mais diferentes temas, em especial o subgrupo de trabalho n° 11, saúde, objeto do próximo capítulo.

---

[452] MERCOSUL. *O Mercosul, Hoje*. Disponível em: <http://www.mercosul.gov.br/principais-tema-da-agenda-do-mercosul>. Acesso em: 25 jul. 2012.

[453] Wikimedia Commons. *Organograma do Mercosul 2006*. Disponível em: <http://www.mercosul.gov.br/organograma>. Acesso em: 23 mai. 2013.

No Brasil, o Tratado de Assunção foi ratificado pelo Congresso por meio do Decreto Legislativo nº 197, de 25.09.91, e promulgado pelo Decreto nº 350, de 21.11.91. Sendo aditado por três Protocolos Adicionais:

Protocolo de Brasília, dispondo sobre o mecanismo de Solução de Controvérsias, assinado em 17.12.91 e internalizado no Brasil pelo Decreto Legislativo nº 88, de 01.12.92, e Decreto nº 922, de 10.09.93;

Protocolo de Ouro Preto, sobre a estrutura institucional do MERCOSUL, assinado em 17.12.94 e internalizado no Brasil pelo Decreto Legislativo nº 188, de 16.12.95, e Decreto nº 1.901, de 09.05.96;

Protocolo de Olivos, alterando o mecanismo de Solução de Controvérsias, assinado em e internalizado no Brasil pelo Decreto Legislativo nº 712, de 15.10.2003, e Decreto nº 4.982, de 09.02.2004.[454]

No que se refere aos Tratados e Protocolos, além do Tratado de Assunção, Protocolo de Ouro Preto; Protocolo de Brasília; Protocolo de Olivos; também existe o Protocolo de Ushuaia;[455] o Protocolo Modificativo do Protocolo de Olivos, sobre o funcionamento do TPR – Tribunal Permanente de Revisão; o Protocolo de Adesão da República Bolivariana da Venezuela ao MERCOSUL[456] [457] e, por fim, o Protocolo Constitutivo do Parlamento do Mercosul.

Veja-se nos mapas, a seguir, a participação dos países integrantes do MERCOSUL:

---

[454] Comércio do desenvolvimento , indústria e Comércio Exterior. *Tratado de Assunção e seus Protocolos*. Disponível em: <http://www.desenvolvimento.gov.br/sitio/interna/interna.php?area=5& menu=538>. Acesso em 24 juj. 2012.

[455] *Protocolo de Ushuaia* sobre compromisso democrático no Mercosul, Bolívia e Chile. ACORDAM O SEGUINTE: ARTIGO 1 "A plena vigência das instituições democráticas é condição essencial para o desenvolvimento dos processos de integração entre os Estados Partes do presente Protocolo." MERCOSUL. *Protocolo de Ushuaia*. Disponível em: <http://www.mercosul.gov.br/tratados-e-protocolos/protocolo-de-ushuaia-1/>. Acesso em: 25 jul. 2012.

[456] Noticia veiculada em 29/06/2012. "Venezuela será incorporada ao Mercosul em 31 de julho de 2012". Por Carolina Vila-Nova. "A Venezuela será incorporada ao Mercosul em reunião especial que será realizada em 31 de julho no Rio de Janeiro, anunciou nesta sexta-feira a presidente da Argentina, Cristina Fernández de Kirchner, no âmbito da Cúpula de chefes de Estado do bloco. [...] O acordo tem a assinatura dos líderes de Brasil, Uruguai e Argentina (membros pleno do Mercosul). O Paraguai, que não havia ratificado essa decisão em seu Parlamento, está suspenso do bloco devido à deposição do ex-presidente Fernando Lugo". VILA-NOVA, Carolina. *Venezuela será incorporada ao Mercosul em 31 de julho*. Publicado 29 junho 2012. Disponível em: <http://www1.folha.uol.com.br/mundo/1112638-venezuela-sera-incorporada-ao-mercosul-em-31-de-julho.shtml>. Acesso em: 24 jul. 2012.

[457] Venezuela integra Mercosul a partir de 31.07.2012. "A cerimônia de incorporação da Venezuela ao Mercosul está marcada para hoje (31) a partir das 9h15, no Palácio do Planalto, quando chegam os presidentes Hugo Chávez (Venezuela), Cristina Kirchner (Argentina) e José Pepe Mujica (Uruguai). A presidenta Dilma Rousseff se reúne com os demais chefes de Estado por volta das 10h. Haverá uma foto oficial e assinatura de atos. A previsão é que os presidentes Dilma, Chávez, Cristina e Mujica façam uma declaração à imprensa às 12h30, no Planalto. Depois, eles seguem para um almoço no Ministério das Relações Exteriores, Itamaraty. Chávez planeja conceder uma entrevista coletiva após o almoço. Mas a assessoria da Embaixada da Venezuela no Brasil não havia confirmado essa parte da agenda até a noite de ontem (30). A cerimônia que oficializa o ingresso da Venezuela não significa que o país será integrado imediatamente ao bloco. A incorporação na prática só ocorrerá no dia 13 de agosto, quando todos os prazos tiverem sido cumpridos, segundo as normas do Mercosul. Suspenso do bloco desde o final de junho, o Paraguai não participa da solenidade nem aprovou o ingresso da Venezuela. Porém, a ausência do voto dos paraguaios, segundo diplomatas, não afeta a incorporação dos venezuelanos ao grupo. Fonte: ABr. JusBrasil. *Venezuela integra Mercosul a partir desta terça-feira*. Publicado em 31 de Julho de 2012. Disponível em: <http://cidade-verde. jusbrasil.com.br/politica/103404395/venezuela-integra-mercosul-a-partir-desta-terca-feira>. Acesso em: 08 ago. 2012.

Mobilidade, Fronteiras & Direito à Saúde

Figura 16 – Mapa dos países fundadores do MERCOSUL

Fonte: Portal de Serviço do Senado Federal, 2005.[458]

Figura 17 – Mapa dos países que compõe o MERCOSUL, atualmente

Fonte: Blog brigadasinternacionais, 2008.[459]

---

[458] Portal de Serviço do Senado Federal. *Criação de Parlamento do Mercosul só depende de ratificação*. Publicado em 2005.Disponível em: <http://www12.senado.gov.br/noticias/materias/2005/1 2/12/criacao-de-parlamento-do-mercosul-so-depende-de-ratificacao>. Acesso em: 08 ago. 2012.

[459] Blog brigadasinternacionais. *Mercosul*:bitributação de produtos tem 6 meses para acabar 30/06/08. Publicado em 2008. Disponível em: <http://brigadasinternacionais.blogspot.com.br/2008/06/ mercosulbitributao-de-produtos-tem-6.html>. Acesso em: 08 ago. 2012.

Figura 18 – Mapa dos países membros e associados do MERCOSUL

Fonte: geografoguirra.blogspot, 2012.[460]

São países-membros do MERCOSUL (Brasil, Uruguai, Argentina, Paraguai e Venezuela), e são países associados (Chile, Bolívia, peru, Equador, e Colômbia).

Há que se ter presente, sempre, que o sucesso ou não do MERCOSUL diz respeito também ao grau de envolvimento e comprometimento dos países-parte,[461] quando criado tinha aspiração, a intenção de ser um efetivo – Mercado Comum – e que na prática atual, "é uma zona de livre comércio e uma união aduaneira em fase de consolidação, com matizes de mercado comum".

---

[460] Geografoguirra.blogspot. *Entrada da Venezuela no Mercosul*. Publicado em 2012. Disponível em: <http://geografoguirra.blogspot.com.br/2012/08/entrada-da-venezuela-no-mercosul.html>. Acesso em: 08 ago. 2012.

[461] Veja-se: "Os esquemas de integração são classificados em geral de acordo com o alcance e o grau de cooperação econômica requerido ou existente: a) Zonas de Livre Comércio: Têm como característica principal a eliminação dos entraves à circulação de mercadorias, em especial a cobrança de imposto de importação entre os países participantes. Eventualmente, podem envolver a eliminação de entraves à circulação de serviços e capitais. Esse é o caso, por exemplo, do Acordo de Livre Comércio entre o México, os Estados Unidos e o Canadá (NAFTA). b) Uniões Aduaneiras: Além da eliminação dos entraves à circulação de fatores de produção, há a adoção de uma a política tarifária comum em relação a terceiros países – isto é, os Estados Partes têm uma 'Tarifa Externa Comum'. Uma vez que há um grau maior de integração, concebem-se também instrumentos comuns de política comercial em diferentes setores. c) Mercados Comuns: Além de uma política comercial comum, seus membros avançam na coordenação de políticas setoriais, alcançando, inclusive, a livre circulação de pessoas e fatores de produção. O estabelecimento de um Mercado Comum implica, ainda, a harmonização da legislação referente a áreas fundamentais tais como regras comunitárias para o despacho aduaneiro de mercadorias, os controles sanitários e fitossanitários, a defesa comercial extrazona e a concessão de incentivos à produção. d) Uniões Monetárias: Pressupõem, além do Mercado Comum, a adoção de uma política monetária comum e de uma moeda única. e) Uniões Políticas: Pressupõem, além da União Monetária, a harmonização das políticas externa, de segurança e interior e, mesmo, a adoção de uma Constituição Única. Mercosul. *O Mercosul, Hoje*. Disponível em: <http://www.mercosul.gov.br/principais-tema-da-agenda-do-mercosul>. Acesso em: 25 jul. 2012.

Não restam dúvidas, de que houve nos últimos anos, um crescimento econômico (comercial) a todos envolvidos na "sociedade", vejam-se os últimos dados oficiais:

De 2002-2007, a corrente de comércio entre o Brasil e os países do Mercosul apresentou forte crescimento, passando de US$ 8,9 bilhões, em 2002, a US$ 28,9 bilhões, em 2007. Caso se inclua no cálculo o comércio Brasil-Venezuela, que em 2007 alcançou US$ 5,07 bilhões, os valores do comércio total do Brasil com o Mercosul alcançariam a cifra de US$ 33,97 bilhões, em 2007.

Nesse período, o fluxo entre Brasil e Argentina aumentou quase 354%, passando de US$ 7 bilhões para US$ 24,8 bilhões. No que se refere ao intercâmbio com o Uruguai e o Paraguai, observa-se crescimento respectivo de 230% e 220% durante o mesmo período. Com o Uruguai, a corrente de comércio passou de US$ 897 milhões para US$ 2,07 bilhões; com o Paraguai, de US$ 942 milhões para 2,08 bilhões.[462]

O MERCOSUL tem reafirmado o "compromisso de ampliar e institucionalizar os espaços de participação social no Bloco. Iniciativas regionais, como a "Cúpula Social do MERCOSUL" e o Programa "Somos MERCOSUL", foram apoiadas e fortalecidas".[463] Dessa forma, cabe lembrar que o Conselho Brasileiro do MERCOSUL Social e Participativo "abre um novo capítulo nas relações entre o governo brasileiro e a sociedade civil no que se refere à participação social no Bloco",[464] resta saber como irá funcionar em termos práticos.

Importante destacar ainda, que o IBGE, traz um Projeto inovador, a fim de auxiliar no cumprimento das metas do milênio, com o intuito de contribuir para o "processo de integração do MERCOSUL e para o fortalecimento de suas instituições nacionais e regionais. Por meio do desenvolvimento, melhoramento, da harmonização e integração da produção e difusão de estatísticas", como um "mecanismo mais idôneo para garantir a sustentabilidade dos logros alcançados".[465]

Nesse contexto, a globalização frente à regionalização segundo Manuel Castels, o MERCOSUL, então um projeto promissor para a integração econômica da América do Sul, tem enfrentado grandes obstáculos para a sua consolidação. Sendo que o mais importante é coordenar as políticas monetária e

---

[462] Mercosul. *O Mercosul, Hoje*. Disponível em: <http://www.mercosul.gov.br/principais-tema-da-agenda-do-mercosul>. Acesso em: 25 jul. 2012.

[463] MERCOSUL. *Mercosul Social e Participativo*: Construindo o Mercosul dos Povos com Democracia e Cidadania. Publicação da Secretaria-Geral da Presidência da República, produzida pela Assessoria para Assuntos Internacionais. Brasília: 2010. Disponível em: <http://www.mercosul.gov.br/mercosul-social-e-participativo/mercosul-volume2-final-maio20101-site.pdf>. Acesso em: 27 jul. 2012. p. 15-16.

[464] DECRETO PRESIDENCIAL Nº 6.594 DE 6 DE OUTUBRO DE 2008. "Art. 1º Fica instituído, no âmbito da Secretaria-Geral da Presidência da República e do Ministério das Relações Exteriores, o Programa Mercosul Social e Participativo, com o objetivo de promover a interlocução entre o governo federal e as organizações da sociedade civil sobre as políticas públicas para o Mercado Comum do Sul (Mercosul)". MERCOSUL. *Mercosul Social e Participativo*: Construindo o Mercosul dos Povos com Democracia e Cidadania. Publicação da Secretaria-Geral da Presidência da República, produzida pela Assessoria para Assuntos Internacionais. Brasília: 2010. Disponível em: <http://www.mercosul.gov.br/mercosul-social-e-participativo/mercosul-volume2-final-maio20101-site.pdf>. Acesso em: 27 jul. 2012. p. 17.

[465] A fim de: "Cumprir as Metas do Milênio e os acordos da Cúpula de Guadalajara UE-ALC de 2004, por meio da harmonização estatística e produção de indicadores compatíveis sobre aspectos prioritários compreendidos nos temas de emprego, distribuição de renda e pobreza". IBGE. *Projeto de Cooperação Estatística União Europeia e Mercosul*. Disponível em <http://www.ibge.gov.br/mercosur/2008/pt/ presentacion.php>. Acesso em: 06 ago. 2012.

fiscal, o que acaba por exigir um sistema de taxas de câmbio que são atreladas as moedas dos países participantes.[466]

Aqui, percebe-se claramente que nesse momento histórico, não houve uma preocupação em efetivar direitos sociais, por exemplo, no pacto do MERCOSUL, e adverte Manuel Castels, ainda que a consolidação pudesse apontar uma tendência de multiintegração da América do Sul na economia global, todavia, as atuais unidades comerciais não são países, mas empresas e redes de negócios.[467]

Vale ressaltar também, que o MERCOSUL,[468] quando implementado da década de 90, teve o fito de priorizar o livre comércio e a união aduaneira, ou seja, a integração econômica, pois visava uma melhor competitividade na seara global, ficando para um segundo plano o segmento de serviços e sequer foram levadas em consideração as questões sociais.

Para os otimistas, na última década, tem sido discutida uma maior integração em diferentes campos, sendo a saúde, um deles, privilegiando a qualidade de vida dos cidadãos, pois a saúde é obrigação de cada um dos Estados-parte. Inclusive, vários foram os acordos na área da saúde realizados a exemplo da política de medicamentos para o MERCOSUL; vigilância e controle de enfermidades transmissíveis como dengue, chagas, cólera, febre amarela, gripe H1N1, controle do tabaco, saúde sexual reprodutiva. Atualmente sim, pode-se dizer que a integração não é mais só ou apenas econômica, mas também social, sendo que essa é uma grande conquista histórica, com respeito aos direitos humanos e a efetiva existência de um Estado socioambiental também.

Para os pessimistas, o MERCOSUL, é um grande desafio, e isso resta demonstrado a partir das duas últimas eleições de Nicolás Maduro para a presidência da Venezuela em 14 de abril de 2013, e a vitória de Horacio Cartes em 21 de abril de 2013, no Paraguai,

---

[466] *Tradução livre de:* "Los desarrollos de los anos noventa nos obligan a reexaminar de forma más completa la tesis de la regionalización. Em 1999, la Unión Europea se converitió, a todos los efectosprácticos, em uma sola economia, com aranceles unificados, uma única moneda y um Banco Central Europeo. Parecia cuestión de tempo, de ajuste a las exigências de sus políticas internas, que el Reino Unido y Suécia terminaran adoptando el euro. Por tanto, parece inadecuado seguir considerando la Unión Europea como um bloque comercial, puesto que el comercio intra-EU no es internacional, sino inter-regional, similar al comercio inter-regional dentro de los Estados Unidos. Esto no quiere decir que los estados europeos vayan a desaparecer, como sostendré em el volumen 3. Pero juntos han constituído uma nueva forma de Estado, el Estado red, uma de cuyas características clave es la de compartir uma economia unificada, y no ser um simpleblogue comercial [...]. Mercosur (constituído por Brasil, Argentina, Uruguay y Paraguay, com la estrecha asociación de Bolívia y Chile a finales de siglo) es um prometedor projecto para la integración económica de Suramerica. [...] Sin embargo, existen obstáculos muy importantes a la consolidación de Mercosur. El más importante es la necesidad de coordenar las políticas monetárias y fiscales, lo que em último término requeriría um sistema de tipos de cambio vinculados de las monedas de los países participantes. [...]". CASTELLS, Manuel. *La era de la Información, Economía, Sociedad y Cultura.* La sociedad red. La orilla de la eternidad: el tempo atemporal, Versión castellana de Carmen Martínez Gimeo y Jesús Alborés. 2. ed. Buenos Aires: Alianza Editorial, Vol. 1 y 3, 2006. p. 147.

[467] *Tradução livre de:* "la consolidación de Mercosur podría apuntar uma tendência hacia una integrató multidireccional de Sudamérica en la economía global. [...] Efectivamente, los mercados de bienes y servicios se están globalizando cada vez más. Pero las actuales unidades comerciales no son los países, sino las empresas y las redes de empresas [...]". Ibid., p. 149.

[468] SALDANHA, Jania Maria Lopes. Direitos humanos e Mercosul: Do marco regulatório ao papel da Justiça. *Revista dos Tribunais* (São Paulo), v. 870, p. 11-48, 2008.

Mobilidade, Fronteiras & Direito à Saúde

os críticos dizem que o Mercosul, em tese, é uma união aduaneira (cujos sócios devem respeitar a tarifa externa comum), mas, na prática, sequer funciona como área de livre comércio (que eliminaria tarifas e cotas internas). [...] O Mercosul está paralisado pela falta de vontade política dos países, sobretudo da Argentina. O fato de o Paraguai voltar e de a Venezuela ter novo governo pode não modificar isso. A Venezuela, por exemplo, terá de se voltar para a reconstrução interna e a afirmação de Maduro – afirma o ex-embaixador brasileiro Rubens Barbosa.[469]

O ex-chanceler Luiz Felipe Lampreia é ainda mais pessimista: "O Mercosul, como foi concebido, acabou. Tem tino político, deixou de ser instrumento de integração".[470]

Pode-se, contudo, afirmar que apesar da grande dificuldade de integração alguns passos importantes estão sendo dados, principalmente no que tange ao direito à saúde.

A harmonização dos sistemas de saúde é um direito fundamental do cidadão do MERCOSUL,[471] sendo que, com a Cúpula Social do MERCOSUL, realizada em Montevidéu-Uruguai em 7 de dezembro de 2009, restou estabelecido:

Consideramos que a saúde é um direito humano e social inalienável, sendo dever e obrigação dos Estados garanti-la com financiamento público. A saúde coletiva e a qualidade de vida devem ser prioridades da agenda dos países membros do Mercosul, com uma real participação dos povos no desenho, execução, gestão e controle das políticas públicas. As determinações sociais, econômicas, culturais e ecológicas são responsáveis pela construção social da saúde coletiva de nossos povos. Consideramos que alimentação adequada, moradia digna, educação, trabalho, acesso à água potável e serviços sanitários integrais, entre outros direitos sociais, econômicos e culturais, contribuem para o cuidado da saúde.[472]

Para tanto, auxiliam na fundamentação da questão da saúde, a Secretaria Técnica de Saúde:

Um dos projetos prioritários apresentados pelo Brasil durante a presidência pro tempore paraguaia, em 2009, foi o de criação de uma Secretaria Técnica de Saúde, vinculada à Secretaria Técnica do Mercosul, com o objetivo de promover o fortalecimento da estrutura institucional do Bloco na área da saúde pública. A complexidade dos temas dos foros de saúde demanda a criação de órgão de apoio técnico e assessoramento, em razão do crescente volume de normas e atividades

---

[469] ZERO HORA. *Reconfiguração do Mercosul pode aumentar influência brasileira*. Publicado em 27 de abril de 2013. Disponível em: <http://zerohora.clicrbs.com.br/rs/mundo/noticia/2013/04/reconfiguracao-do-mercosul-pode-aumentar-influencia-brasileira-4120118.html>. Acesso em: 29 abr. 2013.

[470] Ibid.

[471] "A pronta ação dos governos dos países do Mercosul em relação ao acesso às vacinas contra o vírus da Influenza A (H1N1) demonstra a importância da integração das políticas de saúde pública na região. As autoridades da área da saúde têm tratado de temas diversos, cientes de que para diminuir as assimetrias existentes entre os sistemas de saúde são necessárias políticas públicas baseadas nos princípios da equidade, da participação, da eficiência, da descentralização e da integração." MERCOSUL. *Mercosul Social e Participativo*: Construindo o Mercosul dos Povos com Democracia e Cidadania. Publicação da Secretaria-Geral da Presidência da República, produzida pela Assessoria para Assuntos Internacionais. Brasília: 2010. Disponível em: <http://www.mercosul.gov.br/mercosul-social-e-participativo/mercosul-volume2-final-maio20101-site.pdf>. Acesso em: 27 jul. 2012. p. 36.

[472] MERCOSUL SOCIAL E PARTICIPATIVO – Construindo o Mercosul dos Povos com Democracia e Cidadania. Publicação da Secretaria-Geral da Presidência da República, produzida pela Assessoria para Assuntos Internacionais. Brasília: 2010. Disponível em: <http://www.mercosul.gov.br/mercosul-social-e-participativo/mercosul-volume2-final-maio20101-site.pdf>. Acesso em: 27 jul. 2012. p. 40.

a serem acompanhadas. Entre outros benefícios, a criação da Secretaria facilitaria a apresentação de projetos na área da saúde ao Focem.[473]

Sendo assim, merece todo o destaque a saúde nas fronteiras, por meio dos grupos bilaterais, veja-se por importante:

Desde 2007, grupos de trabalho bilaterais foram criados ou reativados nas zonas fronteiriças com o Uruguai, o Peru e a Venezuela. No momento estão em andamento negociações com outros países da região, como a Colômbia, a Bolívia, e a Guiana Francesa.[474]

Assim com o Acordo Brasil-Uruguai para Permissão de Serviços de Saúde entre pessoas físicas ou jurídicas:

Facilitará o acesso aos serviços de saúde para os cidadãos brasileiros e uruguaios residentes no Chuí, Santa Vitória do Palmar/Balneário do Hermenegildo, Barra do Chuí, Jaguarão, Aceguá, Santana do Livramento, Quaraí e Barra do Quaraí, no Brasil; e em Chuy, 18 de Julio, Barra do Chuy, La Coronilla, Río Branco, Aceguá, Rivera, Artigas e Bella Unión, no Uruguai.[475]

Nessas regiões de fronteira algumas localidades brasileiras chegam a distacia de (até 700 quilômetros) da capital do Estado, Porto Alegre-RS, Brasil. Dessa forma por meio de "contratos, entre as instituições públicas e privadas, o acordo garantirá a oferta de serviços de saúde e facilitará a organização dos fluxos de atendimento".

Isto permitirá, por exemplo, que gestantes de Barra do Quaraí sejam atendidas na vizinha Bella Unión, evitando a necessidade de se deslocar até a unidade de referência brasileira mais próxima. Em Quaraí, pacientes brasileiros que necessitem e procedimentos de hemodiálise poderão ser atendidos em Artigas, no Uruguai. O Acordo já foi aprovado pelos Congressos de ambos os países. No Brasil, entrou em vigência na data de sua publicação, 14 de dezembro de 2009. Do lado uruguaio, aguarda ratificação e promulgação pela Presidência da República.[476]

Frise-se, que os Acordos têm o intuito de garantir a oferta de serviços de saúde e facilitar a organização dos fluxos de atendimento nos dois países, todavia, em termos práticos pouco representou até o momento.

3.2.1. UNASUL – União de Nações Sul-Americanas

A UNASUL é a União de Nações Sul-Americanas,e é fundamental para viabilizar a integração como um todo, pois é formada pelos doze países[477] da América do Sul, e cujo "tratado constitutivo da organização foi aprovado du-

---

[473] MERCOSUL SOCIAL E PARTICIPATIVO – Construindo o Mercosul dos Povos com Democracia e Cidadania. Publicação da Secretaria-Geral da Presidência da República, produzida pela Assessoria para Assuntos Internacionais. Brasília: 2010. Disponível em: <http://www.mercosul.gov.br/mercosul-social-e-participativo/mercosul-volume2-final-maio20101-site.pdf>. Acesso em: 27 jul. 2012. p. 38.

[474] Ibid., p. 38-39.

[475] Ibid.

[476] Ibid., p. 39.

[477] A República Argentina, a República da Bolívia, a República Federativa do Brasil, a República do Chile, a República da Colômbia, a República do Equador, a República Cooperativista da Guiana, a República do Paraguai, a República do Peru, a República do Suriname, a República Oriental do Uruguai e a República Bolivariana da Venezuela. UNASUL. Disponível em: <http://www.itamaraty.gov.br/temas/america-do-sul-e-integracao-regional/unasul/>. Acesso em: 11 jul. 2013.

Mobilidade, Fronteiras & Direito à Saúde

rante Reunião Extraordinária de Chefes de Estado e de Governo, realizada em Brasília, em 23 de maio de 2008". Do total, dez países já depositaram seus instrumentos de ratificação; são eles: "(Argentina, Brasil, Bolívia, Chile, Equador, Guiana, Peru, Suriname, Uruguai e Venezuela), completando o número mínimo de ratificações necessárias para a entrada em vigor do Tratado no dia 11 de março de 2011",[478] cujo preâmbulo destaca:

> Apoiadas na história compartilhada e solidária de nossas nações, multiétnicas, plurilíngues e multiculturais, que lutaram pela emancipação e unidade sul-americanas, honrando o pensamento daqueles que forjaram nossa independência e liberdade em favor dessa união e da construção de um futuro comum.[479]

Sendo que acordam conforme o artigo 1º da Constituição da UNASUL – "Os Estados Partes do presente Tratado decidem constituir a União de Nações Sul-americanas (UNASUL) como uma organização dotada de personalidade jurídica internacional".[480]

Veja-se o mapa dos países que integram a UNASUL.

Figura 19 – Mapa da UNASUL

Fonte: Wikimedia Commons, 2010.[481]

---

[478] UNASUL. Disponível em: <http://www.itamaraty.gov.br/temas/america-do-sul-e-integracao-regional/unasul/>. Acesso em: 11 jul. 2013.
[479] Ibid.
[480] Ibid.
[481] Wikimedia Commons. *Mapa do UNASUL*. Disponível em: <https://commons.wikimedia.org/wiki/ File: Mapa_do_unasul_portugues.svg>. Acesso em: 11 jul. 2013.

Para Leonardo Granato, a Comunidade Sulamericana de Nações, cuja origem se encontra na Declaração de Cuzco de 2004, pode ser considerado o mais importante antecedente imediato para a constituição da UNASUL e cujos presidentes dos países da Argentina, Bolívia, Brasil, Colômbia, Chile, Equador, Guiana, Paraguai, Peru, Suriname, Uruguai e Venezuela se reuniram na cidade de Cuzco, em 8 de dezembro de 2004.[482]

O objetivo principal da UNASUL é construir, de comum acordo e participação de todos, "um espaço de articulação no âmbito cultural, social, econômico e político entre seus povos",[483] dando prioridade às interações com "diálogo político, as políticas sociais, a educação, a energia, a infraestrutura, o financiamento e o meio ambiente, entre outros com vistas a criar a paz e a segurança, eliminar a desigualdade socioeconômica, alcançar a inclusão social e a participação cidadã, fortalecer a democracia e reduzir as assimetrias no marco do fortalecimento da soberania e independência dos Estados".[484]

Diferentes órgãos[485] compõem a UNASUL, contando atualmente com oito conselhos ministeriais[486] e dois grupos de trabalho.[487]

---

[482] *Tradução livre de:* "Las Comunidad Sudamericana de Naciones cuyo origen se encuentra en la Declaración de Cuzco de 2004 podría considerarse el antecedente mediato de mayor importancia para la constitución de la UNASUR. Los presidentes de los países de Argentina, Bolivia, Brasil, Colombia, Chile, Ecuador, Guyana, Paraguay, Perú, Surinam, Uruguay y Venezuela se reunieron en la ciudad de Cuzco, el 8 de diciembre de 2004, en ocasión de las celebraciones de las gestas libertarias de Junín y Ayacucho y de la convocatoria del Congreso Anfictiónico de Panamá. Según sus palabras, 'interpretando las aspiraciones y anhelos de sus pueblos a favor de la integración, la unidad y la construcción de un futuro común, hemos decidido conformar la Comunidad Sudamericana de Naciones'. En este sentido, la simbología de la elección de la ciudad de Cuzco se considera de singular [...] Como reza la Declaración de Cuzco en sus primeros párrafos: 'La historia compartida y solidaria de nuestras Naciones, que desde la gesta de la Independencia han enfrentado desafíos internos y externos comunes, demuestra que nuestros países poseen potencialidades aún no aprovechadas tanto para utilizar mejor sus aptitudes regionales como para fortalecer las capacidades de negociación y proyección internacionales'. A continuación se sostiene: 'El pensamiento político y filosófico nacido de su tradición, que reconociendo la preeminencia del ser humano, de su dignidad y derechos, la pluralidad de pueblos y culturas, ha consolidado una identidad sudamericana compartida y valores comunes, tales como: la democracia, la solidaridad, los derechos humanos, la libertad, la justicia social, el respeto a la integridad territorial, a la diversidad, la no discriminación y la afirmación de su autonomía, la igualdad soberana de los Estados y la solución pacífica de controversias'". GRANATO, Leonardo. ¿Nuevos modelos de integración regional en Amércia Latina? In: NUNES, Ângel; PADOIN, Maria Medianeira; e, OLIVEIRA, Tito Carlos Machado de,. (Orgs.). *Dilemas e diálogos platinos.* Dourados, MS: Ed.UFGD, 2010. 2v. Conteúdo: v.1 – Fronteiras. v.2 – Relações e práticas socioculturais. p. 357-358.

[483] Aborda o autor, três aspectos relevantes, "quanto ao desenvolvimento e o reconhecimento do princípio no direito internacional; a análise da problemática da identificação dos titulares do direito de autodeterminação; e as consequências que podem advir do esforço em exercer o direito à livre determinação". GROSSMANN, Elias. O direito dos povos de se autodeterminar. *Diálogos em direito público.* Paulo Abrão organizador. Porto Alegre: EDIPUCRS, 2009. p. 64.

[484] UNASUL. Disponível em: <http://www.itamaraty.gov.br/temas/america-do-sul-e-integracao-regional/ unasul/>. Acesso em: 11 jul. 2013.

[485] Segundo dispõe o texto do Tratado, "os seguintes órgãos compõem a estrutura institucional da UNASUL: a) Conselho de Chefes de Estado e de Governo; b) Conselho de Ministros das Relações Exteriores; c) Conselho de Delegados; e d) Secretaria Geral. Está prevista ainda a constituição de Conselhos de nível Ministerial e Grupos de Trabalho. Todas essas instâncias já se encontram em plena atividade". UNASUL. Disponível em: <http://www.itamaraty.gov.br/temas/america-do-sul-e-integracao-regional/ unasul/>. Acesso em: 11 jul. 2013.

[486] A UNASUL "conta hoje com oito conselhos ministeriais: a) Energia; b) Saúde; c) Defesa; d) Infra-Estrutura e Planejamento; e) Desenvolvimento Social; f) Problema Mundial das Drogas; g) Educação, Cultura, Ciência, Tecnologia e Inovação; h) Economia e Finanças. A UNASUL conta ainda com dois Grupos de Trabalho: a) In-

O intuito da criação da UNASUL foi a articulação entre as Nações, parte e que vem se mostrando eficaz na solução das controvérsias,[488] além de representar uma maior proteção a democracia Sul Americana.

Especificamente no que tange a área da saúde, temática da tese, grandes conquistas foram apresentadas nos últimos anos, com a integração,[489] como a criação do ISAGS – Conselho de Saúde Sul-Americano – criou o Instituto Sul-Americano de Governança em Saúde:

> O Conselho de Saúde Sul-Americano criou o Instituto Sul-Americano de Governança em Saúde (ISAGS), com o objetivo de apoiar os países da UNASUL no fortalecimento das capacidades nacionais e regionais de seus sistemas de saúde pública e no desenvolvimento adequado de recursos humanos. Uma de suas funções principais será a gestão do conhecimento já existente e a produção daquele que ainda se faz necessário, de forma compartilhada com os atores sociais e políticos relevantes na esfera social e da saúde.[490]

O ISAGS, cuja sede é no Rio de Janeiro-BR, é uma instituição de natureza comunitária, de caráter público:

---

tegração Financeira (agora subordinado ao Conselho de Economia e Finanças); e b) Solução de Controvérsias em Matéria de Investimentos, em cujo âmbito estuda-se a possibilidade de criar mecanismo de arbitragem, Centro de Assessoria Legal e código de conduta para membros de tribunais arbitrais. UNASUL. Disponível em: <http://www.itamaraty.gov.br/temas/america-do-sul-e-integracao-regional/ unasul/>. Acesso em: 11 jul. 2013.

[487] Veja-se: "A nova Secretária-Geral da UNASUL, Maria Emma Mejía, tomou posse em 9 de maio de 2011, por um período de um ano, após o qual será sucedida pelo venezuelano Alí Rodriguez, por igual período Nos termos do Tratado Constitutivo, cabe ao Secretário-Geral a execução dos mandatos que lhe forem conferidos pelos órgãos da UNASUL e a representação legal da Secretaria-Geral. O Secretário-Geral cumpre mandato de dois anos, renováveis uma única vez, por igual período. Em princípio, não pode ser sucedido por pessoa da mesma nacionalidade e deve exercer o cargo com dedicação exclusiva. A seleção de funcionários para a Secretaria-Geral deve seguir critérios de representação equitativa dos Estados Membros, incluindo, entre outros, critérios de gênero, étnicos e de idioma. A UNASUL também possui uma Presidência Pro Tempore (PPT), que alterna a cada ano, seguindo a ordem alfabética dos países membros. O Chile (2008-09) e o Equador (2009-10) já ocuparam a presidência do bloco. Durante a III Cúpula Ordinária da UNASUL (Georgetown, novembro de 2010), a Guiana assumiu a Presidência de turno, que deverá ser transferida para o Paraguai no final de 2011". Ibid.

[488] A título de curiosidade: "A UNASUL tem-se revelado um instrumento particularmente útil para a solução pacífica de controvérsias regionais e para o fortalecimento da proteção da democracia na América do Sul. Pouco após sua criação, a organização desempenhou importante papel mediador na solução da crise separatista do Pando, na Bolívia, em 2008. Em resposta à crise institucional ocorrida no Equador, em setembro de 2010, os Chefes de Estado da UNASUL decidiram incorporar um Protocolo Adicional ao Tratado Constitutivo, no qual foram estabelecidas medidas concretas a serem adotadas pelos Estados Membros da UNASUL em situações de ruptura da ordem constitucional. O Protocolo foi adotado na Cúpula de Georgetown, em novembro de 2010. O estabelecimento de um mecanismo de Medidas de Fomento da Confiança e da Segurança pelo Conselho de Defesa Sul-Americano também foi um instrumento valioso para o fortalecimento da estabilidade, paz e cooperação na América do Sul. Como resultado de duas reuniões de Ministros das Relações Exteriores e da Defesa, realizadas em setembro e novembro de 2009, no Equador, foi adotado um conjunto de medidas nas áreas de intercâmbio de informação e transparência (sistemas de defesa e gastos de defesa), atividades militares intra e extrarregionais, medidas no âmbito da segurança, garantias, cumprimento e verificação. Os procedimentos a serem adotados na aplicação dessas medidas foram aprovados pelos Ministros de Defesa reunidos em Guaiaquil, em maio de 2010, e pelos Ministros de Relações Exteriores, em reunião realizada em Georgetown, em novembro do mesmo ano". Ibid.

[489] Informações detalhadas sobre o ISAGS podem ser obtidas em sua página eletrônica (http://isags-unasul. org). Ibid.

[490] Ibid.

Da qual participarão todos os Estados Membros da UNASUL. Seu programa de trabalho será articulado com instituições nacionais dos Estados Membros e com centros multilaterais de formação e pesquisa, através da integração em redes das chamadas "instituições estruturantes dos sistemas de saúde", como os institutos nacionais de saúde, as graduações em medicina, enfermagem e odontologia, as escolas de saúde pública e as escolas para a formação de técnicos em saúde.[491]

Como pode ser percebido no "Relatório dos Objetivos de Desenvolvimento do Milênio 2012, lançado pelo PNUD" e que indica melhoras em "diversas políticas de saúde globais, mas aponta que ainda há muito a ser feito".

Globalmente, as taxas da malária diminuíram 17%. Os casos reduziram mais de 50% entre 2000 e 2010 em 43 dos 99 países com maior incidência da doença. O acesso ao tratamento para pessoas com HIV tem aumentado significativamente em todas as regiões. Além disso, projeções atuais sugerem que a taxa de mortes por tuberculose será reduzida pela metade até 2015. Esses são apenas alguns dos dados da saúde do 'The Millennium Development Goals Report 2012' (Relatório dos Objetivos de Desenvolvimento do Milênio 2012), lançado no começo de julho pelo Programa das Nações Unidas para o Desenvolvimento (PNUD).[492]

A Declaração da Cúpula do Conselho de Chefes de Estado e de Governo da União de Nações Sul-Americanas – UNASUL, reunidos em Georgetown, República Cooperativa da Guiana, em 26 de novembro de 2010, bem demonstra a preocupação com área social, destacado no ponto 6:

6. Destacam seu firme compromisso de atuar em conjunto para promover o desenvolvimento social e humano com eqüidade e inclusão e em harmonia com a natureza para erradicar a pobreza, reduzir as assimetrias e superar as desigualdades, num quadro de unidade, democracia, respeito irrestrito dos direitos humanos e cooperação, tanto a nível regional como em âmbito internacional, no contexto do fortalecimento da soberania e independência dos Estados.[493]

A Declaração de Georgentown também destaca o reconhecimento ao trabalho realizado pelo Conselho Sul-Americano de Saúde, destacado no ponto 10:

10. Reconhecem o trabalho realizado pelo Conselho Sul-Americano de Saúde, em especial a adoção do seu Plano Quinquenal e o êxito alcançado na Mesa de Colaboradores Internacionais, que teve lugar durante a III Reunião Ordinária do Conselho. Instam aos Estados membros a finalizar a negociação dos aspectos jurídicos e orçamentários do Acordo Básico do ISAGS, assim como a Programação 2011-2012 do Instituto, de maneira a fortalecer a governança dos sistemas de saúde nos países da América do Sul. Destacam a importância da implementação do Programa Bolsa UNASUL Saúde em 2011, e enfatizam a necessidade de continuar a ampliar o acesso de candidatos sul-americanos às vagas em reconhecidos centros de ensino regional. Solicitam aos

---

[491] UNASUL. Disponível em: <http://www.itamaraty.gov.br/temas/america-do-sul-e-integracao-regional/unasul/>. Acesso em: 11 jul. 2013.

[492] Todavia: "Apesar da notável melhora, ainda há, segundo o documento, muito a ser feito. A mortalidade de crianças menores de cinco anos, por exemplo, precisa ser reduzida em dois terços e a taxa de mortalidade materna, em três quartos. Além disso, é necessário impedir o crescimento da mortalidade por câncer de mama e de colo de útero. A propagação do HIV/Aids deve ser combatida e o acesso universal ao tratamento precisa ser garantido. Também é fundamental diminuir a incidência da malária e da tuberculose, bem como eliminar a hanseníase". ISAGS-UNASUL. Disponível em: <http://isags-unasul.org/noticias_interna.asp?lang=1&idArea=2&idPai=3803>. Acesso em: 27 jul. 2012.

[493] ITAMARATY. *Declaração do conselho de chefes de estado e de governo da união de nações sul-americanas (UNASUL)*. Disponível em: <http://www.itamaraty.gov.br/temas/america-do-sul-e-integracao-regional/unasul/declaracao-da-cupula-de-georgetown-em-portugues>. Acesso em 30 jul. 2012.

Mobilidade, Fronteiras & Direito à Saúde

Ministros da Saúde Sul-Americanos estudar as possibilidades de convergência entre os diversos organismos regionais de saúde.[494]

Cumpre salientar, por outro lado, que o Protocolo Adicional ao Tratado Constitutivo da UNASUL sobre Compromisso com a Democracia, destaca a importância do respeito irrestrito aos Direitos Humanos, veja-se:

CONSIDERANDO que o Tratado que institui a União das Nações Sul-americanas prevê que o exercício pleno das instituições democráticas e o respeito irrestrito dos direitos humanos são condições essenciais para construir um futuro comum de paz e prosperidade econômica e social e para o desenvolvimento dos processos de integração entre os Estados-Membros.

DESTACANDO a importância da Declaração de Buenos Aires, de 01 de outubro de 2010, e dos instrumentos regionais que afirmam o compromisso com a democracia.

REITERANDO nosso compromisso com a promoção, defesa e proteção da ordem democrática, do Estado de Direito e suas instituições, dos Direitos Humanos e liberdades fundamentais, incluindo a liberdade de opinião e de expressão, como condição essencial e indispensável para o desenvolvimento do processo de integração, e requisito essencial para a participação na UNASUL.[495]

Para Leonardo Granto, hoje em dia, a integração latino-americana continua a ser o fator chave na reinserção internacional da região no sistema internacional. A América Latina precisa criar um comportamento de bloco, impensável sem a vontade política das partes com o objetivo de ser capaz de gerar novas margens de autonomia regional para o próprio processo de tomada de decisão.[496]

Por isso a UNASUL é tão importante, enquanto espaço viabilizador da unidade dos Estados parte, com vistas a uma nova inserção em âmbito internacional.

3.2.2. PARLASUL – Parlamento do MERCOSUL

Se por um lado, a UNASUL, tem como meta construir um espaço de convergência para a integração das nações Sul-Americanas, por outro lado, é importante também à integração em âmbito político, e para tanto, a criação do Parlamento do Mercosul – PARLASUL que começou a funcionar de fato,[497] em

---

[494] ITAMARATY. *Declaração do conselho de chefes de estado e de governo da união de nações sul-americanas (UNASUL)*. Disponível em: <http://www.itamaraty.gov.br/temas/america-do-sul-e-integracao-regional/unasul/declaracao-da-cupula-de-georgetown-em-portugues>. Acesso em 30 jul. 2012.

[495] ITAMARATY. *Protocolo Adicional ao Tratado Constitutivo da Unasul sobre compromisso com a Democracia*. Disponível em: <http://www.itamaraty.gov.br/temas/america-do-sul-e-integracao-regional/unasul/protocolo-adicional-ao-tratado-constitutivo-da-unasul-sobre-compromisso-com-a-democracia>. Acesso em 30 jul. 2012.

[496] *Tradução livre de:* "Hoy en día, la integración latinoamericana sigue constituyendo el factor fundamental para la reinserción internacional de la región en el sistema internacional. [...] América Latina necesita crear una conducta de bloque, impensable sin la voluntad política de las partes a los efectos de poder generar nuevos márgenes de autonomía regionales para el propio proceso de toma de decisiones". GRANATO, Leonardo. Nuevos modelos de integración regional en Amércia Latina? In: NUNES,Ângel; PADOIN, Maria Medianeira; e, OLIVEIRA, Tito Carlos Machado de,. (Orgs.). *Dilemas e diálogos platinos*. Dourados, MS: Ed.UFGD, 2010. 2v. Conteúdo: v.1 – Fronteiras. v.2 – Relações e práticas socioculturais. p. 378.

[497] O Parlamento do MERCOSUL "foi constituído em 6 de Dezembro de 2006, substituindo a Comissão Parlamentar Conjunta , sendo o órgão, por excelência, representativo dos interesses dos cidadãos dos Estados

julho de 2008, foi fundamental, pois representa um marco importante no que se refere ao processo de integração e cooperação dos Estados-Parte, verifica-se:

> O Parlamento do Mercosul é um órgão representativo dos cidadãos dos Estados Partes do Mercosul. A criação do Parlamento fundamentou-se no reconhecimento da importância da participação dos Parlamentos dos Estados Partes no aprofundamento do processo de integração e no fortalecimento da dimensão institucional de cooperação inter-parlamentar. A instalação do Parlamento do Mercosul contribui para reforçar a dimensão político-institucional e cidadã do processo de integração, ao facilitar o processo de internalização, nos ordenamentos jurídicos dos Estados Partes, da normativa Mercosul. Os Estados Partes decidiram adotar o critério de "representação cidadã" para a composição do Parlamento comunitário. Na primeira fase de sua existência (dezembro de 2006 até dezembro de 2010), o Parlamento funcionará com base na representação paritária, sendo integrado por 18 parlamentares de cada Estado Parte, designados segundo critérios determinados pelo respectivos Congressos Nacionais. Na segunda etapa, que terá início em 2010, os parlamentares serão eleitos com base no critério de "representação cidadã". Esse conceito, que determinará a proporcionalidade de representação entre os Estados Partes, deverá ser definido por Decisão do Conselho do Mercado Comum, até o fim de 2007. Cumpre ressaltar que já em 2010 os representantes do Parlamento do Mercosul passarão a ser eleitos por sufrágio universal, direto e secreto.[498]

A sede oficial do PARLASUL está situada na cidade de Montevidéu, no Uruguai, sendo que em maio de 2007, "aconteceu à sessão de instalação do Parlamento, quando tomaram posse os primeiros parlamentares do Mercosul." Após a indicação 18 Parlamentos Nacionais, "a previsão é de que até 2014 todos os parlamentares do Mercosul serão eleitos por voto direto",[499] o que representa um grande passo para o futuro, e para o efetivo exercício da cidadania.

Observe-se que além de "aumentar a representatividade e a segurança jurídica do processo de integração, o PARLASUL tornará mais ágil a aprovação nos Legislativos Nacionais dos acordos alcançados pelos Estados Partes".[500] As atividades do "Observatório da Democracia do MERCOSUL", tiveram início

---

Partes do MERCOSUL: Argentina, Brasil, Paraguai y Uruguai. A conformação do Parlamento significa um aporte a qualidade e equilíbrio institucional do MERCOSUL, criando um espaço comum em que se reflita o pluralismo e as diversidades da região, e que contribua para a democracia, a participação, a representatividade, a transparência e a legitimidade social no desenvolvimento do processo de integração e de suas normas. Com o objetivo de fortalecer os processos de integração, o Parlamento do MERCOSUL atua em diferentes temáticas, segundo a competência de cada uma de suas dez Comissões Permanentes: Assuntos Jurídicos e Institucionais; Assuntos Econômicos, Financeiros, Fiscais e Monetários; Assuntos Internacionais, Inter-Regionais e de Planejamento Estratégico; Educação, Cultura, Ciência, Tecnologia e Esportes; Trabalho, Políticas de Emprego, Segurança Social e Economia Social; Desenvolvimento Regional Sustentável; Ordenamento Territorial, Habitação; Saúde, Meio Ambiente e Turismo; Cidadania e Direitos Humanos; Assuntos Interiores, Segurança e Defesa; Infra-Estrutura, Transportes, Recursos Energéticos, Agricultura, Pecuária e Pesca; Orçamento e Assuntos Internos." PARLAMENTO DO MERCOSUL. *Sobre o parlamento*. Disponível em: <http://www.parlamentodelmer cosur.org/innovaportal/v/4300/1/secretaria/sobre_o_parlamento. html>. Acesso em: 31 jul. 2012.

[498] MERCOSUL. *Perguntas Frequentes*. Disponível em: <http://www.mercosul.gov.br/perguntas-mais-frequentes-sobre-integracao-regional-e-mercosul-1/sobre-integracao-regional-e-mercosul/>. Acesso em: 25 jul. 2012.

[499] MERCOSUL. *Mercosul Social e Participativo*: Construindo o Mercosul dos Povos com Democracia e Cidadania. Publicação da Secretaria-Geral da Presidência da República, produzida pela Assessoria para Assuntos Internacionais. Brasília: 2010. Disponível em: <http://www.mercosul.gov.br/mercosul-social-e-participativo/mercosul-volume2-final-maio20101-site.pdf>. Acesso em: 27 jul. 2012. p. 21.

[500] Ibid.

Mobilidade, Fronteiras & Direito à Saúde

desde 2007,[501] a criação do PARLASUL atende a um novo estágio da integração política em âmbito regional, pois "deixa de ser uma utopia para se tornar um imperativo do crescimento econômico e do desenvolvimento social da região".[502]

Foram constituídas dez comissões permanentes[503] e duas especiais,[504] com o intuito de organizar e auxiliar no desenvolvimento dos trabalhos, e dentre as competências destacam-se:

Velar pela observância e atualização das normas do Mercosul; Velar pela preservação do regime democrático nos Estados Partes; Relatar anualmente a situação dos direitos humanos nos Estados Partes; Receber, ao final de cada semestre, da presidência pro tempore, relatório sobre as atividades realizadas durante o referido período; Receber, ao início de cada semestre, programa de trabalho da presidência pro tempore com os objetivos e as prioridades previstos para o semestre; Realizar reuniões com o Foro Consultivo Econômico e Social; Propor projetos de normas do Mercosul para consideração pelo Conselho do Mercado Comum; Elaborar estudos e anteprojetos a fim de promover a harmonização das legislações nacionais dos Estados Partes.

Muitas foram as recomendações aprovadas dentre elas destaca-se, principalmente a livre circulação e migrações, cuja proposta de ratificação de acordos sobre residência para nacionais dos Estados-Partes e sobre regularização migratória interna de cidadãos do Mercosul, Bolívia e Chile. Além da moção de Repúdio à Diretiva de Retorno das regras migratórias europeias, considerando-as uma "violação aos direitos humanos".[505]

---

[501] "Discute-se atualmente a aprovação do critério de representação proporcional e a implementação de novos mecanismos destinados a fortalecer a relação entre o Parlamento e o Conselho do Mercado Comum. Para tanto foi criado, em dezembro de 2008, o Grupo de Alto Nível sobre a Relação Institucional entre o Conselho Mercado Comum e o Parlamento do Mercosul". MERCOSUL. *Mercosul Social e Participativo*: Construindo o Mercosul dos Povos com Democracia e Cidadania. Publicação da Secretaria-Geral da Presidência da República, produzida pela Assessoria para Assuntos Internacionais. Brasília: 2010. Disponível em: <http://www.mercosul.gov.br/mercosul-social-e-participativo/mercosul-volume2-final-maio20101-site.pdf>. Acesso em: 27 jul. 2012.

[502] Ibid., p. 21.

[503] São elas: "Comissão de Assuntos Jurídicos e Institucionais; Comissão de Assuntos Econômicos, Financeiros, Comerciais, Fiscais e Monetários; Comissão de Assuntos Internacionais, Inter-regionais e Planejamento Estratégico; Comissão de Educação, Cultura, Ciência, Tecnologia e Esporte; Comissão de Trabalho, Políticas de Emprego, Seguridade Social e Economia Social; Comissão de Desenvolvimento Regional Sustentável, Ordenamento Territorial, Moradia, Saúde, Meio Ambiente, e Turismo; Comissão de Assuntos Interiores, Segurança e Defesa; Comissão de Cidadania e Direitos Humanos; Comissão de Infraestrutura, Transporte, Recursos Energéticos, Agricultura, Pecuária e Pesca; Comissão de Orçamento e Assuntos Internos". Ibid.

[504] Comissão Especial para Diagnóstico da Situação Atual do Mercosul; Comissão Temporária para Análise da Denúncia do Movimento Camponês do Paraguai. Ibid.

[505] Vale a referencia de "Algumas *recomendações* já aprovadas pelo PARLASUL: – Educação: Prevê a inclusão obrigatória da disciplina História da Integração da América Latina nos currículos escolares dos Estados Partes. – Tecnologias de Informação e Comunicação: Trata da adoção, a curto e médio prazo, de políticas de estímulo às TICs no Bloco, especialmente a implantação de Internet por banda larga em todas as escolas públicas do Mercosul. – Harmonização dos Currículos Universitários: Aprovada em maio de 2009, visa permitir, mediante o reconhecimento de diplomas, o livre exercício profissional entre os países do Bloco. – Idioma Guarani: Transforma o guarani em idioma oficial e de trabalho do Mercosul. O guarani é falado por 85% da população do Paraguai – além de cidadãos de regiões da Argentina, Bolívia e Brasil. A recomendação tramita agora no Conselho do Mercado Comum (CMC). – Corredores Bioceânicos: Propõe a realização de projeto, no âmbito do Focem, para execução de obras viárias de construção de corredores bioceânicos através dos Estados Partes. – Livre circulação e migrações: Propõe a ratificação de acordos sobre residência para nacionais dos Estados Partes e sobre regularização migratória interna de cidadãos do Mercosul, Bolívia e Chile. – Honduras: Condena o "anacrônico e absurdo" golpe de Estado em Honduras. – Moção de Repúdio à Diretiva de

Quanto às eleições para a composição do Parlasul, as discussões já iniciaram "durante a XXVI Sessão Plenária do Parlamento do MERCOSUL, em 18 de outubro de 2010",[506] e se estendem até o presente momento, sem uma definição mais clara e objetiva.[507]

Por outro lado, a Representação Brasileira no Parlasul foi renovada em 2013, cuja determinação está prevista na Resolução nº 1/11, do Congresso, "segundo a qual toda a composição da representação teria de ser renovada no caso de não se realizarem, (e não se realizaram em outubro de 2012, eleições diretas a escolha dos representantes brasileiros no órgão legislativo regional) as eleições". Essa Resolução nº 1/11 "substituiu outra resolução de quatro anos antes, para adequar a composição da Representação Brasileira ao acordo político firmado pelos países do bloco para aumentar as bancadas dos países mais populosos do Mercosul. Por meio dela, permitiu-se a ampliação da representação para 37 parlamentares, dos quais 27 deputados federais e 10 senadores, todos no exercício de seus mandatos".[508] Sendo assim, em 26 de março de 2013, a Câmara dos Deputados, indicou parlamentares para Representação no Parlasul.[509]

Retorno: Repudia as regras migratórias européias, considerando-as uma violação aos direitos humanos. [...]. MERCOSUL. *Mercosul Social e Participativo*: Construindo o Mercosul dos Povos com Democracia e Cidadania. Publicação da Secretaria-Geral da Presidência da República, produzida pela Assessoria para Assuntos Internacionais. Brasília: 2010. Disponível em: <http://www.mercosul.gov.br/mercosul-social-e-participativo/mercosul-volume2-final-maio20101-site.pdf>. Acesso em: 27 jul. 2012. p. 25.

[506] Veja-se: "E que contou com a presença dos quatro Chanceleres do bloco, Héctor Timerman da Argentina; Celso Amorim do Brasil; Héctor Lacognata do Paraguai; e Luis Almagro do Uruguai, foi aprovado o Acordo Político que o PARLASUL elevou ao Conselho do Mercado Comum (CMC).". PARLAMENTO DO MERCOSUL. *Parlasul debate sobre eleições diretas.* Disponível em: <http://www.parlamentodelmercosur.org/innova-portal/v/4994/1/secretaria/parlasul_debate_sobre_eleic%C3%B5es_diretas.html>. Acesso em: 28 mar. 2013.

[507] O Acordo Político "já foi adotado em forma oficial pelo CMC e estabelece o critério de proporcionalidade atenuada para indicar o número de Parlamentares que cada país terá na sede do PARLASUL em Montevidéu. Este Acordo surgiu da necessidade de encontrar um equilíbrio entre a representação cidadã com a proporcionalidade atenuada, tendo em vista que o processo de integração deve contribuir para a superação das assimetrias, que garanta a todos os Estados Partes e seus cidadãos a efetividade dos Direitos que o processo confere, e também que as competências do PARLASUL sejam ampliadas nos próximos anos. O Acordo prevê que a integração do Parlamento do MERCOSUL, seja de conformidade com o critério de representação cidadã previsto na Disposição Transitória Segunda do Protocolo Constitutivo do Parlamento do MERCOSUL, levando em consideração o método de representação proporcional decrescente e de acordo com a população de cada Estado Parte. Desta maneira, tal acordo estabelece dois períodos em que se dividirá a implementação definitiva da Representação Proporcional atenuada, que determinará a composição do corpo legislativo do MERCOSUL. [...]". Ibid.

[508] "No momento da aprovação da resolução, porém, ainda havia a possibilidade de realização, em 2012, de eleições diretas para a escolha dos representantes brasileiros em Montevidéu, sede do órgão legislativo do bloco. Por isso, ficou estabelecido que, no caso de não realização de eleições, novas indicações teriam de ser feitas pelas lideranças partidárias nas duas Casas. Os parlamentares indicados, ainda segundo a resolução, estarão na representação até o final da 54ª Legislatura, ou seja, até o final de 2014. Os 37 parlamentares que vierem a ser indicados deverão ser substituídos, a partir de 2015, por parlamentares eleitos em 2014 diretamente pela população brasileira para representar o país no Parlasul. Para isso, no entanto, será necessária a aprovação de uma lei de regulamentação das eleições até um ano antes das eleições – por volta do final de setembro deste ano. Atualmente, dois projetos de lei destinados a regulamentar essas eleições encontram-se em tramitação, dos quais um na Câmara dos Deputados e outro no Senado Federal." MAGALHÃES, Marco. *Representação Brasileira no Parlasul será renovada neste ano.* Disponível em: <http://www12.senado.gov.br/noticias/materias/2013/01 /30/representacao-brasileira-no-parlasul-sera-renovada-neste-ano>. Acesso em: 28 mar. 2013.

[509] *Eleições no Paraguai*: "Os parlamentares brasileiros deverão acompanhar as eleições gerais e estaduais no Paraguai, previstas para 21 de abril deste ano. Para o deputado Dr. Rosinha (PT-PR), trata-se de um momento de reaproximação com os paraguaios. "A participação dos observadores é importante para a retomada do diálogo parlamentar com o Paraguai e a imediata volta do funcionamento do Parlasul", disse. O parlamentar

---

Mobilidade, Fronteiras & Direito à Saúde

Por outro lado, a Câmara aprovou projeto legislativo n° 585/12 em 27.02.2013, da Representação Brasileira no Parlamento do MERCOSUL (PARLASUL), que disciplina estrutura do "Instituto Social do Mercosul" (ISM). A matéria será votada ainda pelo Senado, sendo um dos principais objetivos, a erradicação da miséria (questão de saúde).

O ISM foi criado em 2007 e inaugurado em julho de 2009, com sede em Assunção (Paraguai). O instituto é uma instância técnica de apoio aos países do bloco na elaboração e planificação de projetos sociais comuns. A entidade tem atribuições como promover pesquisa para formular políticas sociais; difundir boas práticas e experiências em políticas sociais; e elaborar estatísticas. Um dos principais objetivos do instituto é implementar o Plano Estratégico de Ação Social do bloco regional para erradicar a miséria, a fome e o analfabetismo na região.[510]

Contudo, o Parlasul, é importante instrumento, é um marco no que se refere ao processo de integração e cooperação dos Estados-Parte, vez que, contribui para a discussão em âmbito político no MERCOSUL, enquanto órgão representativo dos cidadãos, pois representa um efetivo exercício de cidadania.

3.3.3. Rede Mercocidades

A Rede Mercocidades está ativa desde 2002, embora tenha iniciado em 1995, a Rede é uma "organização presente, nos países do MERCOSUL e seus associados, que desde sua criação vêm apostando em um MERCOSUL mais justo e acessível ao cidadão",[511] em âmbito local, sendo que atualmente 261 cidades fazem parte da Rede:

---

paraguaio Ignacio Unzain Mendoza, presidente do Parlasul, visitou o Congresso Nacional brasileiro há duas semanas para oficializar o convite do Tribunal Superior de Justiça Eleitoral do Paraguai para o Observatório da Democracia do Parlamento. Unzain Mendoza afirmou que a ação tem objetivo de mostrar a transparência do sistema eleitoral paraguaio. "A participação dos observadores é para legitimar as eleições paraguaias com transparência, dando legalidade ao processo para que as novas autoridades possam trabalhar pela integração do bloco o mais rápido possível." Para o presidente da Representação Brasileira, senador Roberto Requião (PMDB-PR), o observatório das eleições no Paraguai é importante para recompor o Mercosul. "É preciso reconstruir o processo de integração e a retomada da democracia no Paraguai. O esforço do Parlasul é integrar o mais breve possível o Paraguai ao bloco", concluiu Requião". CÂMARA DOS DEPUTADOS. *Câmara indica parlamentares para Representação no Parlasul*. Disponível em: <http://www2.camara.leg.br/camaranoticias/noticias/RELACOES-EXTERIORES/438664-CAMARA-INDICA-PARLAMENTARES-PARA-REPRESENTACAO-NO-PARLASUL.html>. Acesso em: 28 mar. 2013.

[510] *"Órgão diretivo:* O instituto terá um conselho como órgão diretivo, com a atribuição de submeter aos ministros da área de cada país os planos de trabalho para a implementação das diretrizes estratégicas e das atividades encomendadas pelo colegiado dos ministros. As reuniões do conselho serão trimestrais, e o instituto terá também um diretor-executivo. As ações serão de responsabilidade de quatro departamentos: de Pesquisa e Gestão da Informação; de Promoção e Intercâmbio de Políticas Sociais Regionais; de Administração e Finanças; e de Comunicação. *Orçamento* Na manhã desta quarta-feira, a Câmara aprovou o Projeto de Decreto Legislativo 549/12, que define as regras de contribuições para o orçamento do ISM". PIOVESAN, Eduardo. *Câmara aprova projeto que disciplina estrutura do Instituto Social do Mercosul*. Publicado em: 27/02/2013. Disponível em <http://www2.camara.leg.br/camaranoticias/noticias/POLITICA/436382-CAMARA-APROVA-PROJETO-QUE-DISCIPLINA-ESTRUTURA-DO-INSTITUTO-SOCIAL-DO-MERCOSUL.html>. Acesso em: 28 mar. 2013.

[511] "Os fins e os objetivos da Rede estão estipulados nos seus Estatutos. Mercocidades é uma rede de cooperação horizontal integrada atualmente por 261 cidades de Argentina, Brasil, Paraguai, Uruguai, Venezuela, Chile, Bolívia, Colombia e Peru, que promociona a inserção das mesmas no processo de integração regional do Mercosul, e cuja importância vem crescendo, tanto em quantidade de membros como em intercâmbio de experiências." MERCOCIUDADES. *Descrição da Rede*. Disponível em: <http://www.mercociudades.org/pt-br/node/2251>. Acesso em: 31 jul. 2012.

As origens das Mercocidades começaram em março de 1995, data na qual celebrou-se na cidade de Assunção o seminário "Mercosul: Oportunidades e Desafios para as Cidades" organizada pela União de Cidades Capitais Iberoamericanas / sub-regional Cone Sul. Nessa ocasião, as cidades capitais do Cone Sul assinaram a Declaração de Assunção na qual expressavam a vontade de criar una rede de Cidades do Mercosul denominada Mercocidades. [512]

Vale lembrar, que a cidade de Porto Alegre-RS, em julho de 1995, assinou--se o "Compromisso de Porto Alegre" por meio do qual:

As cidades manifestaram a sua vontade de acrescentar seu protagonismo no processo de integração regional, bem como avançou-se na definição das características que teria a nova organização cuja criação era planejada para novembro desse mesmo ano em uma reunião cume para ser celebrada em Assunção. Também em novembro de 1995 é celebrada a I Cume da Rede em Assunção, culminando a mesma com a assinatura da Ata de Fundação da Mercocidades pelos prefeitos das cidades participantes, convencidos de que o Mercosul precisava de maneira imperiosa dessas cidades para consolidar uma visão de autêntica cidadania partindo desde as sociedades locais.

As cidades que fundaram a Rede foram onze: "Rosario (Argentina), Assunção (Paraguai), Florianópolis (Brasil), Porto Alegre (Brasil), La Plata (Argentina), Curitiba (Brasil), Rio de Janeiro (Brasil), Brasília (Brasil), Córdoba (Argentina), Salvador (Brasil) e Montevidéu (Uruguai)". [513]

Dentre os objetivos da Rede Mercocidades, o grande, senão o maior, que merece destaque, seja mesmo de n° XX, "implantação de políticas coordenadas que tornem os serviços públicos acessíveis às parcelas mais pobres das cidades, integrando-as ao desenvolvimento social e cidadão". Justamente a parcela da sociedade que mais precisa de politicas públicas, para ter uma vida mais digna, enquanto grupo vulnerável propenso as mais diferentes mazelas.

Assim, o III Encontro da Rede Mercocidades – Direitos Humanos e Segurança Urbana – foi realizado na capital (Porto Alegre – RS) em novembro de 2012", [514] pode-se perceber a importância de conhecer, mostrar e trocar experiências.

---

[512] MERCOCIUDADES. *Descrição da Rede*. Disponível em: <http://www.mercociudades.org/pt-br/node/2251>. Acesso em: 31 jul. 2012.

[513] Ibid.

[514] A primeira edição "do "Encontro de Mercocidades" ocorreu na Argentina, na cidade de Pergamino, da qual resultou uma "Carta compromisso", a segunda em São Bernardo do Campo-SP-Brasil. A terceira edição em Porto Alegre-RS Brasil. "Confirmaram participação delegações da Argentina, Venezuela, Peru e Uruguai além de cidades brasileiras, como Olinda, Recife e São Bernardo do Campo, comprometidas com as políticas de prevenção à violência em todo o Mercosul. Reunião para formação do Grupo de Trabalho para a elaboração do programa e demais atividades do encontro foi realizada na manhã desta terça-feira, 17, no gabinete da secretária municipal de Direitos Humanos e Segurança urbana, Sônia D'Avila. A definição da capital gaúcha foi no início de julho, em São Bernardo do Campo (SP), onde se realizou o II Encontro de Mercocidades – Direitos Humanos e Seguridad, graças ao empenho da Coordenação de Relações Internacionais de Porto Alegre com o secretário Cezar Busatto (SMCPGL) e a secretária Sonia D'Avila. "Nossa capital precisa conhecer o que outras cidades estão fazendo e também mostrar nossa performance, que acaba de ser destacada como referência no país, no patrulhamento escolar," disse na oportunidade a secretária Sônia D'Avila, ressaltando a importância do evento para a capital na área da segurança urbana e, também, no que se refere a Direitos Humanos onde Porto Alegre é distinguida por ter a melhor política para povos indígenas e também no cuidado com crianças e adolescentes. A transversalidade para a realização do evento internacional foi enfatizada pela necessidade da troca de experiências em todas as atividades envolvidas. Da iniciativa, que teve sua primeira edição na Argentina, na cidade de Pergamino, resulta uma carta compromisso e intenções para as melhorias propostas, assinada por todos os partícipes". PMPA. *Porto Alegre será sede do III Encontro da Rede Mercocidades*. Disponível em: <http://www2.portoalegre.rs.gov.br/portal_ pmpa_novo/default.php?p_noticia=153499&PORTO+ALEGRE+SERA+SEDE+DO+III+ENCONTRO+DA+REDE+MERCOCIDADES>. Acesso em: 31 ago. 2012.

Mobilidade, Fronteiras & Direito à Saúde

Importante trazer ainda que algumas cidades, objeto da Tese, não fazem parte da Rede Mercocidades, observe-se: Santana do Livramento-BR – Não faz parte da Rede Mercocidades. No entanto, Porto Alegre, capital do Estado do Rio Grande do Sul, no Brasil, faz. Por outro lado, Rivera – UR – faz parte da Rede Mercocidades, tendo ingressado no ano de 1999. Por fim, nem Chuí-BR e Chuy-UR fazem parte da Rede Mercocidades.

Com base nesses dados, há que se ter presente de que, em termos práticos, muito pouco foi feito até o presente momento para efetivar esse importante instrumento de democracia e de cidadania. Sendo que no âmbito local (na cidade, no bairro, na vila) é que são percebidas as dificuldades, carências, onde geralmente surgem os projetos para atender a essas necessidades, por isso a importância da Rede Mercocidades, mesmo em âmbito local, está diretamente vinculada ao âmbito regional-nacional-internacional.

Segue organograma do funcionamento da Rede Mercocidades. Veja-se:

Figura 20 – Organograma do funcionamento da Rede Mercocidades

Fonte: mercociudades, 2012.[515]

---

[515] MERCOCIUDADES. *Organigrama Mercocidades*. Disponível em: <http://www.mercociudades.org/pt-br/node/2278>. Acesso em: 06 ago. 2012.

Esse organograma bem demonstra que os direitos humanos e desenvolvimento social são prioridade e, segundo a Comissão de Direitos Humanos, observe-se que esses são repensados enquanto marco conceitual, enquanto guia,[516] fundamental, justamente por orientar o processo de formulação, implementação e avaliação das políticas públicas.

Note-se que no que diz respeito ao desenvolvimento se concordou em priorizar também a integração fronteiriça.

Nessa perspectiva, foi acordado o desenvolvimento baseado em temas prioritários:

1. – Integração de Produção – Promover processos de produção regionais integrados para reduzir assimetrias regionais – Aumentar o nível da economia formal na região,

2 – Integração Fronteiriça – Reframe. o conceito de fronteiras, como resultado do novo contexto de integração regional – Criar oportunidades para os atores locais conjuntas para cidades fronteiriças, promovendo alianças estratégicas.

3 – Cidadania Regional – Reforçar a identidade regional – promover a inclusão social – Universalizar direitos dos cidadãos, – incentivar a cooperação entre as cidades.[517]

Justamente o plano de trabalho da Secretaria Executiva Mercocidades (2011 – 2012) de Montevidéo, teve como finalidade precípua "1 – Melhorar a qualidade de vida em cidades, 2 – legitimar a representação institucional, 3 – Influenciar a agenda política do Mercosul, 4 – Criar políticas conjuntas entre as cidades e incentivar a troca de experiências".[518] Esses quatro pontos bem destacam o objetivo para o qual foi criada a Rede.

E, nesse sentido, destaca Carlos Nahuel Oddone, que a construção do desenvolvimento e a institucionalização do trabalho com que surgisse a Rede de Cidades – Mercocidades –, com intuito, ou melhor, com objetivo muito claro de gerar um ambiente institucional onde as cidades pudessem expressar seus pontos de vista sobre a direção do processo de integração e, por sua vez, desen-

---

[516] *Tradução livre de:* "Desde esta comisión los derechos no son pensados tan sólo como un límite a la opresión y al autoritarismo, sino como un marco conceptual para orientar el proceso de formulación, implementación y evaluación de las políticas públicas, y como una guía respecto de las obligaciones de los Estados, el alcance de la participación social y los mecanismos de identificación, denuncia y responsabilidad que se necesitan a nivel local y regional". MERCOCIUDADES. *Comisión de Derechos Humanos.* Disponível em: <http://www. mercociudades. org/node/2216>. Acesso em: 06 ago. 2012.

[517] *Tradução livre de:* "En ese desarrollo se acordó la perspectiva temática en base a priorizar: 1.- Integración Productiva – Promover procesos integrados de producción regional para reducir las asimetrias regionales – Incrementar el nivel de la economía formal de la región; 2.- Integración Fronteriza – Reformular el concepto de frontera como consecuencia del nuevo contexto de integración regional – Generar espacios de articulación para los actores locales de las ciudades fronterizas, fomentando la formación de alianzas estratégicas; 3.- Ciudadanía Regional – Fortalecer la identidad regional – Promover la inclusión social – Universalizar los derechos de los ciudadanos, – Fomentar la cooperación entre las ciudades". MERCOCIUDADES. *Secretaría Ejecutiva Mercociudades 2011 – 2012.* Disponível em: <Http://www.mercociudades.org/sites/portal.mercociudades. net/files/archivos/documentos/documentos/Plan_de_trabajo_SE_2012.pdf>. Acesso em: 31 jul. 2012.

[518] *Tradução livre de:* O Plano de Trabalho da "Secretaría Ejecutiva Mercociudades 2011 – 2012 – Intendencia de Montevideo" tem como finalidade precípua: a "perspectiva de la creación de valor en el desarrollo de mediano y largo plazo para: 1.- Mejorar la calidad de vida en las ciudades; 2.- Legitimar la representación institucional; 3.- Incidir en la agenda política del Mercosur; 4.- Crear políticas conjuntas entre las ciudades y estimular el intercambio de experiencias". Ibid.

volver um espaço de convergência e de troca que permitiria políticas públicas mais eficazes. [519]

Ainda no que tange à Rede Mercocidades, a "Democracia cosmopolita apoia esse fortalecimento, quando necessário e possível, a estrutura do governo local, mesmo que isso exija atravessar as fronteiras de um Estado".[520] Ou seja, com a Rede Mercocidades tem-se demonstrado uma relação muito especial entre o local-regional com o global, e pode ser considerado o melhor âmbito para efetivar os princípios.[521]

Adverte Carlos Nahuel Odone, sobre a Rede Mercocidades, que a relação do MERCOSUL com os municípios, desse processo de construção institucional; visa a recuperar um novo significado na relação local-regional além de contribuir para o fortalecimento das democracias nacionais e a reconstrução de governança política,[522] ou melhor, democratização política e de descentralização do Estado, que revalorizam o papel das autoridades locais.[523] Conclui o autor quanto os interesses da coletividade:

> Hoje, as autoridades locais têm o direito e o dever de participar ativamente no contexto internacional para a busca e a descoberta de um futuro melhor para as gerações futuras, fazendo prevalecer as soluções conjuntas para problemas comuns, e desenvolver um papel relevante nos processos integração e agendas internacionais, tendo sempre como eixo fundamental reforçar os interesses dos cidadãos.[524]

---

[519] *Tradução livre de*: "En 1995, en la ciudad de Asunción, se reunieron los Intendentes, Alcaldes y Prefeitos a cuatro años de iniciado el proceso de integración, con el objetivo de constituir una Red de Ciudades del MERCOSUR. En tal ocasión, se seño el nacimiento de la Red que sería conocida como Mercociudades. El objetivo era muy claro: generar un ámbito institucional donde las ciudades pudieran expresar su opinión sobre el rumbo del proceso integrador y, a su vez, desarrollar un espacio de convergencia e intercambio que permitiera generar políticas públicas más eficaces". ODDONE, Carlos Nahuel. Mercociudades: La construcción del desarrollo y la institucionalización del trabajo en red. In: NUNES, Ângel; PADOIN, Maria Medianeira; e, OLIVEIRA, Tito Carlos Machado de. (Orgs.). *Dilemas e diálogos platinos*. Dourados, MS: Ed.UFGD, 2010. 2v. Conteúdo: v.1 – Fronteiras. v.2 – Relações e práticas socioculturais. p. 291.

[520] *Tradução livre de*: "La democracia cosmopolita apoya este fortalecimiento, cuando es necesario y posible, de la estructura del gobierno local, incluso cuando esto exige cruzar las fronteras de más de un Estado". ARCHIBUGI, Daniele. *La democracia cosmopolita*: una respuesta a las críticas. Madrid, CIP-FUHEM, 2005. p. 12.

[521] *Tradução livre de*: Mercociudades, "ha demostrado la relación espacio local-espacio regional-espacio global y también puede ser el mejor ámbito para hacer posibles los principios". MENDICOA, Glória. y ALVARELLOS, Ricardo. *Armonización y participación en el MERCOSUR*: la articulación pendiente. Actas del Primer Congreso Nacional de Políticas Sociales: Estrategias de articulación de políticas, programas y proyectos sociales en la Argentina. Buenos Aires, mayo de 2002. p. 24-25.

[522] *Tradução livre de*: "En este sentido de la relación MERCOSUR-Municipios, los procesos de institutional building recobran un nuevo significado en la relación regional-local vis-à-vis y contribuyen al fortalecimiento de las democracias nacionales y a la reconstrucción de la gobernabilidad política". ODDONE, Carlos Nahuel. Op. loc. cit., p. 291.

[523] *Tradução livre de:* "En el contexto actual de globalización o glocalización, los procesos de democratización política y de descentralización del Estado, ambos necesariamente capitalistas, revalorizan el papel de las autoridades y gobiernos locales. Dado que la integración en una escala macro-regional puede provocar una sensación de cierto "alejamiento" del ciudadano que no se siente partícipe de tal proceso, la descentralización en el nivel interno-nacional puede reequilibrar esta situación si la misma favorece la base de una autonomía real para los municipios, permitiéndole a éstos últimos diseñar políticas locales en consonancia con las nuevas reglas y que puedan "hacer material" la realidad regional". Ibid. p. 291 e 295.

[524] *Tradução livre de:* "Hoy las autoridades locales tienen el derecho-deber de participar activamente en el contexto internacional para la búsqueda y el hallazgo de un futuro más promisorio para las generaciones futuras, haciendo prevalecer las soluciones conjuntas para los problemas comunes; y desarrollando un rol relevante en los procesos de integración y en las agendas internacionales, tomando siempre como eje rector

E conclui ainda, o autor Carlos Nahuel Odone sobre a Rede Mercocidades:

> O território nunca foi neutro na história expressa convivência e conflito entre os homens. Os territórios criaram uma memória coletiva, a memória que foi construído ao longo dos anos, muitas vezes a partir do topo (o Estado-nação), muitas vezes de baixo (sociedade civil), a partir de suas próprias experiências. Os territórios glocais do MERCOSUL parecem surgir como a nova alternativa multinível que permita ampla participação democrática, com crescentes escalas de governança. A imagem do futuro da cidade é sua governança presente. Corresponde aos cidadãos "mercosureños" como forças sociais do presente, fazer com que a Rede Mercocidades, como território pensado, se converta em territorio possível, só então vamos construir uma série de territórios habitáveis.[525]

A Rede Mercocidades enquanto ator internacional, contribui para o desenvolvimento do processo de integração no Mercosul, refere Priscila Truviz Hottz Gambini, veja-se:

> Ante a nova realidade internacional, o Estado-nação sofre os efeitos da globalização e da regionalização, desafios que causam reflexos também aos governos subnacionais, os quais pressionados por novas temáticas, buscam interagir de forma direta em negociações no âmbito da integração regional.[526]

Por outro lado, destaque-se que o Municipalismo Internacional é símbolo dessas mudanças, adverte ainda a autora:

> A Rede Mercocidades possui grande adesão entre as cidades dos países que formam o bloco (Argentina, Brasil, Paraguai, Uruguai, Venezuela) e seus associados (Chile, Bolívia, Peru). No Brasil, atualmente, 63 (sessenta e três) municípios encontram-se associados. Sua função principal é trabalhar pela inserção das necessidades dos governos locais nas políticas públicas mercosulinas, tornando a integração regional mais democrática e acessível à sociedade, menos comercial e alfandegária, especialmente, para criar na população a mentalidade da construção por uma identidade mercosulina. A Rede Mercocidades desempenha sua função política através da Cooperação Descentralizada, pela qual governos não-centrais são participantes ativos nas relações internacionais, espaço que sempre foi ocupado pelos Estados nacionais.[527]

Destaca por fim, a autora, que a grande luta é para que o MERCOSUL, a reconheça enquanto órgão institucional, cujas decisões tenham efeito vinculante, que hoje não possuem, "o que lhe daria segurança jurídica às suas negociações (acordos e convênios internacionais), pois de acordo com o Direito

---

velar por el cumplimiento de los intereses de los ciudadanos". ODDONE, Carlos Nahuel. Mercociudades: La construcción del desarrollo y la institucionalización del trabajo en red. In: *Dilemas e diálogos platinos.* / Orgs: Angel Nuñes, Maria Medianeira Padoin, Tito Carlos Machado de Oliveira. – Dourados, MS: Ed.UFGD, 2010. 2v. Conteúdo: v.1 – Fronteiras. v.2 – Relações e práticas socioculturais. p. 314.

[525] *Tradução livre de:* "El territorio jamás ha sido neutro en la historia; expresa convivencia y conflicto entre los hombres. Los territorios tienen una memoria colectiva asentada, memoria que ha sido construida a través de los años, muchas veces desde el alto (el Estado-Nación), muchas veces desde lo bajo (la sociedad civil), a partir de las propias experiencias vivenciales de los hombres. Los territorios glocales del MERCOSUR parecen presentarse como la nueva alternativa multi-nivel que permite una participación democrática amplia con generación creciente de escalas de governance. La imagen del futuro de la ciudad es su presente de governance. Corresponde a los ciudadanos mercosureños, como fuerzas sociales del presente, hacer que la Red de Mercociudades como territorio pensado se convierta en territorio posible, solo así pasaremos a construir una serie de territorios vivibles." Ibid., p. 314

[526] GAMBINI, Priscila Truviz Hottz. *Rede Mercocidades*: Paradiplomacia de Cidades no MERCOSUL. Disponível em: <http://www.cedin.com.br/revistaeletronica/artigos/Patricia%20RI.pdf>. Acesso em: 28 mar. 2013.

[527] Ibid.

Mobilidade, Fronteiras & Direito à Saúde

Internacional vigente", sendo que as ações da Rede não tem força vinculante, portanto, "não geram obrigações, nem conferem direitos, servindo apenas de aproximação política, uma verdadeira *paradiplomacia de cidades*".[528]

Por fim, afirma-se com Jorge Rodríguez, que tem que avançar no debate sobre a necessidade de contar com segurança jurídica, para propor e exigir que se façam regras para isso; uma das formas de garantir a segurança jurídica é ter normas claras, conhecidas de todos, construídas de forma democrática e transparente. Isso só é conseguido com a participação do cidadão, por meio da Rede Mercocidades.[529]

Ou seja, com a adesão, por meio de associação à Rede Mercocidades, é possível melhorar a qualidade de vida e criar políticas públicas conjuntas, utilizando as boas experiências das cidades como mola propulsora de novas atitudes.

Isso porque é nas cidades, em âmbito local, que se percebe, mais diretamente os déficits em relação aos direitos sociais, entre eles o déficit do direito à saúde, que será desenvolvido no próximo capítulo.

---

[528] GAMBINI, Priscila Truviz Hottz. *Rede Mercocidades*: Paradiplomacia de Cidades no MERCOSUL. Disponível em: <http://www.cedin.com.br/revistaeletronica/artigos/Patricia%20RI.pdf>. Acesso em: 28 mar. 2013.

[529] *Tradução livre de:* "En el Mercosur, debemos avanzar en el debate, sobre la necesidad de contar con certeza jurídica para poder proponer y exigir que se genere normativa para ello. [...] Una de las formas de garantir la seguridad jurídica, es contar con una normativa clara, conocida por todos, construídas de forma democrática y transparente. Ello se logra solo con la participación de la mayor cantidad de sectores y esencialmente con participación ciudadana. La participación es una de las formas que permite que la seguridad tenga forma, tenga control social. No es posible que hoy, en el Mercosur la mayor parte de los documentos sean de carácter reservado. Uno de los pilares del ejercicio democrático es el derecho a la información y a poder opinar, participar, ejercer los deberes y los derechos con conocimiento de causas. Este es un pilar fundamental y desde Mercociudades lo predicamos, pero también lo practicamo". GAMBINI, Priscila Truviz Hottz. *Rede Mercocidades*: Paradiplomacia de Cidades no MERCOSUL. Disponível em: <http://www.cedin.com.br/revistaeletronica/artigos/Patricia%20RI.pdf>. Acesso em: 28 mar. 2013.

4. O *deficit* de direitos sociais, saúde na fronteira (Brasil e Uruguai) e a proibição de retrocesso

PREÂMBULO CF/88
"Nós, representantes do povo brasileiro, reunidos em Assembléia Nacional Constituinte para instituir um Estado Democrático, destinado a assegurar o exercício dos direitos sociais e individuais, a liberdade, a segurança, o bem-estar, o desenvolvimento, a igualdade e a justiça como valores supremos de uma sociedade fraterna, pluralista e sem preconceitos, fundada na harmonia social e comprometida, na ordem interna e internacional, com a solução pacífica das controvérsias, promulgamos, sob a proteção de Deus, a seguinte CONSTITUIÇÃO DA REPÚBLICA FEDERATIVA DO BRASIL."

"La Constituición permite la apertura hacia adelante, hacia el futuro; institucionaliza las experiencias (apertura hacia atrás) y abre espacio para el desarollo del espíritu humano y su historia [...] la Constituición no es sólo um ordenamiento jurídico para los juristas, los que tienen que interpretala conforme a las antiguas e las nuevas reglas de la profesión, sino que actúa esencialmente también como guía para los no juristas: para el ciudadano la Constituición no es sólo un texto jurídico o um "mecanismo normativo", sino también expresión de um estadio de desarollo cultural, medio para la representación cultural del pueblo ante sí mesmo, espejo de su patrimonio cultural y fundamento de sus esperanzas".
Härberle

4.1. Direitos sociais

Os direitos sociais, de segunda dimensão, exigem atuação positiva do Poder Público para que na prática se verifique sua efetividade, a fim de buscar para todos a almejada igualdade social, que é própria do Estado Social de Direito, "não se identifica com a garantia de igualdade perante a lei, mera igualdade formal", mas material,[530] que quer dizer a "superação da igualdade jurídica do liberalismo", vez que o próprio Estado se obriga "mediante retifi-

---

[530] BARRETO, Vicente de Paulo. Reflexões sobre os direitos sociais. In: SARLET, Ingo Wolfgang (org.). *Direitos fundamentais sociais*: estudos de Direito Constitucional, Internacional e Comparado. Rio de Janeiro: Renovar, 2003. p. 129.

Mobilidade, Fronteiras & Direito à Saúde

cação na ordem social, a remover as injustiças encontradas na sociedade", por meio, da elaboração legislativa, "que irá refletir as demandas dos excluídos dos benefícios da sociedade liberal",[531] sendo que, atualmente é inconcebível uma estrutura social que seja estática, desvinculada do processo histórico, já advertia Miguel Reale,[532] e cujo direito é uma determinação do futuro pelo passado.

Os direitos sociais estão expressamente previstos pela Constituição Federal de 1988, nos artigos 6º ao 11º, no rol de direitos fundamentais sociais e também na ordem social, artigos 193 a 232, e são por isso mesmo prestações positivas, como aduz José Afonso da Silva:

> Os *direitos sociais*, como dimensão dos direitos fundamentais do homem, são prestações positivas proporcionadas pelo Estado, direta ou indiretamente, enunciadas em normas constitucionais, que possibilitam melhores condições de vida aos mais fracos, direitos que tendem a realizar a igualização de situações sociais desiguais. São, portanto, direitos que se ligam ao direito de igualdade.[533]

Como dito, a Constituição Federal de 1988 elencou diversos direitos sociais, esses por sua vez, são direitos concernentes a uma prestação, pois tem por objeto uma conduta positiva estatal, para fornecer uma prestação de natureza fática, criando-a ou colocando-a a disposição daquele que detém esse direito.[534] Existe assim, o reconhecimento do dever estatal na criação de pressupostos materiais, "essenciais à efetivação de tais garantias, e, simultaneamente, a faculdade do indivíduo de exigir imediatamente as prestações" que constituem seu direito.[535] Vez que, normas constitucionais que reconhecem (direitos sociais de caráter positivo) implicam proibição de retrocesso, pois quando "uma vez dada satisfação ao direito, esse se transforma, nessa medida, em direito

---

[531] BARRETO, Vicente de Paulo. Reflexões sobre os direitos sociais. In: SARLET, Ingo Wolfgang (org.). *Direitos fundamentais sociais*: estudos de Direito Constitucional, Internacional e Comparado. Rio de Janeiro: Renovar, 2003. p. 129.

[532] Refere: "Quando, porém, se fala na 'estrutura tridimensional do direito', neste conceito já está implícita a nota essencial da temporalidade, pois é inconcebível uma estrutura social estática, desvinculada do processo histórico: o direito, como a realidade social toda da qual participa, é, fundamentalmente, uma estrutura tridimensional e histórica, distinguindo-se das demais por possuir uma nota específica, que é a bilateralidade atributiva inerente a todas as formas de ordenação jurídica da conduta humana. Essas três características essenciais de tridimensionalidade, temporalidade e bilateralidade-atributiva, penso estarem sintetizadas quando conceituo o Direito como realidade histórica-cultural tridimensional de natureza bilateral atributiva". [...] "Na realidade, os três aspectos ora examinados reduzem-se a uma questão única: à da temporalidade do direito, quer se focalize um modelo jurídico particular, quer se estude a totalidade do ordenamento, pois, as relações sociais só são jurídicas enquanto processo histórico ordenado segundo valores realizáveis em termos de intersubjetividade ou de bilateralidade atributiva. No mundo do direito, de certo ponto de vista, tudo é história: o erro consiste em absolutizar esse ponto de vista, confundindo-se o direito histórico com todo o direito, esquecendo-se, assim, que o fato histórico não teria significado se não houvesse sempre história por fazer" [...] REALE, Miguel. *O direito como experiência*: introdução à epistemologia jurídica. 2. ed. São Paulo: Saraiva, 1992. p. 218-222.

[533] SILVA, José Afonso da. *Curso de Direito Constitucional Positivo*. 34. ed. rev e atual. São Paulo: Malheiros Editores, 2011. p. 286-287.

[534] SARLET, Ingo Wolfgang. *A eficácia dos Direitos Fundamentais*. 10. ed. rev., atual. e ampl. Porto Alegre: Livraria do Advogado, 2011. p. 281-282.

[535] CANOTILHO, José Joaquim Gomes. *Direito Constitucional e Teoria da Constituição*. 7. ed. Portugal – Coimbra: Almedina, 2003. p. 477.

negativo ou direito de defesa, isto é, num direito a que o Estado se abstenha de atentar contra ele".[536]

Ao que destaca Ingo Wolfgang Sarlet, por um lado, que os direitos a prestações em sentido amplo, são os "referentes à defesa da liberdade e igualdade, devendo o Estado atuar na proteção dos direitos fundamentais dos indivíduos contra intervenções impróprias por parte dos poderes públicos e particulares". E por outro lado, destaca o sentido estrito das prestações "que se vinculam aos ideais basilares de um Estado Social e consistem, basicamente, nos direitos a prestações materiais aos indivíduos destinatários".[537] Tanto que ao Estado cumpre o dever de atuar, "quando o indivíduo não pode adquirir um bem ou serviço no mercado (saúde, educação, etc.) ou se é um serviço monopolizado e oferecido a todos (por exemplo, segurança pública)".[538]

É um erro dizer que direitos de liberdade são negativos e direitos sociais e econômicos são positivos, enfatiza George Marmelstein Lima, observe-se:

> Essa falsa distinção, repetida sem muito questionamento por quase todos os juristas, é a responsável pela principal crítica que pode ser feita à teoria das gerações dos direitos fundamentais, já que enfraquece bastante a normatividade dos direitos sociais, retirando do Poder Judiciário a oportunidade de efetivar esses direitos. É um grande erro pensar que os direitos de liberdade são, em todos os casos, direitos negativos, e que os direitos sociais e econômicos sempre exigem gastos públicos. Na verdade, todos os direitos fundamentais possuem uma enorme afinidade estrutural. Concretizar qualquer direito fundamental somente é possível mediante a adoção de um espectro amplo de obrigações públicas e privadas, que se interagem e se complementam, e não apenas com um mero agir ou não agir por parte do Estado. [...] Por isso, é fundamental que se afaste essa equivocada dicotomia de que os direitos de liberdade são direitos negativos, não onerosos, e que os direitos sociais são direitos a prestações, onerosos.[539]

O ideal mesmo seria considerar que todos os direitos fundamentais pudessem ser analisados e compreendidos em suas múltiplas dimensões, ou seja:

> A multidimensionalidade dos direitos fundamentais permite a superação da classificação dos direitos por *status*, desenvolvida por Jellinek, que é uma das responsáveis pelo entendimento de que os direitos sociais não seriam verdadeiros direitos, mas simples declarações de boas intenções destituídas de exigibilidade.[540]

De maneira divergente, aduz Ricardo Lobo Torres, que existem obstáculos, entraves à consideração dos direitos sociais como sendo fundamentais, vez

---

[536] CANOTILHO, José Joaquim Gomes e MOREIRA, Vital. *Fundamentos da Constituição*. Coimbra: Coimbra, 1991. p. 131.

[537] SARLET, Ingo Wolfgang. *A eficácia dos Direitos Fundamentais*. 10. ed. rev., atual. e ampl. Porto Alegre: Livraria do Advogado, 2011. p. 187-189-198.

[538] DIMOULIS, Dimitri; MARTINS, Leonardo. *Teoria Geral dos Direitos Fundamentais*. 3. ed. rev., atual. e ampl. São Paulo: Editora Revista dos Tribunais, 2011. p. 60-61.

[539] George Marmelstein Lima afirma: "Essa falsa divisão afeta diretamente a teoria da aplicabilidade das normas constitucionais, contribuindo para reforçar a odiosa tese de que os direitos sociais são meras normas programáticas, cuja aplicação ficaria a depender da boa vontade do legislador e do administrador público, não podendo a concretização desses direitos ser exigida judicialmente". LIMA, George Marmelstein. *Críticas à teoria das gerações (ou mesmo dimensões) dos direitos fundamentais*. Jus Navigandi, Teresina, ano 8, n. 173, 26 dez. 2003. Disponível em: <http://jus.com.br/revista/texto/4666>. Acesso em: 4 mar. 2013.

[540] LIMA, George Marmelstein. *Críticas à teoria das gerações (ou mesmo dimensões) dos direitos fundamentais*. Jus Navigandi, Teresina, ano 8, n. 173, 26 dez. 2003. Disponível em: <http://jus.com.br/revista/texto/4666>. Acesso em: 4 mar. 2013.

que, "sua dependência legislativa e do fato de que não fazem nascer, por si só, uma pretensão a prestações positivas estatais, uma vez que os direitos sociais são desprovidos de eficácia *erga omnes* e encontram-se subordinados a ideia de justiça social", pois, afirma:

> Revestem eles, na Constituição, a forma de princípios de justiça, de normas programáticas ou de *policy*, sujeitos sempre à *interpositio legislatoris*, especificamente na via do orçamento público, que é o documento de quantificação dos valores éticos, a conta corrente da ponderação dos princípios constitucionais, o plano contábil da justiça social, o balanço das escolhas dramáticas por políticas públicas em um universo fechado de recursos financeiros escassos e limitados.[541]

Portanto, os direitos sociais, pela própria natureza, invocam do poder político uma "demanda de recursos para sua aplicabilidade plena, o que gera fortes pressões ideológicas e envolve escolhas políticas", que a própria Carta Política de 1988, refere enquanto objetivos, de uma sociedade livre, justa e solidária.[542]

A própria evolução constitucional contemporânea (em matéria de direitos fundamentais e do sistema internacional de tutela dos direitos humanos), tem demonstrado que "muitas constituições seguem refratárias à inserção de direitos sociais em seus textos",[543] chega-se ao ponto, da própria negação da existência de direitos sociais, como o faz Fernando Atria,[544] um absurdo, e nesse sentido o respaldo do argumento de Ingo Wolfgang Sarlet, quando refere que os direitos sociais são tanto prestacionais (portanto positivos) como defensivos (portanto negativos),[545] e define os direitos sociais, informando que não estão vinculados única e exclusivamente à atuação positiva, mas também à

---

[541] TORRES, Ricardo Lobo. *O direito ao mínimo existencial*. Rio de Janeiro: Renovar, 2009. p. 273.

[542] ALMEIDA, Dayse Coelho de. A fundamentalidade dos direitos sociais e o princípio da proibição de retrocesso. *Inclusão Social*, Brasília, v.2, n.1. p. 118-124, out. 2006/ mar. 2007. p. 118.

[543] "Com isto não se está a dizer – é bom enfatizar – que os níveis de proteção social, concretizados pela via da legislação ordinária e das políticas públicas, não sejam em vários casos até mesmo mais altos do que em países onde a opção foi pela constitucionalização dos direitos sociais, o que, por sua vez, acaba, para alguns, servido de argumento adicional para justificar não apenas a desnecessidade e mesmo inconveniência da inserção de direitos sociais nas constituições. Da mesma forma, segue acesa a controvérsia na esfera doutrinária e jurisprudência, seja no que diz respeito à própria fundamentação e legitimação dos direitos sociais, seja no que concerne ao seu conteúdo e regime jurídico. Assim, resulta evidente que mesmo à vista da expressa previsão de direitos sociais no catálogo constitucional dos direitos fundamentais, também entre nós tais temas têm sido objeto de crescente e cada vez mais intenso (em termos quantitativos e qualitativos) debate". SARLET, Ingo Wolfgang. Os Direitos Sociais como Direitos Fundamentais: contributo para um balanço aos vinte anos da Constituição Federal de 1988. *Revista do Instituto de Hermenêutica Jurídica*. 20 Anos de Constitucionalismo Democrático – E Agora? Porto Alegre-Belo Horizonte, 2008. p. 163-206.

[544] ATRIA, Fernando. "Existem Direitos Sociais?" in: MELLO, Cláudio Ari (Coord.). *Os Desafios dos Direitos Sociais*. Porto Alegre: Livraria do Advogado, 2005. p. 09-46.

[545] Aduz: "partindo-se aqui do critério da natureza da posição jurídico-subjetiva reconhecida ao titular do direito, bem como da circunstância de que os direitos negativos (notadamente os direitos de não-intervenção na liberdade pessoal e nos bens fundamentais tutelados pela Constituição) apresentam uma dimensão "positiva" (já que sua efetivação reclama uma atuação positiva do Estado e da sociedade) ao passo que os direitos a prestações (positivos) fundamentam também posições subjetivas "negativas", notadamente quando se cuida de sua proteção contra ingerências indevidas por parte dos órgãos estatais, mas também por parte de organizações sociais e de particulares". SARLET, Ingo Wolfgang. Os Direitos Sociais como Direitos Fundamentais: contributo para um balanço aos vinte anos da Constituição Federal de 1988. *Revista do Instituto de Hermenêutica Jurídica*. 20 Anos de Constitucionalismo Democrático – E Agora? Porto Alegre-Belo Horizonte, 2008. p. 163-206.

negativa,[546] portanto, os direitos sociais são sim fundamentais, em prol da dupla "fundamentalidade dos direitos sociais na ordem constitucional" nacional. Veja-se:

> Em síntese, firma-se aqui posição em torno da tese de que – pelo menos no âmbito do sistema de direito constitucional positivo nacional – todos os direitos, tenham sido eles expressa ou implicitamente positivados, estejam eles sediados no Título II da CF (dos direitos e garantias fundamentais), estejam localizados em outras partes do texto constitucional ou nos tratados internacionais regularmente firmados e incorporados pelo Brasil, são direitos fundamentais. Como corolário desta decisão em prol da fundamentalidade dos direitos sociais na ordem constitucional brasileira, e por mais que se possa, e, até mesmo (a depender das circunstâncias e a partir de uma exegese sistemática, por mais que seja possível reconhecer eventuais diferenças de tratamento, os direitos sociais – por serem fundamentais), comungam do regime da dupla fundamentalidade (formal e material) dos direitos fundamentais.[547]

Ademais, os direitos sociais têm propósitos compensatórios, como refere José Eduardo Faria, são "direito das preferências e das desigualdades", quer dizer, direito discriminatório com finalidade compensatória.[548] Dessa feita, os direitos sociais constituíram categorias-chave: "Graças à mobilização da sociedade, as políticas sociais tornaram-se centrais, nessa década, na agenda de reformas institucionais que culminou com a promulgação da Constituição Federal de 1988". Tanto que os conceitos de direitos sociais, assim como universalização, ou mínimos sociais, dentre outros, "passaram, de fato a constituir categorias-chave norteadoras da constituição de um novo padrão de política social a ser adotado no país".[549]

Inaugura-se, pois, pós-Constituição de 1988 um leque de direitos sociais, rompendo com o modelo vigente de Estado e cidadania, com a extensão (ampliação) dos direitos sociais,[550] são avanços para corrigir injustiças sociais, pautadas em duas características principais, de abertura, não são *numerus clausus*,[551] permitem, a inclusão de outros direitos sociais que não estejam expressamente previstos na Constituição; e de implementação progressiva, cuja verificação prática deve respeitar os limites de orçamento existente.[552]

Vale a ressalva de que os direitos sociais, atualmente tem uma abertura material, portanto, não são taxativos, em termos práticos, direito à saúde, educação e seguridade são justamente os "mais reconhecidos no âmbito das

---

[546] SARLET, Ingo Wolfgang. Os Direitos Sociais como Direitos Fundamentais: contributo para um balanço aos vinte anos da Constituição Federal de 1988. *Revista do Instituto de Hermenêutica Jurídica*. 20 Anos de Constitucionalismo Democrático – E Agora? Porto Alegre-Belo Horizonte, 2008. p. 163-206.

[547] Ibid., p. 163-206.

[548] FARIA, José Eduardo (org.). "O Judiciário e os Direitos Humanos e Sociais: notas para uma avaliação da justiça brasileira". In: FARIA, José Eduardo. (Hsgb) *Direitos Humanos, Direitos Sociais e Justiça*. São Paulo: Malheiros, 1994. p. 105.

[549] PEREIRA, I. S. S. D. Promoção da saúde: algumas notas. *Revista Desafios Sociais*. Natal, n. 2. p. 126-139, jan./jul. 2002. p. 152.

[550] BRAVO, Maria Inês Souza. Política de Saúde no Brasil. In: BRAVO, Maria Inês Souza et al. (Orgs.). *Serviço Social e saúde*: formação e trabalho profissional. Brasília: ABEPSS, 2006. p. 96-97.

[551] *Numerus clausus*, vem de clausura, vem de fechado, são números restritos.

[552] TAVARES, André Ramos. *Curso de direito constitucional*. 7.ed. São Paulo: Saraiva, 2009. p. 799-800.

constituições latino-americanas", com expressiva referência a família, crianças e a cultura.[553]

Dessa forma, pode-se mencionar que os direitos sociais são direitos fundamentais, ou seja, determinado direito elevado à categoria de fundamental, de acordo com as opções do legislador, sopesando bens jurídicos e atribuindo a positivação correspondente às normas de direitos fundamentais.[554] Como se sabe, a Constituição Federal de 1988 trouxe um conceito "materialmente aberto de direitos fundamentais", de modo que é possível a inclusão de direitos não previstos no rol do art. 5º, como é o caso dos direitos sociais, por exemplo, especificamente direito à saúde no Brasil.

Para Ingo Wolfgang Sarlet, todos os direitos sociais são direitos fundamentais, porque providos da fundamentalidade,[555] tanto formal quanto material, em razão da própria permissão concedida pelo artigo 5º, § 2º, da CF, para inclusão de direitos fundamentais não constantes do rol do artigo 5º, aliado ao fato de que, os direitos sociais localizam-se, no texto constitucional, no título relativo aos direitos fundamentais.[556]

Interpretando-se o espírito do legislador à luz do artigo 5º, § 2º, da Carta Magna, verifica-se a intenção de que os direitos fundamentais não ficassem li-

---

[553] O autor traz Peter Häberle. In: *Costituzione e Diritti Sociali*, cit. p. 99. E que se utiliza aqui também de forma exemplificativa. "Dentre as constituições latino-americanas que contemplam cláusulas de abertura a outros direitos (embora não especificamente em matéria de direitos sociais), citam-se, em caráter exemplificativo: Constituição da Nação Argentina de 1853 (amplamente reformada em 1994): art. 33; Constituição Política do Estado da Bolívia de 2009: art. 13, II; Constituição Política da República do Chile de 1980 (com a reforma de 2005): art. 5º; Constituição Política da Colômbia de 1991 (com a reforma de 2005): art. 94; Constituição Política da República da Guatemala de 1985 (com a reforma de 1993): art. 44; Constituição Política da República da Nicarágua de 1987 (com a reforma de 2007): art. 46; Constituição Política do Paraguai de1 992: art. 45; Constituição Política do Peru de 1993 (com a reforma de 2005): art. 3º; Constituição da República do Uruguai de 1967 (com as reformas até 1996): art. 6º; Constituição da República Bolivariana da Venezuela de 1999: art. 22. Importante sinalar que a Constituição da República Federativa do Brasil, de 1988, além de uma cláusula geral de abertura a outros direitos (art. 5º, § 2º), refere expressamente uma abertura a outros direitos dos trabalhadores (art. 7º, *caput*)". SARLET. Ingo Wolfgang. *Notas sobre a assim designada proibição de retrocesso social no constitucionalismo Latino-americano*. Rev. TST, Brasília, vol. 75, no 3, jul/set 2009 p. 117. Disponível em <http://www.tst.jus.br/documents/1295387/1312882/7 .+notas+sobre+a+assim+designada+proibi%c3%a7%c3%a3o+de+retrocesso+social+no+constitucionalismo+latino-americano>. Acesso em: 10 abr. 2013.

[554] Exemplificativamente, no ordenamento jurídico brasileiro, o direito à saúde é, para a maioria dos juristas, um direito fundamental, porém, na Espanha (Constituição Espanhola de 1978), a situação é diferente, pois o direito à saúde não tem o mesmo tratamento dos direitos fundamentais". SARLET, Ingo Wolfgang. *A eficácia dos Direitos Fundamentais*. 10. ed. rev., atual. e ampl. Porto Alegre: Livraria do Advogado, 2011. p. 76-77.

[555] Ingo Wolfgang Sarlet aduz em defesa da fundamentalidade dos direitos sociais: "que, embora existam possíveis distinções de tratamento, este fato não afasta a elevação dos direitos sociais à categoria de fundamentais, pois se sujeitam à lógica do art. 5º, § 1º, da CF, no significado de que, por serem imediatamente aplicáveis todas as normas de direitos fundamentais, deverá ser buscada a máxima eficácia e efetividade possível, inclusive no tocante aos direitos sociais, com a ressalva de que é evidente que a eficácia e efetividade irão variar conforme o direito em questão, pois as circunstâncias do caso concreto são fatores determinantes. Na medida em que certos valores são tidos como universais, como a vida e a dignidade da pessoa humana, mesmo que fiquem sujeitos à realidade fática, para que se verifique sua concretização, não pode ser afastada sua característica de fundamentalidade. Neste contexto, a ligação entre direitos fundamentais sociais, vida e dignidade da pessoa humana, que se traduzem em necessidades existenciais de qualquer indivíduo, [...]." SARLET, Ingo Wolfgang. FIGUEIREDO, Mariana Filchtiner Reserva do possível, mínimo existencial e direito à saúde: algumas aproximações. *Direitos fundamentais & justiça*. Porto Alegre, 2007. Ano 1, nº 1. p. 177-178, out/dez. 2007 – trimestral.

[556] Ibid.

mitados aos expressamente previstos no texto constitucional, mas sim que houvesse um processo contínuo de extensão desses direitos.[557] Visto que a República Federativa consiste num Estado Social e Democrático de Direito, razão pela qual lhe é intrínseca a existência e garantia de direitos fundamentais sociais, com vistas ao alcance da igualdade material, vez que, direitos fundamentais não podem existir "sem Estado ou, pelo menos, sem comunidade política integrada".[558]

Afirme-se: os direitos sociais não são meras normas programáticas, (muito embora, haja quem considere),[559] não se pode encarcerar os direitos fundamentais sociais no conceito frágil e patético de normas programáticas, "uma vez que os valores sociais são os pilares do Estado Democrático de Direito".[560]

Até porque, entende-se por norma constitucional programática as que não receberam do constituinte uma "suficiente normatividade para que possam ser aplicadas, quando se faz necessário que a produção ordinária complete as matérias nelas traçadas",[561] ou seja, aquela em que o constituinte não regula diretamente os interesses ou direitos, mas sim, limita-se a definir princípios que sejam cumpridos pelos três Poderes "como programas das respectivas atividades, pretendendo unicamente a consecução dos fins sociais pelo Estado",[562] pois, nem pelo fato de uma regra constitucional "contemplar determinado direito cujo exercício dependa de legislação integradora não a torna, só por isso, programática".[563] Vale a menção de que regras,[564]

---

[557] SARLET, Ingo Wolfgang. *A eficácia dos Direitos Fundamentais*. 10. ed. rev., atual. e ampl. Porto Alegre: Livraria do Advogado, 2011. p. 82-83.

[558] MIRANDA. Jorge. *Manual de Direito Constitucional*. Coimbra: Coimbra, 2000. p. 8.

[559] Há quem considere direitos sociais como meras normas programáticas. *(mas não são)*. A exemplo de Roger Stiefelmann Leal que refere: "A inexistência, em termos práticos, de tutela judicial aos direitos sociais coloca-os em confronto com a própria idéia de direito fundamental. Afirma Loewenstein que os direitos sociais não são direitos em sentido estrito, já que não podem ser exigidos judicialmente do Estado antes de terem sido institucionalizados por uma ação estatal. Impõe-se, desta forma, o preceito inscrito no art. 75 do Código Civil de que para todo direito há uma ação correspondente que o garante. Não se está pretendendo interpretar a Constituição a partir de uma lei infra-constitucional – o que seria a priori incorreto – mas extrair a lógica intrínseca desse enunciado normativo. Ora, não há de se falar em direito se não há como assegurá-lo judicialmente, pois qualquer violação a este suposto direito não poderia ser, desde logo, sancionada ou compensada. A previsão de determinados reclamos da sociedade como direitos sociais acaba por tentar transformar metas, objetivos a serem atingidos em direitos fundamentais sem atentar para os seus elementos conceituais. Não há como qualificar objetivos como direitos, são conceitos estruturalmente incompatíveis". LEAL, Roger Stiefelmann. *Direitos sociais e a vulgarização da noção de direitos fundamentais*. Disponível em: <http://www6.ufrgs.br/ppgd/doutrina/leal2.htm>. 2008. Acesso em: 08 abr. 2013.

[560] ALMEIDA, Dayse Coelho de. A fundamentalidade dos direitos sociais e o princípio da proibição de retrocesso. *Inclusão Social*, Brasília, v.2, n.1. p. 118-124, out. 2006/ mar. 2007. p. 119.

[561] FERRARI, Regina Maria Macedo Nery. Necessidade de Regulamentação Constitucional. In: *Caderno de Direito Constitucional e Ciência Política*. vol. 18. ed. Revista dos Tribunais. p. 63.

[562] DINIZ, Maria Helena. *Dicionário Jurídico*. São Paulo: Saraiva, 1998, vol. 3. p. 371.

[563] A título de exemplo: "Não há identidade possível entre a norma que confere ao trabalhador direito ao 'seguro desemprego' em caso de desemprego involuntário (CF, art. 7º, II) e a que estatui que a família tem especial proteção do Estado (CF, art. 226). No primeiro caso, existe um verdadeiro direito. Há uma prestação positiva a exigir-se, eventualmente, frustrada pelo legislador ordinário. No segundo caso, faltando o Poder Público a um comportamento comissivo, nada lhe será exigível, senão que se abstenha de atos que impliquem a 'desproteção' da família". O mesmo exemplo pode ser aplicado à saúde. BARROSO, Luís Roberto. *O direito constitucional e a efetividade de suas normas*. 5. ed. Rio de Janeiro: Renovar, 2001. p. 120.

[564] "Os dois conjuntos de padrões apontam para decisões particulares acerca da obrigação jurídica em circunstâncias específicas, mas distinguem-se quanto à natureza da orientação que oferecem. As regras são

são diferentes de princípios jurídicos,[565] [566] ou seja, tomando como ponto de partida, a concepção de Robert Alexy, os princípios são mandados de otimização, cabe, portanto, interpretação de acordo com o caso concreto, enquanto as regras vêm previamente definidas (no texto constitucional) e não cabe qualquer interpretação. Dito de outra maneira, a Constituição Federal, além de ter a "tarefa de apontar para o futuro", mas principalmente tem função de proteger direitos arduamente conquistados, e por meio dos princípios constitucionais, sejam eles implícitos ou explícitos, "é possível combater alterações feitas por maiorias políticas eventuais, que legislando na contramão da programaticidade constitucional, retiram (ou tentam retirar) conquistas da sociedade".[567]

Os direitos e garantias individuais expressos no artigo 60, § 4º, inc. IV, da Carta Magna, incluem, portanto, os direitos sociais, direitos de nacionalidade, cidadania e são alcançados pela proteção das cláusulas pétreas, mesmo de "titularidade individual, ainda que alguns sejam de expressão coletiva. É o

---

aplicáveis à maneira do tudo-ou-nada. Dados os fatos que uma regra estipula, então ou a regra é válida, e neste caso a resposta que ela fornece deve ser aceita, ou não é válida, e, neste caso em nada contribui para a decisão". DWORKIN, Ronald. *Levando os direitos a sério*. Tradução de Nelson Boeira. São Paulo: Martins Fontes, 2002. p. 39.

[565] *Tradução livre de:* "El punto decisivo para la distinción entre reglas y principios es que los principios son normas que ordenan que se realice algo en la mayor medida posible, en relación con las posibilidades jurídicas y fácticas. Los principios son, por consiguiente, mandatos de optimización que se caracterizan porque pueden ser cumplidos en diversos grados y porque la medida ordenada de su cumplimiento no sólo depende de las possibilidades fácticas, sino también de las possibilidades jurídicas. El campo de las possibilidades jurídicas está determinado a través de principios y reglas que juegan en sentido contrario. En cambio, las reglas son normas que exigen un cumplimiento pleno y, en esa medida, pueden siempre ser sólo o cumplidas o incumplidas. Si uma regla es válida, entonces es obligatorio hacer precisamente lo que ordena, ni más ni menos. Las reglas contienen por ello determinaciones en el campo de lo possible fáctica y jurídicamente. Lo importante por ello no es si la manera de actuar a que se refiere la regla puede o no ser realizada en distintos grados. Hay por tanto distintos grados de cumplimiento. Si se exige la mayor medida possible de cumplimiento en relación con las possibilidades jurídicas y fácticas, se trata de un principio. Si sólo se exige una determinada medida de cumplimiento, se trata de una regla". ALEXY, Robert. *Sistema jurídico, princípios jurídicos y razón práctica*. Doxa – Cuadernos de Filosofia del Derecho. n. 5. p. 139-151, 1988. Disponível em: <http://www.cervantesvirtual. com/servlet/SirveObras? portal=0&urlPropia=15290>. Acesso em: 04 fev. 2013. p. 143-144.

[566] Alexy aduz: *Tradução livre de:* "No es fácil una comparación entre la teoría del Derecho de Dworkin y la mía. Ciertamente, hay muchas cosas comunes, pero el armazón conceptual de ambas teorías es bien distinto. Quizás pudiera decirse incluso que ambas teorías son relativamente semejantes en lo substancial, pero bastante distintas en lo formal. De todas formas, también hay diferencias sustanciales. Así, aunque el concepto de principio jurídico juega su papel n ambas teorías, el manejo que se hace del mismo varía. En mi concepción, los principios tienen el carácter de mandatos de optimización. Además, los bienes colectivos pueden también ser objeto de regulación de los principios. Eso lleva a que en la contestación a la pregunta de si se ha lesionado um derecho fundamental juegue un papel central el principio de proporcionalidad y, con ello, la ponderación. Las cosas son distintas en la visión de Dworkin de los derechos como triunfos («trumps»). También hay diferencias en la determinación de las relaciones entre libertad e igualdad. Yo considero la libertad y la igualdad como principios del mismo rango que pueden entrar en colisión. Pero eso queda excluido en la visión de Dworkin de la igualdad («equal concern») como la virtud suprema («sovereign virtue») de la comunidad política. Para mí, el concepto que expresa la armonía a la que se aspira no es el de igualdad, sino el de corrección. Tanto la libertad como la igualdad están subordinados a esta idea regulativa." ATIENZA, Manuel. *Entrevista com Robert Alexy*. Doxa-Publicaciones periódicas. n. 24, 2001. Disponível em: <http://www. cervantesvirtual.com/servlet/ SirveObras/01372719768028837422802/doxa24/doxa24_28.pdf>. Acesso em: 25 jan. 2010. p. 674.

[567] STRECK, Lenio Luiz. *Hermenêutica jurídica e(m) crise*: uma exploração hermenêutica da construção do Direito. 4. ed. rev. atual. Porto Alegre: Livraria do Advogado, 2003. p. 53.

indivíduo que tem assegurado o direito de voto, assim como é o indivíduo que tem direito à saúde".[568]

Isso levou a uma luta pela democratização do Estado, que intensificou debates sobre políticas públicas – de corte social, como informa Raquel Raichelis, vez que "este movimento põe em discussão não apenas o padrão histórico que tem caracterizado a realização das políticas sociais em nosso país – seletivo, fragmentado, excludente e setorizado", mas também, e principalmente a "necessidade de democratização dos processos decisórios responsáveis pela definição de prioridades e modos de gestão de políticas e programas sociais".[569]

Dir-se-ia mais, os direitos fundamentais custam dinheiro, e grandes são os desafios, no âmbito de suas concretizações, pois envolve pressupostos e requisitos de múltiplas variáveis, sejam elas econômicas, de disponibilidade orçamentária, de políticas públicas específicas as demandas, da deliberações por parte dos parlamentares, além de ações do próprio Poder Executivo.

Nesse sentido pergunta Cristina M. M. Queiroz, qual o limite:

Os Direitos Fundamentais Sociais colocam quase sempre um problema quantitativo, relacionado ao fato de saber: quantos meios de subsistência? Quanta instrução? Quanto trabalho? Quanta habitação? Quanta saúde? Quanta educação? No limite, a questão constitucional refere-se estritamente a um problema de delimitação: como traçar os limites de um direito subjetivo sem violar o princípio da igualdade? [570]

E justamente a eficácia ao implemento de políticas públicas faz com que a população tenha nas suas expectativas, uma promessa de concretização vez que, os direitos sociais "surgiram juridicamente como prerrogativas dos segmentos mais desfavoráveis – sob a forma normativa de obrigações do Executivo", além da intervenção proativa e subsequente dos poderes públicos. O que não pode acontecer, que os direitos sociais sejam puros e "simplesmente ser 'atribuídos' aos cidadãos", necessário sim que o Estado assuma o seu papel, que estabeleça políticas públicas "dirigidas a segmentos específicos da sociedade – políticas essas que têm por objetivo fundamentar esses direitos e atender às expectativas por eles geradas com sua positivação".[571]

As políticas públicas são metas a serem atingidas, são programas de ação estatal, que têm "como escopo a coordenação dos recursos disponíveis pelo Estado e também no que tange às atividades privadas com a finalidade de

---

[568] "Caso fôssemos aferrar-nos a esta exegese de cunho estritamente literal, teríamos de reconhecer que não apenas os direitos sociais (arts. 6º a 11), mas também os direitos de nacionalidade (arts. 12 e 13), bem como os direitos políticos (arts. 14 a 17) fatalmente estariam excluídos da proteção outorgada pela norma contida no art. 60, § 4º, inc. IV, de nossa Lei Fundamental. Aliás, por uma questão de coerência, até mesmo os direitos coletivos (de expressão coletiva) constantes no rol do art. 5º não seriam merecedores desta proteção. Já esta simples constatação indica que tal interpretação dificilmente poderá prevalecer". SARLET, Ingo Wolfgang. *A eficácia do direitos fundamentais*. 8. ed. Porto Alegre: Livraria do Advogado, 2007. p. 430.

[569] RAICHELIS, Raquel. *Gestão pública e a questão social na grande cidade*. Lua Nova, São Paulo, n. 69, 2006. p. 13-48. Disponível em: <http://www.scielo.br/pdf/ln/n69/a03n69.pdf>. Acesso em: 15 ago. 2010. p. 5.

[570] QUEIROZ, Cristina M. M. *O Princípio da não reversibilidade dos Direitos Fundamentais Sociais*. Coimbra: Coimbra Editora, 2007. p. 67.

[571] FARIA, José Eduardo (org.). "O Judiciário e os Direitos Humanos e Sociais: notas para uma avaliação da justiça brasileira". In: FARIA, José Eduardo. (Hsgb) *Direitos Humanos, Direitos Sociais e Justiça*. São Paulo: Malheiros, 1994. p. 105.

ações que possuam relevância que sejam politicamente determinados", ao que chama também de "metas coletivas conscientes".[572]

Para tanto, José Joaquim Gomes Canotilho bem afirma, que a positivação, restou importante nesse sentido:

1) positivação dos direitos econômicos, sociais e culturais sob a forma de *normas programáticas* definidoras de tarefas e fins do Estado (*Staatszielbestimmungen*) de conteúdo eminentemente social;

2) positivação dos direitos econômicos, sociais e culturais na qualidade de *normas de organização* atributivas de competência para a emanação de medidas relevantes [...];

3) positivação dos <direitos sociais> através da consagração constitucional de *garantias institucionais* (*Institucionelle Garantien*), obrigando o legislador a proteger a essência de certas instituições (família, administração local, saúde pública) e a adotar medidas estritamente conexionadas com o "valor social eminente" dessas instituições;

4) positivação dos direitos sociais como *direitos subjectivos públicos*, isto é, direitos inerentes ao espaço existencial dos cidadãos.[573]

Essa positivação vem associada a reserva do possível, a dependência socioeconômica, ou ainda, os direitos na medida da lei, ou seja, constituem "direitos relativos por desencadearem sua plena eficácia e se tornarem exigíveis tão somente depois de concretizados pelo legislador".[574]

Por outro lado, sinaliza Jorge Miranda que os direitos sociais, não têm aplicação ou execução imediata, mas diferida, ou seja, são mais que

Comandos-regras, explicitam comandos-valores; conferem *elasticidade* ao ordenamento constitucional; têm como destinatário primacial – embora não único o *legislador*, a cuja opção fica a ponderação do tempo e dos meios em eu vêm a ser revestidas de plena eficácia (e nisso consiste a discricionariedade); não consentem que os cidadãos ou quaisquer cidadãos as invoque já (ou imediatamente após a entrada em vigor da Constituição), pedindo aos tribunais o seu cumprimento só por si, pelo que pode haver quem afirme que os direitos que delas constam, *máxime* os direitos sociais, têm mais natureza de expectativa que de verdadeiros direitos subjectivos; aparecem, muitas vezes, acompanhadas de conceitos indeterminados ou parcialmente indeterminados.[575]

Em vista disso, necessário se torna sim, a implementação progressiva de execução das políticas públicas para a realização desses direitos, depende da disponibilidade dos meios.

Contemporaneamente fala-se também em crise dos direitos fundamentais, e não apenas dos direitos sociais, com o aumento dos índices de exclusão social, crescente marginalização e criminalidade e "violência nas relações sociais em geral, acarretando, por sua vez, um número cada vez maior de agressões ao patrimônio, vida, integridade corporal, intimidade, dentre outros bens jurídicos fundamentais".[576] É o que Flávia Piovesan chama de movimento de

---

[572] BUCCI, Maria Paula Dallari. *Direito Administrativo e Políticas Públicas*. São Paulo: Saraiva, 2002. p. 241.

[573] CANOTILHO, José Joaquim Gomes. *Estudos sobre direitos fundamentais*. Coimbra: Coimbra Editora, 2004. p. 37-38.

[574] SARLET, Ingo Wolfgang. *A eficácia dos Direitos Fundamentais*. 10. ed. rev., atual. e ampl. Porto Alegre: Livraria do Advogado, 2011. p. 290.

[575] MIRANDA, Jorge. *Manual de direito constitucional*. 4. ed. Coimbra: Coimbra Editora, 1990. p. 218.

[576] SARLET, loc. cit., p. 8.

"esfacelamento de direitos sociais", mais precisamente uma violação constitucional, "são direitos intangíveis e irredutíveis, que são providos da garantia da suprema rigidez, o que torna inconstitucional qualquer ato que tenda a restringi-los ou aboli-los".[577]

Nesse passo, adverte-se também, a total ausência da dimensão social na agenda do MERCOSUL, que deixou para um segundo plano a dimensão social:

> Não foi instituída a dimensão social no Tratado de Assunção, embora tenha referido o objetivo do desenvolvimento com justiça social, pois inexistem cláusulas [...] embora tenham feito uma opção, uma preferência econômica no art. 1º, surgiu uma tímida livre circulação de pessoas. Mais tarde dois documentos se apresentam importantes, a Resolução 44/1994 e Decisão 7/1995 do mercado comum. O que o MERCOSUL fez foi estabelecer uma área de livre comércio, ficando num segundo plano a questão social, assim como o déficit democrático no próprio processo de formação sem consulta popular.[578]

Ademais, no que tange a função prestacional dos direitos sociais, no Uruguai, a legislação constitucional, desde a década de 1990, verifica-se uma estratégia de implantação de novas modalidades de políticas sociais, (entre outras na área da saúde – assistência) caracterizadas pela transferência de responsabilidades do Estado para a sociedade e a família, advertem Monica de Martino, Elizabeth Ortega e Silvia Lema.[579]

A Constituição Uruguaia, embora não traga um capítulo específico arrolando os direitos sociais, (como faz a Constituição brasileira) também elenca uma série de artigos a exemplo da proteção a família, infância e juventude (arts. 40, 41, 42, 43); direito à saúde (art. 44); moradia (art. 45); direitos trabalhistas (arts. 46, 53, 54, 55, 56, e 57); educação (arts. 68, 70, 71). Inclusive no art. 72 faz expressa menção de que o rol de direitos não é taxativo. Veja-se: A enumeração de direitos, deveres e garantias feita pela Constituição, não exclui outros que são inerentes à pessoa humana ou se derivam da forma republicana de governo.[580] Veja-se abaixo, especificamente o artigo 44:

> Artigo 44. O Estado deve legislar sobre todas as matérias relacionadas com a saúde pública e segurança, garantindo o desenvolvimento físico, moral e social de todos os habitantes do país.

---

[577] PIOVESAN, Flávia. *Não à desconstitucionalização dos direitos sociais*. Revista Consultor Jurídico, 02 de jun. 2000. Disponível em: <http://conjur.uol.com.br/textos/2843/>. Acesso em: 10 abr. 2013.

[578] ALMEIDA, Rosângela da Silveira. *Proteção social no Mercosul*: a saúde dos trabalhadores de municípios fronteiriços do Rio Grande do Sul. Porto Alegre, 2008. Tese (Doutorado em Serviço Social). Faculdade de Serviço Social, PUCRS. Orientação: Profa. Dra. Jussara M. R. Mendes. p. 47.

[579] *Tradução livre de*: "Desde la década de los noventa se verifica una estrategia de implantación de nuevas modalidades de Poíiticas Sociales, fundamentalmente em el área de la assistência, caracterizadas por la transferência de responsabilidades del Estado a la sociedade civil y a la família". MARTINO, Mónica de; ORTEGA, Elizabeth; LEMA, Silvia. Tendencias Actuales en el Patrón de Protección Social Claro-Oscuros en la Era Progresista. In: MENDES, Jussara et.al. *MERCOSUL em Múltiplas Perspectivas*. Org. Porto Alegre: EDIPUCRS, 2008. p. 223.

[580] *Tradução livre de*: "Artículo 72.- La enumeración de derechos, deberes y garantías hecha por la Constitución, no excluye los otros que son inherentes a la personalidad humana o se derivan de la forma republicana de gobierno".

Todos os cidadãos têm o dever de cuidar de sua saúde, bem como para receber o tratamento em caso de doença. O Estado deve fornecer gratuitamente e prevenção significa apenas assistência aos indigentes ou a falta de recursos suficientes.[581]

Assim como o Brasil, o Uruguai também ratificou o Pacto Internacional de Direitos Econômicos, Sociais e Culturais, o que é bastante positivo com a plena inserção do Uruguai no cenário do direito internacional dos direitos humanos, tendo ratificado os mais importantes tratados tanto em nível regional como universal.[582]

Destaca ainda, Graciela Romero que há a existência de um consenso jurisprudencial e doutrinal sobre os direitos humanos reconhecidos nos pactos e tratados, que tem hierarquia constitucional.[583] Ao que se chega à proibição do retrocesso (estando os direitos positivados ou não).

4.2. Proibição de retrocesso social

O princípio da proibição de retrocesso não é novo, muito já foi escrito e discutido sobre a temática, porém, – importante para o objeto da tese – a abordagem histórica e conceitual em âmbito nacional e internacional; para afirmar-se que não se pode retroceder pura e simplesmente sem que isso acarrete responsabilidades, pois uma vez instituídos, são garantias e direitos. E aqui se acompanha o raciocínio de José Joaquim Gomes Canotilho, nos seguintes termos:

A ideia aqui expressa também tem sido designada como proibição de "contra-revolução social" ou da "evolução reacionária". Com isso quer dizer-se que os direitos sociais económicos (ex.: direito dos trabalhadores, direito à assistência, direito à educação), (acrescente-se a saúde) uma vez obtido um determinado grau de realização, passam a constituir, simultaneamente, uma *garantia institucional* e um *direito subjectivo*. [...] A violação do núcleo essencial efectivado justificará a sanção de inconstitucionalidade relativamente a normas manifestamente aniquiladoras da chamada "justiça social". [...] O princípio da proibição de retrocesso social pode formular-se assim: o núcleo essencial dos direitos sociais já realizado e efectivado através de medidas legislativas [...] deve considerar-se constitucionalmente garantido, sendo inconstitucionais quaisquer medidas es-

---

[581] *Tradução livre de:* Artículo 44. El Estado legislará en todas las cuestiones relacionadas con la salud e higiene públicas, procurando el perfeccionamiento físico, moral y social de todos los habitantes del país. Todos los habitantes tienen el deber de cuidar su salud, así como el de asistirse en caso de enfermedad. El Estado proporcionará gratuitamente los medios de prevención y de asistencia tan sólo a los indigentes o carentes de recursos suficientes. PARLAMENTO. *Constitución de La República.* Disponível em: <http://www.parlamento.gub.uy/constituciones/const004.htm>. Acesso em: 05 abr. 2013.

[582] *Tradução livre de:* "Es de destacar como positivo la plena inserción de Uruguay en el seno del derecho Internacional de los derechos Humanos al haber ratificado los tratados más importantes tanto a nivel regional como universal". ROMERO, Graciela. *Reflexiones acerca de la exigibilidad y justiciabilidad de los Derechos Económicos, Sociales y Culturales (DESC).* Disponível em: <http://www.choike.org/documentos/desc_romero.pdf>. Acesso em: 05 abr. 2012.

[583] *Tradução livre de:* "La existencia de un consenso jurisprudencial y doctrinal sobre que los derechos humanos reconocidos en los pactos y tratados tienen jerarquia constitucional (Marabotto así lo sostiene en su libro "Los derechos humanos en la jurisprudencia de la Suprema Corte de Justicia en Uruguay)". ROMERO, Graciela. *Reflexiones acerca de la exigibilidad y justiciabilidad de los Derechos Económicos, Sociales y Culturales (DESC).* Disponível em: <http://www.choike.org/documentos/ desc_romero.pdf>. Acesso em: 05 abr. 2012.

taduais que, sem a criação de outros esquemas alternativos ou compensatórios, se traduzam, na prática, numa "anulação", "revogação" ou "aniquilação" pura e simples desse núcleo essencial.[584] (grifou-se)

Vale a ressalva, de que os direitos de prestação – passam a ser direitos subjetivos – daquelas pessoas que são beneficiados pelos programas sociais, e, portanto, perfectibiliza-se assim, o princípio do não retrocesso social, nesse sentido, José Joaquim Gomes Canotilho adverte:

> Uma vez obtido um determinado grau de realização, passam a constituir, simultaneamente, uma garantia institucional e um direito subjetivo. A "proibição de retrocesso social" nada pode fazer contra as recessões e crises econômicas (reversibilidade fática), mas o princípio em análise limita a reversibilidade dos direitos adquiridos (ex.: segurança social, subsídio de desemprego, prestações de saúde), em clara violação do princípio da proteção da confiança e da segurança dos cidadãos no âmbito econômico, social e cultural, e do núcleo essencial da existência mínima inerente ao respeito pela dignidade da pessoa humana. O reconhecimento desta proteção de "direitos prestacionais de propriedade", subjetivamente adquiridos, constitui um limite jurídico do legislador e, ao mesmo tempo, uma obrigação de prossecução de uma política congruente com os direitos concretos e as expectativas subjetivamente alicerçadas.[585]

Por um lado, o princípio da proibição do retrocesso, pode ser entendido como direito subjetivo negativo em que o Estado tem o direito de se abster de atentar contra ele, por outro lado, a mera "subtração à livre e oportunística disposição do legislador, da diminuição de direitos adquiridos" como a prestação de saúde, representa uma violação do princípio (da confiança e da segurança).[586]

Lembra Luís Roberto Barroso que a vedação do retrocesso, embora não seja uma ideia recente, é "começa a ganhar curso na doutrina constitucional brasileira",[587] que quer dizer, são ganhos sociais e econômicos, (que) "após serem realizados, jamais poderão ser ceifados ou anulados", são – garantia constitucional.[588] Embora, ainda "não esteja suficientemente difundido entre nós, tem encontrado crescente acolhida no âmbito da doutrina mais afinada com a concepção do Estado democrático de Direito",[589] consagrada na Carta Magna.

De plano, invoca-se a leitura (e releitura) tangenciada por Ingo Wolfgang Sarlet, principalmente na abordagem do núcleo essencial e as observações que dizem respeito quanto à implementação de determinada prestação pelo Estado, (já tendo o direito sido concretizado). Quando esse não poderá, posteriormente ou mesmo arbitrariamente, retirar tal direito alcançado pelo indivíduo,

---

[584] CANOTILHO, José Joaquim Gomes. *Direito constitucional*. Coimbra: Almedina, 2003. p. 338-340.

[585] Id. *Direito constitucional e teoria da Constituição*. 7. ed. Coimbra: Almedina, 2003. p. 479.

[586] Id. *Direito Constitucional*. 6. ed. Coimbra: Livraria Almedina, 1993. p. 493.

[587] BARROSO, Luís Roberto. *O direito constitucional e a efetividade de suas normas*. 8. ed. Rio de Janeiro: Renovar, 2006. p. 152.

[588] AFONSO, Túlio Augusto Tayano. Direitos sociais e princípio do não retrocesso social. *Revista de Direito do Trabalho*. Ano 32, n. 124. p. 237-252, out./dez. 2006. p. 243.

[589] STRECK, Lenio Luiz. *Hermenêutica Jurídica e(m) crise*. Uma exploração hermenêutica da construção do direito. Porto Alegre: Livraria do Advogado, 1999. p. 31.

Mobilidade, Fronteiras & Direito à Saúde

ao que se denomina especificamente de "vedação do retrocesso social".[590] Mas o que se entende por núcleo essencial? Opina a respeito o autor:

> A garantia de intangibilidade desse núcleo ou conteúdo essencial de matérias (nominadas de cláusulas pétreas), além de assegurar a identidade do Estado brasileiro e a prevalência dos princípios que fundamentam o regime democrático, especialmente o referido princípio da dignidade da pessoa humana, resguarda também a Carta Constitucional dos "casuísmos da política e do absolutismo das maiorias parlamentares".[591]

Constitui o núcleo essencial à vedação ao legislador de suprimir, a concretização de norma constitucional, "que trate do núcleo essencial de um direito fundamental social impedindo a sua fruição, sem que sejam criados mecanismos equivalentes ou compensatórios". Adverte ainda, que é proibido "o estabelecimento (ou restabelecimento, conforme o caso) de um vácuo normativo em sede legislativa".[592]

A proibição de retrocesso é um "limite dos limites dos direitos fundamentais sociais" refere Ingo Wolfgang Sarlet e não há como desvincular esse conceito de outro, que é o mínimo existencial, vale a referência:

> A noção de mínimo existencial, compreendida, por sua vez, como abrangendo o conjunto de prestações materiais que asseguram a cada indivíduo uma vida com dignidade, no sentido de uma vida saudável, ou seja, de uma vida que corresponda a padrões qualitativos mínimos, nos revela que a dignidade da pessoa atua como diretriz jurídico-material tanto para a definição do núcleo essencial (embora não necessariamente em todos os casos e da mesma forma), quanto para a definição do que constitui a garantia do mínimo existencial, que, na esteira de farta doutrina, abrange bem mais do que a garantia da mera sobrevivência física, não podendo ser restringido, portanto, à noção de um mínimo vital ou a uma noção estritamente liberal de um mínimo suficiente para assegurar o exercício das liberdades fundamentais, ainda mais em se tratando de um "ambiente constitucional", como é o caso do latino-americano, marcado – em termos majoritários, embora não uniformes – por um constitucionalismo socialmente comprometido, pelo menos no plano formal. [593] [594]

O Estado não pode se furtar dos deveres de concretizar o mínimo existencial, "de maximizá-lo e de empregar os meios ou instrumentos cabíveis para sua promoção, sob pena de a sociedade vir a experimentar uma imensa limitação no exercício de todos os seus direitos",[595] portanto adverte ainda, Gilmar Ferreira Mendes, o núcleo essencial dos direitos fundamentais, "é a unidade substancial que, independentemente de qualquer situação concreta, estaria a salvo da decisão legislativa", veja-se:

---

[590] SARLET, Ingo Wolfgang. *A eficácia dos Direitos Fundamentais*. 10. ed. rev., atual. e ampl. Porto Alegre: Livraria do Advogado, 2011. p. 300-301.

[591] Id. *A Eficácia dos Direitos Fundamentais*. 5. ed. Livraria do Advogado, 2003. p. 354.

[592] DERBLI, Felipe. *O princípio da proibição de retrocesso social na Constituição de 1988*. São Paulo: Renovar, 2007. p. 298.

[593] SARLET. Ingo Wolfgang. *Notas sobre a assim designada proibição de retrocesso social no constitucionalismo Latino-americano*. Rev. TST, Brasília, vol. 75, n. 3, jul/set 2009 p. 117. Disponível em <http://www.tst.jus.br/documents/1295387/1312882/7.+notas+sobre+a+assim+designada+proibi% c3%a7%c3%a3o+de+retrocesso+social+no+constitucionalismo+latino-americano>. Acesso em: 10 abr. 2013.

[594] Ibid.

[595] BARNES, Javier. Introducción al principio de proporcionalidad en el derecho comparado y comunitario. *Revista de Administración Pública*, Madrid, n. 135. p. 495-522, 1994. p. 510.

Haveria, em abstrato, um espaço suscetível de limitação pelo legislador e outro insuscetível de ser afetado. A teoria relativa, por sua entende que o núcleo essencial há de ser definido *in casu*, tendo em vista o objetivo a ser perseguido pela norma de caráter restritivo. Assim, seria definido pela utilização de um processo de ponderação entre meios e fins para aferir aquele mínimo insuscetível de restrição.[596]

Ambas as teorias se completam, vez que não há a definição, *a priori*, do que seria núcleo essencial de um direito fundamental, pois não vem expresso na Constituição Federal, o que ocorre, (e precisa ocorrer) é uma "atuação da hermenêutica no caso concreto, que, objetivamente, trará a definição do que é essencial e mínimo para o direito em questão".[597]

Assim, o princípio da vedação do retrocesso, adverte Luis Roberto Barroso:

> Por este princípio, que não é expresso, mas decorre do sistema jurídico-constitucional, entende-se que se uma lei, ao regulamentar um mandamento constitucional, instituir determinado direito, ele se incorpora ao patrimônio jurídico da cidadania e não pode ser arbitrariamente suprimido. Nessa ordem de ideias, uma lei posterior não pode extinguir um direito ou garantia, especialmente os de cunho social, sob pena de promover um retrocesso, abolindo um direito fundado na Constituição. O que se veda é o ataque à efetividade da norma, que foi alcançado a partir de sua regulamentação. Assim, por exemplo, se o legislador infraconstitucional deu concretude a uma norma programática ou tornou viável o exercício de um direito que dependia de sua intermediação, não poderá simplesmente revogar o ato legislativo, fazendo a situação voltar ao estado de omissão legislativa anterior.[598]

Ademais, existe uma relação umbilical entre a proibição do retrocesso social e os princípios, tanto da segurança jurídica como da dignidade da pessoa humana refere Ingo Wolfgang Sarlet. Observe-se, que a garantia da segurança jurídica não se esgota segundo o artigo 5º inciso XXXVI da Constituição, na irretroatividade das leis, direito adquirido, coisa julgada e ato jurídico perfeito, nem mesmo na limitação ao poder constituinte derivado, mas sim, vai além, podendo atingir regras, que "possam implicar algum retrocesso social, frustrando legítimas expectativas de direito, criadas pelo próprio Estado ao concretizar direitos fundamentais proclamados na Lei Maior", porque a "segurança jurídica, na sua dimensão objetiva, exige um patamar mínimo de continuidade do Direito", de sorte que, na perspectiva subjetiva, "significa a proteção da

---

[596] MENDES, Gilmar Ferreira. *Direitos fundamentais e controle de constitucionalidade*. 3. ed. São Paulo: Saraiva, 2004. p. 43-44.

[597] "O conteúdo mínimo dos direitos fundamentais, assim, cede espaço tanto para a deliberação judicial (hermenêutica) quanto para a deliberação política, ou seja, pode-se relegá-lo ao legislador constituinte, que o define explícita ou explicitamente no texto fundamental, e ao Poder Judiciário, na sindicabilidade das políticas públicas e da produção legislativa infraconstitucional. Sarlet defende a posição de que o núcleo essencial dos direitos fundamentais está vinculado à dignidade da pessoa humana. Por certo que na apuração da ofensa ao núcleo essencial, inclusive pela utilização da proporcionalidade, a dignidade será considerada, seja como valor, seja como princípio. [...] O núcleo essencial, assim delineado, verificável somente a partir do caso concreto e dos direitos tomados em exame, servirá de limite para a conformação legislativa na densificação normativa dos direitos fundamentais sociais". AWAD, Fahd Medeiros. *Proibição de retrocesso social diante da garantia do núcleo essencial dos Direitos Fundamentais*. Revista Justiça do Direito, v. 24, n. 1, 2010 – p. 90-100. Disponível em: <http://www.upf.br/seer/index. php/rjd/article/view/2146>. Acesso em: 11 abr. 2013.

[598] BARROSO, Luis Roberto *Direito Constitucional e a Efetividade das Normas*. 5. ed. Rio de Janeiro, Renovar, 2001. p. 158-159.

confiança do cidadão nesta continuidade da ordem jurídica no sentido de uma segurança individual das suas próprias posições jurídicas".[599]

A dignidade da pessoa humana é o fundamento da República, significa, "sem transcendências ou metafísicas, o reconhecimento do *homo noumenon*, ou seja, do indivíduo como limite e fundamento do domínio político da República",[600] apesar de o princípio do não retrocesso social não estar explícito, (a exemplo do princípio da dignidade da pessoa humana, que está), tem plena aplicabilidade, uma vez que é decorrente do sistema jurídico-constitucional, "entende-se que se uma lei, ao regulamentar um mandamento constitucional, instituir determinado direito, ele se incorpora ao patrimônio jurídico da cidadania e não pode ser absolutamente suprimido".[601] Por conseguinte, a essencialidade do princípio da dignidade da pessoa humana, erigida como princípio norteador da Constituição, é cânone constitucional "que incorpora as exigências de justiça e dos valores éticos, conferindo suporte axiológico a todo o sistema jurídico brasileiro".[602]

Dessa feita, a dignidade da pessoa humana, na sua condição de "premissa antropológica"[603] do Estado Constitucional, implica dever do Estado de "impedir que as pessoas sejam reduzidas à condição de mero objeto no âmbito social, econômico e cultural", pois se exige um mínimo de direitos sociais, que sejam capazes de efetivar a "participação do cidadão no processo democrático-deliberativo de uma autêntica sociedade aberta".[604]

Sem dúvida existe forte e inquestionável conexão entre a proibição de retrocesso e a segurança jurídica, e outros princípios[605] ou mesmo outros institutos jurídico constitucionais, como a proporcionalidade e razoabilidade, ou

---

[599] SARLET, Ingo Wolfgang. *A eficácia do direito fundamental à segurança jurídica*: dignidade da pessoa humana, direitos fundamentais e proibição de retrocesso social no direito constitucional brasileiro. 2005. Disponível em: <http://www.mundojuridico.adv.br>. Acesso em: 09 abr. 2013.

[600] CANOTILHO, Joaquim José Gomes. *Direito Constitucional e Teoria da Constituição*. 3.ed. Coimbra, Portugal:Editora Almedina, 1998. p. 221.

[601] BARROSO, Luís Roberto. *O direito constitucional e a efetividade de suas normas*. 5. ed. Rio de Janeiro: Renovar, 2001. p. 158.

[602] PIOVESAN, Flávia. *Direitos humanos e o direito constitucional internacional*. 4. ed. São Paulo: Max Limonad, 2000. p. 54-55.

[603] HÄBERLE, Peter. Dignita Dell'Uomo e Diritti Sociali nelle Costituzioni degli Stati di Diritto. In: *Costituzione e Diritti Sociali*. Éditions Universitaires Fribourg Suisse, 1990. p. 99-100-102. Ver: SARLET. Ingo Wolfgang. *Notas sobre a assim designada proibição de retrocesso social no constitucionalismo Latino-americano*. Rev. TST, Brasília, vol. 75, no 3, jul/set 2009 p. 117. Disponível em <http://www.tst.jus.br/documents/1295387/1312882/7.+notas+sobre+a+assim+designada+proibi% c3%a7%c3%a3o+de+retrocesso+social+no+constitucionalismo+latino-americano>. Acesso em: 10 abr. 2013.

[604] SARLET. Ingo Wolfgang. *Notas sobre a assim designada proibição de retrocesso social no constitucionalismo Latino-americano*. Rev. TST, Brasília, vol. 75, n. 3, jul/set 2009 p. 117. Disponível em <http://www.tst.jus.br/documents/1295387/1312882/7.+notas+sobre+a+assim+designada+proibi% c3%a7%c3%a3o+de+retrocesso+social+no+constitucionalismo+latino-americano>. Acesso em: 10 abr. 2013.

[605] Aduz Sarlet: São "seguintes princípios e argumentos de matriz jurídico-constitucional, o que não vale *dizer (insista-se!) que a proibição de retrocesso se confunda com tais institutos ou mesmo que deles decorra exclusivamente, ainda mais quando considerados de modo isolado.* (grifou-se)
a) Dos princípios do Estado Democrático e Social de Direito, em suma, daquilo que hoje corresponde ao modelo do Estado Constitucional, que exige a promoção e manutenção de um patamar mínimo tanto em termos de proteção social quanto em termos de segurança jurídica, o que necessariamente, dentreoutros aspectos, abrange a garantia de um mínimo existencial, assim como a proteção contra medidas retroativas, e,

ainda, com própria dignidade da pessoa humana.[606] Observe-se que a vedação do retrocesso social é a possibilidade de invalidar a revogação de normas que, "regulamentando o princípio, concedam ou ampliem direitos fundamentais, sem que a revogação em questão seja acompanhada de uma política substitutiva equivalente".[607]

Ao mesmo tempo em que a proibição de retrocesso guarda relação com a proteção e promoção dos direitos sociais em âmbito interno, guarda relação também com o dever de progressiva realização, em âmbito internacional, contido em cláusulas vinculativas de Direito Internacional priorização do dever de implantação efetiva, (a exemplo do Pacto Internacional de direitos sociais, econômicos e culturais, de 1966) de uma "ampliação de uma cidadania inclusiva".[608]

---

pelo menos em certa medida, contra atos de cunho retrocessivo – ainda que de efeitos prospectivos – de um modo geral;

b) Do princípio da dignidade da pessoa humana que, exigindo a satisfação – por meio de prestações positivas (e, portanto, de direitos fundamentais sociais) – de uma existência condigna para todos, tem como efeito, na sua perspectiva negativa, a inviabilidade de medidas que fiquem aquém deste patamar. Embora o conteúdo em dignidade da pessoa humana dos direitos fundamentais não possa, ainda mais no caso de constituições analíticas e muito pródigas em direitos, ser pura e simplesmente equiparada ao conteúdo essencial dos direitos fundamentais, é certo que tanto a dignidade da pessoa humana quanto o núcleo essencial operam como limites dos limites aos direitos fundamentais, blindando tais conteúdos (dignidade e/ou núcleo essencial) em face de medidas restritivas, o que se aplica, em termos gerais, tanto aos direitos sociais quanto aos demais direitos fundamentais;

c) Do dever de assegurar a máxima eficácia e efetividade às normas definidoras de direitos fundamentais, que necessariamente abrange também a maximização da proteção dos direitos fundamentais, exigindo um sistema de tutela isento de lacunas. Aliás, neste sentido convém colacionar a lição de Peter Häberle, ao sustentar a necessidade de se ter sempre presente a máxima do desenvolvimento de uma "eficácia protetiva" dos direitos fundamentais;

d) O princípio da proteção da confiança, na condição de elemento nuclear do Estado de Direito (já em função de sua íntima conexão com a própria segurança jurídica) impõe aos órgãos estatais – inclusive (mas não exclusivamente) como exigência da boa-fé nas relações com os particulares – o respeito pela confiança depositada pelos indivíduos em relação a um determinado nível de estabilidade e continuidade da ordem jurídica objetiva, assim como dos direitos subjetivos atribuídos às pessoas. A proteção da confiança, portanto, atua menos no sentido de um fundamento propriamente dito da proibição de retrocesso do que como critério auxiliar para sua adequada aplicação. Com efeito, parece evidente que os órgãos estatais, inclusive (mas não só!) por força da segurança jurídica e da proteção à confiança, encontram-se vinculados não apenas às imposições constitucionais no âmbito da sua concretização no plano infraconstitucional, mas devem observar certo grau de vinculação em relação aos próprios atos já praticados. Tal obrigação, por sua vez, alcança tanto o legislador, quando os atos da administração e, em certa medida, os órgãos jurisdicionais, aspecto que, todavia, carece de maior desenvolvimento do que o permitido pelos limites do presente estudo;

e) Além do exposto, constata-se que negar reconhecimento ao princípio da proibição de retrocesso significaria, em última análise, admitir que os órgãos legislativos (assim como o poder público de modo geral), a despeito de estarem inquestionavelmente vinculados aos direitos fundamentais e às normas constitucionais em geral, dispõem do poder de tomar livremente suas decisões mesmo em flagrante desrespeito à vontade expressa do Constituinte[...]

f) Os argumentos esgrimidos restam enrobustecidos por um importante fundamento adicional extraído do Direito Internacional, notadamente no plano dos direitos econômicos sociais e culturais.

SARLET. Ingo Wolfgang. *Notas sobre a assim designada proibição de retrocesso social no constitucionalismo Latino-americano*. Rev. TST, Brasília, vol. 75, n. 3, jul/set 2009 p. 117. Disponível em <http://www.tst.jus.br/documents/1295387/1312882/7.+notas+sobre+a+assim+designada+proibi% c3%a7%c3%a3o+de+retrocess o+social+no+constitucionalismo+latino-americano>. Acesso em: 10 abr. 2013.

[606] Ibid.

[607] BARCELLOS, Ana Paula de. *A eficácia jurídica dos princípios constitucionais*: o princípio da dignidade da pessoa humana. Rio de Janeiro: Renovar, 2002. p. 69.

[608] SARLET. Op. loc. cit.

Da aplicação progressiva desses direitos, resulta a cláusula de proibição do retrocesso social em matéria de direitos sociais, considera Flávia Piovesan:

> Se os direitos civis e políticos devem ser assegurados de plano pelo Estado, sem escusa ou demora – têm a chamada auto-aplicabilidade, os direitos sociais, econômicos e culturais, por sua vez, nos termos em que estão concebidos pelo Pacto, apresentam realização progressiva. [...] No entanto, cabe realçar que tanto os direitos sociais, como os direitos civis e políticos demandam do Estado prestações positivas e negativas, sendo equivocada e simplista a visão de que os direitos sociais só demandariam prestações positivas.[609]

Por outro lado, importante referir que o princípio da proibição do retrocesso foi expressamente acolhido pelo ordenamento jurídico nacional por meio do Pacto de São José da Costa Rica e "caracteriza-se pela impossibilidade de redução dos direitos sociais amparados na Constituição, garantindo ao cidadão o acúmulo de patrimônio jurídico".[610] Ou seja, a vedação de retrocesso social na ordem democrática, especialmente em matéria de direitos fundamentais sociais, "pretende evitar que o legislador infraconstitucional venha a negar (no todo ou em parte essencial) a essência da norma constitucional, que buscou tutelar e concretizar um direito social resguardado em seu texto".[611]

Registre-se por oportuno, que tanto o Pacto Internacional sobre Direitos Econômicos, Sociais e Culturais, como o Protocolo de San Salvador, consagra o princípio da progressividade como evolução na implantação dos direitos sociais.

Também a Convenção Americana de Direitos Humanos de 1969, afirma Carlos Weis, "apesar de a teoria tradicional dos direitos humanos preconizar que as liberdades demandam uma abstenção estatal", o que se vê é o texto americano "filiar-se à corrente moderna, segundo a qual o importante é garantir a observância de todos os direitos humanos, pouco importando natureza das medidas necessárias para garantir sua efetividade máxima".[612]

Por outro lado, quanto ao MERCOSUL, a proibição de retrocesso no acordo internacional sobre a saúde é latente, visto que a maior preocupação é o combate a dengue, por exemplo, que é uma das principais doenças comuns dos países do bloco, sendo que o Brasil tem implantado diferentes ações e experiências,

> nossa experiência no combate ao mosquito transmissor e aos focos da dengue, além das ações de controle da doença com os novos protocolos de procedimentos médicos que adotamos e permitiram reduzir o número de casos em 80% de 2010 para 2011 – explicou o secretário nacional de Vigilância em Saúde, Jarbas Barbosa. Entre essas ações, Barbosa cita a "poltrona de hidratação",

---

[609] PIOVESAN, Flávia. *Direitos Econômicos, Sociais e Culturais e os desafios*. Revista Consultor Jurídico. 2002. Disponível em: <http://conjur.estadao.com.br/static/text/10798,1>. Acesso em: 09 abr. 2013.

[610] MACIEL. Álvaro dos Santos. *Do princípio do não-retrocesso social*. Disponível em <http://www.boletimjuridico.com.br/doutrina/texto.asp?id=1926>. Acesso em: 10 abr. 2013.

[611] Aduz: "A inclusão de tal proibição na ordem jurídica deu-se para impedir a violação do núcleo essencial do Texto Magno, e, por conseqüência, a supressão de normas de justiça social. Com isso, firma-se a vedação do legislador em reduzir qualquer direito social assegurado constitucionalmente, sob pena de violação do princípio de proteção da confiança e segurança dos cidadãos no âmbito social, e de inconstitucionalidade". Ibid.

[612] WEIS, Carlos. *Direitos humanos contemporâneos*. São Paulo: Malheiros, 2006. p. 100.

onde os pacientes aguardam atendimento recebendo soro, e que teria contribuído significativamente para a redução do número de novos casos de dengue.[613]

Essa foi a 33ª Reunião Ordinária de Ministros da Saúde do MERCOSUL realizada no Brasil, em Porto Alegre-RS, sob a condução do ministro da saúde brasileiro Alexandre Padilha. Além da dengue, outros problemas, devem ser enfrentados principalmente o alcoolismo, tabagismo, crack, doenças sexualmente transmissíveis e obesidade:

> Padilha também apresentou os resultados preliminares do Plano Brasileiro de Ações Estratégicas para o Enfrentamento de Doenças Crônicas (DCNT). Essas doenças incluem males como o diabetes, o câncer, as doenças cardiovasculares e as respiratórias crônicas, e são responsáveis por 72% das mortes no Brasil. O objetivo é reduzir em pelos menos dois pontos percentuais o número de óbitos. Doenças como a obesidade, o alcoolismo e o tabagismo também preocupam bastante os Membros do Mercosul, que deve aderir às metas globais de combate a esses males que serão adotadas em 2013 pela Organização Mundial da Saúde. Entre as medidas já colocadas em prática pelo governo brasileiro, o ministro Padilha citou os acordos feitos com as indústrias de alimentos para a redução, até 2016, dos níveis de sódio hoje presentes em produtos como biscoitos, bolos prontos, salgadinhos e maionese. Ainda hoje, Padilha participa, em Porto Alegre, da apresentação da Rede Cegonhas, um programa do governo federal para atendimento materno-infantil, que ocorre à tarde na reitoria da Universidade Federal do Rio Grande do Sul. Às 18h30min, ele abre, na PUCRS, o 10º Congresso Brasileiro de Saúde Coletiva (Abrasco).[614]

Não há como ou porque voltar atrás nessas conquistas, e os países que integram o Bloco, reconhecem isso, por lógico, muito há que se fazer ainda, e representa um grande desafio, pois se lida com a diversidade. Sendo que, a proibição de retrocesso social "visa a impedir que sejam frustrados os direitos sociais já concretizados, tanto na ordem constitucional como na infraconstitucional", isso em atenção aos objetivos da República Federativa do Brasil.[615] Que são:

> Art. 3º Constituem objetivos fundamentais da República Federativa do Brasil:
> I – construir uma sociedade livre, justa e solidária;
> II – garantir o desenvolvimento nacional;
> III – erradicar a pobreza e a marginalização e reduzir as desigualdades sociais e regionais;
> IV – promover o bem de todos, sem preconceitos de origem, raça, sexo, cor, idade e quaisquer outras formas de discriminação.

Justamente, por meio da implementação, concretização de um efetivo Estado democrático (socioambiental) de direito.

Na seara jurisprudencial não é diferente, tendo sido o princípio da proibição do retrocesso, utilizado inúmeras vezes, depois da primeira menção em 17/02/2000, por meio da Ação Direta de Inconstitucionalidade (ADI nº 2.065-DF), de relatoria, do Ministro Sepúlveda Pertence: veja-se parte do voto pela importância (ainda que não vinculado diretamente ao direito à saúde), essa

---

[613] ZERO HORA. *Países do Mercosul unificam ações para combater dengue, tuberculose e aids*. Disponível em: <http://zerohora.clicrbs.com.br/rs/geral/noticia/2012/11/paises-do-mercosul-unificam-acoes-para-combater-dengue-tuberculose-e-aids-3951998.html>. Acesso em: 29 abr. 2013.

[614] Ibid.

[615] MACEDO, Amílcar Fagundes Freitas. Reforma da Previdência – Emenda Constitucional nº 41 e supressão de regra de transição – proibição de retrocesso social. *Revista da AJURIS*, Porto Alegre, ano XXXI, n. 95. p. 23-35, set. 2004. p. 32.

ADI questionava a constitucionalidade de dispositivos legais que extinguiam os Conselhos municipais e estaduais da Previdência Social.

> [...] quando, já vigente a Constituição, se editou norma integrativa necessária à plenitude da eficácia [da norma constitucional], pode subseqüentemente o legislador, no âmbito de sua liberdade de conformação, ditar outra disciplina legal igualmente integrativa do preceito constitucional programático ou de eficácia limitada; *mas não pode retroceder – sem violar a Constituição* – ao momento anterior de paralisia de sua efetividade pela ausência da complementação legislativa ordinária reclamada para implementação efetiva de uma norma constitucional. [...] Com o admitir, em tese, a inconstitucionalidade da regra legal que a revogue, não se pretende emprestar hierarquia constitucional à primeira lei integradora do preceito da Constituição, de eficácia limitada. Pode, é óbvio, o legislador substituí-la por outra, de igual função complementadora da Lei Fundamental; *o que não pode é substituir a regulação integradora precedente – pré ou pós constitucional – pelo retorno ao vazio normativo* que faria retroceder a regra incompleta da Constituição à sua quase completa impotência originária. (ADI n° 2065-0/DF, voto do Ministro Sepúlveda Pertence)[616] (grifou-se)

Ou seja, a menção expressa a esse novo princípio de não poder retroceder sem que isso significasse violar frontalmente a Carta Política de 1988, pode o legislador, baseado na sua "liberdade de conformação, ditar outra disciplina legal igualmente integrativa do preceito constitucional programático ou de eficácia limitada: mas não pode retroceder – sem violar a Constituição".[617] O que representou um marco, datado de 2000, quando efetivamente passou a se ver com bons olhos, (depois que muitos doutrinadores, a exemplo dos Ministros do Supremo Tribunal Federal, de Ingo Wolfgang Sarlet, Luiz Roberto Barroso, entre outros, passaram a amplamente discutir a temática e aplicá-la nas decisões).

Os avanços sociais alcançados (experimentados) pelos indivíduos, e a coletividade de modo geral, não poderão retroceder, é o que se constata de outro julgamento importante em ARE 639337, cujo Relator foi Min. Celso de Mello em 2011. Veja-se:

> [...] A PROIBIÇÃO DO RETROCESSO SOCIAL COMO OBSTÁCULO CONSTITUCIONAL À FRUSTRAÇÃO E AO INADIMPLEMENTO, PELO PODER PÚBLICO, DE DIREITOS PRESTACIONAIS. – O princípio da proibição do retrocesso impede, em tema de direitos fundamentais de caráter social, que sejam desconstituídas as conquistas já alcançadas pelo cidadão ou pela formação social em que ele vive. – A cláusula que veda o retrocesso em matéria de direitos a prestações positivas do Estado (como o direito à educação, o direito à saúde ou o direito à segurança pública, v.g.) traduz, no processo de efetivação desses direitos fundamentais individuais ou coletivos, obstáculo a que os níveis de concretização de tais prerrogativas, uma vez atingidos, venham a ser ulteriormente reduzidos ou suprimidos pelo Estado. Em conseqüência desse princípio, o Estado, após haver reconhecido os direitos prestacionais, assume o dever não só de torná-los efetivos, mas, também, se obriga, sob pena de transgressão ao texto constitucional, a preservá-los, abstendo-se de frustrar – mediante supressão total ou parcial – os direitos sociais já concretizados.[...].[618]

---

[616] BRASILIA, Supremo Tribunal Federal, ADI n° 2065-0/DF, voto do Ministro Sepúlveda Pertence. Disponível em: <http://redir.stf.jus.br/paginadorpub/paginador.jsp?docTP=AC&docID=375320>. Acesso em: 17 abr. 2013.

[617] Ibid.

[618] AMAPÁ, Supremo Tribunal Federal. Are 639337 Agr, Relator(a): Min. Celso De Mello, Segunda Turma, julgado em 23/08/2011, dje-177 divulg 14-09-2011 public 15-09-2011 ement vol-02587-01 PP-00125. Disponível em: <http://www.stf.jus.br/portal/jurisprudencia/listarJurisprudencia.asp?s1=% 28sa%FAde+reserva +do+poss%EDvel%29&base=baseAcordaos>. Acesso em: 05 abr. 2013.

Frise-se: o princípio da proibição do retrocesso impede, em tema de direitos fundamentais de caráter social, que sejam desconstituídas as conquistas já alcançadas pelo cidadão.

Aponta Ingo Wolfgang Sarlet, que a proibição de retrocesso em matéria de direitos sociais (mesmo não ter sido expressamente acolhida por nenhuma das constituições latino-americanas), representa contemporaneamente "uma categoria reconhecida e em processo de crescente difusão e elaboração doutrinária e jurisprudencial em várias ordens jurídicas, inclusive em função da sua consagração no âmbito do Direito Internacional dos direitos humanos".[619]

Convém ressaltar exemplificativamente que na Alemanha, a aplicação do princípio da proibição de retrocesso social tem íntima conexão com o princípio da segurança jurídica, e aduz Felipe Derbli, que o tratamento da proibição de retrocesso social na experiência alemã "inicia-se ainda sob o pálio da discussão a respeito da eficácia dos direitos fundamentais sociais, particularmente os de cunho prestacional, e da sua plena sindicabilidade em juízo".[620]

Também exemplificativamente em Portugal, (e aqui vale o registro, diferentemente da Alemanha), a "sindicabilidade jurídica dos direitos econômicos, sociais e culturais – pode ser extraída diretamente da Constituição Portuguesa" (e da legislação infra),[621] a uma determinada concepção de direitos sociais e, mais "concretamente, aos direitos sociais como elemento do princípio socialista presente na versão originária da Constituição de 1976".[622]

Para tanto, traz-se a menção importante ao acórdão de n° 39/84, do Tribunal Constitucional português, que segundo Lenio Luiz Streck invalidou a

---

[619] SARLET. Ingo Wolfgang. *Notas sobre a assim designada proibição de retrocesso social no constitucionalismo Latino-americano.* Rev. TST, Brasília, vol. 75, no 3, jul/set 2009 p. 117. Disponível em <http://www.tst.jus.br/documents/1295387/1312882/7.+notas+sobre+a+assim+designada+proibi% c3%a7%c3%a3o+de+retrocesso+social+no+constitucionalismo+latino-americano>. Acesso em: 10 abr. 2013.

[620] E mais: "De forma geral, o tema do princípio da proibição do retrocesso social na Alemanha esteve mais associado à crise do Estado-Providência, em especial no que concerne à proteção das posições jurídicas dos cidadãos em face da tensão entre a decrescente capacidade prestacional do Estado e da sociedade e o aumento da demanda por prestações sociais". [...] "O *Bundersverfassungsgericht* estendeu aos direitos patrimoniais em face do Estado a vinculação entre o direito de propriedade privada e a liberdade individual, na medida em que a liberdade na esfera patrimonial é sucedânea da autonomia de cada um para conduzir sua existência. Para que a proibição de retrocesso social alcance um determinado direito subjetivo público prestacional, não se exige equivalência entre a prestação estatal e tal contraprestação do indivíduo, mas ela tem que ser (ou haver sido) ao menos relevante". p. 142-143. DERBLI, Felipe. *O princípio da proibição de retrocesso social na Constituição de 1988*. São Paulo: Renovar, 2007. p. 137-142-143.

[621] CANOTILHO, José Joaquim Gomes. *Direito Constitucional e Teoria da Constituição.* 7. ed. Coimbra: Almedina, 2003. p. 340.

[622] "Recorde-se, por exemplo, que o artigo 50° da Constituição dizia, no seu texto inicial, que "a apropriação coletiva dos principais meios de produção, a planificação do desenvolvimento económico e a democratização das instituições são garantias e condições para a efectivação dos direitos e deveres económicos, sociais e culturais". E, em comentário a este preceito, afirmava-se que a realização dos direitos em causa "supõe, assim, directamente, uma ruptura com a ordem capitalista e com a estrutura oligárquica da sociedade e do Estado". Por conseguinte, o princípio da proibição do retrocesso social – tal como o princípio da irreversibilidade das nacionalizações, em relação à apropriação colectiva dos meios de produção – apresentava-se como uma garantia dos direitos sociais enquanto instrumentos para alcançar progressivamente o socialismo. No fundo, estava em causa uma concepção de direitos sociais (e do Estado social) como "cavalo de Tróia" do socialismo". SILVA, Jorge Pereira da. *Dever de legislar e protecção jurisdicional contra omissões legislativas*: contributo para uma Teoria da Inconstitucionalidade por Omissão. Lisboa: Universidade Católica, 2003. p. 248-249.

revogação de boa parte da Lei do Serviço Nacional de Saúde do país, frise-se: invalidou

> [...] a partir do momento em que o Estado cumpre (total ou parcialmente) as tarefas constitucional-mente impostas para realizar um direito social, o respeito constitucional deste deixa de consistir (ou deixa de consistir apenas) numa obrigação negativa. O Estado, que estava obrigado a atuar para dar satisfação ao direito social, passa a estar obrigado a abster-se de atentar contra a reali-zação dada ao direito social.

Note-se que o Tribunal Constitucional Português ao proferir o Acórdão é considerado um verdadeiro *leading case* em matéria de saúde. Vejam-se abaixo trechos do relator, Vital Moreira:

> A Constituição não se bastou com estabelecer o direito à saúde. Avançou no sentido de anunciar um conjunto de tarefas estaduais destinadas a realizá-lo. À frente delas a lei fundamental colocou a "criação de um serviço nacional de saúde" (artigo 64º, nº 2). A criação de um serviço nacional de saúde é pois instrumento – o primeiro – de realização do direito à saúde. Constitui por isso elemento integrante de um direito fundamental dos cidadãos, e uma obrigação do Estado. Ao ex-tinguir o Serviço Nacional de Saúde, o Governo coloca o Estado, de novo, na situação de *incum-primento da tarefa constitucional que lhe é cometida pelo artigo 64º, nº 2 da Constituição.* Que o Estado não dê a devida realização às tarefas constitucionais, concretas e determinadas, que lhe estão cometidas, isso só poderá ser objecto de censura constitucional em sede de inconstitucio-nalidade por omissão. Mas quando desfaz o que já havia sido realizado para cumprir essa tarefa e com isso atinge uma garantia de um direito fundamental, então a censura constitucional já se coloca *no plano da própria inconstitucionalidade por acção.* Se a Constituição impõe ao Estado a realização de uma determinada tarefa – a criação de uma instituição, uma alteração na ordem jurídica –, então, quando ela seja levada a cabo, o resultado passa a ter a protecção, direta da Constituição. O Estado não pode voltar atrás, não pode descumprir o que cumpriu, não pode tor-nar a colocar-se na posição de devedor. É que aí a tarefa constitucional a que o Estado se acha obrigado é uma garantia do direito fundamental, constitui ela mesma objecto de um direito dos cidadãos [...]. As tarefas constitucionais impostas ao Estado em sede de direitos fundamentais no sentido de criar certas instituições ou serviços não o obrigam apenas a criá-los, obrigam-no tam-bém a *não aboli-los* uma vez criados.[623]

Ou seja, o Estado não pode voltar atrás, não pode descumprir o que cum-priu. Perceba-se o ano, 1984, antes mesmo da Constituição Federal de 1988 ter sido editada.

No mesmo sentido, comenta ainda José Joaquim Gomes Canotilho, "uma vez tendo contemplado um direito social, não pode eliminá-lo posteriormente *retornando sobre os seus passos*". Dito Acórdão declarou, portanto, inconstitucio-nal o "DL n. 245/82, que revogara grande parte da Lei n. 56/79, criadora do Serviço Nacional de Saúde"

> a partir do momento que o Estado cumpre (total ou parcialmente) as tarefas constitucionalmente impostas para realizar um direito social, o respeito constitucional deste deixa de consistir (ou deixa de consistir apenas) numa obrigação positiva, para se transformar ou passar também a ser uma obrigação negativa. O Estado, que estava obrigado a atuar para dar satisfação ao direito social, passa a estar obrigado a abster-se de atentar contra a realização dada ao direito social.[624]

---

[623] CANOTILHO, José Joaquim Gomes. *Direito constitucional.* 6. ed. Coimbra: Almedina, 1993. p. 542.
[624] Ibid.

Dessa forma, o Tribunal Constitucional português reconheceu a existência do princípio da proibição de retrocesso social, que declarou a inconstitucionalidade de lei infraconstitucional.[625]

Destaca Ingo Wolfgang Sarlet, outro Acórdão do Tribunal Português, (Acórdão n° 509/2002, Processo n° 768/2002, apreciado pelo Tribunal Constitucional de Portugal em 19.12.2002) cuja inconstitucionalidade por violação do princípio da proibição de retrocesso, pois excluiu da fruição do benefício às pessoas com idade entre 18 e 25 anos. Veja-se

> Decreto da Assembleia da República que, ao substituir o antigo rendimento mínimo garantido por um novo rendimento social de inserção, excluiu da fruição do benefício (ainda que mediante a ressalva dos direitos adquiridos) pessoas com idade entre 18 e 25 anos. Em termos gerais e para o que importa neste momento, a decisão, ainda que não unânime, entendeu que a legislação revogada, atinente ao rendimento mínimo garantido, concretizou o direito à segurança social dos cidadãos mais carentes (incluindo os jovens entre os 18 e 25 anos), de tal sorte que a nova legislação, ao excluir do novo rendimento social de inserção as pessoas nesta faixa etária, sem a previsão e/ou manutenção de algum tipo de proteção social similar, estaria a retroceder no grau de realização já alcançado do direito à segurança social a ponto de violar o conteúdo mínimo desse direito já que atingido o conteúdo nuclear do direito a um mínimo de existência condigna, não existindo outros instrumentos jurídicos que o possam assegurar com um mínimo de eficácia. [626]

Não é mais possível, nem plausível, retroceder ao grau de realização já alcançado anteriormente pela sociedade.

Ainda exemplificativamente, na Constituição Italiana, de 1947, as normas referentes aos direitos sociais foram chamadas "pudicamente de programáticas," adverte Norberto Bobbio:

> Será que já nos perguntamos alguma vez que gênero de normas são essas que não ordenam, proíbem ou permitem *hit et nunc*, mas ordenam, proíbem e permitem num futuro indefinido e sem um prazo de carência claramente delimitado? E, sobretudo, já nos perguntamos alguma vez que gênero de direitos são esses que tais normas definem? Um direito cujo reconhecimento e cuja efetiva proteção são adiados *sine die*, além de confiados à vontade de sujeitos cuja obrigação de executar o "programa" é apenas uma obrigação moral ou, no máximo política, pode ainda ser chamado de direito? A diferença entre esses auto-intitulados direitos e os direitos propriamente

---

[625] E mais, "O relator da questão, Conselheiro Vital Moreira, rejeitou a tese de inconstitucionalidade formal e passou à análise da inconstitucionalidade material do art. 17 do Decreto-lei n° 254/82. Entendeu o Conselheiro que, ao instituir o SNS, a Lei n° 56/79 era um meio de realização do direito fundamental à proteção à saúde com consagração no art. 64° da Constituição e que, mediante o art. 17° do Decreto-lei n° 254/82, o Governo legislara sobre direito à saúde e extinguira o SNS. Ao proferir seu voto, Vital Moreira tratou dos direitos sociais, especialmente os de proteção à saúde, como direitos fundamentais, observando que estes não possuem natureza semelhante a dos direitos, liberdades e garantias, isto é, dos direitos de liberdade, dos direitos políticos e das garantias constitucionais. Em relação aos direitos sociais, aduziu o relator que se acentua o seu caráter positivo ao exigir prestações positivas do Estado, sem que se negue a jusfundamentalidade desses direitos sociais. Partindo dessas manifestações, o relator desenvolveu os argumentos da proibição de retrocesso social, afirmando a inconstitucionalidade do debatido art. 17° do Decreto-lei n° 254/82". FILETI, Narbal Antônio Mendonça. *O princípio da proibição de retrocesso social*. Breves considerações. Jus Navigandi, Teresina, ano 14, n. 2059, 19 fev.2009. Disponível em: <http://jus.com.br/revista/texto/12359>. Acesso em: 9 abr. 2013.

[626] SARLET. Ingo Wolfgang. *Notas sobre a assim designada proibição de retrocesso social no constitucionalismo Latino-americano*. Rev.TST, Brasília, vol.75, n.3, jul/set2009p.117. Disponível em <http://www.tst.jus.br/documents/1295387/1312882/7.+notas+sobre+a+assim+designada+proibi%c3%a7%c3%a3o+de+retrocesso+social+no+constitucionalismo+latino-americano>. Acesso em: 10 abr. 2013.

Mobilidade, Fronteiras & Direito à Saúde

ditos não será tão grande que torna impróprio ou, pelo menos, pouco útil o uso da mesma palavra para designar uns e outros?".[627]

Direitos sociais não são meras normas programáticas, são, com base no princípio da vedação do retrocesso, concretizadoras de direitos, não pode ser entendido (pelo menos contemporaneamente) como obrigação moral, e sim pleno direito. E porque essa abordagem de âmbito internacional é importante, justamente para frisar, coadunar e aceitar que a proibição do retrocesso é um patamar obedecido pelos Estados internacionais (fixando eles mesmos as normas para o caso de inobservância).

Diga-se de passagem, que o direito à proibição de retrocesso social consiste em importante conquista civilizatória, como refere Dayse Coelho de Almeida:

> O conteúdo impeditivo deste princípio torna possível brecar planos políticos que enfraqueçam os direitos fundamentais. Funciona até mesmo como forma de mensuração para o controle de inconstitucionalidade em abstrato, favorecendo e fortalecendo o arcabouço de assistência social do Estado e as organizações envolvidas no processo. [...] Em um país tão marcado pela desigualdade social como o Brasil, os impactos do processo de globalização econômica e as matizes neoliberais políticas fazem brotar no constitucionalismo contemporâneo a necessidade de elaborar formas de proteger os direitos sociais, em especial os trabalhistas, (aqui em especial acrescentaria também o direito a saúde) garantindo o mínimo necessário à dignidade da vida.[628]

Necessário transpassar da mera dogmática e alcançar a realidade, diria Dayse Coelho Nunes, é ir "além da análise do problema, propondo soluções palpáveis e de aplicabilidade imediata". Sendo que essa função social "urge ser incessantemente perseguida, sob pena de retrocessão na própria civilização".[629]

O princípio da proibição de retrocesso social está implicitamente inserido na Constituição Federal de 1988,[630] e, quando o sistema jurídico define certo direito como fundamental, esse não pode ser suprimido ou mesmo restringido de forma inadequada, capaz de causar retrocesso na sua utilização (ou atualização[631]), pois, a função protetora do princípio é servir de "limite" à atividade do intérprete e do legislador "impedindo-o de implementar mudanças interpretativas ou legislativas que determinem um retrocesso na área juridicamente protegida pelo direito fundamental em voga".[632]

Ainda e por fim exemplificando, a Quinta Câmara Cível do Tribunal de Justiça do Estado do Rio Grande do Sul, em Acórdão proferido nos autos da

---

[627] BOBBIO, Norberto. *Era dos Direitos*. Rio de Janeiro: Campus, 1992. p. 77-78.

[628] ALMEIDA, Dayse Coelho de. A fundamentalidade dos direitos sociais e o princípio da proibição de retrocesso. *Inclusão Social*, Brasília, v.2, n.1. p. 118-124, out. 2006/ mar. 2007. p. 122.

[629] Ibid.

[630] FILETI, Narbal Antônio Mendonça. *O princípio da proibição de retrocesso social*. Breves considerações. Jus Navigandi, Teresina, ano 14, n. 2059, 19 fev.2009. Disponível em: <http://jus.com.br/revista/texto/12359>. Acesso em: 9 abr. 2013.

[631] GOLDSCHMIDT, Rodrigo. *O princípio da proibição do retrocesso social e sua função protetora dos direitos fundamentais*. Disponível em <http://editora.unoesc.edu.br/index.php/seminarionacional dedimensoes/article/view/906/521>. Acesso em: 11 abr. 2013.

[632] Ibid.

Apelação Cível nº 598193845, de 17 de dezembro de 1998, de relatoria do Desembargador Carlos Alberto Bencke. Sendo que suscitou, pela primeira vez no Estado do Rio Grande do Sul, o princípio da proibição do retrocesso social para solucionar um caso concreto, traz Rodrigo Goldchmidt, de desconto de mensalidade para o segundo filho:

> A questão controvertida, objeto da decisão em tela, girava em torno da aplicação do artigo 24 do Decreto-Lei 3.200/41, o qual prevê a concessão de descontos nas taxas escolares para aquelas famílias que possuem mais de um filho matriculado no mesmo estabelecimento de ensino. A tese levantada pelo apelante é a de que o referido dispositivo legal teria sido revogado pela legislação posterior e, além disso, não teria sido recepcionado pelas Constituições Federais que lhe sucederam, eis que estas mesmas passaram a contemplar as "famílias carentes" e não mais as "famílias numerosas", diferentemente do que fazia a Constituição Federal de 1937. O apelado, por seu turno, argumentou a plena vigência do artigo 24 do Decreto-Lei 3.200/41, sustentando que este foi recepcionado pela Constituição Federal de 1988. O citado órgão julgador, sopesando os argumentos e os fundamentos aprestados pelas partes, acima resumidamente expostos, conferiu ganho de causa ao apelado".[633]

Finaliza o autor, que o princípio da proibição do retrocesso social, para além da "sua base normativo-teórica, possui aplicabilidade prática, fundamentando a proteção e a defesa dos direitos fundamentais incorporados ao patrimônio jurídico do homem". Vez que, garante os direitos fundamentais contra a "atividade legislativa e hermenêutica corrosiva do catálogo de direitos fundamentais".[634]

No mesmo sentido aponta Ingo Wolfgang Sarlet, que o princípio em sentido amplo, já foi recepcionado no âmbito do constitucionalismo latino-americano.

> A aplicação da noção de proibição de retrocesso, desde que tomada em sentido amplo, no sentido de uma proteção dos direitos contra medidas de cunho restritivo, a todos os direitos fundamentais. Assim, verifica-se que a designação proibição de retrocesso social, que opera precisamente

---

[633] Ementa do Acórdão: CIVIL E CONSTITUCIONAL. ENSINO PARTICULAR. DESCONTO DA MENSALIDADE. SEGUNDO FILHO. APLICAÇÃO AO ENSINO UNIVERSITÁRIO. 1. O art. 24 do DL 3.200/41 foi concebido para beneficiar famílias de prole numerosa, garantindo o acesso de todos ao ensino. Repasse do custo às mensalidades (art. 205 da CF). Aplicação do texto ao ensino universitário (art. 208, V, e 209, I, da CF). 2. O dispositivo em questão nada mais é do que uma conquista social da época e que não foi derrogado pela legislação ou Constituições supervenientes, pois nenhuma destas normas mostra-se incompatível ou regula inteiramente a matéria que tratava a lei anterior (art. 2º da LICC). Manteve-se íntegro no tempo, obediente ao princípio da *proibição do retrocesso social* defendido por J. J. Canotilho. Apelo improvido". In: GOLDSCHMIDT, Rodrigo. *O princípio da proibição do retrocesso social e sua função protetora dos direitos fundamentais*. Disponível em <http://editora.unoesc.edu.br/index.php/seminarionacionaldedimensoes/article/view/906/521>. Acesso em: 11 abr. 2013. p. 285.

[634] Adverte Rodrigo Goldchmidt: "No corpo do mencionado Acórdão, o órgão julgador salienta que o dispositivo legal que assegura descontos nas mensalidades escolares para aquelas famílias com mais de um filho matriculado no mesmo estabelecimento de ensino nada mais é do que uma conquista social da época, que pretendia beneficiar as famílias de prole numerosa, em consonância com o disposto na Constituição de 1937, a qual estabelecia que a gratuidade do ensino não excluiria o *dever de solidariedade dos menos para os mais necessitados*. Em face disso, fundamenta, ainda, o referido órgão julgador: "[...] o artigo 24 do Decreto-Lei 3.200/41 *manteve-se íntegro no tempo*, obediente ao princípio da *proibição do retrocesso social* defendido por J. J. Canotilho, segundo o qual, os direitos sociais e econômicos (direito dos trabalhadores, direito à assistência, direito à educação), uma vez alcançados ou conquistados, passam a constituir, simultaneamente, uma garantia constitucional e um direito subjetivo, protegidos da *livre e oportunística disposição do legislador* no sentido de diminuir ou restringir ditos direitos adquiridos". Ibid.

Mobilidade, Fronteiras & Direito à Saúde

na esfera dos direitos sociais, especialmente no que diz com a proteção "negativa" (vedação da supressão ou diminuição) de direitos a prestações sociais, além de uma ideia-força importante (a iluminar a ideia de que existe de fato um retrocesso – e não um simples voltar atrás, portanto, uma mera medida de cunho regressivo), poderia ser justificada a partir de algumas peculiaridades dos direitos sociais, o que, importa sempre frisar, não se revela incompatível com a substancial equivalência – de modo especial no que diz com sua relevância para a ordem constitucional – entre direitos sociais (positivos e negativos) e os demais direitos fundamentais.[635]

É tido, como norma ou piso hermenêutico para novas conquistas, devendo "regular qualquer processo de reforma da constituição".[636] E atua como "baliza para a impugnação de medidas que impliquem supressão ou restrição de direitos sociais".[637]

Ao passo em que se chega a uma proibição apenas relativa de retrocesso,[638] sendo que tal proteção não pode assumir um caráter absoluto, "notadamente no que diz com a concretização dos direitos sociais a prestações", aponta Ingo Wolfgang Sarlet:

Pode-se partilhar do entendimento de que entre uma negativa total da eficácia jurídica do princípio da proibição de retrocesso (que, ao fim e ao cabo, teria a função de mera diretriz para os agentes políticos) e o outro extremo, o que propugna uma vedação categórica de todo e qualquer ajuste em termos de direitos sociais, também aqui o melhor caminho é o do meio, ou seja, o que implica uma tutela efetiva, mas não cega e descontextualizada dos direitos fundamentais sociais.[639]

Em conclusão adverte Fahd Medeiros Awad, sem atingir o mínimo essencial, não há que se falar em retrocesso, pois a proibição de um retrocesso visa à almejada evolução da sociedade,[640] é um limite às limitações:

A proibição de retrocesso seria um específico limite às limitações ou restrições legislativas a direito fundamental, impedindo que um direito fundamental já regulamentado sofra alterações que reduzam o significado que lhe foi atribuído pela norma anterior ordinária ou constitucional. Nesse sentido, reconhece-se o poder de conformação do legislador no mister de quantificar e formatar os direitos fundamentais, autorizando lhes, inclusive, uma diminuição das posições jurídicas alcançadas, desde que a norma não aniquile o direito atingindo o seu mínimo existencial. Sem atingir esse mínimo, não há retrocesso, mas mera diminuição em quantidade. Afetado o essencial, a

---

[635] SARLET. Ingo Wolfgang. *Notas sobre a assim designada proibição de retrocesso social no constitucionalismo Latino--americano.* Rev.TST,Brasília,vol.75,n.3,jul/set2009p.117. Disponível em <http://www.tst.jus.br/documents/1295387/1312882/7.+notas+sobre+a+assim+designada+proibi%c3%a7%c3%a3o+de+retrocesso+social+no+constitucionalismo+latino-americano>. Acesso em: 10 abr. 2013.

[636] STRECK, Lenio Luiz. *Jurisdição constitucional e hermenêutica*: Uma nova crítica do direito. 2. ed. Rio de Janeiro: Forense, 2004. p. 706.

[637] SARLET. Loc. cit.

[638] MIRANDA. Jorge. *Manual de Direito Constitucional*. Coimbra: Coimbra, 2000. p. 397 e ss.

[639] SARLET. Loc. cit.

[640] Por analogia a seara social, também a seara ambiental, adverte Carlos Alberto Molinaro, que "falar de um princípio de vedação da retrogradação, já que o Direito Ambiental cuida justamente da proteção e promoção dos bens ambientais, especialmente no sentido de impedir a degradação do meio ambiente, o que corresponde, por sua vez, a uma perspectiva evolucionista (e não involucionista) da vida". MOLINARO, Carlos Alberto. *Direito Ambiental*: proibição de retrocesso. Porto Alegre: Livraria do Advogado, 2007. p. 91 e ss Ver também: MOLINARO, Carlos Alberto. *Racionalidade Ecológica e Estado Socioambiental e Democrático de Direito*. Dissertação de Mestrado. Programa de Pós-Graduação em Direito da Faculdade de Direito da Pontifícia Universidade Católica do Rio Grande do Sul, 2006.

norma será maculada pela inconstitucionalidade, pois derrogou o cerne que caracteriza os direitos fundamentais.[641]

Endossa-se que o reconhecimento de direitos originários a prestações, que consiste na "possibilidade de – a partir da norma constitucional e independentemente de qualquer mediação legislativa – reconhecer-se um direito subjetivo à prestação".[642] É fundamental para que o próprio direito a saúde reste amparado, assegurado e também concretizado.

Fica clara a não aceitação da predominância dos direitos de defesa sobre os direitos de prestação, pois todos os direitos são importantes, é o que oportuniza Emilio Garcia Mendez:

> [...] mediante a afirmação de que todos os direitos são igualmente prioritários, tem provocado, principalmente nos países do Sul, um aumento nas violações aos direitos políticos, ao mesmo tempo em que não tem provocado qualquer avanço significativo no campo dos direitos econômicos e sociais. Considerando o caráter político e culturalmente hegemônico que assumiu a dimensão dos direitos humanos que mais adiante caracterizarei como "programático", estabelecer que todos os direitos são igualmente importantes e, em conseqüência, igualmente prioritários, constitui uma forma sutil de confirmar a prioridade real daqueles direitos cujo não cumprimento não chega a gerar fortes tensões políticas com os Estados. A possibilidade de estabelecer um relacionamento de constante cooperação não-conflitante com o Estado, se a prioridade real são os direitos econômicos e sociais, explica, em boa medida, o caráter hegemônico dessa tendência.[643]

Os direitos de prestação não podem ser concretizados sem a efetiva intervenção do Estado, pois, não faz sentido algum em priorizar alguns direitos em detrimento de outros, pela singela razão de que os direitos fundamentais são unos, ou seja, são indivisíveis, sendo que "esta ideia de indivisibilidade implica que os direitos do homem formem um todo e que não se possa estabelecer uma hierarquia entre eles",[644] vez que, viria de encontro (direitos de defesa sobre os direitos de prestação) que contraria a indivisibilidade dos direitos fundamentais, argumento Marcos Cesar Santos Vasconcelos: "Não se pode deixar que os direitos fundamentais de prestação sejam relegados à caridade, isto porque são direitos assegurados constitucionalmente e é dever do Estado garanti-los",[645] justamente porque os direitos às prestações, cunho positivo, são tão fundamentais quanto os direitos de defesa, cunho negativo. E isso, pode se perceber especificamente no direito fundamental social à saúde.

---

[641] AWAD, Fahd Medeiros. *Proibição de retrocesso social diante da garantia do núcleo essencial dos Direitos Fundamentais*. Revista Justiça do Direito, v. 24, n. 1, 2010 – p. 90-100. Disponível em: <http://www.upf.br/seer/index.php/rjd/article/view/2146> Acesso em: 11 abr. 2013.

[642] SARLET, Ingo Wolfgang. *A eficácia dos Direitos Fundamentais*. 10. ed. rev., atual. e ampl. Porto Alegre: Livraria do Advogado, 2011. p. 299.

[643] MÉNDEZ, Emílio Garcia. Origem, sentido e futuro dos direitos humanos: reflexões para uma nova agenda. *Revista Internacional de Direitos Humanos*, Rede Universitária de Direitos Humanos – SUR, ano 1, n. 1, 1º semestre, 2004. p. 12-13.

[644] BOVEN, Theodoor C. Van. Os critérios de distinção dos direitos do homem. In: VASAK, Karel. *As dimensões internacionais dos direitos do homem*. Tradução de Carlos Alberto Aboim de Brito. Lisboa: Editora Portuguesa de Livros Técnicos e Científicos, 1983. p. 60.

[645] VASCONCELOS, Marcos Cesar Santos. *As decisões normativas na jurisdição constitucional*. Dissertação (Mestrado). Instituto Brasiliense de Direito Público – IDP, Brasília, 2010. p. 35.

Mobilidade, Fronteiras & Direito à Saúde

Por tudo, está vedada a proibição de retrocesso em nível nacional-constitucional, assim como o dever de progressão em nível internacional, pois são duas dimensões intimamente ligadas e que demandam efetivação.

4.3. O Direito fundamental social à saúde/SUS

O direito à saúde é ao mesmo tempo direito de defesa, "no sentido de impedir ingerências indevidas por parte do Estado e terceiros na saúde do titular", e direito de prestação "impondo ao Estado à realização de políticas públicas que busquem a efetivação deste direito para a população, tornando para, além disso, o particular credor de prestações materiais que dizem com a saúde" exemplificando, tem-se o atendimento hospitalar, médico, exames, medicamentos, tudo para a realização efetiva da saúde.[646]

É ao mesmo tempo, também, um direito social de *status* positivo (obrigação do Estado em prestar, "gastar" verbas para satisfazê-lo) e negativo, (do Estado se abster) como destaca George Marmelstein Lima:

> No entanto, esse direito não é garantido exclusivamente com obrigações de cunho prestacional, em que o Estado necessita agir e gastar verbas para satisfazê-lo. O direito à saúde possui também facetas negativas como, por exemplo, impedir o Estado de editar normas que possam prejudicar a saúde da população ou mesmo evitar a violação direta da integridade física de um cidadão pelo Estado (o Estado não pode agir contra a saúde dos cidadãos). Além disso, nem todas as obrigações positivas decorrentes do direito à saúde implicam gastos para o erário. Por exemplo, a edição de normas de segurança e saúde no ambiente de trabalho não implica qualquer gasto público, pois quem deve implementar tais medidas são, em princípio, as empresas privadas.[647]

O direito à saúde pode pertencer a todas as dimensões, e não somente à clássica, que é a segunda dimensão, aponta ainda George Marmelstein Lima:

> Em um primeiro momento, a saúde tem uma conotação essencialmente individualista: o papel do Estado será proteger a vida do indivíduo contra as adversidades existentes (epidemias, ataques externos *etc.*) ou simplesmente não violar a integridade física dos indivíduos (vedação de tortura e de violência física, por exemplo), devendo reparar o dano no caso de violação desse direito (responsabilidade civil). Na segunda dimensão, passa a saúde a ter uma conotação social: cumpre ao Estado, na busca da igualização social, prestar os serviços de saúde pública, construir hospitais, fornecer medicamentos, em especial para as pessoas carentes. Em seguida, numa terceira dimensão, a saúde alcança um alto teor de humanismo e solidariedade, em que os (Estados) mais ricos devem ajudar os (Estados) mais pobres a melhorar a qualidade de vida de toda população mundial, a ponto de se permitir, por exemplo, que países mais pobres, para proteger a saúde de seu povo, quebrem a patente de medicamentos no intuito de baratear os custos de um determinado tratamento, conforme reconheceu a própria Organização Mundial do Comércio, apreciando um pedido feito pelo Brasil no campo da AIDS [16]. E se formos mais além, ainda conseguimos dimensionar a saúde na sua quarta dimensão (democracia), exigindo a participação de todos na

---

[646] SARLET, Ingo Wolfgang. Algumas Considerações em Torno do Conteúdo, Eficácia e Efetividade do Direito à Saúde na Constituição de 1988. p. 98. In: *Interesse Público* n. 12, São Paulo: Nota Dez, 2001. p. 91-107.

[647] LIMA, George Marmelstein. *Críticas à teoria das gerações (ou mesmo dimensões) dos direitos fundamentais*. Jus Navigandi, Teresina, ano 8, n. 173, 26 dez. 2003. Disponível em: <http://jus.com.br/revista/texto/4666>. Acesso em: 4 mar. 2013.

gestão do sistema único de saúde, conforme determina a Constituição Federal de 1988 (art. 198, inc. III).[648]

Vale a ressalva de que o direito à saúde possui dupla dimensão, uma subjetiva, diz respeito à própria qualidade de vida, do indivíduo, titular do direito. "Esta dimensão subjetiva dá ao direito à saúde o caráter de direito público subjetivo, oponível contra o Estado, que pode ser exigida por via judicial". Outra objetiva que "obriga o Estado a prestações positivas, como, por exemplo, oferecer determinados serviços, elaborar e executar programas e planos de saúde,[649] impõe a realização de tarefas".

O que compõe o sentido amplo e o sentido estrito do direito a saúde advertem Ingo Wolfgang Sarlet e Mariana Filchtiner Figueiredo, são os deveres de proteção e de fornecimento, veja-se:

> Em sentido amplo abrange a consecução de medidas para salvaguarda do direito e da própria saúde dos indivíduos (deveres de proteção), bem como a organização de instituições, serviços, ações, procedimentos, enfim, sem os quais não seria possível o exercício desse direito fundamental (deveres de organização e procedimento). Em sentido estrito (acompanhando aqui a terminologia proposta por Robert Alexy) a dimensão prestacional traduz-se no fornecimento de serviços e bens materiais ao titular desse direito fundamental.[650]

Sabe-se que desde os tempos mais remotos, o homem sempre buscou o cuidado e manutenção de uma boa saúde, fosse por magia ou até mesmo por superstições, a cura dos males era uma busca constante, sendo que o surgimento de médicos se deu por volta de 4.000 a.C., primeiro com tratamento da questão sanitária, cujas pestes eram frequentes, e o sobrenatural era constantemente invocado.[651] A medicina grega teve grandes nomes, sendo Hipócrates um deles, (juramento[652] que perdura até hoje, e que recebe muitas críticas).[653]

---

[648] LIMA, George Marmelstein. *Críticas à teoria das gerações (ou mesmo dimensões) dos direitos fundamentais*. Disponível em: <http://jus.com.br/revista/texto/4666/criticas-a-teoria-das-geracoes-ou-mesmo-dimensoes-dos-direitos-fundamentais/2#ixzz2O6MJbe7q>.Acesso em: 4 mar. 2013.

[649] BARROSO, André F. *Aspectos relacionados à efetivação do direito à saúde no Brasil através do Poder Judiciário*. 2003. p. 12-13. Disponível em <http://www.leps.ufrj.br/download/andre.pdf> Acesso em: 19 abr. 2013.

[650] SARLET, Ingo Wolfgang; FIGUEIREDO, Mariana Filchtiner. Reserva do possível, mínimo existencial e direito à saúde: algumas aproximações. *Direitos fundamentais & justiça*, Porto Alegre, 2007. Ano 1, n° 1. p. 171-213, out/dez. 2007 – trimestral. p. 199-200.

[651] SCHWARTZ, Germano. *Direito à saúde*: Efetivação em uma perspectiva sistêmica. Porto Alegre: Livraria do Advogado, 2001. p. 28-29.

[652] *Juramento de Hipócrates*: "Eu juro, por Apolo médico, por Esculápio, Hígia e Panacea, e tomo por testemunhas todos os deuses e todas as deusas, cumprir, segundo meu poder e minha razão, a promessa que se segue: Estimar, tanto quanto a meus pais, aquele que me ensinou esta arte; fazer vida comum e, se necessário for, com ele partilhar meus bens; ter seus filhos por meus próprios irmãos; ensinar-lhes esta arte, se eles tiverem necessidade de aprendê-la, sem remuneração e nem compromisso escrito; fazer participar dos preceitos, das lições e de todo o resto do ensino, meus filhos, os de meu mestre e os discípulos inscritos segundo os regulamentos da profissão, porém, só a estes. Aplicarei os regimes para o bem do doente segundo o meu poder e entendimento, nunca para causar dano ou mal a alguém. A ninguém darei por comprazer, nem remédio mortal nem um conselho que induza a perda. Do mesmo modo não darei a nenhuma mulher uma substância abortiva. Conservarei imaculada minha vida e minha arte. Não praticarei a talha, mesmo sobre um calculoso confirmado; deixarei essa operação aos práticos que disso cuidam. Em toda casa, aí entrarei para o bem dos doentes, mantendo-me longe de todo o dano voluntário e de toda a sedução, sobretudo dos prazeres do amor, com as mulheres ou com os homens livres ou escravizados. Àquilo que no exercício ou fora do exercício da profissão e no convívio da sociedade, eu tiver visto ou ouvido, que não seja preciso divulgar, eu conservarei inteiramente secreto. Se eu cumprir este juramento com fidelidade, que me seja dado gozar felizmente da

A crítica, que se pode fazer é que muitos médicos recém-formados, continuam a "recitar" o juramento, sem sequer se preocupar com a sua atualidade, visão social, dever para com o Outro, enfim, com a responsabilidade social.

Na cidade grega o tipo de vida influenciava também a saúde dos habitantes, cujas doenças passaram a ser tratadas de acordo com as especificidades de cada lugar.[654] As explicações eram sempre religiosas e sobrenaturais, para a Igreja, "a doença era purificação de algum pecado (castigo divino), e sua cura somente viria se ela fosse merecida".[655] A medicina não era baseada em evidências como contemporaneamente, pois somente em 1543, iniciou-se o estudo sobre a anatomia humana iniciada nos mosteiros.[656]

Por outro lado, no Brasil, a cultura indígena, com os recursos da terra, tais como ervas, chás e plantas, foram os primeiros (em razão de conhecimentos tradicionais, que passaram e passam de geração em geração) que desenvolveram habilidades na arte de curar as pessoas,[657] todavia, muitas foram as epidemias no país como (varíola, malária, febre amarela, peste), justamente por não haver um modelo sanitário,[658] adequado e eficaz.

O modelo de saúde nascido no século XIX[659] era chamado de "saúde curativa", ou seja, a cura da doença ou ausência de enfermidades (ligado ao aspecto

---

vida e da minha profissão, honrado para sempre entre os homens; se eu dele me afastar ou infringir, o contrário aconteça". CREMESP. *Juramento de Hipócrates*. Disponível em: <http://www.cremesp. org.br> Acesso em: 19 abr. 2013.

[653] A crítica é do Dr. Drauzio Varella: "Embora o juramento contenha intenções filosóficas louváveis a respeito da ética no relacionamento com as pessoas que nos procuram em momentos de fragilidade física e psicológica, convenhamos que a visão social do pai da medicina deixava muito a desejar. Ele era médico dos cidadãos gregos e da aristocracia da vizinhança atraída por sua fama merecida [...] Sem desmerecer o valor científico de Hipócrates, observador de raro talento, que fugiu das explicações religiosas e sobrenaturais, deixou descrições precisas de enfermidades desconhecidas na época e abriu caminho para a medicina baseada em evidências, repetir o juramento escrito por ele sem fazer menção ao papel do médico na preservação da saúde e na prevenção de doenças na comunidade é fazer vistas grossas à responsabilidade social inerente à profissão. [...] Hipócrates acreditava que a arte da medicina está em observar. Dizia que a fama de um médico depende mais de sua capacidade de fazer prognósticos do que de fazer diagnósticos. Queria ensinar que ao paciente interessa mais saber o que lhe acontecerá nos dias seguintes do que o nome de sua doença. Explicar claramente a natureza da enfermidade e como agir para enfrentá-la alivia a angústia de estar doente e aumenta a probabilidade de adesão ao tratamento. [...] Curar é finalidade secundária da medicina, se tanto; o objetivo fundamental de nossa profissão é aliviar o sofrimento humano". VARELLA, Drauzio. *O juramento de Hipócrates*. Disponível em: <http://drauziovarella.com.br/drauzio/o-juramento-de-hipocrates/> Acesso em: 19 abr. 2013.

[654] SCHWARTZ, Germano. *Direito à saúde*: Efetivação em uma perspectiva sistêmica. Porto Alegre: Livraria do Advogado, 2001. p. 30.

[655] Ibid., p. 31.

[656] Ibis., p. 32.

[657] POLIGNANO, Marcus Vinícius. *História das políticas de saúde no Brasil*: uma pequena revisão. Disponível em: <http://www.saude.mt.gov.br/upload/documento/16/historia-das-politicas-de-saude-no-brasil-[16-030112-SES-MT].pdf> Acesso em: 19 abril 2013.

[658] Aduz "A vinda da família real ao Brasil criou a necessidade da organização de uma estrutura sanitária mínima, capaz de dar suporte ao poder que se instalava na cidade do Rio de Janeiro. Até 1850 as atividades de saúde pública estavam limitadas à delegação das atribuições sanitárias às juntas municipais e ao controle de navios e saúde dos portos". Ibid..

[659] A sociedade industrial do século XIX "passa a aliar ao conceito de saúde (ausência de doenças) um novo componente, que é o trabalhador que não pode adoecer pois prejudica o processo de acumulação capitalista – não produz. O trabalhador não podia adoecer para que não parasse a produção industrial, por isso, tratavam a doença como "um transtorno ao funcionamento das indústrias". SCHWARTZ, loc. cit., p. 33.

negativo de saúde). Já no século XX, surgiu a tese da "saúde preventiva"; aduz Germano Schwartz que "o Estado interventor deveria, pois, proporcionar a saúde aos seus cidadãos mediante serviços básicos de atividade sanitária".[660]

Curioso é que somente em 1946 surgiu um "conceito de saúde", segundo a Organização Mundial da Saúde – OMS –[661] (agência especializada em saúde subordinada à Organização das Nações Unidas), como sendo o "estado de completo bem-estar físico, mental e social e não consistindo somente a ausência de uma doença ou enfermidade." Esse foi "o primeiro princípio básico para a felicidade, as relações harmoniosas e a segurança de todos os povos".[662]

O próprio preâmbulo da Constituição da Organização Mundial da Saúde, de *22 de Julho de 1946*, define os princípios basilares:

> Os Estados Membros desta Constituição declaram, em conformidade com a Carta das Nações Unidas, que os seguintes princípios são basilares para a felicidade dos povos, para as suas relações harmoniosas e para a sua segurança;
>
> A saúde é um estado de completo bem-estar físico, mental e social, e não consiste apenas na ausência de doença ou de enfermidade.
>
> Gozar do melhor estado de saúde que é possível atingir constitui um dos direitos fundamentais de todo o ser humano, sem distinção de raça, de religião, de credo político, de condição econômica ou social.
>
> A saúde de todos os povos é essencial para conseguir a paz e a segurança e depende da mais estreita cooperação dos indivíduos e dos Estados.
>
> Os resultados conseguidos por cada Estado na promoção e proteção da saúde são de valor para todos.
>
> O desigual desenvolvimento em diferentes países no que respeita à promoção de saúde e combate às doenças, especialmente contagiosas, constitui um perigo comum.
>
> O desenvolvimento saudável da criança é de importância basilar; a aptidão para viver harmoniosamente num meio variável é essencial a tal desenvolvimento.
>
> A extensão a todos os povos dos benefícios dos conhecimentos médicos, psicológicos e afins é essencial para atingir o mais elevado grau de saúde.

---

[660] SCHWARTZ, Germano. *Direito à saúde*: Efetivação em uma perspectiva sistêmica. Porto Alegre: Livraria do Advogado, 2001. p. 33-34.

[661] A OMS (Organização Mundial da Saúde) ou WHO (World Health Organization), "é um agência especializada das Nações Unidas, destinada às questões relativas à saúde. Foi fundada em 7 de abril de 1948. Tem como objetivo garantir o grau mais alto de Saúde para todos os seres humanos. A OMS tem um entendimento de Saúde como um estado completo de bem-estar psicológico, físico, mental e social. Os estatutos da OMS foram aprovados em 22 de julho de 1946, pela Conferência Internacional da Saúde, convocada pelo Conselho Econômico e Social e reunida em Nova York. A Organização começou a existir em 7 de abril de 1948, quando 26 membros das Nações Unidas ratificaram os seus estatutos. Seu propósito primordial é a consecução, por parte de todos os povos, dos mais altos padrões de saúde possíveis. A OMS proporciona a cooperação técnica a seus membros na luta contra as doenças e em favor do saneamento, da saúde familiar, da capacitação de trabalhadores na área de saúde, do fortalecimento dos serviços médicos, da formulação de políticas de medicamentos e pesquisa biomédica. A AIDS (SIDA) também tem sido uma prioridade da OMS, que é uma das Agências da ONU a compor o Programa Conjunto das Nações Unidas sobre HIV/AIDS (UNAIDS), criado para combater e pesquisar essa que é a maior epidemia do momento. A Organização Panamericana da Saúde (OPAS) é o braço nas Américas da OMS e trabalha em conjunto com os governos da região. A sede da OMS fica em Genebra, na Suíça". USP. *O que é a OMS?* Disponível em: <http://www.direitoshumanos.usp.br/index.php/OMS-Organiza%C3%A7%C3%A3o-Mundial-da-Sa%C3%BAde/o-que-e-a-oms.html>. Acesso em: 19 abr. 2013.

[662] SCHWARTZ, loc. cit., p. 35.

Mobilidade, Fronteiras & Direito à Saúde

Uma opinião pública esclarecida e uma cooperação ativa da parte do público são de uma importância capital para o melhoramento da saúde dos povos.

Os Governos têm responsabilidade pela saúde dos seus povos, a qual só pode ser assumida pelo estabelecimento de medidas sanitárias e sociais adequadas.

Aceitando estes princípios com o fim de cooperar entre si e com os outros para promover e proteger a saúde de todos os povos, as partes contratantes concordam com a presente Constituição e estabelecem a Organização Mundial da Saúde como um organismo especializado, nos termos do artigo 57 da Carta das Nações Unidas.[663] (Grifou-se)

Não resta dúvida de que o completo bem-estar físico, mental e social, é algo mais do que desejado, de todas as Nações, e para que saia do conjunto de intenções são necessárias ações, políticas públicas eficazes.

Esse era e (é) o objetivo da Organização Mundial da Saúde da "aquisição, por todos os povos, do nível de saúde mais elevado que for possível", de acordo com o artigo 1º.[664] Segundo a OMS, ao destacar a saúde como completo estado de bem-estar em todas as suas dimensões, destaca especificamente três (física – mental – social), que são mínimas, porém, existem outras como a ambiental, espiritual, etc.,

A expressão "bem-estar" aduz Germano Schwartz, é um conceito irreal, que "não se adapta à realidade fática, afinal o perfeito bem-estar é um objetivo a ser alcançado, que se alarga ou diminui de acordo com a evolução da sociedade e da tecnologia".[665] Por isso foi duramente criticado.

E, parte da própria história e do conceito, a afirmação constitucional brasileira por meio das Constituições, muito embora as primeiras de 1824 e 1891, não dispunham propriamente sobre o direito à saúde.

Muito embora, na Constituição de 1934, (de fundo social) houveram preocupações de ordem sanitária,[666] tendo inclusive a previsão de competência de forma concorrente entre União, Estados e também Municípios, referia o artigo 138, alínea f: "Adoção de medidas legislativas e administrativas tendentes a restringir a mortalidade e a morbidade dos infantes; e de higiene social, que impeçam a propagação das doenças transmissíveis".

Todavia, foi com a Constituição de 1946 que se estabeleceu um grande marco quanto ao direito à saúde, (reconhecido em 1948, com a Declaração Universal dos Direitos Humanos pela Organização das Nações Unidas – ONU), pois a assistência à saúde (no Brasil) era "tratada tão somente como um benefício da previdência social fornecido aos trabalhadores";[667] (e não como um

---

[663] *Constituição da Organização Mundial da Saúde* (OMS/WHO). 22 de julho de 1946. Disponível em: <http://www.direitoshumanos.usp. br/index.php/OMS-Organiza%C3%A7%C3%A3o-Mundial-da-Sa%C3%BAde/constituicao-da-organizacao-mundial-da-saude-omswho.html>. Acesso em: 19 abr. 2013.

[664] Ibid.

[665] SCHWARTZ, Germano. *Direito à saúde*: Efetivação em uma perspectiva sistêmica. Porto Alegre: Livraria do Advogado, 2001. p. 37.

[666] OLIVEIRA, Euclides Benedito de. *Responsabilidade do Estado pelo atendimento à saúde*. Direito e Responsabilidade. Belo Horizonte: Del Rey, 2002. p. 214.

[667] O direito à saúde foi reconhecido internacionalmente em 1948, "quando da aprovação da Declaração Universal dos Direitos Humanos pela Organização das Nações Unidas (ONU). No Brasil, ele foi incorporado como o "direito" à assistência em saúde dos trabalhadores com vínculo formal no mercado de trabalho, o que

efetivo direito), que não poderiam adoecer sem que isso implicasse em parar de produzir, ou seja, o cunho econômico.

Em 1960, surgiu o então "movimento pela Reforma Sanitária" (embora abortado pelo golpe militar de 1964), com um retorno no início de 1980. Todavia, foi em 1986 com a (8.ª Conferência Nacional de Saúde) que a coletividade foi chamada a participar do processo de "construção de um novo ideário para a saúde".[668]

Ou seja, longa jornada até chegar 1988, com a Carta Magna, pela primeira vez na história constitucional brasileira, a saúde foi implantada na Constituição Federal, confirmando as resoluções da Conferência de Saúde,[669] esse é um marco importante, ainda que com um atraso de 40 anos. Como adverte André Feijó Barroso:

> As Constituições brasileiras anteriores não garantiam o direito à saúde. No máximo, cabia ao Estado cuidar da assistência pública e da prestação de assistência médica e hospitalar ao trabalhador filiado ao regime previdenciário. A garantia do direito à saúde ao cidadão, saúde compreendida como algo mais abrangente, como a própria OMS a define, só aparece no texto constitucional na C.F. de 1988, ou seja, 40 anos após a Declaração Universal dos Direitos Humanos.[670]

Nesse sentido, argumenta também José Afonso da Silva, que é "espantoso como um bem extraordinariamente relevante à vida humana só agora é elevado à condição de direito fundamental do homem". Veja-se:

> E há de informar-se pelo princípio de que o direito igual à vida de todos os seres humanos significa também que, nos casos de doença, cada um tem o direito a um tratamento condigno de acordo com o estado atual da ciência médica, independentemente de sua situação econômica, sob pena de não ter muito valor sua consignação em normas constitucionais.[671]

A norma constitucional que caracteriza a saúde, enquanto direito social, tem expressa previsão no artigo 6º (juntamente com educação, alimentação, trabalho, moradia, lazer, segurança, previdência e assistência social, materni-

---

contemplava somente a parcela da população que contribuía para a previdência social e privava a maioria da população ao acesso às ações de saúde, restando a elas a assistência prestada por entidades filantrópicas. Nesse contexto, a saúde não era considerada um direito, mas tão-somente um benefício da previdência social, como a aposentadoria, o auxílio-doença, a licença-maternidade e outros". BRASIL. Ministério da Saúde. Secretaria de Gestão Estratégica e Participativa. Departamento de Apoio à Gestão Participativa. *Caminhos do direito à saúde no Brasil.* Brasília: Editora do Ministério da Saúde, 2007. Disponível em: <http://portal.saude. gov.br/portal/arquivos/pdf/Caminhos_do_Direitos_em_Saude_ no_Brasil.pdf>. Acesso em: 19 abr. 2013. p. 7.

[668] O movimento pela Reforma Sanitária "surgiu da indignação de setores da sociedade sobre o dramático quadro do setor Saúde. Por isso, desde o início, pautou sua ação pelo questionamento desse quadro de iniqüidades. Suas primeiras articulações datam do início da década de 1960, quando foi abortado pelo golpe militar de 1964. O movimento atingiu sua maturidade a partir do fim da década de 1970 e princípio dos anos 1980 e mantém-se mobilizado até o presente. Ele é formado por técnicos e intelectuais, partidos políticos, diferentes correntes e tendências e movimentos sociais diversos". Ibid.

[669] No texto constitucional, "a saúde passou a integrar o Sistema da Seguridade Social, juntamente com a previdência e a assistência social. Instituiu-se o SUS, como um sistema de atenção e cuidados, com base no direito universal à saúde e na integralidade das ações, abrangendo a vigilância e promoção da saúde, e recuperação de agravos". Ibid.

[670] BARROSO, André F. *Aspectos relacionados à efetivação do direito à saúde no Brasil através do Poder Judiciário.* 2003. p. 07-08. Disponível em <http://www.leps.ufrj.br/download/andre.pdf>. Acesso em: 19 abr. 2013.

[671] SILVA, José Afonso da. *Curso de Direito Constitucional Positivo.* São Paulo: Editora Malheiros, 2005. p. 308.

dade e infância Veja-se: Título II, dos direitos e garantias fundamentais, no capítulo II, dos direitos sociais:

Art. 6º *São direitos sociais* a educação, *a saúde*, a alimentação, o trabalho, a moradia, o lazer, a segurança, a previdência social, a proteção à maternidade e à infância, a assistência aos desamparados, na forma desta Constituição. (grifou-se)

Vale referir que trouxe também um capítulo específico que trata da Seguridade Social, cujo artigo 194 refere que "A seguridade social compreende um conjunto integrado de ações de iniciativa dos Poderes Públicos e da sociedade, destinadas a assegurar os direitos relativos *à saúde*, à previdência e à assistência social". Assegurando especificamente a saúde enquanto direito.

E, cuja seção II do mesmo capítulo versa sobre a saúde de forma específica, artigos 196 e 197:

Art. 196. *A saúde é direito de todos e dever do Estado*, garantido mediante políticas sociais e econômicas que visem à redução do risco de doença e de outros agravos e ao acesso universal e igualitário às ações e serviços para sua promoção, proteção e recuperação. (grigou-se).

Art. 197. São de relevância pública as ações *e serviços de saúde*, cabendo ao Poder Público dispor, nos termos da lei, sobre sua regulamentação, fiscalização e controle, devendo sua execução ser feita diretamente ou através de terceiros e, também, por pessoa física ou jurídica de direito privado.

A partir da leitura do artigo 197, percebe-se também a função institucional do Ministério Público para proteger o direito à saúde, constante do artigo 129, inciso II, da Constituição Federal, enquanto funções institucionais: "II – zelar pelo efetivo respeito dos Poderes Públicos e dos serviços de relevância pública aos direitos assegurados nesta Constituição, promovendo as medidas necessárias a sua garantia", ou seja, "a Constituição conferiu à saúde e à dignidade humana um caráter fundamental e primário, no sentido de antecedente aos demais".[672] E acrescenta Germano Schwartz que essa vinculação das ações e serviços de saúde ao Poder Público "é uma questão de competência em duplo sentido. Por um lado, há que verificar quem pode legislar sobre saúde, bem como quais são os órgãos que devem 'cuidar' dela".[673]

Também trouxe a Constituição Federal, em seu artigo 24, inciso XII, e § 1º que "Compete à União, aos Estados e ao Distrito Federal legislar concorrentemente sobre: [...] XII – previdência social, proteção e defesa da saúde"; e, § 1º "No âmbito da legislação concorrente, a competência da União limitar-se-á a estabelecer normas gerais". Afirma por fim, Germano Schwartz, "são declarações de princípios, implementando diretrizes sanitárias que devem ser obedecidas em todo o território nacional".[674]

Além, é claro, do artigo 198 que refere que os serviços de saúde integram uma rede regionalizada e hierarquizada, constituindo o SUS – Sistema de Saúde Pública, com a definição de regras sobre o financiamento do sistema, e, obrigações a todos os Entres da Federação.

---

[672] SCHWARTZ, Germano. *Direito à saúde*: Efetivação em uma perspectiva sistêmica. Porto Alegre: Livraria do Advogado, 2001. p. 99-100.

[673] Ibid., p. 100.

[674] Ibid.

O direito fundamental à saúde é autoaplicável no dizer de Germano Schwartz, pois representa um direito ao cidadão e um dever para o Estado:

> Na visão tradicional, a consequência de se classificar a saúde como direito fundamental é a sua autoaplicabilidade, entendida como a exigibilidade judicial sem subterfúgio normativo inferior conforme os ditames do art. 5º, § 1º, da Constituição Federal de 1988. É, também, a possibilidade de referi-la tanto como um direito fundamental quanto um direito subjetivo e, portanto, oponível ao Estado em caso de descumprimento de seus preceitos. Estabelece-se, assim, uma relação obrigacional na qual o cidadão é o credor, e o Estado, o devedor. Daí se obtém uma justiciabilidade de tal direito.[675]

Vale ainda a ressalva, de que a competência para legislar, é concorrente, os Estados e os Municípios podem suplementar a legislação federal, adaptando e especificando as generalidades dos diplomas legislativos em razão do interesse local.[676]

Afirme-se que com a entrada em vigor da Lei 8.080 de 19 de setembro de 1990, a fim de promover, proteger e recuperar a saúde há uma dupla fundamentalidade (formal e material), conforme o artigo 2º, veja-se:

> Art. 2º A saúde é um direito fundamental do ser humano, devendo o Estado prover as condições indispensáveis ao seu pleno exercício.
>
> § 1º O dever do Estado de garantir a saúde consiste na formulação e execução de políticas econômicas e sociais que visem à redução de riscos de doenças e de outros agravos e no estabelecimento de condições que assegurem acesso universal e igualitário às ações e aos serviços para a sua promoção, proteção e recuperação.
>
> § 2º O dever do Estado não exclui o das pessoas, da família, das empresas e da sociedade.

Tarefa árdua, pois a lei associa a saúde a outros (também direitos sociais) cujos níveis de saúde expressam (e de fato expressam) a organização e social e econômica do Brasil. Aqui, poder-se-ia voltar a mencionar a globalização, e principalmente a localização, enquanto fator de contribuição e verificação de quais políticas públicas são efetivamente implementadas, menciona o artigo 3º da lei:

> Art. 3º A saúde tem como fatores determinantes e condicionantes, entre outros, a alimentação, a moradia, o saneamento básico, o meio ambiente, o trabalho, a renda, a educação, o transporte, o lazer e o acesso aos bens e serviços essenciais; os níveis de saúde da população expressam a organização social e econômica do País.
>
> Parágrafo único. Dizem respeito também à saúde as ações que, por força do disposto no artigo anterior, se destinam a garantir às pessoas e à coletividade condições de bem-estar físico, mental e social.

É o que resta demonstrado no quadro abaixo, que representa justamente essa preocupação com o conjunto de condições que devem ser socioeconômicas, culturais e ambientais[677] para um ciclo de vida com boa saúde. Veja-se:

---

[675] SCHWARTZ, Germano. *O tratamento jurídico do risco no direito à saúde*. Porto Alegre: Livraria do Advogado, 2004. p. 129-130.

[676] Id. *Direito à saúde*: Efetivação em uma perspectiva sistêmica. Porto Alegre: Livraria do Advogado, 2001. p. 100-101.

[677] Centro Cultural do Ministério da Saúde. *A saúde do Brasil*. Disponível em: <http://www.ccms. saude.gov. br/sus20anos/mostra/indice.html>. Acesso em: 10 dez.2012.

Figura 21 – Fatores que contribuem para a vida com saúde

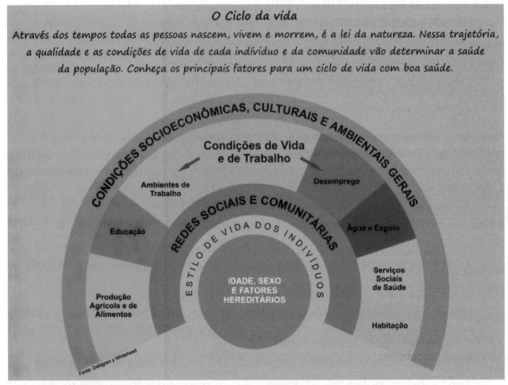

Fonte: CCMS, 2013.[678]

São múltiplos fatores, que contribuem para uma vida normal e integrada, nesse sentido adverte Luiz Alberto David Araújo, significa não somente "o direito de ser são e de se manter são", ou "o direito a tratamento de saúde para manter-se bem". O direito à saúde engloba "habilitação e à reabilitação, devendo-se entender a saúde como o estado físico e mental que possibilita ao indivíduo ter uma vida normal, integrada socialmente".[679]

E quanto às ações estatais, essas devem realizar, concretizar, o direito à saúde que significa, em última análise, que a "proteção de um direito social é composto pelas ações estatais que fomentem a realização desse direito".[680] Visto que, contemporaneamente menciona-se muito a busca também de universalização da cidadania, ou seja, o novo padrão da política social resta caracterizada pela "universalidade na cobertura, o reconhecimento dos direitos sociais, a afirmação do dever do Estado, a subordinação das práticas privadas à regulação em função da relevância pública das ações e serviços nestas áreas", quer dizer, uma intenção, uma perspectiva "publicista de cogestão

---

[678] CCMS. *Determinantes Sociais Da Saúde*. Disponível em: <http://www.ccms.saude.gov.br/sus20anos/mostra/determinantessociaisdasaude.html>. Acesso em: 15 mai. 2013.

[679] ARAUJO, Luiz Alberto David. *A proteção constitucional das pessoas portadoras de deficiência*. 2. ed. Brasília: Coordenadoria Nacional para Integração da Pessoa Portadora de Deficiência, 1997.

[680] SILVA, Virgílio Afonso da. *Direitos Fundamentais*. 2.ed. 2. tir. São Paulo: Malheiros, 2010. p. 77.

governo/sociedade, um arranjo organizacional descentralizado" como afirma Sonia Fleury.[681]

O direito à saúde é um direito fundamental que assiste a todos, representa, por conseguinte, ser indissociável do direito à vida digna,[682] pois encontra abrigo jurídico "a partir do momento em que se estabelece a necessidade comunicacional de o sistema jurídico dar vazo à irritação do entorno no qual se insere",[683] vale lembrar ainda com Germano Schwartz que até pouco tempo atrás, nem mesmo o Superior Tribunal de Justiça (STJ) entendia o direito a saúde como direito fundamental, conferindo-lhe um valor programático, de aplicação mediata, às normas sanitárias, "contudo, torna ineficaz essa conquista, deixando-a à mercê do Legislativo (que deveria editar lei complementar), e transferindo a responsabilidade para este Poder".[684]

Todavia, a bom tempo, as normas constitucionais referentes à saúde têm contemporaneamente aplicabilidade imediata e eficácia plena, caráter esse reconhecido pelo Supremo Tribunal Federal (STF),[685] veja-se ementa:

AGRAVO REGIMENTAL NO RECURSO EXTRAORDINÁRIO. CONSTITUCIONAL E PROCESSUAL CIVIL. DIREITO À SAÚDE (ART. 196, CF). FORNECIMENTO DE MEDICAMENTOS. SOLIDARIEDADE PASSIVA ENTRE OS ENTES FEDERATIVOS. CHAMAMENTO AO PROCESSO. DESLOCAMENTO DO FEITO PARA JUSTIÇA FEDERAL. MEDIDA PROTELATÓRIA. IMPOSSIBILIDADE.

1. O artigo 196 da CF impõe o dever estatal de implementação das políticas públicas, no sentido de conferir efetividade ao acesso da população à redução dos riscos de doenças e às medidas necessárias para proteção e recuperação dos cidadãos.

2. O Estado deve criar meios para prover serviços médico-hospitalares e fornecimento de medicamentos, além da implementação de políticas públicas preventivas, mercê de os entes federativos garantirem recursos em seus orçamentos para implementação das mesmas. (arts. 23, II, e 198, § 1º, da CF).

3. O recebimento de medicamentos pelo Estado é direito fundamental, podendo o requerente pleiteá-los de qualquer um dos entes federativos, desde que demonstrada sua necessidade e a impossibilidade de custeá-los com recursos próprios. Isto por que, uma vez satisfeitos tais requisitos, o ente federativo deve se pautar no espírito de solidariedade para conferir efetividade ao direito garantido pela Constituição, e não criar entraves jurídicos para postergar a devida prestação jurisdicional.[...] [686]

Percebe-se claramente a imposição ao Estado, que tem o dever constitucional de criar meios para prover atendimento, no caso – medicamentos, pautado no espírito social.

---

[681] FLEURY, Sonia. Socialismo e democracia: o lugar do sujeito. In: LOBATO, Lenaura de Vasconcelos Costa (Orgs.). *Participação, democracia e saúde*. Rio de Janeiro: Cebes, 2009. p. 746.

[682] ORDACGY, André da Silva. *A tutela de saúde como um direito fundamental do cidadão*. Disponível em: <http://www.dpu.gov.br/pdf/artigos/artigo_saude_andre.pdf> Acesso em: 22 abr. 2013.

[683] SCHWARTZ, Germano. *O tratamento jurídico do risco no direito à saúde*. Porto Alegre: Livraria do Advogado, 2004. p. 118.

[684] Id. A saúde como direito público subjetivo e fundamental do homem e sua efetivação. *Revista da AJURIS*. Porto Alegre. Ano XXVII, n. 83, tomo I, set. 2001. p. 179-200.

[685] Ibid.

[686] BRASIL. Supremo Tribunal Federal. Agravo regimental em Recurso Extraordinário nº 607.381 – SC, Relator Ministro Luiz Fux. Julgado em 31 de maio de 2011. Disponível em: <http://redir.stf.jus.br/paginadorpub/ paginador.jsp?docTP=AC&docID=624235> Acesso em: 21 abr. 2013.

Mobilidade, Fronteiras & Direito à Saúde

O Supremo Tribunal Federal (STF), em outro julgamento, de suspensão de tutela antecipada, (STA nº 238) aduziu:

[...] defensores da atuação do Poder Judiciário na concretização dos direitos sociais, em especial do direito à saúde, argumentam que tais direitos são indispensáveis para a realização da dignidade da pessoa humana. Assim, ao menos o "mínimo existencial" de cada um dos direitos, exigência lógica do princípio da dignidade da pessoa humana, não poderia deixar de ser objeto de apreciação judicial. O fato é que o denominado problema da "judicialização do direito à saúde" ganhou tamanha importância teórica e prática que envolve não apenas os operadores do direito, mas também os gestores públicos, os profissionais da área de saúde e a sociedade civil como um todo. Se, por um lado, a atuação do Poder Judiciário é fundamental para o exercício efetivo da cidadania, por outro, as decisões judiciais têm significado um forte ponto de tensão perante os elaboradores e executores das políticas públicas, que se vêem compelidos a garantir prestações de direitos sociais das mais diversas, muitas vezes contrastantes com a política estabelecida pelos governos para a área de saúde e além das possibilidades orçamentárias. [...]
De toda forma, parece sensato concluir que, ao fim e ao cabo, problemas concretos deverão ser resolvidos levando-se em consideração todas as perspectivas que a questão dos direitos sociais envolve. Juízos de ponderação são inevitáveis nesse contexto prenhe de complexas relações conflituosas entre princípios e diretrizes políticas ou, em outros termos, entre direitos individuais e bens coletivos.[...]. Dessa forma, não vislumbro, no caso dos autos, situação de violação à ordem pública, mas sim de risco de grave lesão à saúde. Ante o exposto, indefiro o pedido de suspensão. Publique-se. Brasília, 21 de outubro de 2008. Ministro GILMAR MENDES, Presidente.[687]

Ao indeferir o pedido, o ministro Gilmar Mendes, levou em consideração todas as perspectivas que a questão dos direitos sociais envolve, ou seja, possibilidade de orçamento e mínimo.

Hoje sim, o Superior Tribunal de Justiça (STJ) entende o direito à saúde como direito fundamental, subjetivo do cidadão, de aplicabilidade imediata.

ADMINISTRATIVO. DIREITO À SAÚDE. DIREITO SUBJETIVO. PRIORIDADE. CONTROLE JUDICIAL DE POLÍTICAS PÚBLICAS. ESCASSEZ DE RECURSOS. DECISÃO POLÍTICA. RESERVA DO POSSÍVEL. MÍNIMO EXISTENCIAL.
1. A vida, saúde e integridade físico-psíquica das pessoas é valor ético-jurídico supremo no ordenamento brasileiro, que sobressai em relação a todos os outros, tanto na ordem econômica, como na política e social.
2. O direito à saúde, expressamente previsto na Constituição Federal de 1988 e em legislação especial, é garantia subjetiva do cidadão, exigível de imediato, em oposição a omissões do Poder Público. O legislador ordinário, ao disciplinar a matéria, impôs obrigações positivas ao Estado, de maneira que está compelido a cumprir o dever legal.
[...]
6. "A realização dos Direitos Fundamentais não é opção do governante, não é resultado de um juízo discricionário nem pode ser encarada como tema que depende unicamente da vontade política. Aqueles direitos que estão intimamente ligados à dignidade humana não podem ser limitados em razão da escassez quando esta é fruto das escolhas do administrador".[688]

---

[687] TOCANTINS, Supremo Tribunal Federal. STA 238, Relator(a): Min. Presidente, Gilmar Mendes, julgado em 21/10/2008, publicado em DJe-204 DIVULG 28/10/2008 PUBLIC 29/10/2008 RDDP n. 70, 2009. p. 169-177. Disponível em: <http://www.stf.jus.br/portal/jurisprudencia/listarJurisprudencia. asp?s1=%28STA%24%2ESCLA%2E+E+238%2ENUME%2E%29&base=baseMonocraticas>. Acesso em: 22 abr. 2013.

[688] BRASIL. Superior Tribunal de Justiça. Recurso Especial nº 1.068.731 – RS, Relatora Min. Eliana Calmon. Julgado em 17 de fevereiro de 2011. Disponível em: <https://ww2.stj.jus.br/revistaeletronica/ Abre_Documento.asp?sSeq=1038100&sReg=200801379303&sData=20120308&formato=PDF> Acesso em: 21 abr. 2013.

No caso em tela, realizar o direito fundamental à saúde, significou efetivá-lo, não sendo uma opção, mas um dever, vez que vinculado ao exercício da dignidade humana.

Conforme doutrina de Ingo Wolfgang Sarlet, o direito a saúde "resulta para os órgãos estatais em uma obrigação de cunho positivo de assegurar as prestações inerentes a esse mínimo existencial". Além da efetivação do direito à saúde,[689] que se manifesta de forma mais contundente também a vinculação do seu objeto como cirurgias, prestações de ordem material, de assistência médica e hospitalar, "com o direito à vida e ao princípio da dignidade da pessoa humana".[690]

Também Ricardo Lobo Torres assevera que é "cada vez mais difícil estremar o mínimo existencial, em sua região periférica, do máximo de utilidade, que é princípio ligado à ideia de justiça e aos direitos sociais",[691] sendo que o mínimo existencial não é o estado de saúde das pessoas, e sim, as prestações de saúde disponíveis. Pois apenas são "direitos sociais fundamentais" que passam a "constituir o mínimo existencial, pois é quando são atingidos pela jusfundamentalidade". Pois o "núcleo essencial dos direitos fundamentais sociais coincidiria com a ideia de mínimo existencial".[692] Adverte Ricardo Lobo Torres:

(a) todos os direitos sociais são direitos fundamentais sociais, devendo-se buscar, entre outros objetivos, sua máxima efetividade;

(b) os direitos sociais não podem ser considerados fundamentais, pois, dentre outras hipóteses, se vinculam ao princípio da reserva do possível, e traduzem-se em pretensões legais que não acarretam vinculação por parte do Poder Público; e

(c) os direitos sociais apenas são considerados fundamentais quando se fala em mínimo existencial, dessa forma, há a limitação à garantia fundamental de existência digna a todos os indivíduos.[693]

Adverte Ana Paula de Barcellos, que o conteúdo efetivo do que compõe o mínimo existencial, no Brasil, deve ser extraído da Constituição Federal de 1988, são "três elementos materiais e um instrumental. São eles: a educação fundamental, a saúde básica, a assistência aos desamparados (que envolve alimentação, vestuário e abrigo) e o acesso à Justiça".[694]

Ainda a jurisprudência do Superior Tribunal de Justiça (STJ) quanto ao direito à saúde enquanto direito fundamental:

---

[689] RUARO, Regina Linden; VAZ, Eleci; RODRIGUEZ, Daniel Piñeiro . Uma Breve Discussão acerca da Efetivação do Direito Constitucional à Saúde Frente à Disponibilização do Procedimento Cirúrgico de Tansgenitalização. *Revista da Ajuris*, v. 110, p. 357-372, 2008

[690] SARLET, Ingo Wolfgang. *A eficácia dos direitos fundamentais*: uma teoria geral dos direitos fundamentais na perspectiva constitucional. 10. ed. ver. atual. e ampl. Porto Alegre: Livraria do Advogado, 2009. p. 322- 323.

[691] TORRES, Ricardo Lobo. A metamorfose dos direitos sociais em mínimo existencial. In: SARLET, Ingo Wolfgang. *Direitos fundamentais sociais*: estudos de direito constitucional, internacional e comparado. Rio de Janeiro: Renovar, 2005. p. 32.

[692] TORRES, Ricardo Lobo. *O direito ao mínimo existencial*. Rio de Janeiro: Renovar, 2009. p. 42.

[693] Ibid., p. 43.

[694] BARCELLOS, Ana Paula de. *A eficácia jurídica dos princípios constitucionais*: o princípio da dignidade da pessoa humana. Rio de Janeiro: Renovar, 2002. p. 258.

ADMINISTRATIVO – CONTROLE JUDICIAL DE POLÍTICAS PÚBLICAS – POSSIBILIDADE EM CASOS EXCEPCIONAIS – DIREITO À SAÚDE – FORNECIMENTO DE MEDICAMENTOS – MANIFESTA NECESSIDADE – OBRIGAÇÃO DO PODER PÚBLICO – AUSÊNCIA DE VIOLAÇÃO DO PRINCÍPIO DA SEPARAÇÃO DOS PODERES – NÃO OPONIBILIDADE DA RESERVA DO POSSÍVEL AO MÍNIMO EXISTENCIAL.

1. Não podem os direitos sociais ficar condicionados à boa vontade do Administrador, sendo de fundamental importância que o Judiciário atue como órgão controlador da atividade administrativa. Seria uma distorção pensar que o princípio da separação dos poderes, originalmente concebido com o escopo de garantia dos direitos fundamentais, pudesse ser utilizado justamente como óbice à realização dos direitos sociais, igualmente fundamentais.

2. Tratando-se de direito fundamental, incluso no conceito de mínimo existencial, inexistirá empecilho jurídico para que o Judiciário estabeleça a inclusão de determinada política pública nos planos orçamentários do ente político, mormente quando não houver comprovação objetiva da incapacidade econômico-financeira da pessoa estatal.

[...] Agravo regimental improvido.[695]

Na referência acima, o Poder Judiciário atua efetivamente como órgão controlador da atividade administrativa em respeito ao direito fundamental social de acesso à saúde.

Adverte nesse sentido, Ingo Wolfgang Sarlet, que o mínimo existencial deve assegurar uma "vida saudável, além de propiciar e promover sua participação ativa e corresponsável nos destinos da própria existência e da vida, em comunhão com os demais seres humanos".[696] Sendo que o mínimo existencial segundo Ricardo Lobo Torres, "não pode ser ponderado e vale definitivamente porque constitui o conteúdo essencial dos direitos fundamentais, que é irredutível por definição e insuscetível de sopesamento". Todavia, faz uma advertência de que "não é qualquer conteúdo essencial que se transforma em mínimo existencial, se lhe falta a nota específica do direito à existência digna",[697] vinculado diretamente a verificação da "existência de recursos orçamentais e financeiros disponíveis que garantam a 'efetividade ótima' desses direitos e pretensões no quadro de uma 'liberdade de conformação' a favor do legislador, destaca Cristina M. M. Queiroz.[698]

Também o Tribunal de Justiça do Estado do Rio Grande do Sul (TJRS) entende o direito à saúde enquanto norma constitucional de aplicação imediata, vez que elevada à condição de direito social fundamental do ser humano.

APELAÇÃO CÍVEL. DIREITO À SAÚDE. AÇÃO ORDINÁRIA COM PEDIDO DE ANTECIPAÇÃO DE TUTELA. LEGITIMIDADE PASSIVA. RESPONSABILIDADE SOLIDÁRIA DO PODER PÚBLICO. APLICAÇÃO IMEDIATA E INCONDICIONADA DE DISPOSITIVO CONSTITUCIONAL. DENOMINAÇÃO COMUM BRASILEIRA. POSSIBILIDADE. I – O acesso às ações e serviços de saúde é universal e igualitário (CF – art. 196), do que deriva a responsabilidade solidária e linear

---

[695] BRASIL. Superior Tribunal de Justiça. AgRg no REsp 1136549/RS, Rel. Ministro Humberto Martins, Segunda Turma, julgado em 08/06/2010, DJe 21/06/2010. Disponível em: <http://www.stj.jus.br/SCON/jurisprudencia/toc.jsp?tipo_visualizacao=null&livre=sa%FAde+separa%E7%E3o+dos+poderes+reserva+poss%EDvel&b=ACOR#DOC2>. Acesso em: 21 abr. 2013.

[696] SARLET, Ingo Wolfgang. *Dignidade da pessoa humana e direitos fundamentas na Constituição Federal de 1988*.8. ed. rev. Atual. e ampl. Porto Alegre: Livraria do Advogado, 2010. p. 70.

[697] TORRES, Ricardo Lobo. *O direito ao mínimo existencial*. Rio de Janeiro: Renovar, 2009. p. 84-89.

[698] QUEIROZ, Cristina M. M. *Direitos Fundamentais* (Teoria Geral). Faculdade de Direito da Universidade do Porto: Coimbra, 2002. p. 185.

dos entes federativos. A saúde, elevada à condição de direito social fundamental do homem, contido no art. 6º da CF, declarado por seus artigos 196 e seguintes, é de aplicação imediata e incondicionada, nos termos do parágrafo 1º do artigo 5º da C. Federal, que dá ao indivíduo a possibilidade de exigir compulsoriamente as prestações asseguradas. O artigo 196 da Constituição Federal não faz distinção entre os entes federados, de sorte que cada um e todos, indistintamente, são responsáveis pelas ações e serviços de saúde, sendo certo que a descentralização, mera técnica de gestão, não importa compartimentar sua prestação. [...] Descumprido o preceito, qual o de fornecer os fármacos pleiteados pela agravada, resulta flagrante desafeição a decisão judicial, atentatória sob todos os títulos à dignidade da justiça (artigo 600, III, do CPC), conduta que submete o infrator às sanções contidas no artigo 601 do CPC, sem prejuízo da ação penal por crime de desobediência. Apelo conhecido em parte e, nessa extensão, parcialmente provido. Sentença confirmada em reexame necessário, no mais. Unânime.[699]

No caso em comento, a obrigação de fornecer medicamento de forma compulsória é obrigatória e solidária dos Entes Federados, vez que a saúde foi elevada à condição de direito social fundamental do homem, conforme 6º da Carta Magna, e de aplicação imediata e incondicionada, segundo artigo 5º, § 1º, da Constituição Federal.

Apenas para constar, a responsabilidade é solidária entre os Entes da Federação é unânime entre os tribunais, exemplificativamente, os acórdãos do STJ,[700] [701] 3ª Turma Recursal do TRF da 4ª Região,[702] TJRS.[703]

---

[699] RIO GRANDE DO SUL. Tribunal de Justiça. Vigésima Primeira Câmara Cível. Apelação Cível nº 70049719479. Apelante: Estado do Rio Grande do Sul. Apelado: Alvaci Goncalves Maica. Relator: Genaro José Baroni Borges. Julgado em 01 de agosto de 2012. Disponível em: <http://www1.tjrs.jus.br/site_php/consulta/consulta_processo.php?nome_comarca=Tribunal+de+Justi%E7a&versao=&versao_fonetica=1&tipo=1&id_comarca=700&num_processo_mask=70049719479&num_processo=70049719479&codEmenta=4842728&tem IntTeor=true> Acesso em: 21 abr. 2013.

[700] "PROCESSUAL CIVIL E ADMINISTRATIVO – FORNECIMENTO DE MEDICAMENTOS – SUS – OFENSA AO ART. 535 DO CPC – SÚMULA 284/STF – RESPONSABILIDADE SOLIDÁRIA DOS ENTES FEDERATIVOS – LEGITIMIDADE DA UNIÃO. [...] O funcionamento do Sistema Único de Saúde – SUS é de responsabilidade solidária da União, estados-membros e municípios, de modo que, qualquer dessas entidades têm legitimidade ad causam para figurar no pólo passivo de demanda que objetiva a garantia do acesso à medicação para pessoas desprovidas de recursos financeiros. 3. Recurso especial conhecido em parte e improvido". SANTA CATARINA, Superior Tribunal de Justiça. REsp 834294/SC, Rel. Ministra Eliana Calmon, Segunda Turma, julgado em 05/09/2006, DJ 26/09/2006. p. 196. Disponível em: <http://www.stj.jus.br/SCON/jurisprudencia/toc.jsp?tipo_visualizacao=null&livre=sa%FAde+responsabilidade+solid%E1ria&processo=834294&b=ACOR#>. Acesso em: 21 abr. 2013.

[701] "ADMINISTRATIVO – RECURSO ESPECIAL – FORNECIMENTO DE MEDICAMENTOS – BLOQUEIO DE CONTAS DO ESTADO – POSSIBILIDADE. 1. Tem prevalecido no STJ o entendimento de que é possível, com amparo no art. 461, § 5º, do CPC, o bloqueio de verbas públicas para garantir o fornecimento de medicamentos pelo Estado. 2. Embora venha o STF adotando a 'Teoria da Reserva do Possível' em algumas hipóteses, em matéria de preservação dos direitos à vida e à saúde, aquela Corte não aplica tal entendimento, por considerar que ambos são bens máximos e impossíveis de ter sua proteção postergada. 3. Recurso especial não provido". RIO GRANDE DO SUL. Superior Tribunal de Justiça . REsp 835.687/RS, Rel. Ministra Eliana Calmon, Segunda Turma, julgado em 04/12/2007, DJ 17/12/2007. p. 160. Disponível em: <http://www.stj.jus.br/SCON/jurisprudencia/toc.jsp?tipo_visualizacao =null&livre=200600989949&b=ACOR#>. Acesso em: 21 abr. 2013.

[702] "ADMINISTRATIVO E CONSTITUCIONAL. RECEBIMENTO DE MEDICAMENTOS. ENTES POLÍTICOS – RESPONSABILIDADE SOLIDÁRIA. INEXISTÊNCIA DE LITISCONSÓRCIO NECESSÁRIO. 1. A União, Estados-Membros e Municípios têm legitimidade passiva e responsabilidade solidária nas causas que versam sobre fornecimento de medicamentos. 2. A jurisprudência da Turma é firme no sentido de que, em se tratando de fornecimento de medicamentos, existe solidariedade entre os entes da Federação, mas não litisconsórcio necessário. Escolhendo a parte, contudo, litigar somente contra um dos entes, não há como obrigar ao chamamento ao processo". SANTA CATARINA, Tribunal Regional Federal. TRF4, AC 5001098-

---

Mobilidade, Fronteiras & Direito à Saúde

O direito à saúde é garantia fundamental de acesso universal a todos, a sua inobservância é claramente um retrocesso social, além de ser um direito público subjetivo e fundamental do ser humano, "é um avanço que não pode retroceder, mesmo que tal interpretação não seja a solução mágica na busca de sua efetivação".[704] E, por ser um direito social fundamental, encontra no ordenamento pátrio, a "dupla proteção, formal e material".[705]

Além das vastas fronteiras, o Brasil, tem também uma diversidade regional e de municípios, muito grande, é latente, seja "em termos de porte, desenvolvimento político, econômico e social, capacidade de arrecadação tributária e capacidade institucional de Estado", o que implica "diferentes possibilidades de implementação de políticas públicas de saúde", face à tamanha complexidade.[706]

A política de saúde é uma resposta social, seja pela ação ou omissão do Estado, é o poder e a diretriz para o futuro, advertem Jairnelson Silva Paim e Carmem FontesTeixeira:

> Entende-se como política de saúde a resposta social (ação ou omissão) de uma organização (como o Estado) diante das condições de saúde dos indivíduos e das populações e seus determinantes, bem como em relação à produção, distribuição, gestão e regulação de bens e serviços que afetam a saúde humana e o ambiente. Política de saúde abrange questões relativas ao poder em saúde (*Politics*), bem como as que se referem ao estabelecimento de diretrizes, planos e programas de saúde (*Policy*). Assim, a palavra política na língua portuguesa expressa tanto as dimensões do poder quanto as diretrizes. Apesar disso, enquanto disciplina acadêmica, a política de saúde abrange o estudo das relações de poder na conformação da agenda, na formulação, na condução, na implementação e na avaliação de políticas. Portanto, política de saúde envolve estudos sobre o papel do Estado, a relação Estado-sociedade, as reações às condições de saúde da população e aos seus determinantes, por meio de propostas e prioridades para a ação pública.

50.2010.404.7205, Terceira Turma, Relatora p/ Acórdão Maria Lúcia Luz Leiria, D.E. 11/05/2012. Disponível em: <http://www.trf4.jus.br/trf4/processos/acompanhamento/ resultado_pesquisa.php?selForma=NU&txtValor=50010985020104047205&chkMostrarBaixados=S&selOrigem=TRF&hdnRefId=33881bdc733ae55ec4149a4aee227880&txtPalavraGerada=JURI>. Acesso em: 21 abr. 2013.

[703] TJRS (Apelação Cível Nº 70048149611: "[...] Descabe restringir a responsabilidade do Poder Público ao fornecimento de medicamentos presentes nas listas do SUS, já que implicaria verdadeira mitigação da garantia constitucional do direito à vida e à saúde, devendo, portanto, ser prestados os tratamentos indispensáveis a preservação do mínimo existencial. [...]". RIO GRANDE DO SUL, Tribunal de Justiça do RS, Apelação Cível nº 70048149611, Primeira Câmara Cível, Relator: Jorge Maraschin dos Santos, Julgado em 17/04/2012. Disponível em: <http://www1.tjrs.jus.br/site_php/consulta/consulta_processo. php?nome_comarca=Tribunal+de+Justi%E7a&versao=&versao_fonetica=1&tipo=1&id_comarca=700&num_processo_mask=70048149611&num_processo=70048149611&codEmenta=4683347&temIntTeor=true>. Acesso em: 21 abr. 2013.

[704] SCHWARTZ, Germano. *Direito à saúde*: Efetivação em uma perspectiva sistêmica. Porto Alegre: Livraria do Advogado, 2001. p. 85.

[705] BRANDÃO, Carlos Gomes. *Processo e tutela específica do direito à saúde*. 2006. 152p. Monografia (Especialização Lato Sensu em Direito Civil e Processo Civil) Universidade Cândido Mendes, do Rio de Janeiro, sob a Coordenação Administrativa da ATAME – Mato Grosso, 2006. Disponível em: <http://www.stf.jus.br/arquivo/cms/processoAudienciaPublicaSaude/anexo/Processo_e_Tutela_Especifica_do_Direito_a_Saude.pdf> Acesso em: 12 dez. 2012.

[706] BRASIL. Conselho de Secretários de Saúde. *Para entender a gestão do SUS*. Brasília: CONASS, 2003. p. 16. Disponível também em: <http://bvsms.saude.gov.br/bvs/publicacoes/para_entender_gestao .pdf>. Acesso em: 21 abr. 2013.

Inclui ainda estudo de sua relação com políticas econômicas e sociais, controle social, economia da saúde e financiamento.[707]

Quanto à política de saúde, a resposta à sociedade foi dada com a efetiva implantação do Sistema Único de Saúde (SUS), no Brasil, nas suas múltiplas funções, com a promulgação de uma primeira e importante lei de nº 8.080, de 19 de setembro de 1990,[708] que dispõe justamente sobre as condições para a promoção, proteção e recuperação da saúde, a organização e o funcionamento dos serviços correspondentes, ou seja, um grande marco histórico e social, sendo que logo no artigo 1º a lei regula, em todo o território nacional, as ações e serviços de saúde.

Uma segunda lei, também importante, é a Lei nº 8.142, de 28 de dezembro de 1990, que dispõe sobre a participação da comunidade na gestão do Sistema Único de Saúde (SUS) e sobre as transferências intergovernamentais de recursos financeiros na área da saúde.

Dispõe o artigo 1º que o SUS, passa a contar com as instâncias colegiadas da Conferência de Saúde, e o Conselho de Saúde. Assim, no Brasil, são duas importantes leis que dizem respeito à organização do sistema sanitário, ambas se complementam, e em pleno vigor, mais conhecidas como Leis Orgânicas da Saúde.

A Constituição Federal de 1988 implantou o SUS, de modo a possibilitar o acesso de todos às ações e serviços públicos de saúde. Importante lembrar que é um Sistema que funciona de "forma regionalizada e hierarquizada, contendo uma organização descentralizada, cujo legislador constituinte atribuiu ao Poder Público" (a todos os Entes da Federação) a responsabilidade pelas ações e serviços públicos de saúde.[709] E esse atendimento integral, "deve se dar de modo a satisfazer todas as necessidades do ser humano relacionadas à saúde", não pode o Poder Público se esquivar de seu poder-dever com pretextos (dificuldades técnicas ou financeiras).[710]

Os princípios do SUS, definidos pela própria Constituição Federal de 1988, são divididos em princípios éticos-políticos,[711] e princípios organizativos.[712] E que vem expresso no artigo 7º da Lei 8.080/90.

---

[707] PAIM, Jairnelson Silva; TEIXEIRA, Carmem Fontes. *Política, planejamento e gestão em saúde*: balanço do estado da arte. Revista Saúde Pública, 2006. p. 74. Disponível também em: <http://www.scielo.br/pdf/rsp/v40nspe/30625/pdf>. Acesso 21 abr. 2013.

[708] "Com a participação do movimento popular em saúde, foi possível articular pressões sobre o Poder Executivo e sobre o Congresso Nacional, que resultaram na promulgação, em 28 de dezembro de 1990, da Lei n. 8.142, que disciplinou a matéria que havia sido prejudicada pelos vetos apostos ao Projeto de Lei Orgânica da Saúde. Assim, no Brasil, temos duas principais leis que dizem respeito à organização do sistema sanitário – a Lei n. 8.080 e a Lei n. 8.142, ambas de 1990". DALLARI, Sueli G. *A construção do direito à saúde no Brasil*. Revista de Direito Sanitário, São Paulo, v. 9, n. 3. p. 9-34 Nov. 2008 /Fev. 2009. Disponível em: <http://www.revistasusp. sibi.usp. br/pdf/rdisan/v9n3/02.pdf> Acesso em: 19 ago. 2012.

[709] TAVARES, André Ramos. *Curso de direito constitucional*. 7.ed. São Paulo: Saraiva, 2009. p. 815.

[710] Ibid.

[711] "Hoje, compreende-se por princípios ético-políticos do SUS:
• a universalidade do acesso, compreendida como a garantia de acesso aos serviços de saúde para toda a população, em todos os níveis de assistência, sem preconceitos ou privilégios de qualquer espécie;

Mobilidade, Fronteiras & Direito à Saúde

O SUS, segundo o Ministério da Saúde-Secretaria de Gestão Estratégica e Participativa Departamento de Monitoramento e Avaliação da Gestão do SUS, "é uma das mais importantes conquistas da sociedade brasileira, fruto de um longo processo de acúmulo e lutas sociais".

> Um SUS que busca garantir a todos os brasileiros aquilo que os Planos de Saúde não fazem, das emergências à alta complexidade, das vacinas à diálise, dos tratamentos de câncer aos transplantes, mostrando que esses planos, seguros e convênios são, eles sim, SUS-dependentes. Há, ainda, um SUS quase invisível, que participa do cotidiano de todos, não apenas prevenindo doenças e epidemias, mas garantindo a qualidade da água que bebemos, dos alimentos e medicamentos que consumimos, das lentes que são colocadas em nossos óculos, das condições em que trabalhamos, de inúmeros aspectos da qualidade de vida. O SUS constitui, hoje, a mais importante e avançada política social em curso no País. Seu caráter público, universal, igualitário e participativo serve como exemplo para as demais áreas sociais. Sua proposta de reforma do Estado, democrática e popular, aponta para a construção de uma sociedade fundada nos princípios da justiça social. [713]

Importante observar que o Cartão Nacional do SUS foi (e é) importante documento (especialmente) projetado para facilitar o acesso à rede de atendimento do SUS "que constem dados sobre quando e onde o paciente foi atendido, quais serviços foram prestados e por qual profissional e quais procedimentos foram realizados". Observação aqui, de que efetivamente essas informações em termos práticos, ainda não estão interligadas e funcionando a contento.[714]

• a integralidade da atenção, como um conjunto articulado e contínuo de ações e serviços preventivos e curativos, individuais e coletivos, em todos os níveis de complexidade do sistema;
• a eqüidade, que embasa a promoção da igualdade com base no reconhecimento das desigualdades que atingem grupos e indivíduos, e na implementação de ações estratégicas voltadas para sua superação; e
• a participação social, que estabelece o direito da população de participar das instâncias de gestão do SUS, por meio da gestão participativa, e dos conselhos de saúde, que são as instâncias de controle social. Essa participação social significa a co-responsabilidade entre Estado e sociedade civil na produção da saúde, ou seja, na formulação, na execução, no monitoramento e na avaliação das políticas e programas de saúde". BRASIL. Ministério da Saúde. Secretaria de Gestão Estratégica e Participativa. Departamento de Apoio à Gestão Participativa. *Caminhos do direito à saúde no Brasil*. Brasília: Editora do Ministério da Saúde, 2007. 24 p. – (Série B. Textos Básicos de Saúde) Disponível em: <http://portal.saude.gov.br/portal/arquivos/pdf/Caminhos_do_Direitos_em_Saude_no_Brasil.pdf>. Acesso em: 19 abr. 2013.

[712] "Os princípios organizativos do SUS são:
• a intersetorialidade, que prescreve o comprometimento dos diversos setores do Estado com a produção da saúde e o bem-estar da população;
• a descentralização político-administrativa, conforme a lógica de um sistema único, que prevê, para cada esfera de governo, atribuições próprias e comando único;
• a hierarquização e a regionalização, que organizam a atenção à saúde segundo níveis de complexidade – básica, média e alta –, oferecidos por área de abrangência territorial e populacional, conhecidas como regiões de saúde; e
• a transversalidade, que estabelece a necessidade de coerência, complementaridade e reforço recíproco entre órgãos, políticas, programas e ações de saúde." Brasil. Ministério da Saúde. Secretaria de Gestão Estratégica e Participativa. Departamento de Apoio à Gestão Participativa Caminhos do direito à saúde no BRASIL. Ministério da Saúde. Secretaria de Gestão Estratégica e Participativa. Departamento de Apoio à Gestão Participativa. *Caminhos do direito à saúde no Brasil*. Brasília: Editora do Ministério da Saúde, 2007. Disponível em: <http://portal.saude.gov.br/portal/arquivos/pdf/Caminhos_do_Direitos_em_Saude_no_Brasil.pdf> Acesso em: 19 abr. 2013.

[713] Ministério da Saúde. Secretaria de Gestão Estratégica e Participativa.Painel de Indicadores do SUS, 1a edição – 2006. Disponivel em: <http://portal.saude.gov.br/portal/arquivos/pdf/painel_de_indicadores_do_sus_1.pdf>. Acesso 06 mai. 2013.

[714] GONZATTO, Marcelo. Saúde no Divã: Erros e acertos na gestão do SUS, *Jornal Zero Hora*, Geral pagina 22, de 28.de abril de 2013.

Figura 22 – Cartão do SUS

Fonte: BRASIL, Cartão SUS[715]

Importante ainda, a referência ao Cartão de fronteiriço, pois com ele é possível fazer também o Cartão SUS, indispensável para o atendimento na rede pública de saúde. No Brasil a expedição da "carteira fronteiriça",[716] cabe à Polícia Federal, já no Uruguai a "Carteira Fronteiriça"[717] é expedida pela Direção Nacional de Migrações do Uruguai.

Por outro lado, o rol de atribuições do SUS que constam no artigo 200 da CF,[718] foram uma importante conquista histórica, pois nem sempre o Sistema de Saúde esteve tão atento a assegurar a saúde da população. Veja-se, na linha

---

[715] BRASIL. *Cartão SUS*. Disponível em: <http://www.brasil.gov.br/para/servicos/documentacao/cartao-sus>. Acesso em: 15. Jun. 2013.

[716] Vide noticia: "Os ministros das Relações Exteriores do Brasil, Celso Amorim, e do Uruguai, Didier Opertti, assinaram ontem, na cidade uruguaia de Rio Branco, acordo histórico que institui um documento de identidade único para os moradores da área de fronteira entre os dois países. O acerto beneficiará uma população estimada em 700 mil pessoas nos dois lados da linha divisória. O documento permite a livre circulação dos fronteiriços na região, além de garantir direito à residência e acesso ao mercado de trabalho e aos serviços de educação do país vizinho. Embora ainda precise ser regulamentado pelos ministérios da Justiça do Brasil e do Uruguai, o acordo já está em vigor. O chanceler Celso Amorim confirmou ainda ser necessário delegar as competências para a emissão de documento a brasileiros e uruguaios. Até ontem, sabia-se apenas que no Brasil essa tarefa caberá à Polícia Federal"[...]. 15 de abril de 2004 *Cidades*. Correio do Povo.

[717] "Para a concessão da Carteira Fronteiriça serão exigidos: a) passaporte ou carteira de identidade válidos b) comprovante de residência expedido pela Chefatura de Polícia de Artigas; c) documento relativo a processos penais e antecedentes criminais nos locais de residência nos últimos 5 (cinco) anos; d) três fotografias tamanho 3x4, coloridas e recentes; e) comprovante de pagamento da taxa respectiva ($ 716 pesos); f) certificado uruguaio de boa conduta (Chefatura de Polícia de Artigas – Dirección de Investigaciones); g) meios de vida – atestado de emprego ou de promessa de emprego expedido por titular de empresa, com dados de filiação do empregado e do empregador; h) não poderá beneficiar-se deste Acordo quem tiver sofrido condenação criminal ou esteja respondendo a processo". PORTAL CONSULAR. *Rede Consular Brasileira*. Disponível em <http://www.portalconsular.mre.gov.br/mundo/america-do-sul/republica-oriental-do-uruguai/artigas/servicos/carteira-fronteirica/>. Acesso em: 10 dez.2012. E também: MTE. *Ctps Estrangeiro*. Disponível em: <http://portal.mte.gov.br/ctps/estrangeiro.htm>. Acesso em: 10 dez.2012.

[718] Art. 200. "Ao sistema único de saúde compete, além de outras atribuições, nos termos da lei: I – controlar e fiscalizar procedimentos, produtos e substâncias de interesse para a saúde e participar da produção de medicamentos, equipamentos, imunobiológicos, hemoderivados e outros insumos; II – executar as ações de vigilância sanitária e epidemiológica, bem como as de saúde do trabalhador; III – ordenar a formação de recursos humanos na área de saúde; IV – participar da formulação da política e da execução das ações de saneamento básico; V – incrementar em sua área de atuação o desenvolvimento científico e tecnológico; VI – fiscalizar e inspecionar alimentos, compreendido o controle de seu teor nutricional, bem como bebidas e águas para consumo humano; VII – participar do controle e fiscalização da produção, transporte, guarda e

do tempo da evolução (organização) da saúde pública no Brasil, pós Constituição Federal de 1988.[719]

Figura 23 – A saúde a partir da Constituição Federal de 1988

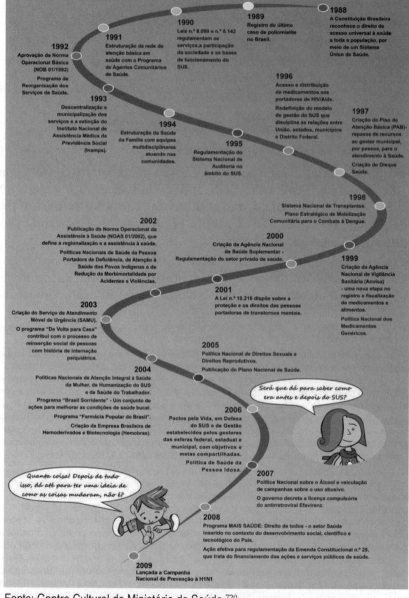

Fonte: Centro Cultural do Ministério da Saúde [720]

---

utilização de substâncias e produtos psicoativos, tóxicos e radioativos; VIII – colaborar na proteção do meio ambiente, nele compreendido o do trabalho".

[719] Centro Cultural do Ministério da Saúde. *A saúde do Brasil*. Disponível em: <http://www.ccs.saude.gov.br/sus20anos/mostra/indice.html>. Acesso em: 10 dez.2012.

[720] Id. *Linha do tempo*. Disponível em: <http://www.ccs.saude.gov.br/sus20anos/mostra/linhadotempo.htmll>. Acesso em: 10 dez. 2012.

Recentemente, o governo fez um indicador da saúde, o Índice de Desempenho do SUS (IDSUS), que mede o acesso da população brasileira ao serviço e a eficiência da saúde no Brasil, sendo que o resultado, da média nacional, numa escala de 0 a 10, foi 5,4,[721] o que por um lado é preocupante, em razão da diferença entre cidade e regiões.

O levantamento aponta que 93,8% dos municípios tiveram nota abaixo da média, estabelecida como 7. A maior parte dos 5.563 dos municípios brasileiros ficou abaixo do regular: 2,4% (132 municípios) tiveram notas variando de 0 a 3,9; 18,3% (1.018) ganharam de 4 a 4,9; 47% (2.616) receberam de 5 a 5,9; 26,1% (1.450) de 6 a 6,9; 6,1% (341) de 7 a 7,9. Apenas seis municípios ficaram com nota acima de 8. São eles: Barueri (SP), Rosana (SP), Arco-Íris (SP), Pinhal (RS), Paulo Bento (RS) e Cássia dos Coqueiros (SP).[722]

Em outra pesquisa do CNi – iBOPe em 2012, intitulada: Retratos da sociedade brasileira: saúde pública, os principais resultados da situação da saúde pública no Brasil foram:

- 61% da população brasileira consideram o serviço público de saúde do País "péssimo" ou "ruim"
- 54% da população brasileira consideram o serviço público de saúde de sua cidade "péssimo" ou "ruim"
- 85% dos entrevistados não perceberam avanços no sistema público de saúde do País nos últimos três anos[723]

Quanto ao acesso aos serviços de saúde, rede pública x planos e convênios:

- 24% da população brasileira possuem plano de saúde ou convênio
- 68% dos brasileiros têm a rede pública como único ou principal fornecedor de serviços de saúde
- 91% dos entrevistados que utilizam somente ou principalmente o serviço privado possuem plano de saúde ou convênio
- Apenas 1% dos entrevistados que utilizam somente ou principalmente o serviço público têm plano de saúde ou convênio[724]

Na utilização e avaliação dos serviços de saúde nos últimos 12 meses:

- 61% dos entrevistados utilizaram algum serviço de saúde nos últimos 12 meses
- As mulheres (68%) utilizaram mais os serviços de saúde nos últimos 12 meses que os homens (53%)
- 79% dos entrevistados que utilizaram serviço de saúde nos últimos 12 meses o fizeram na rede pública
- 79% do último serviço utilizado pelos entrevistados nos últimos 12 meses foi ambulatorial

---

[721] Jornal Nacional. *Estudo do SUS aponta principais problemas da saúde pública no Brasil*. Disponível em: <http://g1.globo.com/jornal-nacional/noticia/2012/03/estudo-do-sus-aponta-principais-problemas-da-saude-publica-no-brasil.html>. Acesso em: 10 mar. 2012.

[722] VEJA. *Governo dá nota de 5,47 para saúde pública do Brasil*. Disponível em: <http://veja.abril.com.br/noticia/saude/governo-cria-indice-para-avaliar-o-desempenho-do-sus>. Acesso em: 10 mar. 2012.

[723] Pesquisa CNi – iBOPe: retratos da sociedade brasileira: saúde pública – (janeiro 2012) – Brasília: CNi, 2012.

[724] Ibid.

Mobilidade, Fronteiras & Direito à Saúde

- 48% dos brasileiros consideraram o último atendimento na rede pública de saúde como "ótimo" ou "bom"
- Na rede privada, o percentual dos entrevistados que consideraram o último atendimento como "ótimo" ou "bom" é 63%.[725]

No que se refere à comparação entre hospitais públicos e privados:

- 96% da população brasileira já utilizaram algum serviço em hospitais públicos ou privados
- 64% da população utilizaram algum serviço de saúde em hospitais nos últimos 12 meses
- Hospitais públicos obtêm nota média geral de 5,7 e os hospitais privados de 8,1, em uma escala de 0 a 10
- Profissionais dos hospitais públicos obtêm nota média geral de 6,3, enquanto os dos hospitais privados de 8,2, em uma escala de 0 a 10.[726]

Dentre os principais problemas do sistema público de saúde, 55% da população brasileira consideram a demora no atendimento como o principal problema do sistema público de saúde em sua cidade.[727]

Por fim, no que se refere a políticas e ações para melhorar o sistema público de saúde no País recursos para a saúde:

- 95% dos entrevistados reconhecem a importância e a necessidade de se destinar mais recursos para a saúde
- 82% dos brasileiros defendem que os recursos adicionais podem ser conseguidos se o governo acabar com a corrupção
- Apenas 4% acreditam que se faz necessário aumentar os impostos para se conseguir mais recursos para investir na área da saúde[728]

Políticas e ações:

- 57% da população brasileira consideram o aumento no número de médicos como uma das principais medidas para melhorar o serviço médico na rede pública
- 95% dos brasileiros concordam, total ou parcialmente, que o governo tem a obrigação de oferecer serviços de saúde gratuitos a toda população
- 71% da população brasileira concordam, total ou parcialmente, que as políticas preventivas são mais importantes que a construção de hospitais para melhorar a saúde da população
- 63% dos brasileiros concordam, total ou parcialmente, que a transferência da gestão dos hospitais públicos para o setor privado melhoraria o atendimento aos pacientes
- 84% dos entrevistados concordam, total ou parcialmente, que a venda de medicamentos só deve ser permitida com a apresentação e retenção de receita médica
- 82% da população brasileira concordam, total ou parcialmente, que o medicamento genérico é tão bom quando o de marca
- 80% dos entrevistados concordam, total ou parcialmente, que o parto normal é melhor que a cesariana[729]

---

[725] Pesquisa CNi – iBOPe: retratos da sociedade brasileira: saúde pública – (janeiro 2012) – Brasília: CNi, 2012.
[726] Ibid.
[727] Ibid.
[728] Ibid.
[729] Ibid.

Esses dados estatísticos bem demonstram a situação na qual se encontram hoje no país, os hospitais, médicos, atendimento, medicamentos, um "quase" completo caos. Não restam dúvidas, de que se deve investir em prevenção de doenças, é responsabilidade do Estado.

Ou seja, o acesso à saúde tem duas facetas: o Sistema Único, que é público, e Planos de saúde, que são privados,[730] refere Ricardo Lobo Torres:

a) O SUS, gratuito, precário e com acesso universal, que a própria prática reservou para os pobres e miseráveis, salvo no que concerne aos estabelecimentos universitários e modelares, que são objeto de depredação pelas classes médias e ricas;

b) o sistema privado, contributivo e de boa qualidade, seletivamente reservado às classes economicamente superiores.

Nesse sentido, a Constituição consagrou a promoção e proteção da saúde para todos como obrigação do Estado, cujas políticas públicas são dever que demandam cumprimento, "assume a condição de norma de tipo programático. Importa notar, portanto, que a assim designada dimensão programática convive com o direito (inclusive subjetivo) fundamental", a eficácia deve ser das (normas) "que, distintas entre si, impõe deveres e/ou atribuem direitos, igualmente diferenciados quanto ao seu objeto, destinatários, etc.",[731] a adverte ainda Ingo Wolfgang Sarlet:

Além disso, assume relevo [...] o questionamento a respeito do limite da prestação reclamada do particular perante o Estado. Em outras palavras, cuida-se de saber se os poderes públicos são devedores de um atendimento global (toda e qualquer prestação na área da saúde) e, independentemente deste aspecto, qual o nível dos serviços a serem prestados. Em suma, pergunta-se se o particular (qualquer um ou apenas os que comprovarem carência de recursos para manutenção de um plano de saúde privado?) poderá ter acesso, por exemplo, além dos serviços essenciais na esfera médica, a atendimento odontológico, psicológico, serviços de fisioterapia, etc. Ademais, será o Estado obrigado a prestar a saúde de acordo com padrões mínimos, suficientes, em qualquer caso, para assegurar a eficácia das prestações, ou terão os particulares direito a serviços gratuitos da melhor qualidade (equipamento de última geração, quarto privativo em hospitais, etc.)?[732]

E o próprio autor responde: seguindo interpretação constitucional que assegura a todos iguais condições de acessar o sistema público de saúde, "mas não que qualquer pessoa, em qualquer circunstância, tenha um direito subjetivo definitivo a qualquer prestação oferecida pelo Estado" ou mesmo "a qualquer prestação que envolva a proteção de sua saúde".[733] Para Gustavo Amaral, "um cataclismo, natural ou social, pode momentaneamente tornar inexigível algo que pouco antes o era".[734]

---

[730] TORRES, Ricardo Lobo. *O direito ao mínimo existencial*. Rio de Janeiro: Renovar, 2009. p. 248.

[731] SARLET, Ingo Wolfgang. *A eficácia dos Direitos Fundamentais*. 10. ed. rev., atual. e ampl. Porto Alegre: Livraria do Advogado, 2011. p. 293ss.

[732] Ibid., p. 324.

[733] Ibid., p. 326.

[734] AMARAL, Gustavo. *Direito, escassez & escolha*: critérios jurídicos para lidar com a escassez de recursos e as decisões trágicas. 2. ed. Rio de Janeiro: Lumen Juris, 2010. p. 119.

Mobilidade, Fronteiras & Direito à Saúde

Assim, decidiu o Supremo Tribunal Federal (STF), que o direito à saúde, além de direito fundamental, que é assegurado a todos indistintamente, representa consequência constitucional indissociável do direito à vida:

[...] O direito público subjetivo à saúde representa prerrogativa jurídica indisponível assegurada à generalidade das pessoas pela própria Constituição da República (art. 196). Traduz bem jurídico constitucionalmente tutelado, por cuja integridade deve velar, de maneira responsável, o Poder Público, a quem incumbe formular – e implementar – políticas sociais e econômicas idôneas que visem a garantir, aos cidadãos, o acesso universal e igualitário à assistência farmacêutica e médico-hospitalar. – O direito à saúde – além de qualificar-se como direito fundamental que assiste a todas as pessoas – representa conseqüência constitucional indissociável do direito à vida. O Poder Público, qualquer que seja a esfera institucional de sua atuação no plano da organização federativa brasileira, não pode mostrar-se indiferente ao problema da saúde da população, sob pena de incidir, ainda que por censurável omissão, em grave comportamento inconstitucional. A INTERPRETAÇÃO DA NORMA PROGRAMÁTICA NÃO PODE TRANSFORMÁ-LA EM PROMESSA CONSTITUCIONAL INCONSEQÜENTE. – O caráter programático da regra inscrita no art. 196 da Carta Política – que tem por destinatários todos os entes políticos que compõem, no plano institucional, a organização federativa do Estado brasileiro – não pode converter-se em promessa constitucional inconseqüente, sob pena de o Poder Público, fraudando justas expectativas nele depositadas pela coletividade, substituir, de maneira ilegítima, o cumprimento de seu impostergável dever, por um gesto irresponsável de infidelidade governamental ao que determina a própria Lei Fundamental do Estado. [...] RE 393175 AgR, Relator(a): Min. CELSO DE MELLO, Segunda Turma, julgado em 12/12/2006, DJ 02-02-2007.[735]

Outro problema é a escassez de recursos, conforme apresentam Octávio Luiz Motta Ferraz e Fabiola Sulpino Vieira:

[...] O Produto Interno Bruto (PIB) do país apurado pelo Instituto Brasileiro de Geografia e Estatística (IBGE) em 2006 foi de 2,3 trilhões de reais (Ipea, 2007). Os gastos necessários para tratar apenas duas doenças com as tecnologias (medicamentos) citadas consumiriam, portanto, nada menos que 4,32% do PIB brasileiro. Para se ter uma dimensão ainda mais clara de quanto isso representa, observe-se que em 2004, as despesas totais com ações e serviços públicos de saúde financiada com recursos próprios dos municípios, estados e União totalizaram 3,69% do PIB (Siops, 2007). Se aplicarmos esse percentual ao PIB de 2006, teremos um valor aproximado de gasto público total com ações e serviços de saúde de 85,7 bilhões de reais neste ano. Conclui-se, assim, que os recursos financeiros necessários para implementar essa política de assistência terapêutica a apenas 1% da população e em relação a apenas duas doenças (99,5 bilhões de reais) seriam superiores ao gasto total de todas as esferas de governo com o conjunto de ações e serviços de saúde (85,7 bilhões de reais). Ou seja, para fornecer apenas 4 medicamentos para tratar 2 doenças, cobrindo 1% da população, gastar-se-ia mais que o que é atualmente gasto com todo o atendimento feito pelo SUS com internação, diagnóstico, tratamento, cirurgias, ações de educação em saúde, vigilância sanitária e epidemiológica, entre outras. Este simples exemplo, que pode parecer extremo, é porém bastante ilustrativo do problema da escassez de recursos.[736]

---

[735] BRASIL. Supremo Tribunal Federal. RE 393175 AgR. Órgão Julgador: Segunda Turma. Relator(a): Min. Celso de Mello. Julgamento: 12/12/2006. Disponível em: <http://www.stf.jus.br/ portal/jurisprudencia/ listarJurisprudencia.asp?s1=%28RE+393175+%2ENUME%2E+OU+RE+393175+%2EACMS%2E%29&base=b aseAcordaos>. Acesso em: 21 mai. 2013.

[736] FERRAZ, Octávio Luiz Motta; VIEIRA, Fabiola Sulpino. *Direito à saúde, recursos escassos e eqüidade:* os riscos da interpretação judicial dominante. Disponível em: <http://www.stf.jus.br/ arquivo/cms/processo AudienciaPublicaSaude/anexo/Direito_a_Saude_Recursos_escassos_e_equidade.pdf>. p. 18-19. Acesso em: 21 abr. 2013.

O próprio relatório do IBGE, de Estatísticas da Saúde – Assistência Médi-co-Sanitária, de 2009 aponta nesse sentido:

> Revela evidente o problema da disponibilidade fática dos recursos, ainda mais quando se compara as desigualdades existentes entre as diferentes regiões do país. Assim, por exemplo, a pesquisa sobre quantidade de leitos por estabelecimentos públicos de saúde mostra que na grande maioria das regiões existe menos de um leito a cada mil habitantes. No Brasil, na esfera pública totalizavam-se, em 2009, 152.892 leitos em estabelecimentos públicos, e 279.104 leitos na esfera privada. Outro dado relevante que se verifica no relatório, diz respeito a uma maior deficiência da saúde pública nas regiões norte e nordeste, com menor número de equipamentos disponíveis e médicos.[737]

Essa pesquisa de estatísticas da Saúde é a mais recente (última realizada no país), dá sequência aos levantamentos feitos pelo IBGE, nos anos de 1999, 2002 e 2005, que "identificou a existência de 105.270 estabelecimentos de saúde no Brasil, dos quais 96.450 estão em atividade", cujo objetivo maior, é auxiliar no planejamento das ações na área de saúde nas três esferas de governo.[738]

4.4. O direito fundamental à saúde na fronteira – cidades gêmeas

Apresenta-se abaixo, importante quadro resumo, comparativo entre os dois países, Brasil e Uruguai e que foi utilizado nessa tese como um marco referencial importante no que tange aos princípios normativos do sistema de saúde de ambos os países:

Quadro 2 – Comparativo – Princípios Normativos do Sistema de Saúde

CATEGORIAS	BRASIL	URUGUAI
Concepção de direito à saúde	Saúde como direito fundamental do ser humano, cabendo ao Estado prover as condições indispensáveis ao seu pleno exercício.	Todos os habitantes terão o direito à cobertura de atenção médica, estabelecida e regulada pelo Estado, através de organizações públicas e privadas.
Princípios do sistema de saúde	Universalidade de acesso; integralidade de assistência; preservação da autonomia das pessoas; igualdade da assistência à saúde; direito à informação às pessoas assistidas sobre sua saúde; divulgação de informações; utilização da epidemiologia para definição de políticas; participação da comunidade; descentralização político-administrativa; conjugação dos recursos financeiros, tecnológicos, materiais e humanos; resolutividade em todos os níveis; organização dos serviços públicos evitando a duplicidade de meios para fins idênticos.	Descentralização para níveis locais, eficiência e eficácia da atenção médica; prioridade à prevenção e promoção da saúde: fortalecimento institucional e dos processos gerenciais.

---

[737] IBGE. *Estatísticas da Saúde – Assistência Médico-Sanitária*. 2009. Disponível em: <http://www.ibge.gov.br/home/estatistica/populacao/condicaodevida/ams/2009/ams2009.pdf>. Acesso em: 27 mai. 2013.

[738] VEJA. *Distribuição dos serviços de saúde demarca dois Brasis*. Disponível em: <http://veja.abril.com.br/noticia/saude/distribuicao-dos-servicos-de-saude-demarca-dois-brasis>. Acesso em: 27 mai. 2013.

Mobilidade, Fronteiras & Direito à Saúde

CATEGORIAS	BRASIL	URUGUAI
Concepção de saúde	Fatores determinantes e condicionantes: a alimentação, a moradia, o saneamento básico, o meio ambiente, o trabalho, a renda, a educação, o transporte, o lazer e o acesso aos bens e serviços essenciais.	Saúde referenciada a aspectos biológicos.
Objetivos do Sistema de Saúde	A identificação dos fatores condicionantes e determinantes da saúde; a formulação de política de saúde destinada a promover, nos campos econômico e social, o direito à saúde: a assistência de pessoas por intermédio de ações de promoção, proteção e recuperação da saúde, com a realização integrada das ações assistenciais e das atividades preventivas.	
Gestão	Ações regionalizadas e hierarquizadas; direção única em cada esfera de governo; possibilidade de consórcios intermunicipais de saúde.	O sistema é organizado sob a coordenação do Ministério da Saúde e compreende instâncias regionais descentralizadas, incluindo hospitais, com autonomia de gestão, a prestação de serviços de saúde através de instituições de saúde financiadas pelos trabalhadores. Ao Ministério da Saúde, através da Administração dos Serviços de Saúde do Estado (ASSE), cabe a organização e o funcionamento dos serviços destinados ao cuidado e tratamento dos enfermos e a administração dos estabelecimentos destinados a proteção de incapazes e menores desamparados.
Financiamento	O sistema será financiado pelo orçamento da seguridade nacional, definido constitucionalmente. A alocação de recursos será feita obedecendo a critérios populacionais, epidemiológicos, capacidade técnica, administrativa e operativa da rede instalada, inversões no sistema e transferido fundo a fundo entre a União aos Estados e Municípios.	O sistema de saúde é financiado com recursos públicos destinados aos estabelecimentos públicos e com contribuições de associados às instituições de assistência médica coletiva que abrangem três tipos: assistência médica integral, parcial e empresas de intermediação de assistência médica. O Ministério de Saúde Pública estabelecerá os níveis mínimos de cobertura assistencial que devem prestar as instituições de assistência.
Controle Social	Conferência de Saúde, nos três níveis de governo, com função consultiva sobre políticas de saúde. Conselho de Saúde, nos três níveis de governo, com funções deliberativas na definição e gestão das políticas de saúde. Participação paritária em todos os níveis, envolvendo setor público, profissionais, usuários e prestadores de serviços de saúde. A escolha é democrática e coordenada pelos responsáveis pela saúde nas instâncias correspondentes.	

Fonte: Simionatto; Nogueira; Gomez, 2004. [739]

---

[739] SIMIONATTO, Ivete; NOGUEIRA, Vera Maria Ribeiro; GOMEZ, Marcela Beatriz. Aspectos Legais do Direito à Saúde. In: SIMIONATTO; Ivete; NOGUEIRA, Vera Maria Ribeiro (Orgs.). *Dilemas do Mercosul*: reforma do Estado, direito à saúde e perspectivas da agenda social. Florianópolis: Editora da Lagoa, 2004. p. 90-93.

A partir desse quadro e segundo a OMS, ao destacar a saúde como completo estado de bem-estar em todas as suas dimensões, destaca especificamente três (física – mental – social). Entende-se, todavia, que a saúde integral (aqui não só, mas também e principalmente a saúde da mulher na fronteira) deve atender a um conjunto bem mais amplo de dimensões, como física – energética – emocional – mental – cultural – social – ambiental e – espiritual, pois ter saúde não é apenas não ter doença.

Importante mencionar na seara da Integração entre Brasil e Uruguai, que foi realizado importante "Acordo para Permissão de Residência, Estudo e Trabalho a Nacionais Fronteiriços Brasileiros e Uruguaios" de 21 de agosto de 2002, que o Congresso Nacional aprovou por meio do Decreto Legislativo nº 907, de 21 de novembro de 2003, e aprovado pelo Decreto Legislativo nº 5.105, de 14 de junho de 2004.[740]

Além de um "Ajuste Complementar ao Acordo para Permissão de Residência, Estudo e Trabalho a Nacionais Fronteiriços Brasileiros e Uruguaios, para Prestação de Serviços de Saúde", firmado no Rio de Janeiro, em 28 de novembro de 2008, que o Congresso Nacional aprovou esse Ajuste Complementar por meio do Decreto Legislativo nº 933, de 11 de dezembro de 2009, que entrou em vigor em 17 de janeiro de 2010. Decreto nº 7.239, de 26 de julho de 2010. Note-se, específico para prestar serviços de saúde.[741]

Sendo que o artigo III, do Ajuste complementar, destaca a prestação e a forma de realização dos serviços de saúde:

1. A prestação de serviços de saúde será feita mediante contrato específico entre os interessados de cada país.

2. As Partes contratantes serão pessoas jurídicas de direito público e de direito privado e as Partes Contratadas, pessoas jurídicas de direito público, pessoas jurídicas de direito privado ou pessoas físicas.

3. Os serviços contratados submeter-se-ão às normas técnicas e administrativas e aos princípios e diretrizes do Sistema de Saúde de cada Parte.

4. O contrato terá por objeto a prestação dos seguintes serviços de saúde humana, entre outros:

a) serviços de caráter preventivo;

b) serviços de diagnóstico;

c) serviços clínicos, inclusive tratamento de caráter continuado;

d) serviços cirúrgicos, inclusive tratamento de caráter continuado;

e) internações clínicas e cirúrgicas; e

f) atenção de urgência e emergência.[742]

---

[740] BRASIL, DECRETO Nº 5.105, DE 14 DE JUNHO DE 2004. Promulga o Acordo entre o Governo da República Federativa do Brasil e o Governo da República Oriental do Uruguai para Permissão de Residência, Estudo e Trabalho a Nacionais Fronteiriços Brasileiros e Uruguaios, de 21 de agosto de 2002. Disponível em: <http://www.planalto.gov.br/ccivil_03/_ato2004-2006/2004/decreto/d5105.htm>. Acesso em: 13 mai. 2013.

[741] BRASIL, DECRETO Nº 7.239, DE 26 DE JULHO DE 2010. PLANALTO, Palácio do. (2010). Decreto nº 7.239, de 26 de Julho de 2010. Promulga o Ajuste Complementar ao Acordo para Permissão de Residência, Estudo e Trabalho a Nacionais Fronteiriços Brasileiros e Uruguaios, para Prestação de Serviços de Saúde, firmado no Rio de Janeiro, em 28 de novembro de 2008. Disponível em: <http://www.planalto.gov.br/ccivil_03/_Ato2007-2010/2010/Decreto/D7239.htm>. Acesso em: 13 mai. 2013.

[742] Ibid.

Mobilidade, Fronteiras & Direito à Saúde

Pelo Acordo e o Ajuste ao Acordo de 2004, estão vinculadas diferentes localidades, justamente, cidades gêmeas, que fazem divisa com o país vizinho de:

1. Chuí, Santa Vitória do Palmar/Balneário do Hermenegildo e Barra do Chuí (Brasil) a Chuy, 18 de Julho, Barra de Chuy e La Coronilla (Uruguai) "Pueblo San Luís" (Departamento de Rocha) a partir de 2008

2. Jaguarão (Brasil) a Rio Branco (Uruguai);

3. Aceguá (Brasil) a Aceguá (Uruguai);

4. Santana do Livramento (Brasil) a Rivera (Uruguai);

5. Quaraí (Brasil) a Artigas (Uruguai);

6. Barra do Quaraí (Brasil) a Bella Unión (Uruguai).

7. "Colônia Nova" (Aceguá, Brasil) a "Villa Isidoro Noblía (Departamento de Cerro Largo, Uruguai) a partir de 2008.

Logicamente as duas áreas de interesse, da tese: Santana do Livramento (BR) e Rivera (UR); assim como Chuí (BR) e Chuy (UR), fronteiras secas, divididas por ruas.

Observe-se também que na Exposição de Motivos, o Ministro das Relações Exteriores aduz que o instrumento permitirá o acesso recíproco de nacionais brasileiros e uruguaios "a serviços de saúde nos dois lados da fronteira, evitando situações de deslocamento por centenas de quilômetros para receber tratamentos disponíveis em uma mesma área urbana", sendo que não se podia acessar por falta de acordo entre as Partes, todavia, agora, "o Ajuste contribuirá, ainda, para evitar a duplicidade de esforços e para o uso mais racional da infraestrutura".[743]

Para a Confederação Nacional de Municípios (CNM), "este instrumento representa um passo importante na integração fronteiriça e tem um caráter inovador no contexto das relações do Brasil com o Uruguai", sendo antiga reivindicação dos Municípios da fronteira Brasil-Uruguai, "o instrumento permitirá o acesso recíproco de brasileiros e uruguaios a serviços de saúde nos dois lados da fronteira". O Ajuste Complementar procura responder a realidade específica da Fronteira", em especial localidades e cidades gêmeas da fronteira Brasil-Uruguai. Nesses casos, as "populações compartilham o mesmo espaço urbano e os mesmos problemas, o que requer um tratamento integrado da situação para garantir soluções eficazes. Em muitas localidades de fronteira, há situações de emergência médica", vez que gerava insegurança na população fronteiriça.[744]

---

[743] BRASIL, DECRETO Nº 7.239, DE 26 DE JULHO DE 2010. PLANALTO, Palácio do. (2010). Decreto nº 7.239, de 26 de Julho de 2010. Promulga o Ajuste Complementar ao Acordo para Permissão de Residência, Estudo e Trabalho a Nacionais Fronteiriços Brasileiros e Uruguaios, para Prestação de Serviços de Saúde, firmado no Rio de Janeiro, em 28 de novembro de 2008. Disponível em: <http://www.planalto.gov.br/ccivil_03/_Ato2007-2010/2010/Decreto/D7239.htm>. Acesso em: 13 mai. 2013.

[744] CNM. *Requerimento do Senado propõe voto de aplauso à CNM.* Disponível em: <http://www.cnm.org.br/index.php?option=com_content&view=category&layout=blog&id=37&Itemid=126&limitstart=240> Acesso em: 27 mai. 2013.

Quanto à emergência médica, o relator do PDC, deputado Dr. Rosinha, refere que em muitas localidades de fronteira, frente às situações de emergência, já existe colaboração ativa na prestação de serviços de saúde aos cidadãos. "No entanto, a falta de um instrumento jurídico que discipline a questão gera insegurança jurídica e afeta o bem-estar da população fronteiriça".[745] E mais:

> Graças ao acordo agora aprovado, uma gama completa de serviços médicos – de urgência, emergência, preventivos, de diagnóstico, clínicos, cirúrgicos, de internação, ou de caráter continuado – poderá estar disponível à população da região, mediante contrato específico entre as pessoas ou entidades interessadas. As formas de pagamento obedecerão às normas de cada país. [...] O benefício vale exclusivamente para os cidadãos reconhecidos como fronteiriços. A figura do "fronteiriço" foi criada para consagrar uma realidade há muito presente no dia-a-dia das populações da faixa de fronteira entre o Brasil e o Uruguai. Ela se aplica aos habitantes de localidades geminadas, dentro de uma faixa de até 20 km da fronteira. A integração dos serviços médicos não significa a liberação do acesso total dos fronteiriços ao sistema de saúde da outra parte, mas apenas aos serviços já disponíveis na respectiva localidade vinculada, e de acordo com as normas dos sistemas de saúde de cada país.[746]

O que chama a atenção é justamente que os habitantes das cidades gêmeas, dentro de uma faixa de até 20 km da fronteira, têm disponível uma integração em termos de serviços de saúde, o que "não significa a liberação do acesso total dos fronteiriços ao sistema de saúde da outra parte", e nem que haja cobertura total nos atendimentos por parte do Sistema Único de Saúde do Brasil – (SUS) e Sistema Nacional Integrado de Salud (SNIS).

Ao que conclui Maria Cecília Butierres, que o Ajuste Complementar dispôs sobre problemas práticos vivenciados na fronteira e estavam na iminência de regulação, e traz como exemplo: "a formalização de acordos e convênios, a livre circulação de ambulâncias nas localidades fronteiriças, bem como a desburocratização para a emissão de registro de nascimento e certidão de óbito". E mais:

> O disposto normativamente demonstra a necessidade de regramentos específicos devido às diferenciações que a vida na fronteira apresenta, as quais requerem medidas diferenciadas para o atendimento afirmativo da cidadania. Trata-se de uma importante normativa no sentido de impulsionar a integração fronteiriça. Demonstra que a integração relacionada à saúde está apenas começando; o que é plenamente aceitável, pois integração não é algo que se faz de um ano para outro. A União Européia (que ainda hoje é um projeto de integração) levou 50 anos para chegar onde está.[...] .

> Depreende-se que, no Brasil, a conquista desses direitos, no sentido de serem inseridos no sistema constitucional, não foi suficiente para sua satisfatória concretização, contribuindo para a distância entre o "legal" e o "real". Isso porque, no Brasil, justamente no momento em que foi proclamada a Constituição de 1988, com um amplo rol de direitos relacionados à proteção social, fomos atingidos pelo auge da ofensiva neoliberal, aumentando a distância (e, em alguns casos, o

---

[745] Dr. Rosinha. *Comissão aprova acesso a serviços de saúde para moradores de fronteira*. Disponível em: <http://drrosinha.com.br/comissao-aprova-acesso-a-servicos-de-saude-para-moradores-de-fronteira/>. Acesso em: 27 mai. 2013.

[746] Ibid.

abismo) entre o que está posto na lei e a realidade; entre o direito formal e o direito material, demonstrando a dificuldade da luta pela saúde (dos trabalhadores) num contexto tão adverso.[747]

Conclui ainda Maria Cecília Butierres:

O Uruguai, assim como a maioria dos países da América Latina, também sofreu semelhante processo de desmantelamento de direitos sociais, principalmente na década de 1990, ao adotar as diretrizes permeadas pelo ideário neoliberal de ajuste fiscal. Do mesmo modo em que se operou no Brasil, as conseqüências sociais foram perversas as conseqüências econômicas foram ineficazes. Através da análise realizada, nota-se que, os sistemas de saúde brasileiro e uruguaio apresentam distinções assentadas no acesso, na integralidade, na gratuidade e nas ações e serviços oferecidos à população. Essas diferenciações normativas, bem como a materialização propriamente do direito à saúde em ambos os países, são destacadas na fronteira devido ao fluxo migratório, principalmente nas chamadas cidades-gêmeas. A procura por atendimento em saúde do outro lado da fronteira advém exatamente do atendimento diferenciado oferecido pelos países, sobrecarregando os serviços de saúde do país vizinho.[748]

A criação do subgrupo de trabalho nº 11 "SAÚDE" se deu por meio de uma resolução MERCOSUR/GMC/RES Nº 151/96, no XXIV GMC em Fortaleza-Brasil em 13/12/96:

TENDO EM VISTA o Tratado do Assunção, as Decisões nº 4/91 e 9/91 do Conselho Mercado Comum e as Resoluções nº 12/92, 22/92, 24/92 e 20/95 do Grupo Mercado Comum,

CONSIDERANDO: Que os Estados Partes têm o compromisso de harmonizar suas legislações nas questões relativas à saúde, Que se faz necessária a criação de um órgão técnico, de caráter deliberativo, que centralize o tratamento das referidas questões, de modo a facilitar a harmonização das legislações nacionais e a compatibilização dos sistemas de controle sanitário dos Estados Partes;

O GRUPO MERCADO COMUM RESOLVE:

Art. 1º Criar o Subgrupo de Trabalho nº 11 (Saúde)

Art. 2º Instruir ao Subgrupo de Trabalho que se reúna em nível de Coordenadores para, no prazo de 45 dias, elaborar proposta de pautas negociadoras a ser submetida ao Grupo Mercado Comum e que contemple, com a correspondente fundamentação, os seguintes aspectos:

1. as tarefas prioritárias definidas à luz das necessidades da presente etapa do processo de integração;

2. prazo para a conclusão das tarefas prioritárias;

3. os meios necessários para a conclusão das tarefas prioritárias, tais como recursos humanos e cooperação técnica. A proposta de pauta negociadora será examinada pelo Grupo Mercado Comum a fim de determinar prioridades e elaborar o cronograma para o seu cumprimento.

Art. 3º Estabelecer que as pautas negociadoras a serem elaboradas respeitarão o limite estrito de competência de cada um dos Ministérios da Saúde dos Estados Partes e as pautas negociadoras acordadas para os Subgrupos de Trabalho existentes. XXIV GMC Fortaleza 13/12/96.[749]

Cuja tarefa geral é "harmonizar as legislações dos Estados Partes referentes aos bens, serviços, matérias-primas e produtos da área da saúde, os critérios para a vigilância epidemiológica e controle sanitário", tendo como

---

[747] BUTIERRES, Maria Cecília. *Assimetrias no acesso e na garantia do Direito à Saúde do Trabalhador na fronteira Brasil-Uruguai*. Dissertação de Mestrado. Orientadora Jussara Maria Rosa Mendes. Porto Alegre, 2011.

[748] Ibid.

[749] MERCOSUL. *Criação do Subgrupo de Trabalho nº 11 "saúde"*. Disponível em <http://www. mercosur.int/msweb/Normas/normas_web/Resoluciones/PT/96151.pdf>. Acesso em: 28 mai. 2013.

finalidade a promoção e proteção da "saúde e a vida das pessoas e eliminar os obstáculos ao comércio regional, contribuindo dessa maneira ao processo de integração".[750]

Aqui, merece destaque que o "Subgrupo de trabalho nº 11 – Saúde" é um dos 14 subgrupos que compõem o GMC (Grupo Mercado Comum)[751] veja-se:

O SGT nº 11 "Saúde" definiu, para todos os Estados Partes, uma pauta negociadora comum, aprovada pela Resolução GMC nº 21/01, que consta dos seguintes itens:

- compatibilizar os sistemas de controle sanitário dos Estados Partes, de forma a assegurar o r econhecimento mútuo no âmbito do Mercosul;

- definir o relacionamento do SGT n°11 "Saúde" com as demais instâncias do Mercosul, procurando a integração e a complementação das ações;

- propor procedimentos de organização, sistematização e difusão da informação referente à área da Saúde entre os Estados Partes;

- promover a integração de Sistemas Estruturais Nacionais referentes à melhoria da qualidade e da segurança dos produtos e serviços ofertados à população e, como conseqüência, com a diminuição dos riscos à saúde;

- propor respostas comuns no âmbito do Mercosul, ante os novos cenários que a região enfrenta na área da Saúde, com a finalidade de promover a saúde e a qualidade de vida das pessoas.[752]

Por outro lado, a Agência Nacional de Vigilância Sanitária (ANVISA) tem participação ativa em cada uma das três Comissões: Vigilância em Saúde, Produtos para a Saúde e Serviços de Atenção à Saúde.

A Anvisa tem participação ativa em cada uma das três Comissões, em especial na Comissão de Produtos para a Saúde e seus Grupos *Ad Hoc* (Cosméticos, Saneantes, Psicotrópicos e Entorpecentes, Produtos Médicos, Reativos para Diagnóstico e Sangue), além de um Grupo de Trabalho sobre Inspeções e dos temas relacionados à Área Farmacêutica. Na Comissão de Vigilância em Saúde, a Anvisa participa da Subcomissão de Controle Sanitário em Portos, Aeroportos, Terminais e Pontos de Fronteira (GGPAF) e, na Comissão de Serviços de Atenção à Saúde, participa da Subcomissão de Serviços de Saúde (GGTES) e da Subcomissão de Avaliação e Uso de Tecnologias em Saúde (GGTPS). Em 2007, foi aprovada a nova Pauta Negociadora do SGT nº 11 (Res. GMC 13/07). A Pauta apresenta atualizações e definições de temas de interesse prioritário comum aos quatro países nos aspectos assistenciais, sanitários, tecnológicos e de saúde, reafirmando o compromisso dos Estados Partes de harmonização de legislações setoriais, aprofundando o processo de integração regional.[753]

---

[750] Portal da Saúde. *Subgrupo de Trabalho n° 11*. Disponível em: <http://portal.saude.gov.br/ portal/saude/ profissional/visualizar_texto.cfm?idtxt=27171>. Acesso em: 06 nov. 2012.

[751] "Grupo Mercado Comum: É o órgão executor do bloco e, como o Conselho tem poder de decisão. É formado por quatro (4) membros titulares e outros quatro que se alternam, todos saídos do segundo ou terceiro escalões dos governos. Decide os temas de discussão em 4 Reuniões Especializadas, 4 Grupos Ad Hoc, 1 Grupo de Serviços, 1 CCT e 11 Subgrupos, entre estes o SGT-11-"Saúde". Os Subgrupos são: SGT 01 – Comunicações; SGT 02 – Mineração; SGT 03 – Regulamentos Técnicos ou "Estudos de Conformidades"; SGT 04 – Assuntos Financeiros; SGT 05 – Transportes; SGT 06 – Meio Ambiente; SGT 07 – Indústria; SGT 08 – Agricultura; SGT 09 – Energia; SGT 10 – Relações Trabalhistas; SGT 11 – Saúde. MERCOSUL. *Estrutura*. Disponível em: <http://200.214.130.44/ mercosulsaude/portugues/ mercosul/ brasil/index.htm>. Acesso em: 06 nov. 2012.

[752] Portal da Saúde. *Subgrupo de Trabalho* n° 11. *loc. cit.*

[753] ANVISA. *Mercosul – Subgrupo de Trabalho n° 11 – "Saúde"*. Disponível em: <http://portal.anvisa. gov. br/wps/portal/anvisa/anvisa/home/medicamentos/!ut/p/c4/04_SB8K8xLLM9MSSzPy8xBz9CP0o-s3hnd0cPE3MfAwMDMydnA093Uz8z00B_A_cgQ_2CbEdFADghJT0!/?1dmy&urile=wcm%3Apath%3A/ anvisa+portal/anvisa/inicio/medicamentos/publicacao+medicamentos/mercosul+-+subgrupo+de+trabal ho+n+11+-+saude>. Acesso em: 27 mai. 2013.

Mobilidade, Fronteiras & Direito à Saúde

Dessa forma, desempenha a Anvisa importante papel, no controle, acompanhamento e definição de medidas a serem adotadas, para uma integração efetiva.

Figura 24 – Subgrupo de trabalho nº 11 – Saúde no MERCOSUL

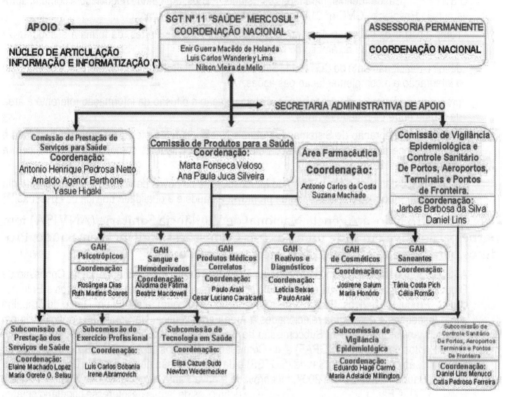

Fonte: MERCOSUL, 2013.[754]

Perfazem, portanto, o eixo orientador para as Coordenações Nacionais, que, por meio de suas Comissões, Subcomissões e grupos *ad hoc*, desenvolvem suas atividades pautadas no Acordo, com as seguintes tarefas:

- organizar as atividades do Subgrupo de Trabalho, definindo prioridades e metodologias de trabalho;
- contemplar o desenvolvimento da pauta negociadora do SGT nº 11 conforme as políticas e as diretrizes acordadas na reunião de Ministros da Saúde do Mercosul;
- acompanhar e avaliar os resultados das negociações nas diferentes áreas de trabalho;
- manter o relacionamento com os outros Subgrupos de Trabalho, os grupos *ad hoc*, o Comitê de Cooperação Técnica, as reuniões especializadas e os Comitês Técnicos;
- organizar um Sistema de Informação e Notificação;
- propor e executar Projetos de Cooperação Técnica Internacional em sua área de competência.[755]

---

[754] MERCOSUL. *Estrutura*. Disponível em: <http://200.214.130.44/mercosulsaude/portugues/mercosul/brasil/index.htm>. Acesso em: 06 nov. 2012.

[755] Portal Da Saúde. *Subgrupo de Trabalho nº 11*. Disponível em: <http://portal.saude.gov.br/ portal/saude/profissional/visualizar_texto.cfm?idtxt=27171>. Acesso em: 06 nov. 2012.

A Portaria nº 929, de 2 de maio de 2006, instituiu o Fórum Permanente MERCOSUL para o Trabalho em Saúde.

O MINISTRO DE ESTADO DA SAÚDE, INTERINO, no uso da atribuição que lhe confere o inciso II do parágrafo único do art. 87 da Constituição Federal, e Considerando a criação do Mercado Comum do Sul (Mercosul), integrado pela República Argentina, a República Federativa do Brasil, a República do Paraguai e a República Oriental do Uruguai; Considerando a criação do Subgrupo de Trabalho nº 11 "Saúde", responsável, dentre outras, pela propositura de ações voltadas para a harmonização das legislações dos Estados Partes na área da saúde; Considerando a proposta da Subcomissão de Exercício Profissional da Comissão de Prestação de Serviços do Subgrupo nº 11 "Saúde" do Mercosul, que trata do aperfeiçoamento e capacitação de recursos humanos e da identificação de mecanismos para regular a formação e o exercício profissional no Mercosul; e Considerando a vontade política de propiciar diálogo entre gestores e trabalhadores da saúde para avançar no processo de integração do Mercosul,

R E S O L V E:

Art. 1º *Instituir o Fórum Permanente Mercosul para o Trabalho em Saúde* para propiciar a colaboração de gestores e trabalhadores na atuação da Coordenação da Subcomissão de Exercício Profissional da Comissão de Prestação de Serviços de Saúde do Subgrupo de Trabalho nº 11 do Grupo Mercado Comum, do Mercosul.[756] (grifou-se).

O Fórum Permanente MERCOSUL para o trabalho em saúde foi criado no Ministério da Saúde, em 2004, cujo objetivo era "ser um espaço de diálogo e cooperação entre os gestores e os trabalhadores da saúde, sob a responsabilidade do Departamento de Gestão e Regulamentação do Trabalho em Saúde – DEGERTS", tendo sido institucionalizado pela Portaria nº 929/06, do Ministério da Saúde.[757]

O então Presidente da República do Brasil, Luiz Inácio Lula da Silva, comenta que o MERCOSUL "deve constituir-se em um espaço de articulação de políticas industriais, agrícolas, de ciência e tecnologia, que assuma também uma dimensão social, e que garanta a livre circulação de pessoas", ou seja:

Devemos perseguir a articulação de nossos sistemas produtivos. Da mesma forma que queremos, em nossos países, um desenvolvimento regional equilibrado, defendemos um MERCOSUL harmônico. Queremos um MERCOSUL solidário. Por isso, estamos criando mecanismos para impedir desequilíbrios conjunturais em nosso comércio regional, evitando perdas desnecessárias e tentações protecionistas entre nós.[758]

A integração é um processo e para que ela aconteça, é necessário que o MERCOSUL seja uma política de Estado e que seja priorizada como tal, advertem Edmundo Gallo e Laís Costa sobre o Mercosul e a integração em termos de saúde:

---

[756] Brasil. Ministério da Saúde. Secretaria de Gestão do Trabalho e da Educação na Saúde. Departamento de Gestão e da Regulação do Trabalho em Saúde. Fórum permanente Mercosul para o trabalho em saúde: Brasília: Ministério da Saúde, 2006. (Série D. Reuniões e Conferências).

[757] A Portaria 929 subdivide os encargos do Fórum em 3 GT:1 – GT Formação Profissional; 2 – GT Regulação do Trabalho; e 3 – GT Organização Política do Setor Saúde. BRASIL. Ministério da Saúde. Secretaria de Gestão do Trabalho e da Educação na Saúde. Gestão do trabalho e da regulação profissional em saúde agenda positiva do Departamento de Gestão e da Regulação do Trabalho em Saúde / Ministério da Saúde, Secretaria de Gestão do Trabalho e da Educação na Saúde. Brasília: Ministério da Saúde, 2005. Série B. Textos Básicos de Saúde.(Impresso).

[758] Presidente Lula, Buenos Aires, 16.10.2003. Discurso do Presidente da República, Luiz Inácio Lula da Silva. Sessão do parlamento em homenagem ao Brasil. Congresso da Nação Argentina.

A Saúde deve estar integrada em todos os níveis e em todas as áreas do MERCOSUL, e especialmente ter uma intensa articulação com os órgãos superiores deste, ou seja,o Conselho do Mercado Comum (CMC) e o Grupo Mercado Comum (GMC), a fim de que faça parte do Processo de Integração Regional. Alguns princípios deverão nortear a integração no MERCOSUL para sua auto-sustentabilidade, a saber: vontade política; democracia plena; associação voluntária dos países; concordância com o modelo de desenvolvimento econômico/social; existência de um Estado de Direito; e respeito aos Direitos Humanos.[759]

Acrescentam, ainda, que grandes são os desafios para a Integração no MERCOSUL, o de construir um efetivo Mercado Comum, sem perder de vista a justiça social, e redução das desigualdades,

dentro de um Marco de Referência para a Saúde, os 6 princípios básicos da nossa Constituição Federal e da nossa Lei Orgânica: a eqüidade, a universalidade de atenção, a participação, a eficiência, a integração e a descentralização.

A Integração refere-se ao relacionamento concreto das medidas de saúde: promoção, prevenção, recuperação e reabilitação, em todos os níveis e com continuidade – e a promoção da saúde, mediante o processo de desenvolvimento. Assim, podemos construir a estrutura dos Serviços Integrados de Saúde do MERCOSUL, o SIS-MERCOSUL.[760]

Para que o SIS-MERCOSUL funcione, necessárias políticas públicas de investimento: "o Governo federal investirá R$ 265 milhões em serviços integrados de atendimento à mulher (em situação de violência), aqui vale o destaque primeiro quanto ao serviço publico de saúde" (ainda que para uma situação específica de violência sexual contra mulher), logo, saúde da mulher, vale a menção 1º quanto a humanização,[761] e 2º o serviços nas fronteiras, com a criação de 6 núcleos, entre elas a cidade de Santana do Livramento (RS).[762]

Vale a pena mencionar ainda, que no Uruguai, a Lei nº 18.211, de 2007, referente ao Sistema Nacional Integrada de Saúde do Uruguai, afirma em seu artigo 1º que a "lei regula o direito à proteção da saúde de todos os habitantes que vivem no país e estabelece os procedimentos para o acesso aos serviços de saúde abrangentes, cujas disposições são de interesse público e social".

---

[759] GALLO, Edmundo; COSTA, Laís. *Sistema Integrado de Saúde do MERCOSUL:* SIS — MERCOSUL: uma agenda para integração. Brasília: Organização Pan-Americana da Saúde, 2004. (Série Técnica Projeto de Desenvolvimento de Sistemas e Serviços de Saúde, 9). Apresentação de Enir Guerra Macêdo de Holanda. Assessora do Ministro de Estado da Saúde e Coordenadora Nacional do SGT nº 11 "Saúde" e da Reunião dos Ministros de Saúde do MERCOSUL, Bolívia e Chile (RMSM-BCH).

[760] Ibid.

[761] OBSERVATÓRIO DE GÊNERO. *Governo federal investirá R$ 265 milhões em serviços integrados de atendimento à mulher em situação de violência.* Disponível em: <http://www.observatoriodegenero.gov.br/menu/noticias/governo-federal-investira-r-265-milhoes-em-servicos-integrados-de-atendimento-a-mulher-em-situacao-de-violencia>. Acesso em: 12 mai. 2013.

[762] Seis núcleos "de atendimento às mulheres em situação de violência nas fronteiras do Brasil com a Bolívia, Guiana Inglesa, Paraguai e Uruguai serão criados até o final de 2014. O montante de R$ 3 milhões será aportado em Bonfim (RR), Brasiléia (AC), Corumbá (MS), Jaguarão (RS), Ponta Porã (MS) e Santana do Livramento (RS). Cada centro receberá, da SPM, R$ 360 mil para reforma e aquisição de equipamentos. Por sua vez, o Ministério da Saúde destinará R$ 140 mil para aperfeiçoamento dos serviços, em cada município fronteiriço. 14.03.2013 – Serviços públicos de segurança, justiça, saúde, assistência social, acolhimento, abrigamento e orientação para trabalho, emprego e renda passarão a ser integrados por meio do programa Mulher: Viver sem Violência. Lançada pela presidenta da República, Dilma Rousseff, e pela ministra Eleonora Menicucci, da Secretaria de Políticas para as Mulheres da Presidência da República (SPM-PR), a iniciativa propõe, aos governos estaduais, estratégias para melhoria e rapidez no atendimento às vítimas da violência de gênero. Ibid.

E, no artigo 2º refere especificamente que "compete ao Ministério da Saúde a implementação em ambito Nacional da saúde integrada, articulada aos prestadores públicos e privados de assistência integral à saúde", conforme determinado pelo artigo 265 da Lei nº 17.930, de 19 de dezembro de 2005. Esse sistema irá garantir o acesso aos serviços de saúde abrangentes para todos os moradores que vivem no país.[763]

E ainda, no artigo 3º traz a lei uruguaia, os princípios orientadores do Sistema Nacional Integrado de Saúde, com destaque a:

A promoção da saúde com ênfase em fatores ambientais e estilos de vida da população.

A política de saúde intersetorial no que diz respeito ao conjunto de políticas para melhorar a qualidade de vida da população.

Cobertura universal, acessibilidade e sustentabilidade dos serviços de saúde.

Equidade, continuidade e atualidade dos serviços.

A orientação preventiva, de conteúdo abrangente e humanista.

A qualidade geral do atendimento, de acordo com normas e protocolos técnicos, respeite os princípios da bioética e direitos humanos dos usuários.

Respeitar o direito dos usuários de uma decisão informada sobre sua situação de saúde.

A escolha informada dos prestadores de cuidados de saúde pelos usuários.

A participação social dos trabalhadores e usuários.

Solidariedade no financiamento global.

A eficácia e eficiência em termos económicos e sociais.

Sustentabilidade na alocação de recursos para a atenção integral à saúde.[764]

O Uruguai recentemente em 2008, organizou uma reformulação de seu Sistema de Saúde a fim de implementar o Sistema Nacional Integrado de Saúde (SNIS).

Abaixo, segue um quadro atual do SNIS, com destaque a atenção integral, portanto, público-privada, sem fins lucrativos, e Fundo Nacional de saúde, pago por ingresso. Veja-se:

---

[763] *Tradução livre de:* "A Ley nº 18.211 de 2007, ref. Sistema Nacional Integrado de Salud do Uruguai menciona: Artículo 1º La presente ley reglamenta el derecho a la protección de la salud que tienen todos los habitantes residentes en el país y establece las modalidades para su acceso a servicios integrales de salud. Sus disposiciones son de orden público e interés social. Artículo 2º Compete al Ministerio de Salud Pública la implementación del Sistema Nacional Integrado de Salud que articulará a prestadores públicos y privados de atención integral a la salud determinados en el artículo 265 de la Ley nº 17.930, de 19 de diciembre de 2005. Dicho sistema asegurará el acceso a servicios integrales de salud a todos los habitantes residentes en el país".

[764] *Tradução livre de:* "Artículo 3º Son principios rectores del Sistema Nacional Integrado de Salud: La promoción de la salud con énfasis en los factores determinantes del entorno y los estilos de vida de la población. La intersectorialidad de las políticas de salud respecto del conjunto de las políticas encaminadas a mejorar la calidad de vida de la población. La cobertura universal, la accesibilidad y la sustentabilidad de los servicios de salud. La equidad, continuidad y oportunidad de las prestaciones. La orientación preventiva, integral y de contenido humanista. La calidad integral de la atención que, de acuerdo a normas técnicas y protocolos de actuación, respete los principios de la bioética y los derechos humanos de los usuarios. El respeto al derecho de los usuarios a la decisión informada sobre su situación de salud. La elección informada de prestadores de servicios de salud por parte de los usuarios. La participación social de trabajadores y usuarios. La solidaridad en el financiamiento general. La eficacia y eficiencia en términos económicos y sociales. La sustentabilidad en la asignación de recursos para la atención integral de la salud".

Figura 25 – Formação do Seguro Nacional de Saúde no Uruguai

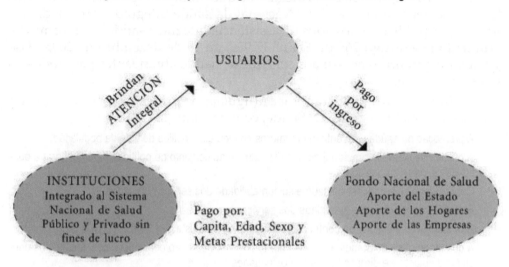

Fonte: Sollazzo e Berterretche, 2011[765]

Por fim, a partir da Cartilha de direitos e deveres dos usuários (as) dos serviços de saúde, vale o registro, adotada a partir de 2010 no Uruguai, para controlar os serviços oferecidos por instituições públicas e privadas em todo o país e que faz parte da segunda etapa da reforma da saúde, que visa consolidar "a saúde como um direito" e "empoderamento" dos usuários, visto que nos últimos anos, o Ministério da Saúde (MS) tem trabalhado intensamente em novas regras sobre os direitos e benefícios do Sistema Nacional Integrado de Saúde, e isso se reflete no conteúdo da cartilha, uma ferramenta para os usuários e os usuários conhecerem os seus direitos na área da saúde e os mecanismos pelos quais reclamar e/ou defendê-los se eles são violados.[766]

---

[765] SOLLAZZO, Ana; BERTERRETCHE, Rosario. *El Sistema Nacional Integrado de Salud en Uruguay y los desafíos para la Atención Primaria.* Ciênc. saúde coletiva vol.16 no.6 Rio de Janeiro June 2011. Disponível em: http://www.scielo.br/scielo.php?script=sci_arttext&pid=S1413-81232011000600021. Acesso 28 de maio de 2013.

[766] *Tradução livre de:* "La cartilla de derechos y deberes de usuarios y pacientes de los servicios de salud, aprobada en diciembre 2010, permite controlar las prestaciones ofrecidas por las instituciones públicas y privadas de todo el país. [...] La adopción de la cartilla se enmarca en la segunda etapa de la reforma de la salud, que apunta a consolidar "la salud como un derecho" y al "empoderamiento" de los usuarios. [...]En estos últimos años el Ministerio de Salud Pública (MSP) ha trabajado intensamente en nuevas regulaciones sobre derechos y beneficios del Sistema Nacional Integrado de Salud, y esto se ve reflejado en el contenido de la cartilla. [...]La cartilla es por lo tanto un instrumento para que usuarios y usuarias conozcan sus derechos en materia de salud y también los mecanismos por los cuales reclamarlos y/o defenderlos en caso de que sean vulnerados. De esta forma, el MSP hace un aporte más a la promoción del usuario como sujeto de derechos, es decir en un rol activo". MSP. *Cartilla de Derechos y Deberes de las Usuarias y los Usuarios De Los Servicios De Salud.* Disponível em: <http://www.msp.gub.uy/ucsnis_5005_1.html>. Acesso em: 28 mai. 2013.

4.5. A concretização do direito fundamental à saúde no Poder Judiciário

> "A regra da igualdade consiste senão em aquinhoar desigualmente
> os desiguais, na medida em que sejam desiguais. Nessa desigualdade
> social, proporcionada à desigualdade natural, é que se acha a
> verdadeira lei da igualdade. Tratar como desiguais a iguais,
> ou a desiguais com igualdade, seria desigualdade
> flagrante, e não igualdade real."
>
> *Rui Barbosa*

> *Declaração Universal – Artigo 25º*
> "1. Toda a pessoa tem direito a um nível de vida suficiente para
> lhe assegurar e à sua família a saúde e o bem-estar, principalmente
> quanto à alimentação, ao vestuário, ao alojamento, à assistência
> médica e ainda quanto aos serviços sociais necessários, e tem direito
> à segurança no desemprego, na doença, na invalidez, na viuvez, na
> velhice ou noutros casos de perda de meios de subsistência
> por circunstâncias independentes da sua vontade."

> Se as coisas são inatingíveis... ora!
> Não é motivo para não querê-las...
> Que tristes os caminhos, se não fora
> A presença distante das estrelas!."
>
> *Quintana*

4.5.1. Princípio da igualdade para desiguais?

A análise da questão do acesso à saúde passa, necessariamente, pela abordagem do princípio da igualdade, depois pela desigualdade.

E, no que tange ao princípio da igualdade, José Joaquim Gomes Canotilho explica que "existe observância da igualdade quando indivíduos ou situações iguais não são arbitrariamente (proibição do arbítrio) tratados como desiguais".[767]

Aponta Rui Barbosa importante lição histórica:

A regra da igualdade consiste senão em aquinhoar desigualmente os desiguais, na medida em que sejam desiguais. Nessa desigualdade social, proporcionada à desigualdade natural, é que se acha a verdadeira lei da igualdade. Tratar como desiguais a iguais, ou a desiguais com igualdade, seria desigualdade flagrante, e não igualdade real.[768]

Vale menção quanto à origem histórica com a Revolução Francesa, de 1789, quanto à igualdade, cuja "a ideologia revolucionária foi sintetizada pela tríade «liberté, égalité et fraternité»".[769] E também refere a Declaração Universal dos Direitos do Homem e do Cidadão, no artigo 1º, que "homens nascem e permanecem iguais em direitos".[770]

---

[767] CANOTILHO, José Joaquim Gomes. *Direito constitucional*. 6. ed. Coimbra: Almedina, 2002. p. 428.

[768] BARBOSA, Rui. *Oração dos Moços*. (Rio de Janeiro: Casa de Rui Barbosa, 1956). São Paulo: Martin Claret, 2007. p. 67.

[769] CANOTILHO, José Joaquim Gomes. *Direito constitucional*. 6. ed. Coimbra: Almedina, 2002. p. 156.

[770] (Déclaration des droits de l'Homme et ducitoyen. Article premier – Les hommes naissent et demeurent libres et égaux en droits. Les distinctions sociales ne peuvent être fondées que sur l'utilité commune).

Mobilidade, Fronteiras & Direito à Saúde

Já destacava Jean-Jacques Rousseau, quanto à desigualdade, tanto natural ou física, como a moral ou política, ou seja:

> Concebo na espécie humana duas espécies de desigualdade. Uma, que chamo de natural ou física, porque é estabelecida pela natureza e que consiste na diferença das idades, da saúde, das forças do corpo e das qualidades do espírito ou da alma. A outra, que pode ser chamada de desigualdade moral ou política porque depende de uma espécie de convenção e que é estabe-lecida ou pelo menos autorizada pelo consentimento dos homens. Esta consiste nos diferentes privilégios de que gozam alguns em prejuízo dos outros, como ser mais ricos, mais honrados, mais poderosos do que outros ou mesmo fazer-se obedecer por eles. [771]

Atualmente, o reconhecimento incontestável de que os homens nascem iguais em dignidades e direitos, acrescenta Fábio Konder Comparato "mas vi-vem, frequentemente, em situações da mais escandalosa desigualdade quanto às condições socioeconômicas básicas" entre elas educação, saúde, habitação, trabalho, previdência, "não estaria a indicar que o velho princípio da isono-mia acabou sendo superado na prática?"[772] De fato, essa igualdade que pune diariamente centenas de pessoas no acesso a saúde, por exemplo, os torna de-siguais.

O próprio "Preâmbulo" da Constituição da República Federativa do Bra-sil de 1988, também indica o pilar da igualdade, juntamente com a dignidade humana, entre outros, destinados a promover o bem-estar de todos.

> Nós, representantes do povo brasileiro, reunidos em Assembleia Nacional Constituinte para ins-tituir um Estado Democrático, destinado a assegurar o exercício dos direitos sociais, a liberdade, a segurança, o bem-estar, o desenvolvimento, a *igualdade* e a justiça como valores supremos de uma sociedade fraterna, pluralista e sem preconceitos, fundada na harmonia social e comprometi-da, na ordem interna e internacional, com a solução pacífica das controvérsias, promulgamos, sob a proteção de Deus, a seguinte Constituição da República Federativa do Brasil. (grifou-se).

Também o *caput* do artigo 5º da Constituição Federal Brasileira de 1988, refere:

> Todos são iguais perante a lei, sem distinção de qualquer natureza, garantindo-se aos brasileiros e aos estrangeiros residentes no País a inviolabilidade do direito à vida, à liberdade, à *igualdade*, à segurança e à propriedade [...].(grifou-se).

Não existe Estado Democrático de Direito sem garantir a dignidade da pessoa humana, e a igualdade aduz Ricardo Aronne: "Para além da proteção singular ou egoística do indivíduo, tal princípio conclama a compreensão in-tersubjetiva do sujeito em sua inserção e contextualização social, para reali-zação". Ou seja, "concretizando o princípio da dignidade humana, no regime normativo atual, estão os princípios gerais da liberdade e igualdade".[773]

WIKISOURCE. *Déclaration des Droits de l'Homme et du Citoyen*. Disponível em: <http://fr.wikisource.org/wiki/D%C3%A9claration_des_Droits_de_l%E2%80%99>. Acesso em: 08 abr. 2011.

[771] ROUSSEAU, Jean-Jacques. *A Origem da Desigualdade entre os Homens*. Tradução: Ciro Mioranza. Editora Escala. São Paulo. 2007. p. 24.

[772] COMPARATO, Fábio Konder. *Igualdades, Desigualdades. Revista Trimestral de Direito Público*. São Paulo: Malheiros, 1993. p. 77.

[773] ARONNE, Ricardo. *Razão e Caos no Discurso Jurídico*: e outros Ensaios de Direito Civil-Constitucional. Porto Alegre: Livraria do Advogado, 2010. p. 69-70.

Ou seja, o Princípio da Igualdade previsto na Magna Carta é símbolo da fraternidade universal, pois uma sociedade discriminatória é também uma sociedade desigual, e por que não dizer, "na qual as pessoas têm oportunidades desiguais" e cuja discriminação acaba por produzir condições mínimas, senão, precárias pelas quais os excluídos estão a mercê de "tratamentos desigualitários".[774]

A desigualdade na lei "se produz quando a norma distingue de forma não razoável ou arbitrária um tratamento específico a pessoas diversas",[775] e, quando a igualdade "constitui o signo fundamental da democracia".[776]

Os indivíduos embora diferentes tem que receber o mesmo tratamento jurídico. Vez que a Carta fundamental adotou o princípio da igualdade de direitos, "prevendo a igualdade de aptidão, uma igualdade de possibilidades virtuais, ou seja, todos os cidadãos têm direito de tratamento idêntico pela lei, em consonância com critérios albergados pelo ordenamento jurídico".[777]

A lei atende as diferenças, pois pautadas em agrupamentos – natural e racional, e que não fere o princípio da igualdade como aduz San Tiago Dantas.

> Quanto mais progridem e se organizam as coletividades, maior é o grau dediferenciação a que atinge seu sistema legislativo. A lei raramente colhe no mesmo comando todos os indivíduos, quase sempre atende a diferenças de sexo, de profissão, de atividade, de situação econômica, de posição jurídica, de direito anterior; raramente regula do mesmo modo a situação de todos os bens, quase sempre se distingue conforme a natureza, a utilidade, a raridade, a intensidade de valia que ofereceu a todos; raramente qualifica de um modo único as múltiplas ocorrências de um mesmo fato, quase sempre os distingue conforme as circunstâncias em que se produzem, ou conforme a repercussão que têm no interesse geral. Todas essas situações, inspiradas no agrupamento natural e racional dos indivíduos e dos fatos, são essenciais ao processo legislativo, e não ferem o princípio da igualdade. Servem, porém, para indicar a necessidade de uma construção teórica, que permita distinguir as leis arbitrárias das leis conforme o direito, e eleve até esta alta triagem a tarefa do órgão do Poder Judiciário.[778]

O que não pode haver é um exagero, sob pena do "caos", como adverte André Ramos Tavares:

> Embora existam diferenças consideráveis entre os seres humanos, para fins de tratamento jurídico diferenciado, não se pode chegar ao exagero de conceder um tratamento próprio para cada ser humano, tendo em vista o fato evidente de que todos se diferenciam entre si (pela cor dos olhos, estatura, peso, digital, etc.), o ser humano é único em sua individualidade. Mas isso não pode ser levado ao exagero de pretender um tratamento próprio para cada pessoa, tendo em vista suas peculiaridades. A ser assim, demandar-se-ia uma lei específica para cada ser humano. Neste

---

[774] OLTRAMARI, Fernanda. O princípio da igualdade e da dignidade humana e a discriminação sexual nos contratos de trabalho. In: *Revista Justiça do Direito*. Passo Fundo. v.18. n° 1. p. 139.

[775] MORAES, Alexandre de. *Direito constitucional*. 15. ed. São Paulo: Atlas, 2004. p. 67.

[776] SILVA, José Afonso da. *Curso de direito constitucional positivo*. 9. ed. rev. São Paulo: Malheiros, 1994. p. 193.

[777] MARTINS, Ives Gandra da Silva. *Direito constitucional interpretado*. São Paulo: Revista dos Tribunais, 1992. p. 154.

[778] DANTAS, F.C. San Tiago. *Igualdade perante a lei e due processo f law*: contribuição ao estudo da limitação constitucional do pode legislativo. Rio de Janeiro: Revista Forense, 1948. p. 357-367.

caso, já nem mais se poderia falar em lei – em sentido genérico e abstrato –, pois dirigida a um único indivíduo.[779]

Nessa senda, ser igual perante a lei não significa apenas aplicação igual da lei. "A lei, ela própria, deve tratar por igual todos os cidadãos. O princípio da igualdade dirige-se ao próprio legislador, vinculando-o à criação de um direito igual para todos os cidadãos".[780]

Bem adverte, também, Celso Antônio Bandeira de Mello sobre o tratamento equitativo a todos os cidadãos, cuja lei não deve ser fonte de privilégios e perseguições, mas "instrumento regulador da vida social que necessita tratar equitativamente todos os cidadãos". Sendo esse o conteúdo tanto político quanto ideológico "absorvido pelo princípio da isonomia e juridicizado pelos textos constitucionais em geral, ou de todo modo assimilado pelos sistemas normativos vigentes".[781]

Ora, o princípio da igualdade[782] opera em dois planos distintos, conforme refere Alexandre de Moraes, frente ao legislador e quanto à interpretação e aplicação desse princípio.

De uma parte, frente ao legislador ou ao próprio executivo, na edição, respectivamente, de leis, atos normativos e medidas provisórias, impedindo que possam criar tratamentos abusivamente diferenciados a pessoas que encontram-se em situações idênticas. Em outro plano, na obrigatoriedade ao intérprete, basicamente, a autoridade pública de aplicar a lei e atos normativos de ma-

---

[779] TAVARES, André Ramos. *Curso de direito constitucional.* São Paulo: Saraiva, 2002. p. 400-401.

[780] CANOTILHO, José Joaquim Gomes. *Direito constitucional.* 6. ed. Coimbra: Almedina, 2002. p. 426.

[781] MELLO, Celso Antonio Bandeira. *Conteúdo jurídico do princípio da igualdade.* São Paulo: Revista dos Tribunais, 1978. p. 26.

[782] Verifica-se a utilização do *principio da igualdade* assegurado pelo Supremo Tribunal Federal, em ADIN, cujo relator foi o Ministro Ayres Brito, sobre o PROUNE: "Com efeito, é pelo combate eficaz às situações de desigualdade que se concretiza, em regra, o valor da igualdade (valor positivo, aqui, valor negativo ou desvalor, ali). Isto porque no ponto de partida das investigações metódicas sobre as coisas ditas humanas, ou seja, até onde chegam as lentes investigativas dos politicólogos, historiadores e sociólogos acerca das institucionalizadas relações do gênero humano, o que se comprova é um estilo de vida já identificado pela tarja das desigualdades (culturais, políticas, econômicas e sociais). O desigual a servir como empírico portal da investigação científica e, daí, como desafio de sua eliminação pelas normas jurídicas".[...] "Numa frase, não é toda superioridade juridicamente conferida que implica negação ao princípio da igualdade. A superioridade jurídica bem pode ser a própria condição lógica da quebra de iníquas hegemonias política, social, econômica e cultural. Um mecanismo jurídico de se colocar a sociedade nos eixos de uma genérica horizontalidade como postura de vida cidadã (o cidadão, ao contrário do súdito, é um igual). Modo estratégico, por conseqüência, de conceber e praticar uma superior forma de convivência humana, sendo que tal superioridade de vida coletiva é tanto mais possível quanto baseada em relações horizontais de base. Que são as relações definidoras do perfil democrático de todo um povo". "Essa possibilidade de o Direito legislado usar a concessão de vantagens a alguém com uma técnica de compensação de anteriores e persistentes desvantagens factuais não é mesmo de se estranhar, porque o típico da lei é fazer distinções. Diferenciações. Desigualações. E fazer desigualações para contrabater renitentes desigualações. É como dizer: a lei existe para, diante dessa ou daquela desigualação que se revele densamente perturbadora da harmonia ou do equilíbrio social, impor uma outra desigualação compensatória. A lei como instrumento de reequilíbrio social. O que ela (a lei) não pode é incidir no "preconceito" ou fazer "discriminações", que nesse preciso sentido é que se deve interpretar o comando constitucional de que "Todos são iguais perante a lei, sem distinção de qualquer natureza". O vocábulo "distinção" a significar discriminação (que é proibida), e não enquanto simples diferenciação (que é inerente às determinações legais)". LIMA, George Marmelstein. *Prouni e Ações Afirmativas: o voto do Min. Carlos Britto.* Disponível em: <http://direitosfundamentais.net/2008/04/16/prouni-e-acoes-afirmativas-o-voto-do-min-carlos-britto/>. Acesso em: 20 mai. 2011.

neira igualitária, sem estabelecimento de diferenciações em razão de sexo, religião, convicções filosóficas ou políticas, raça, classe social.[783]

Adverte, ainda, Gregorio Peces-Barba Martínez, que a igualdade material deve levar em conta as circunstâncias, deve situar-se em um nível igual de ponderação das circunstâncias da realidade como relevantes ou irrelevantes para obter o peso igual, para poder atingir o objetivo, para poder chegar à meta da independência e da liberdade moral, com um uso correto da liberdade política e social e jurídica e os ireitos baseados nela.[784]

O princípio da igualdade fundamenta os direitos humanos e fundamentais, é "alicerce dos direitos individuais, que os transforma de direitos de privilegiados em direitos de todos os seres humanos; entretanto, a igualdade jurídica não fundamenta só os direitos individuais, mas todos os direitos humanos".[785]

Alexandre de Moraes salienta também a tríplice finalidade limitadora do princípio da igualdade: que é a limitação do legislador, ao intérprete/autoridade pública e ao particular.

O legislador, no exercício de sua função constitucional de edição normativa, não poderá afastar-se do princípio da igualdade, sob pena de flagrante inconstitucionalidade. Assim, normas que criem diferenciações abusivas, arbitrárias, sem qualquer finalidade lícita, serão incompatíveis com a Constituição Federal. O intérprete/autoridade pública não poderá aplicar as leis e atos normativos aos casos concretos de forma a criar ou aumentar desigualdades arbitrárias. Ressalte-se que, em especial o Poder Judiciário, no exercício de sua função jurisdicional de dizer o direito ao caso concreto, deverá utilizar os mecanismos constitucionais no sentido de dar uma interpretação única e igualitária às normas jurídicas. Nesse sentido a intenção do legislador constituinte ao prever o recurso extraordinário ao Supremo Tribunal Federal (uniformização na interpretação da Constituição Federal) e o recurso especial ao Superior Tribunal de Justiça (uniformização na interpretação da legislação federal). Além disso, sempre em respeito ao princípio da igualdade, a legislação processual deverá estabelecer mecanismos de uniformização de jurisprudência a todos os Tribunais. Finalmente, o particular não poderá pautar-se por condutas discriminatórias, preconceituosas ou racistas, sob pena de responsabilidade civil e penal, nos termos da legislação em vigor.[786]

O princípio da igualdade não proíbe, que a lei estabeleça distinções, o que ela proíbe, é o arbítrio, argumenta José Joaquim Gomes Canotilho, proíbe as "diferenciações de tratamento sem fundamento material bastante, que o mesmo é dizer sem qualquer justificação razoável, segundo critério de valor objetivo constitucionalmente relevante". Proíbe mais, "que se tratem por igual situações essencialmente desiguais. E proíbe ainda a discriminação: ou

---

[783] MORAES, Alexandre de. *Direito constitucional*. 15. ed. São Paulo: Atlas, 2004. p. 64-65.

[784] *Tradução livre de*: "La igualdad material debe situarse en él àmbito de la consideración de las circunstancias de la realidade como relevantes o irrelevantes para conseguir un igual peso, para poder alcanzar el objetivo, para poder llegar a ela meta de la independência y de la libertad moral, com un uso adecuado de la libertad social politica y jurídica y de los derechos que em Ella se fundan". MARTINEZ, Gregorio Peces--Barba. *Lecciones de derechos fundamentales*. Madrid: Dykinson, 2004. p. 181.

[785] MAGALHÃES, José Luis Quadros de. *Direito Constitucional*. Tomo I, Belo Horizonte: Mandamentos, 2000. p. 90.

[786] MORAES, loc. cit., p. 64-65.

Mobilidade, Fronteiras & Direito à Saúde

seja, as diferenciações de tratamento fundadas em categorias meramente subjetivas".[787]

O que significa em análise aproximada, que a igualdade não pode ser apenas formal, mas também material. Igualdade a todos, com o respeito às diferenças. E que continua a ser negada na prática.

A Carta Magna assegura tais direitos aos brasileiros e estrangeiros residentes no País, "indica, concomitantemente, sua positivação em relação aos sujeitos a que os garante. Se a Constituição aponta os destinatários desses direitos, isso há de ter consequências normativas".[788]

Em vista disso, há que se atentar para a proporcionalidade, ao que José Joaquim Gomes Canotilho adverte para três subprincípios: o primeiro, a "necessidade: o meio escolhido não há de exceder os limites indispensáveis à conservação do fim almejado". Quer dizer, escolher o meio menos nocivo ao interesse do cidadão. O segundo, a "adequação: deve-se identificar o meio adequado para se alcançar um fim de interesse público, o que envolve também o exame da adequação ou validade do fim". E o terceiro, a "proporcionalidade em sentido estrito: deve-se escolher o meio que, no caso específico, melhor atenda ao conjunto de interesses em jogo".[789]

Além é claro, da incansável busca, pelo processo justo, aduz Humberto Theodoro Júnior e dentro dos ditames constitucionais:

> O processo justo não pode ser formalizado pelo legislador ordinário, nem aplicado pelos órgãos jurisdicionais, sem amoldar-se ao modelo constitucional. Pode, entretanto, enriquecer a precisão das garantias demandadas pela constituição, criando garantias e mecanismos novos que não tenham sido previstos na lei maior, mas que se afinem com seus os seus propósitos e aprimorem o próprio modelo constitucional. Nessa ótica, o processo modelado pela constituição retrata um mínimo do qual o legislador ordinário e os juízes não podem se furtar. Nada impede, todavia, que se criem novas e melhores garantias por engenho da lei processual comum, diante principalmente das exigências da vida em suas feições práticas e concretas.[790]

Pois a função jurisdicional é efetivamente "cumprida não apenas com a edição da sentença, editando-se a norma jurídica do caso concreto. Na verdade, a tutela jurisdicional do direito é prestada quando o direito é tutelado".[791] Ou seja, a convivência harmônica entre dignidade, separação dos poderes e o princípio majoritário, "depende de atribuir-se eficácia jurídica positiva apenas ao núcleo da dignidade, ao chamado mínimo existencial, reconhecendo-se

---

[787] CANOTILHO, J. J. Gomes. *Direito Constitucional e Teoria da Constituição*. 2.ed. Coimbra, Portugal: Almedina, 1998. p. 345.

[788] SILVA, José Afonso da. *Curso de direito constitucional positivo*. 33. ed. rev. e atual. São Paulo: Malheiros, 2010. p. 193.

[789] CANOTILHO, J. J. Gomes. *Direito constitucional e teoria da constituição*. Coimbra: Almedina, 1992. p. 234.

[790] THEODORO JUNIOR, Humberto. Constituição e processo-desafios constitucionais da reforma do processo civil no Brasil. In: MACHADO, Felipe Daniel Amorim; OLIVEIRA e Marcelo Andrade Cattoni (Coord.). *Constituição e processo: a contribuição do processo ao constitucionalismo democrático brasileiro*. Belo Horizonte: Del Rey, 2009. p. 238.

[791] MARINONI, Luiz Guilherme. *Teoria geral do processo*. São Paulo: RT, 2008. p. 115-117.

legitimidade ao Judiciário para determinar as prestações necessárias à sua satisfação".[792]

Pois, quando o juiz não encontra uma técnica processual "adequada à tutela do direito, e assim se pode falar em omissão de regra processual, ele deverá suprir esta insuficiência da regra processual, tendo os olhos nas exigências do direito material que reclama proteção".[793] Principalmente com a denegação dos serviços essenciais de saúde que "acaba por se equiparar à aplicação de uma pena de morte para alguém cujo único crime foi o de não ter condições de obter com seus próprios recursos o atendimento necessário, tudo isto, habitualmente sem qualquer processo" e, muitas das vezes, sem qualquer defesa, "isto sem falar na virtual ausência de responsabilização dos algozes, abrigados pelo anonimato dos poderes públicos".[794]

Ao que adverte Lenio Luiz Streck para um contraponto, e até mesmo para um deslocamento do centro das decisões:

> De um lado temos uma sociedade carente de realização de direitos e, de outro, uma Constituição Federal que garante estes direitos da forma mais ampla possível. *Este é o contraponto*. Daí a necessária indagação: qual é o papel do Direito e da dogmática jurídica neste contexto? No Estado Democrático de Direito – previsto no artigo 1º da Constituição Federal – *a lei é um instrumento de ação concreta do Estado*. Por isso, é possível sustentar que, no Estado Democrático de Direito, há – ou deveria haver – *um sensível deslocamento do centro das decisões do legislativo e do executivo para o judiciário.*[795]

Sugere o autor, esse deslocamento para o Poder Judiciário. Desse modo, como dimensão dos direitos fundamentais do homem, o direito social à saúde, que "possibilitam melhores condições de vida aos mais fracos, direitos que tendem a realizar a igualização de situações sociais desiguais. São, portanto, direitos que se ligam ao direito de igualdade".[796]

Em área de fronteira não há iguais, mas sim desiguais, embora vivam nesse lugar incomum, atípico, não lugar, num espírito fraterno, pacífico, solidário, e que disponham de acordo internacional, ainda assim, não são iguais.

4.5.2. Arguição de Descumprimento de Preceito Fundamental – ADPF 45

Antes de adentrar na seara específica da ADPF 45, vale lembrar que inicialmente foi formada uma comissão de especialistas para elaborar o projeto da lei que veio a tratar da ADPF. Dessa forma, além de permitir a antecipação

---

[792] BARCELLOS, Ana Paula de. *A eficácia jurídica dos princípios constitucionais: o princípio da dignidade da pessoa humana*. Rio de Janeiro: Renovar, 2008. p. 256-257.

[793] MARINONI, Luiz Guilherme. *Teoria geral do processo*. São Paulo: RT, 2008. p. 83-84.

[794] SARLET, Ingo Wolfgang. *A eficácia dos direitos fundamentais*: uma teoria geral dos direitos fundamentais na perspectiva constitucional. 10. ed. ver. atual. e ampl. Porto Alegre: Livraria do Advogado, 2009. p. 325.

[795] STRECK, Lenio Luiz. E que o Texto Constitucional não se transforme em um latifúndio improdutivo: uma crítica à ineficácia do Direito. In: PASQUALINI, Alexandre... [et al.]; SARLET, Ingo Wolfgang (org.). *O Direito Público em Tempos de Crise*: estudos em homenagem a Ruy Ruben Ruschel. Porto Alegre: Livraria do Advogado, 1999. p. 182.

[796] SILVA, José Afonso da. *Curso de direito constitucional positivo*. 33. ed. rev. e atual. São Paulo: Malheiros, 2010. p. 286 e 287.

das decisões sobre controvérsias constitucionais relevantes, a ADPF veio segundo Gilmar Mendes, para "ser utilizada para resolver controvérsia sobre a legitimidade do direito ordinário pré-constitucional em face da Constituição que, anteriormente, somente poderia ser veiculada mediante a utilização do recurso extraordinário". [797]

Dessa forma, o Congresso Nacional editou a Lei n° 9.882, de 3 de dezembro de 1999, em complementação ao art. 102, § 1°, da Constituição Federal, cujo órgão competente para o processo e julgamento é o Supremo Tribunal Federal, cujos legitimados ativos, são os mesmos colegitimados para propositura da ação direta de inconstitucionalidade (CF, art. 103, I a IX).

Defende-se também a ideia de que a definição de preceito fundamental, conforme Gilmar Mendes, "deve ser realizado de acordo com o momento em que se vive, e não de forma taxativa",[798] pois a ADPF é um típico instrumento do modelo concentrado de controle de constitucionalidade, cujas hipóteses de cabimento são: a) para evitar lesão ao preceito fundamental, resultante de ato do Poder Público; b) para reparar lesão ao preceito fundamental resultante de ato do Poder Público, e c) quando for relevante o fundamento da controvérsia constitucional sobre lei ou ato normativo federal, estadual ou municipal, incluídos os anteriores à Constituição. Quanto ao caráter subsidiário, a lei expressamente veda a possibilidade de ADPF quando houver qualquer outro meio eficaz de sanar a lesividade.

Outro ponto relevante no contexto é apresentado a possibilidade de participação de *amicus curiae*, na qualidade de amigo da corte, (aplicação analógica do art. 7°, § 2°, da Lei n° 9.868/99).

Assim como a figura da "audiência pública", que de forma inovadora, elogiável, e democrática, pela qual, são ouvidos os especialistas, *experts*, que possuem conhecimento científico, técnico, doutrinário, etc.,[799] e cujo conhecimento auxilia os Ministros na compreensão das diferentes temáticas.

> As audiências públicas no Poder Judiciário foram previstas, inicialmente, pelas Leis 9.868/99 e 9.882/99, que disciplinam processo e julgamento das ações diretas de inconstitucionalidade, ações declaratórias de constitucionalidade e arguições de descumprimento de preceito fundamental. No âmbito do Supremo Tribunal Federal, as audiências públicas foram regulamentadas pela Emenda Regimental 29/2009, que atribuiu competência ao Presidente ou ao Relator, nos termos dos arts. 13, XVII, e 21, XVII, do Regimento Interno, para "*convocar audiência pública para ouvir o depoimento de pessoas com experiência e autoridade em determinada matéria, sempre que entender necessário o esclarecimento de questões ou circunstâncias de fato, com repercussão geral e de interesse público relevante*" debatidas no Tribunal. O procedimento a ser observado consta do art. 154, parágrafo único, do Regimento Interno.[800]

---

[797] MENDES, Gilmar ferreira. *Controle de Constitucionalidade*. 2012. Notas de aula.

[798] Ibid.

[799] SALDANHA, Jania Maria Lopes; LIMBERGER, T. . La dimensión constitucional del proceso brasileño: la apertura democrática del Supremo Tribunal Federal brasileño por medio de las audiencias públicas y la concretización de los derechos fundamentales sociales. *Revista General de Derecho Constitucional* (Internet), v. 14, p. 6, 2012.

[800] Supremo Tribunal Federal. *Apresentação*. Disponível em <http://www.stf.jus.br/portal/audiencia Publica/ audienciaPublicaPrincipal.asp> Acesso em: 06 mai. 2012.

Antes da promulgação da lei, a posição do Supremo Tribunal Federal era pela não autoaplicabilidade da medida, mesmo a Constituição tendo previsto em seu texto original a ADPF.

O Presidente do Supremo Tribunal Federal, Gilmar Mendes, convocou a audiência pública, em 05 de março de 2009:

> Considerando os diversos pedidos de Suspensão de Segurança, Suspensão de Liminar e Suspensão de Tutela Antecipada em trâmite no âmbito desta Presidência, os quais objetivam suspender medidas cautelares que determinam o fornecimento das mais variadas prestações de saúde pelo Sistema Único de Saúde – SUS (fornecimento de medicamentos, suplementos alimentares, órteses e próteses; criação de vagas de UTI; contratação de servidores de saúde; realização de cirurgias; custeio de tratamentos fora do domicílio e de tratamentos no exterior; entre outros); Considerando que tais decisões suscitam inúmeras alegações de lesão à ordem, à segurança, à economia e à saúde públicas; Considerando a repercussão geral e o interesse público relevante das questões suscitadas; CONVOCA: Audiência Pública para ouvir o depoimento de pessoas com experiência e autoridade em matéria de Sistema Único de Saúde, objetivando esclarecer as questões técnicas, científicas, administrativas, políticas, econômicas e jurídicas relativas às ações de prestação de saúde.[801]

O princípio da igualdade, contemporaneamente, não representa mais só um dever social negativo, mas sim e principalmente uma obrigação positiva, é a própria expressão da democracia.

E, o direito fundamental à saúde, explica Ingo Wolfgang Sarlet "constitui uma importante ferramenta a serviço da efetividade dos direitos fundamentais", e adverte também para a "necessidade de cautela por ocasião da intervenção judicial para o fito de corrigir ou fulminar a solução privilegiada pelo legislador, ou , na hipótese de lacunas de tutela, suprir a falta de atuação do poder público".[802] E, no que se refere à controvérsia que giram em torno da tutela individual e/ou coletiva do direito à saúde, aposta no acerto da tese de que

> tanto os direitos sociais (como, de resto, os direitos os direitos fundamentais no seu conjunto) em geral, quanto o direito à saúde em particular, possuem uma dupla dimensão individual e coletiva, e, nesta medida, uma titularidade – no que diz com a condição de sujeito de direitos subjetivos – igualmente individual e transindividual, tal como acertadamente vem sendo reconhecido pelo próprio STF. Cuida-se, portanto, de direito de todos e de cada um, de tal sorte que o desafio é saber harmonizar – sem que ocorra a supressão de uma das dimensões – ambas as perspectivas.[803]

Por certo possui o direito à saúde essa dupla dimensão, tanto individual quanto coletiva, vez que, o direito de cada indivíduo, seja de forma individual

---

[801] Supremo Tribunal Federal. A audiência Pública da Judicialização do direito à saúde, ocorreu nos dias 27,28 e 29 de abril, 4,6,7 de maio de 2009. *Referência:* SL nº 47, SL nº 64, STA nº 36, STA nº 185, STA nº 211, STA nº 278, SS nº 2.361, SS nº 2.944, SS nº 3.345, SS nº 3.355. Disponível em: <http://www.stf.jus.br/arquivo/cms/processoAudienciaPublicaSaude/anexo/Despacho_Convocatorio.pdf>. Acesso em: 06 mai. 2012.

[802] SARLET, Ingo Wolfgang. Algumas notas sobre a relação entre os Direitos Fundamentais e o Processo: o caso da controvérsia entre a tutela processual individual e/ou transindividual do direito à saúde. In: ASSIS, Araken de (Org.); MOLINARO, Carlos Alberto (Org.); Gomes Junior, Luiz Manoel (Org.); MILHORANZA, Mariângela Guerreiro (Org.). *Processo coletivo e outros temas de Direito Processual Homenagem – 50 anos de docência do Professor José Maria Rosa Tesheiner e 30 anos de docência do Professor Sérgio Gilberto Porto.* 1. ed. Porto Alegre: Livraria do Advogado Editora, 2011. v.1. (p. 273-302) p. 301.

[803] Ibid.

Mobilidade, Fronteiras & Direito à Saúde

ou coletiva de buscar no âmbito do Poder Judiciário a "correção de uma injustiça e a garantia de um direito fundamental, acaba, numa perspectiva mais ampla, por reforçar a esfera pública, pois o direito de ação assume a condição de direito" e assume mais e principalmente "de cidadania ativa e instrumento de participação do indivíduo no controle dos atos do poder público".[804]

Nessa senda, optou-se pela abordagem da ADPF nº 45/DF, cujo relator foi o Ministro Celso de Mello pela importância para a Saúde e porque considerou como critérios, para caracterizar a possibilidade de o Estado implementar os direitos sociais, a razoabilidade e a disponibilidade financeira estatal:

> [...] os condicionamentos impostos, pela cláusula da "reserva do possível", ao processo de concretização dos direitos de segunda geração – de implantação sempre onerosa –, traduzem-se em um binômio que compreende, de um lado, (1) a razoabilidade da pretensão individual/social deduzida em face do Poder Público e, de outro, (2) a existência de disponibilidade financeira do Estado para tornar efetivas as prestações positivas dele reclamadas.
> Desnecessário acentuar-se, considerado o encargo governamental de tornar efetiva a aplicação dos direitos econômicos, sociais e culturais, que os elementos componentes do mencionado binômio (razoabilidade da pretensão + disponibilidade financeira do Estado) devem configurar-se de modo afirmativo e em situação de cumulativa ocorrência, pois, ausente qualquer desses elementos, descaracterizar-se-á a possibilidade estatal de realização prática de tais direitos.[805]

A ADPF 45/2004 continua a ser usado como um dos grandes precedentes jurisprudenciais de uma época, cuja decisão versava sobre finanças públicas e acesso às prestações de saúde. O Tribunal entendeu "com relação à teoria da reserva do possível que se mostraria ilícito ao Poder Público que mediante indevida manipulação de sua atividade financeira criar obstáculo artificial". A fim de que se "revele o ilegítimo, arbitrário e censurável propósito de fraudar, de frustrar e de inviabilizar o estabelecimento e a preservação em favor da pessoa e dos cidadãos em condições materiais mínimas de existência".[806]

Na oportunidade da audiência pública, manifestou Ingo Wolfgang Sarlet no Supremo, a perspectiva de controle judicial e preventivo do orçamento:

> Em termos de perspectivas temos, evidentemente, aqui, a necessidade de reforma do sistema orçamentário, e não é o Judiciário que vai poder promover ativamente. Mas o controle judicial e também preventivo do orçamento, como um todo da sua execução, é um controle que o Judiciário pode fazer, mas também é necessário que quem o provoca invistam mais intensamente nessa perspectiva. Assim como o controle das informações sobre a execução do orçamento – que também alguns autores já têm tematizado muito bem no Direito brasileiro – são medidas que podem

---

[804] SARLET, Ingo Wolfgang. Algumas notas sobre a relação entre os Direitos Fundamentais e o Processo: o caso da controvérsia entre a tutela processual individual e/ou transindividual do direito à saúde. In: ASSIS, Araken de (Org.); MOLINARO, Carlos Alberto (Org.); Gomes Junior, Luiz Manoel (Org.); MILHORANZA, Mariângela Guerreiro (Org.). *Processo coletivo e outros temas de Direito Processual Homenagem – 50 anos de docência do Professor José Maria Rosa Tesheiner e 30 anos de docência do Professor Sérgio Gilberto Porto*. 1. ed. Porto Alegre: Livraria do Advogado Editora, 2011. v.1. (p. 273-302) p. 302.

[805] BRASIL. Supremo Tribunal Federal. ADPF 45 MC, Relator(a): Min. Celso De Mello, julgado em 29/04/2004, publicado em DJ 04/05/2004 PP-00012 RTJ VOL-00200-01 PP-00191. Disponível em: <http://www.stf.jus.br/portal/jurisprudencia/listarJurisprudencia.asp?s1=%28%2845%2ENUME%2E+OU+45%2EDMS%2E%29%29+NAO+S%2EPRES%2E&base=baseMonocraticas>. Acesso em: 11 mai. 2012.

[806] BRASÍL. Superior Tribunal de Justiça. *Arguição de descumprimento de preceito fundamental nº 45/Distrito Federal*. Relator: Ministro Celso de Mello. Publicada em: 04/05/2004. Disponível em: <http://www.stf.jus.br/arquivo/informativo/documento/informativo345.htm>. Acesso em: 02 mai. 2012.

ser aperfeiçoadas e podem levar a uma melhor coordenação do sistema com o um todo minimização inclusive dos efeitos individuais.[807]

O princípio da reserva do possível surge como "limite fático e jurídico à efetivação judicial (e até mesmo política de direitos fundamentais)", porém, a utilização dos recursos deve ser feita maximizando-os e ao mesmo tempo minimizando o impacto da reserva do possível.

Segundo Fabiano Holz Beserra, a intervenção do Poder Judiciário, se torna necessária:

> A verificação da disponibilidade de numerário e, acima de tudo, o controle orçamentário não raro demandam o domínio de uma gama de informações e uma formação técnica especializada, de difícil manejo no exercício da jurisdição. Especialmente, em demandas individuais nem sempre é possível que se chegue a uma visão do conjunto orçamentário e da repercussão das opções de gasto em áreas sociais igualmente legítimas. Essa tarefa é particularmente dificultada pelo fato de o Poder Público ser demandado concomitantemente em diversas unidades jurisdicionais. De outra parte, é discutível a legitimidade daqueles que não possuem delegação popular para fazerem opções de gastos. Quando há investimentos dispensáveis ou suntuosos não há maiores problemas. O mesmo não se diga, porém, quando se está a optar por gastos sociais de igual status, como educação e saúde. [...] É bom sempre recordar que uma constituição não tem como destinatário apenas o Poder Judiciário, mas sim todos os poderes. Assim, não deveria causar estranheza que determinado comando constitucional fique, salvo exceções, sob a atribuição exclusiva daquele que detém a competência constitucional. Num contexto em que, dada a carência estrutural de recursos, a violação dos direitos fundamentais prestacionais é a regra, resta ao Estado a formulação de políticas públicas para a gradual satisfação das promessas formuladas pelo constituinte. Nessa ordem de idéias, a intervenção do Judiciário só é recomendável no caso de desvio de finalidade na execução do programa.[808]

Extrai-se do próprio julgamento a contribuição de Ana Paula de Barcelos, sobre a questão do mínimo:

> a limitação de recursos existe e é uma contingência que não se pode ignorar. O intérprete deverá levá-la em conta ao afirmar que algum bem pode ser exigido judicialmente, assim como o magistrado, ao determinar seu fornecimento pelo Estado. Por outro lado, não se pode esquecer que a finalidade do Estado ao obter recursos, para, em seguida, gastá-los sob a forma de obras, prestação de serviços, ou qualquer outra política pública, é exatamente realizar os objetivos fundamentais da Constituição. A meta central das Constituições modernas, e da Carta de 1988 em particular, pode ser resumida, como já exposto, na promoção do bem-estar do homem, cujo ponto de partida está em assegurar as condições de sua própria dignidade, que inclui, além da proteção dos direitos individuais, condições materiais mínimas de existência. Ao apurar os elementos fundamentais dessa dignidade (o mínimo existencial), estar-se-ão estabelecendo exatamente os alvos prioritários dos gastos públicos. Apenas depois de atingi-los é que se poderá discutir, relativamente aos recursos remanescentes, em que outros projetos se deverá investir. O mínimo

---

[807] Superior Tribunal de Justiça. *controle judicial e preventivo do orçamento*. Disponível em: <http://www.stf.jus.br/arquivo/cms/processoAudienciaPublicaSaude/anexo/Sr._Ingo_Sarlet__titular_da_PUC_.pdf>. Acesso em: 16 dez. 2012.

[808] BESSERRA, Fabiano Holz. *Comentário sobre a decisão proferida no julgamento da argüição de descumprimento de preceito fundamental nº 45/DF*. Disponível em: <http://tex.pro.br/tex/listagem-de-artigos/229-artigos-jul-2005/5087-comentario-sobre-a-decisao-proferida-no-julgamento-da-argueicao-de-descumprimento-de-preceito-fundamental-no-45df>. Acesso 12.10.2012.

existencial, como se vê, associado ao estabelecimento de prioridades orçamentárias, é capaz de conviver produtivamente com a reserva do possível.[809]

Frase: "Eles não sabem o que estão a falar" frase de José Joaquim Gomes Canotilho que bem revela essa preocupação:

[...] paira sobre a dogmática e teoria jurídica dos direitos econômicos, sociais e culturais a carga metodológica da vaguidez, indeterminação e impressionismo que a teoria da ciência vem apelidando, em termos caricaturais, sob a designação de "fuzzismo" ou "metodologia fuzzy" [...]

Em toda a sua radicalidade – enfatiza Canotilho – a censura de fuzzysmo lançada aos juristas significa basicamente que eles não sabem do que estão a falar quando abordam os complexos problemas dos direitos econômicos, sociais e culturais.[810]

Há um visível deslocamento da problemática dos direitos sociais para as "teorias da justiça, as teorias de fundamentação, as teorias de argumentação e as teorias econômicas do direito", de modo que, do ponto de vista jurídico, "se encontra hoje numa posição desconfortável".[811]

Gustavo Amaral aponta que cabe ao magistrado essa tarefa e que a decisão judicial deve ser sempre circunstancial:

Projetar o conteúdo de pretensão positiva em que está investido o particular para, depois, contrastando o teor dessa pretensão com a realidade fática, verificar se há violação *potencial*. Havendo a violação potencial, cabe ao magistrado, então, questionar as razões dadas pelo Estado para suas escolhas, fazendo a ponderação entre o grau de essencialidade da pretensão e o grau de excepcionalidade da situação concreta, a justificar, ou não, a escolha estatal. [...] a decisão judicial para o indivíduo deve sempre ser circunstancial, respeitando, assim, a pluralidade de opções alocativas existentes, a heterogeneidade da sociedade e seu reflexo necessário sobre as concepções que tem sobre suas necessidades e a deficiência na coleta de informações que é inerente ao procedimento judicial.[812]

Em um Estado Democrático de Direito é imperiosa "a garantia do mínimo existencial em sua dimensão máxima. A maximização dos direitos sociais acarreta logicamente a minimização dos direitos sociais em sua extensão, mas não em sua profundidade".[813] Por isso, a justiça do caso concreto deve ser sempre aquela que "possa ser assegurada a todos que estão ou possam vir a estar em situação similar, sob pena de se quebrar a isonomia. Essa é a tensão entre micro e macrojustiça".[814]

E sobre Justiça Distributiva, Gustavo Amaral refere: "Chamamos de *princípios de justiça distributiva* as concepções gerais sobre como recursos escassos devem ser alocados". Refere mais, que alguns princípios voltam-se para "características dos indivíduos, como *'a cada um segundo sua necessidade'* ou *'a cada um segundo seu mérito'*". Todavia, outros princípios voltam-se mais para a

---

[809] BARCELOS, Ana Paula de. *A Eficácia Jurídica dos Princípios Constitucionais*. São Paulo: Renovar, 2002. p. 245-246.

[810] CANOTILHO, José Joaquim Gomes. *Estudos sobre direitos fundamentais*. Coimbra: Coimbra Editora, 2004. p. 100.

[811] Ibid., p. 98-99.

[812] AMARAL, Gustavo. *Direito, escassez & escolha*: critérios jurídicos para lidar com a escassez de recursos e as decisões trágicas. 2.ed. Rio de Janeiro: Lumen Juris, 2010. p. 115-116.

[813] TORRES, Ricardo Lobo. *O direito ao mínimo existencial*. Rio de Janeiro: Renovar, 2009. p. 121.

[814] AMARAL, op. cit., p. 18.

mecânica de alocação, ou seja, "sem demandar qualquer conhecimento individualizado sobre os potenciais beneficiários. Igualitarismo, sorteio e filas são exemplo de aplicação desses princípios".[815]

A justiça distributiva, de dividir ou dar a cada indivíduo uma fração do bem comum, é enfatizado por José Reinaldo de Lima Lopes, enquanto temas que tenham chegado ao Judiciário que são predominantemente de justiça distributiva.

> O que está em jogo é, muitas vezes, algo que diz respeito à organização social, eventualmente concretizada num litígio determinado. Aqui está uma das dificuldades enfrentadas pelo Judiciário hoje: "a discussão judicial, a discussão política, faz-se ainda sob o signo do confronto de vontades, de interesses, de atores individualizados [...]. Uma política pública [...] não pode ser compreendida senão em referência plurilateral, e às disputas em torno de um bem comum, que não é o interesse do Estado, nem da maioria, nem dos mais ruidosos detentores de espaços privilegiados nos meios de comunicação social. Neste sentido, chegam ao Judiciário, como fórum de discussão pública, questões que o sistema representativo brasileiro e a sociedade não têm conseguido resolver". E, "[...] as decisões que pretendem fazer justiça distributiva, ou que sob o pretexto de fazer justiça comutativa estão de fato envolvidas em questões distributivas, geram tratamento desigual, retirando de uma classe um certo indivíduo".[816]

Já advertia sobre a crise pela qual passava o direito, René David, da justiça comutativa para justiça distributiva:

> A preocupação essencial, outrora, era com a justiça comutativa; a idéia de justiça distributiva passou atualmente para o primeiro plano, e por conseqüência a ênfase, que antes era colocada sobre os particulares e sobre o direito privado, é colocada atualmente sobre o direito público, sendo atribuído um papel primordial à administração e ao Estado, para fazer reinar um novo tipo de justiça em uma sociedade renovada.[817]

É o que adverte também Alexandre Gonçalves Lippel, que é imperiosa a mudança de parâmetros e de mentalidade, por parte dos operadores jurídicos, de forma a se "engendrar uma nova compreensão da teoria da separação dos Poderes, ampliando-se as possibilidades de controle judicial da discricionariedade administrativa para abranger também o controle sobre políticas e orçamentos públicos". Ou seja,

> as questões ligadas ao cumprimento das tarefas sociais, no Estado Social de Direito, não estão relegadas somente ao governo e à administração, mas têm seu fundamento nas próprias normas constitucionais sobre direitos sociais; a sua observação pelos outros Poderes pode e deve ser controlada pelo Judiciário. Onde o processo político (Legislativo, Executivo) falha ou se omite na implementação de políticas públicas e dos objetivos sociais nela implicados, ou onde direitos sociais são negligenciados por incompetência administrativa, cabe ao Poder Judiciário tomar uma atitude ativa na realização desses fins sociais através da correição da prestação dos serviços sociais básicos.[818]

---

[815] AMARAL, Gustavo. *Direito, escassez & escolha:* critérios jurídicos para lidar com a escassez de recursos e as decisões trágicas. 2.ed. Rio de Janeiro: Lumen Juris, 2010. p. 94.

[816] LOPES, José Reinaldo de Lima. *Direitos Sociais:* teoria e prática. São Paulo: Método, 2006. p. 128-132.

[817] DAVID, René. *Grandes sistemas jurídicos contemporâneos.* Trad. Jefferson Luiz Camargo. São Paulo: Martins Fontes, 2002. p. 70-71.

[818] LIPPEL, Alexandre Gonçalves. *O direito à saúde na Constituição Federal de 1988: caracterização e efetividade.* Revista de Doutrina da 4ª Região, Porto Alegre, n. 01, jun. 2004. Disponível em: <http://www.revistadoutrina. trf4.jus.br/artigos/edicao001/alexandre_lippel.htm> Acesso em: 14 ago. 2012.

Mobilidade, Fronteiras & Direito à Saúde

Por tudo, quanto foi dito, a ADPF 45 foi e continua sendo um precedente jurisprudencial importante, no que diz respeito às finanças públicas e acesso a prestações de saúde, à teoria da reserva do possível e das condições mínimas de existência.

Considerações finais

Para entender a dignidade, é necessário entender a pessoa, cujo conceito é antigo e sofreu, com o passar do tempo, profundas inflexões de acordo com o tempo e lugar. Contemporaneamente, dignidade é um valor, uma referência, é a matriz, o fundamento que identifica, qualifica e caracteriza o ser humano, enquanto ser dotado de direitos e deveres. A dignidade da pessoa humana é o principal direito fundamental constitucionalmente garantido no sistema brasileiro, fundamenta todo o sistema constitucional.

Afirme-se: a dignidade é um direito inerente ao ser humano, é qualidade integrante e irrenunciável da própria condição humana, não pode e não deve ser retirada, pois é intrínseca, é atributo, é o esteio do Estado Democrático de Direito, é condição de democracia. Enquanto conceito – é aberto – que deve ser reinterpretado constantemente, levando-se em consideração, aspectos históricos, sociais, culturais, econômicos e jurídicos. O que não pode ocorrer é o desrespeito à dignidade, a exemplo de negar atendimento hospitalar em caso de necessidade-urgência. O conceito de dignidade também evolui em razão dos costumes, (diria mais, os costumes em área de fronteira são próprios do lugar, do contexto no qual as pessoas encontram-se inseridas, ou até mesmo não inseridas) nesse lugar atípico, e tão fantástico.

O Século XX se consagrou como o século dos migrantes/deslocados/ refugiados, e não será diferente, pelo menos no primeiro quartel do século XXI, pois em todas as suas acepções, continua-se a visualizar o século da mobilidade humana em busca não apenas de emprego (mas do pleno emprego); da moradia (mas sim, moradia digna); saúde (e sim saúde integral); acolhimento e solidariedade (no próprio país, ou outro país); proteção (principalmente jurídica, política, etc.); e dignidade (mas um amplo e efetivo cumprimento de normas nacionais e internacionais, com o respeito aos direitos humanos e fundamentais). O que se deseja é uma dinâmica de proteção efetiva, voltada ao ser humano, enquanto sujeito de direitos e deveres, enquanto ser social, enquanto pessoa.

Para que os termos não sejam confundidos, distinguem-se pelo menos três grandes grupos, sendo os refugiados, aquelas pessoas que se encontram fora do país de origem, tendo por motivos a perseguição por raça, religião, nacionalidade, opinião política ou participação em grupos sociais, além de conflitos armados, violência generalizada e violação massiva dos direitos humanos. Já a categoria de deslocados, pode ser dividida em dois, os deslocados externos que são forçados a abandonar suas casas, atravessam fronteiras internacionais, e os deslocados internos também são forçados a abandonar suas casas só que não atravessam qualquer fronteira internacional, continuam dentro do seu país. Por fim, o terceiro grande grupo é do migrante, que pode deixar ou não o seu país só que de forma voluntária, em busca de uma vida melhor, geralmente por motivo econômico.

A mobilidade humana, sempre ocorreu, seja por razões de instinto, de necessidade, de sobrevivência, de fuga, de busca, o fato é que, sempre existiu, em diferentes épocas, locais, contextos e finalidades, e continuará a existir, é intrínseco do ser humano se deslocar de um lugar a outro e, nesse sentido, uma das questões que se projeta no atual cenário sócio-jurídico-ambiental é a do aumento de pessoas deslocadas, que se elevará significativamente até a metade deste século, e isso pode ser percebido ainda mais em área de fronteira, cuja maior preocupação deverá mesmo ser com a hospitalidade, a solidariedade, o acolhimento, a manutenção de aspectos identitários, culturais, o conviver, além do apoio econômico, por meio de políticas públicas entre Estados-Países, dentro ou fora do País, no que diz respeito à ampliação e efetivação de direitos, principalmente os sociais.

As migrações hodiernas constituem o maior movimento de pessoas de todos os tempos, nas últimas décadas, tal fenômeno, que envolve cerca de duzentos milhões de seres humanos, transformou-se em realidade estrutural da sociedade contemporânea e constitui um problema; sim, um problema cada vez mais complexo do ponto de vista social, cultural, político, religioso, econômico, vez que, a mobilidade tornou-se uma regra global-local. Para a pessoa que se desloca, o novo lugar onde passa a considerar como seu, apresenta inúmeras dificuldades, o novo lugar o obriga a se adequar a um novo aprendizado, a uma nova descoberta.

O grande mérito da Convenção Internacional de 1951, foi o compromisso assumido na esteira do direito internacional de proteção dos direitos humanos, amparando e tutelando grupos vulneráveis. E, no âmbito regional do MERCOSUL, muito ainda há que se fazer, pois os processos migratórios têm características específicas, e que possui fatores distintos, o trânsito e destino das pessoas, as responsabilidades compartilhadas, ou seja, as migrações enquanto fenômeno transversal envolve o controle de fronteiras, acesso à educação, saúde, direitos humanos, trabalho, entre outros.

A "riqueza globalizada" e a "pobreza localizada" podem ser percebidas especificamente na área de fronteira, pois a globalização não produziu uma unificação social, cultural, os cenários locais são antes: dois mundos, tão próximos e tão distantes, tão diferentes. Grande parte da população mundial vive em lados distintos, mas veem só um lado, a "glocalização" é recente na história, o processo de "glocalização" é sem dúvida, uma nova estratificação global.

A globalização econômica tem agravada também a realidade latino-americana, seja com o aumento do desemprego ou das desigualdades sociais, o fosso entre riqueza e pobreza, além da absoluta exclusão social, vivenciado por pelo menos 15% da população brasileira que sequer tem acesso a saúde, entre outros direitos sociais também negligenciados, servindo por vezes de entrave ao desenvolvimento com a globalização, mercados foram ampliados, ultrapassaram-se fronteiras, grandes conquistas e avanços, todavia, a area social foi deixada a um segundo plano, poucas são as políticas públicas, de inclusão dos que ficam a margem da sociedade, ou seja, a maioria da população, os subcidadãos.

Na percepção tradicional, a fronteira é o limite, o corte, a descontinuidade, a barreira entre Estados Nacionais. Na perspectiva da integração fronteiriça, surge um novo espaço conjunto, ganha uma redefinição, de espaço-lugar, de sentimento de pertença, um lugar que possa chamar e reconhecer como seu, que lhe seja próprio, a fim de que possa estabelecer relação de identidade, firmando vínculos coletivos e afetivos.

O lugar-comum é o lugar onde os nativos vivem, trabalham, cuidam das fronteiras, lugar de culto dedicado aos ancestrais. Esse lugar comum é uma invenção, e um bom exemplo são as migrações do campo para a cidade e a formação de novos povoados, isto é, a natureza dos grupos é sempre diversa, mas identidade do lugar se une, se funde e se converge em um lugar próprio daqueles que passam a ocupar o lugar, e aqui é perfeitamente possível trazer a fronteira enquanto não lugar ou lugar incomum.

O MERCOSUL, quando implementado da década de 90, teve o fito de priorizar o livre comércio e a união aduaneira, ou seja, a integração econômica, pois visava uma melhor competitividade na seara global, ficando para um segundo plano o segmento de serviços, e sequer foram levadas em consideração as questões sociais. Mas, na última década, principalmente, tem sido discutida a integração no campo da saúde, privilegiando a qualidade de vida dos cidadãos, pois a saúde é obrigação de cada um dos Estados-Parte, sendo que atualmente sim, pode se dizer, que a integração não é mais e só ou apenas econômica, mas também social, e essa é uma grande conquista histórica, com respeito aos direitos humanos, dentro de um Estado Democrático de Direito. Pode se contar também com o Parlasul, enquanto instrumento, para a discussão em âmbito político, além de representar um efetivo exercício de cidadania.

A abordagem dos direitos sociais é de fundamental importância, exarados no artigo 6° da Constituição Federal de 1988, mudou uma concepção legislativa, pois são hoje, tanto prestacionais (portanto positivos) como defensivos (portanto negativos), em prol da dupla fundamentalidade desses na ordem constitucional nacional. Interpretando-se o espírito do legislador, verifica-se a intenção de que os direitos fundamentais não ficassem limitados aos expressamente previstos no texto constitucional, mas que houvesse um processo contínuo de extensão, de amplitude desses direitos. Sendo que a implementação de políticas públicas faz com que a população tenha nas suas expectativas, uma promessa de concretização dos direitos sociais, vez que atribuição do Estado, que deve assumir o seu papel.

A Constituição Uruguaia de 1997, embora não traga um capítulo específico arrolando os direitos sociais, (como faz a Constituição brasileira) também elenca uma série de artigos concernentes à proteção social, dentre eles o direito a saúde no art. 44.

Deixar de concretizar os direitos é retroceder no tempo, vez que a proibição de retrocesso social guarda estreita relação com a proteção e promoção dos direitos sociais em âmbito interno, guarda relação também com o dever de progressiva realização, em âmbito internacional, contido em cláusulas vinculativas de Direito Internacional priorização do dever de implantação efetiva, a exemplo do (Pacto Internacional de direitos sociais, econômicos e culturais, de 1966; Protocolo de San Salvador; Convenção Americana de Direitos Humanos de 1969) de uma inclusão cidadã.

Ou seja, a menção expressa a esse princípio de não poder retroceder sem que isso signifique violar frontalmente a Carta Magna de 1988, representou um grande marco, acolhido pela doutrina e jurisprudência, mesmo não tendo sido expressamente acolhido pelas constituições latino-americanas representa no contexto atual o acolhimento e consagração em âmbito nacional e Internacional, portanto, o princípio da proibição do retrocesso impede, em tema de direitos fundamentais de caráter social, que sejam desconstituídas as conquistas já alcançadas pela população.

O direito à saúde, foi elevada à condição de direito social fundamental do ser humano, contido no art. 6º da Constituição e declarado por seus artigos 196 ao 200, é de aplicação imediata e incondicionada, nos termos do § 1º do artigo 5º da Constituição Federal.

O modelo de saúde nascido no século XIX era de "saúde curativa", ou seja, a cura da doença ou ausência de enfermidades, ligado ao aspecto negativo de saúde. Já no século XX, surgiu a "saúde preventiva", pelo qual o Estado deveria proporcionar a saúde aos seus cidadãos com serviços básicos saúde. Segundo a Organização Mundial da Saúde – OMS – o "conceito de saúde", surgiu em 1946 como "estado de completo bem-estar físico, mental e social e não consistindo somente a ausência de uma doença ou enfermidade". Não resta dúvida de que o completo bem-estar físico, mental e social, é algo mais do que desejado, de todas as Nações, e para que saia do conjunto de intenções, são necessárias ações, políticas públicas eficazes.

No Brasil somente em 1986 com a 8ª Conferência Nacional de Saúde, que a coletividade foi chamada a participar, pela primeira vez na história constitucional brasileira, a saúde foi implantada na Constituição Federal, confirmando as resoluções da Conferência de Saúde artigos 196 que se transcreve pela importância: "A saúde é direito de todos e dever do Estado, garantido mediante políticas sociais e econômicas que visem à redução do risco de doença e de outros agravos e ao acesso universal e igualitário às ações e serviços para sua promoção, proteção e recuperação". Esse é o novo ideário da população brasileira.

Quanto à política de saúde, a resposta à sociedade foi dada com a efetiva implantação do Sistema Único de Saúde (SUS), no Brasil, nas suas múltiplas funções, com a promulgação de uma primeira e importante lei de nº 8.080, de 19 de setembro de 1990, que dispõe justamente sobre as condições para a promoção, proteção e recuperação da saúde, a organização e o funcionamento dos serviços, ou seja, um grande marco histórico e social, e uma segunda lei, também importante, é a Lei nº 8.142, de 1990, que dispõe sobre a participação da comunidade na gestão do SUS e sobre as transferências intergovernamentais de recursos financeiros na área da saúde.

Na seara da Integração entre Brasil e Uruguai, foi realizado importante "Acordo para Permissão de Residência, Estudo e Trabalho a Nacionais Fronteiriços Brasileiros e Uruguaios" em 2002, além de um "Ajuste Complementar ao Acordo para Permissão de Residência, Estudo e Trabalho a Nacionais Fronteiriços Brasileiros e Uruguaios, para Prestação de Serviços de Saúde", firmado em 2008. O que chama a atenção é justamente que os habitantes das cidades gêmeas, dentro de uma faixa de até 20km da fronteira, tem disponível uma integração em termos de serviços de saúde, o que não significou a liberação do acesso total/integral dos fronteiriços ao sistema de saúde da outra parte, e nem que haja cobertura total nos atendimentos por parte do Sistema Único de Saúde do Brasil – (SUS) e Sistema Nacional Integrado de Saúde (SNIS).

A criação do subgrupo de trabalho nº 11 "SAÚDE" também é importante, se deu por meio de uma resolução do MERCOSUL, cuja tarefa é harmonizar as legislações dos Estados Partes referente à saúde, também o Fórum Permanente MERCOSUL para o trabalho em saúde, que foi criado no Ministério da Saúde, em 2004, cujo objetivo é a construção de um espaço de diálogo e cooperação entre os gestores e os trabalhadores da saúde. Não restam dúvidas, pois grandes são os desafios para a Integração efetiva, de redução das desigualdades, a fim de além de construir a estrutura dos Serviços Integrados de Saúde do MERCOSUL, que o SIS-fronteiras funcione na prática.

Em área de fronteira não há iguais, mas sim desiguais, embora vivam nesse lugar incomum, atípico, não lugar, num espírito fraterno, pacífico, solidário, e que disponham de Acordo internacional, ainda assim, não são iguais. E isso resta configurado na verificação do caso dos bebês nascidos em Rivera-UR, quando interditado o Hospital da Santa Casa de Santana do Livramento-BR em 2009 e também resta demonstrado no caso da contratação de médicos uruguaios para trabalhar no Brasil (na fronteira), decidido pelo poder judiciário e resta demonstrado no relatório final dos dados dos questionários aplicados às mulheres e entrevistas realizadas com agentes, gestores e atores sociais.

O Acordo e o Ajuste foram internalizados no ordenamento jurídico brasileiro alcançando nível de lei ordinária. O Ajuste menciona os prestadores de serviço de saúde, e em nenhum momento trata ou refere o beneficiário do serviço de saúde, que é o paciente. Mas deveria ter aproveitado essa oportunidade para traçar regras mais claras quanto ao uso do sistema de saúde dos países. O Ajuste ao Acordo, trouxe sem dúvida uma inovação no que se refere às profissões que prestam serviço de saúde humana, nessas localidades e não para todos os integrantes ou associados do MERCOSUL.

E na área de fronteira, nas cidades gêmeas específicas da Tese, envolve ainda, a regulação em ambito internacional, pois embora o Ajuste ao Acordo, tenha trazido inovação no que se refere às profissões que prestam serviço de saúde humana, a exemplo de médicos, enfermeiros, terapeutas, etc, nessas localidades vinculadas, específicas portanto, *não legitimou a utilização livre* por parte dos usuários/usuárias uruguaias pelo SUS do lado brasileiro ou brasileiras pelo SNIS do lado uruguaio, justamente por implicar em cobertura da consulta/tratamento realizado, envolve novamente aporte financeiro, muito embora no caso do fechamento do hospital da Santa Casa em duas oportunidades tenha se autorizado a utilização do sistema de saúde do país vizinho – portanto somente em situações excepcionalíssimas.

Não se pode ter a falsa ida de que nessa fronteira, em razão do livre trânsito, de um lado para outro, vez que separados apenas por uma rua/praça/avenida a utilização do sistema de saúde seja livre, pelo fato de terem carteira de fronteiriço, para estudar, trabalhar e morar do "outro lado", ficando a critério do usuário a utilização de qualquer um dos sistemas, muito embora com a fixação do Ajuste, e aqui fica a crítica, *perdeu-se uma excelente oportunidade de "acordar" também regras mais claras de funcionamento, financiamento e gestão*, já que a sugestão da criação de um "hospital binacional" se faz presente em muitas das discussões entre os dois paises, para que justamente não fique apenas no campo teórico-formal, mas que tenha repercussão prática-material, para um efetivo atendimento aos cidadãos fronteiriços, é visivelmente uma excelente política, pois beneficiaria os dois lados, vale a ressalva, nessas áreas previamente delimitadas no Acordo/Ajuste, inclusive com a criação de um fundo comum, de contribuição especifica para esse fim, com investimentos e manutenção desse. Vez que, demanda primeiro investimento conjunto de ambos os países para construir o hospital, e depois para mantê-lo funcionando, concretizando assim o direito constitucional à saúde.

Para que o direito fundamental à saúde estabelecido no artigo 196 da Carta, se efetive de forma INTEGRAL e de fato, enquanto direito de todos e dever do Estado, há que se dar acesso aos setores mais carentes, as mulheres mais pobres, isso é fundamental, sob pena de um retrocesso social ainda maior, e mudar a concepção de atendimento apenas materno-infantil reprodutivo, para o novo modelo de atendimento realmente integral, tal qual preconizado pela Constituição Federal de 1988, e pelo Ministério da Saúde, senão se reproduzirá o antigo modelo, que foi substituído há muito tempo.

Referências

ACNUR. *A missão do ACNUR*. Disponível em <http://www.acnur.org/t3/portugues/ informacao-geral/a-missao-do-acnur/> acesso em: 22 mar. 2012.

——. *Agência da ONU para Refugiados*. Disponível em: <http://www.acnur.org>. Acesso em: 20 out. 2012.

——. *Breve Histórico da ACNUR*. Disponível em: <http://www.acnur.org/t3/ portugues/informacao-geral/ breve-historico-do-acnur/?L=type>. Acesso em: 11 abr. 2012.

——. *Cimeira Especial da União Africana adota Convenção sobre deslocamento interno*. Disponível em: <http:// www.acnur.org/t3/ portugues/a-quem-ajudamos/deslocados-internos/cimeira-da-uniao-africana/>. Acesso em: 11 abr. 2012.

——. *Dados sobre refúgio no Brasil*. Disponível em: <http://www.acnur.org/ t3/portugues/recursos/estatisticas/dados-sobre-refugio-no-brasil/>. Acesso em: 15 mai. 2013.

——. *Documentos*. Disponível em: <http://www.acnur.org/t3/portugues/recursos/ documentos/>. Acesso em: 12 abr. 2012.

——. *Estatística*. Disponível em: <http://www.acnur.org/t3/portugues/recursos/ estatisticas/>. Acesso em: 17 abr. 2012.

——. International legal standars applicable to the protection of internally displaced persons: a reference manual for UNHCR staff, UNHCR: Geneva, 1996.

——. *Perguntas e Respostas*. Disponível em: <http://www.acnur.org/t3/portugues /informacao-geral/perguntas-e-respostas/> Acesso em: 27 ago. 2012.

——. *Refúgio no Brasil*: Uma Análise Estatística (2010-2012). Disponível em: <http://www.acnur.org/t3/fileadmin/Documentos/portugues/Estatisticas/Refugio_no_Brasil_-_Uma_analise_estatistica_2010-2012.pdf>. Acesso em: 15 mai. 2013.

——. *Requerentes de asilo*. Disponível em: <http://www.acnur.org/t3/portugues/a-quem-ajudamos/ requerentes-de-asilo/>. Acesso em: 27 ago. 2012.

AFONSO, Túlio Augusto Tayano. Direitos sociais e princípio do não retrocesso social. *Revista de Direito do Trabalho*. Ano 32, n. 124. p.237-252, out./dez. 2006. p.243.

AGRA, Walber de Moura. *Manual de Direito Constitucional*. São Paulo: Revista dos Tribunais, 2002.

ALADI. *Quem somos?*. Disponível em: <http://www.aladi.org/nsfaladi/ arquitec.nsf/VSITIOWEBp/quienes_somosp>. Acesso em: 25 jul. 2012.

ALMEIDA, Dayse Coelho de. A fundamentalidade dos direitos sociais e o princípio da proibição de retrocesso. *Inclusão Social*, Brasília, v.2, n.1. p.118-124, out. 2006/ mar. 2007.

ALMEIDA, Laura Maria Pedrosa de. *Vulnerabilidade social*. Disponível em: <http://www.recife. pe.gov.br/pr/secplanejamento/pnud2005/idh-m.html>. Acesso em: 16 mar. 2013.

ALMEIDA, Rosângela da Silveira. *Proteção social no Mercosul*: a saúde dos trabalhadores de municípios fronteiriços do Rio Grande do Sul. Porto Alegre, 2008. Tese (Doutorado em Serviço Social). Faculdade de Serviço Social, PUCRS. Orientação: Profa. Dra. Jussara M. R. Mendes.

AMARAL, Gustavo. *Direito, escassez & escolha*: critérios jurídicos para lidar com a escassez de recursos e as decisões trágicas. 2. ed. Rio de Janeiro: Editora Lumen Juris, 2010.

AMARAL JÚNIOR, Alberto do. *Introdução ao direito internacional público*. São Paulo: Atlas, 2008.

AMNESTY. *Amnesty International Report 1997 This Report Covers The Period January-December 1996*. Disponível em: <http://www.amnesty.org/en/library/asset/ POL10/001/1997/en/b1b44c55-eabb-11dd-9f63-e5716d3a1485/pol100011997en.pdf>. Acesso em: 13 abr. 2012.

ANDRADE, Jose Henrique Fischel de. Breve reconstituição histórica da tradição que culminou na proteção internacional dos refugiados. In: ARAÚJO, Nadia; ALMEIDA, Guilherme Assis de (Coords.) *O direito internacional dos refugiados*: uma perspectiva brasileira. Rio de Janeiro: Renovar, 2001.

Mobilidade, Fronteiras & Direito à Saúde

ANTUNES, André. *Imigração*. Disponível em: <http://www.epsjv.fiocruz.br/index.php? Area=Noticia& Num=638>. Acesso em: 15 out. 2012.

——. Imigração. jornalismo público para o fortalecimento da Educação Profissional em Saúde. *Revista POLI:* saúde, educação e trabalho, Ano IV, nº 23, mai./jun. 2012.

ANVISA. *Mercosul – Subgrupo de Trabalho nº 11 – "Saúde"*. Disponível em: <http://portal.anvisa.gov.br/wps/ portal/anvisa/anvisa/home/medicamentos/!ut/p/c4/04_SB8K8xLLM9MSSzPy8xBz9CP0os3hnd0cPE3-MfAwMDMydnA093Uz8z00B_A_cgQ_2CbEdFADghJT0!/?1dmy&urile=wcm%3Apath%3A/ anvisa+portal/anvisa/inicio/medicamentos/publicacao+medicamentos/mercosul+-+subgrupo+de+trab alho+n+11+-+saude>. Acesso em: 27 mai. 2013.

ARAUJO, Luiz Alberto David. *A proteção constitucional das pessoas portadoras de deficiência.* 2. ed. Brasília: Co-ordenadoria Nacional para Integração da Pessoa Portadora de Deficiência, 1997.

ARCHIBUGI, Daniele. *La democracia cosmopolita*: una respuesta a las críticas. Madrid, CIP-FUHEM, 2005.

ARENDT, Hannah. *A condição Humana.* 10. ed. Rio de Janeiro: Forense Universitária, 2002.

——. *As origens do totalitarismo.* Anti-semitismo. Imperialismo. Totalitarismo. Tradução de Roberto Raposo. 4. reimp. São Paulo: Companhia das Letras, 1989.

ARONNE, Ricardo. *Razão e Caos no Discurso Jurídico:* e outros Ensaios de Direito Civil-Constitucional. Porto Alegre: Livraria do Advogado, 2010.

ARROYO, Monica. A internacionalização do externo no ambiente dos negócios: novos elementos na dinâmi-ca territorial. In: CASTELLO, Iara Regina; KOCH, Mirian Regina; OLIVEIRA, Naia; SCHÄEFFER, Neiva otero e STROHAECKER, Tânia. (orgs.). *Fronteiras na América Latina*: espaços em transformação. Porto Alegre: Ed. Universidade. UFRGS. Fundação de Economia e Estatística, 1997. (Fundação de Economia e Estatística)

AS 5 maiores enchentes e deslizamentos de terra do mundo ocorridos nos últimos 12 meses. Disponível em <http://super.abril.com.br/blogs/superlistas/as-5-maiores-enchentes-e-deslizamentos-de-terra-do-mundo-ocorridos-nos-ultimos-12-meses/>. Acesso em 15 dez. 2014.

ATIENZA, Manuel. *Entrevista com Robert Alexy.* Doxa-Publicaciones periódicas. n. 24, 2001. Disponível em: <http://www.cervantesvirtual.com/servlet/ SirveObras/ 01372719768028837422802/doxa24/doxa24_ 28.pdf>. Acesso em: 25 jan. 2010.

ATLAS Geográfico. *Divisão em N e S.* Disponível em: <http://atlasgg.blogspot.com/>. Acesso em: 25 mai. 2013.

ATOS Internacionais. Disponível em: <http://www.brasil.gov.br/sobre/o-brasil/brasil-no-exterior/atos-internacionais/print>. Acesso em: 22 mai. 2013

ATRIA, Fernando. "Existem Direitos Sociais?" in: MELLO, Cláudio Ari (Coord.). *Os Desafios dos Direitos So-ciais.* Porto Alegre: Livraria do Advogado, 2005.

AU ECOSOCC e IDMC. *A Convenção de Kampala ao serviço das PDIs.* Julho de 2010. Disponível em: <http://www. internal-displacement.org/8025708F004BE3B1/(httpInfoFiles)/77F1FE55969F226EC12577C300552A7A/ $file/AU_guide_PT.pdf>. Acesso em: 17 mai. 2012.

AUGE, Marc. *Los «no lugares» espacios del anonimato*: Una antropología de la Sobremodernidad (Título del original en francés: Non-lieux. Introduction á une anthropologie de la surmodenité. Edition de Seuil, 1992. Colection La Librairie du XX é siecle, sous la direction de Maurice Olender). Traducción: Margarita Mizraji, Quinta reimpresión, Barcelona: Editorial Gedisa, S.A., 2000.

——. *Não-lugares*: introdução a uma antropologia da supermodernidade. Campinas: Papirus, 1994 (Coleção Travessia do Século).

AWAD, Fahd Medeiros. *Proibição de retrocesso social diante da garantia do núcleo essencial dos Direitos Fundamen-tais.* Revista Justiça do Direito, v. 24, n. 1, 2010 – p. 90-100. Disponível em: <http://www.upf.br/seer/in-dex.php/rjd/article/view/2146>. Acesso em: 11 abr. 2013.

BALLER, Leandro. *Cultura, identidade e fronteira*: Transitoriedade Brasil/Paraguai (1980-2005). Dissertação de Mestrado. Programa de Pós-Graduação em História da Faculdade de Ciências Humanas da Universidade Federal da Grande Dourados, 2008.

BARBOSA, Rui. *Oração dos Moços.* (Rio de Janeiro: Casa de Rui Barbosa, 1956). São Paulo: Martin Claret, 2007.

BARCELLOS, Ana Paula de. *A eficácia jurídica dos princípios constitucionais*: o princípio da dignidade da pessoa humana. Rio de Janeiro: Renovar, 2002.

——. *A eficácia jurídica dos princípios constitucionais: o princípio da dignidade da pessoa humana.* Rio de Janeiro: Renovar, 2008.

BARNES, Javier. Introducción al principio de proporcionalidad en el derecho comparado y comunitario. *Re-vista de Administración Pública*, Madrid, n. 135. p.495-522, 1994.

BARRETO, Luiz Paulo Teles (Org.). *Refúgio no Brasil*: a proteção brasileira aos refugiados e seu impacto nas américas. Brasília: ACNUR, Ministério da Justiça, 2010.

——. *As diferenças entre os institutos jurídicos do asilo e do refúgio*. Comitê Nacional para os Refugiados – CONARE. Disponível em: <http://www.mj.gov.br/artigo _refugio. htm>. Acesso em: 05 ago. 2007.

BARRETO, Vicente de Paulo. Reflexões sobre os direitos sociais. In: SARLET, Ingo Wolfgang (org.). *Direitos fundamentais sociais*: estudos de Direito Constitucional, Internacional e Comparado. Rio de Janeiro: Renovar, 2003.

BARROSO, André F. *Aspectos relacionados à efetivação do direito à saúde no Brasil através do Poder Judiciário*. 2003. p.12-13. Disponível em <http://www.leps.ufrj.br/download/andre.pdf> Acesso em: 19 abr. 2013.

BARROSO, Luis Roberto *Direito Constitucional e a Efetividade das Normas*. 5. ed. Rio de Janeiro, Renovar, 2001.

——. *Da falta de efetividade à judicialização excessiva:* Direito à saúde, fornecimento gratuito de medicamentos e parâmetros para a atuação judicial. Disponível em: <http://s.conjur.com.br/dl/estudobarroso.pdf>. Acesso em: 31 mai. 2013.

——. *O direito constitucional e a efetividade de suas normas*. 8. ed. Rio de Janeiro: Renovar, 2006.

BASTOS, Rossano Lopes. *Grupos vulneráveis*. Publicado em Agosto, 2006. Disponível em: <http://www.esmpu.gov.br/dicionario/tiki-ndex.php?page=Grupos+ vulner%C3%A1veis>. Aceso em 23 jan. 2013.

BAUMAN, Zygmunt. *Globalização:* As Conseqüências Humanas. Tradução de Marcus Penchel. Rio de Janeiro: Jorge Zahar Editor, 1999.

——. *Modernidade Líquida*. Tradução: Plínio Dentzien. Rio de Janeiro: Jorge Zahar Editor, 2001.

BECK, Ulrich. *¿Qué es la globalización? Falácias del globalismo, respuestas a la globalización*. España: PAIDÓS, 1998.

BENTANCOR, Gladys Teresa. *Dilemas e diálogos platinos*. Orgs: Angel Nuñes, Maria Medianeira Padoin, Tito Carlos Machado de Oliveira. Dourados, MS: Ed.UFGD, 2010.

——. Una fronteira singular. La vida cotidiana en ciudades gemelas: Rivera (Uruguay) y Sant'Ana do Livramento (Brasil). In: *Dilemas e diálogos platinos*. Orgs: Angel Nuñes, Maria Medianeira Padoin, Tito Carlos Machado de Oliveira. Dourados, MS: Ed.UFGD, 2010.

BESSERRA, Fabiano Holz. *Comentário sobre a decisão proferida no julgamento da argüição de descumprimento de preceito fundamental Nº 45/DF*. Disponível em: <http://tex.pro.br/tex/listagem-de-artigos/229-artigos-jul-2005/5087-comentario-sobre-a-decisao-proferida-no-julgamento-da-argueicao-de-descumprimento-de-preceito-fundamental-no-45df Acesso 12.10.2012.

BETTS, Alexander. *Towards a 'soft law' framework for the protection of vulnerable migrants*. UNHCR Working Paper nº 162. p.23. Disponível em: <http://www.un.org/esa/population/meetings/seventhcoord2008/Betts_SoftLaw_Paper.pdf.> Acesso em: 07 dez. 2009.

BHABHA, Homi K. *O local da cultura*. Trad. Myriam Ávila, Eliana Lourenço de Lima Reis, Gláucia Renate Gonçalves. Belo Horizonte: UFMG, 1998.

BITTAR, Eduardo C. B. *Ética, Cidadania e Constituição*: O direito à dignidade e a condição humana. Disponível em: <http://www.esdc.com.br/ RBDC/RBDC-08/RBDC-08-125-Eduardo_Bittar.pdf>. Acesso em: 15 mar. 2013.

BLACK, Richard. Environmental refugees: myth or reality? In: *New Issues in Refugee Research*. Working Paper n. 34, mar 2001. UNHCR (United Nations High Commissioner for Refugees): Genebra, 2001.

BLOG brigadasinternacionais. *Mercosul*: bitributação de produtos tem 6 meses para acabar 30/06/08. Publicado em 2008. Disponível em: <http://brigadasinternacionais.blogspot.com.br/2008/06/ mercosulbitributao-de-produtos-tem-6.html>. Acesso em: 08 ago. 2012.

BOBBIO, Noberto. *A Era dos Direitos*. 8. ed. Rio de Janeiro: Campus, 1992.

BOGARDI, Janos (*et al.*) Control, adapt or flee. How to face Environmental Migration? In: UN. Intersections. *Bornheim*: United Nations University, n.5, mai 2007.

BOLÍVAR. Íngrid Johanna. Identidades Y Estado: La Definición Del Sujeto Político. In: *Identidades culturales y formación del estado en Colombia*: colonización, naturaleza y cultura / Ingrid Johanna Bolívar R., editora; autores, Julio Arias Vanegas; Íngrid Johanna Bolívar R.; Daniel Ruiz Serna; María de la Luz Vásquez. Bogotá: Universidad de los Andes, Facultad de Ciencias Sociales, Departamento de Ciencia Política, CESO, Ediciones Uniandes, 2006.

BORGES. Maria Stela Lemos. *Terra, ponto de partida, ponto de chegada*: identidade e luta pela terra. São Paulo: Editora Anita, 1997.

BORGES FILHO, Ozíris. A questão da fronteira na construção do espaço da obra literária. *Revista do Centro Ítalo-Luso-Brasileiro de Estudos Lingüísticos e Culturais*. Triceversa. Assis, v.2, n.1, maio-out.2008.

BOURDIEU, Pierre. *O poder simbólico*. Trad. Fernando Tomaz. 8. Ed. Rio de Janeiro: Bertrand Brasil, 2005.

BOVEN, Theodoor C. Van. Os critérios de distinção dos direitos do homem. In: VASAK, Karel. *As dimensões internacionais dos direitos do homem*. Tradução de Carlos Alberto Aboim de Brito. Lisboa: Editora Portuguesa de Livros Técnicos e Científicos, 1983.

Mobilidade, Fronteiras & Direito à Saúde

BRAGA, Tania Moreira; Elzira lucia de oliveira; Gustavo Henrique Naves Givisiez. Avaliação de metodologias de mensuração de risco e vulnerabilidade social a desastres naturais associados a mudança climática. *São Paulo em Perspectiva*, v. 20, n. 1. p.81-95, jan./mar. 2006.

BRANDÃO, Carlos Gomes. *Processo e tutela específica do direito à saúde*. 2006. 152p. Monografia (Especialização Lato Sensu em Direito Civil e Processo Civil) Universidade Cândido Mendes, do Rio de Janeiro, sob a Coordenação Administrativa da ATAME – Mato Grosso, 2006. Disponível em: <http://www.stf. jus.br/arquivo/ cms/processoAudienciaPublicaSaude/anexo/Processo_e_Tutela_Especifica_do_Direito_a_Saude.pdf> Acesso em: 12 dez. 2012.

BRASIL, DECRETO Nº 5.105, DE 14 DE JUNHO DE 2004. Promulga o Acordo entre o Governo da República Federativa do Brasil e o Governo da República Oriental do Uruguai para Permissão de Residência, Estudo e Trabalho a Nacionais Fronteiriços Brasileiros e Uruguaios, de 21 de agosto de 2002Disponível em: <http://www.planalto.gov.br/ccivil_03/_ato2004-2006/2004/decreto/d5105.htm>. Acesso em: 13 mai. 2013.

——, Convenção de 1951 relativa ao Estatuto dos Refugiados. Disponível em: <http://www.cidadevirtual. pt/acnur/refworld/refworld/legal/instrume/asylum/conv-0.html#art1>. Acesso em 12 abr. 2012.

——, DECRETO Nº 5.105, DE 14 DE JUNHO DE 2004. Promulga o Acordo entre o Governo da República Federativa do Brasil e o Governo da República Oriental do Uruguai para Permissão de Residência, Estudo e Trabalho a Nacionais Fronteiriços Brasileiros e Uruguaios, de 21 de agosto de 2002Disponível em: <http://www.planalto.gov.br/ccivil_03/_ato2004-2006/2004/decreto/d5105.htm>. Acesso em: 13 mai. 2013.

——, DECRETO Nº 7.239, DE 26 DE JULHO DE 2010. PLANALTO, Palácio do. (2010). Decreto nº 7.239, de 26 de Julho de 2010. Promulga o Ajuste Complementar ao Acordo para Permissão de Residência, Estudo e Trabalho a Nacionais Fronteiriços Brasileiros e Uruguaios, para Prestação de Serviços de Saúde, firmado no Rio de Janeiro, em 28 de novembro de 2008. Disponível em: <http://www.planalto.gov.br/ccivil_03/_Ato2007-2010/2010/Decreto/D7239.htm>. Acesso em: 13 mai. 2013.

——, LEI Nº 6.815, DE 19 DE AGOSTO DE 1980. Define a situação jurídica do estrangeiro no Brasil, cria o Conselho Nacional de Imigração. Disponível em <http://www.planalto.gov.br/ccivil _03/leis/L6815. htm>. Acesso em: 27 out. 2012.

——, LEI Nº 8.069, DE 13 DE JULHO DE 1990. Dispõe sobre o Estatuto da Criança e do Adolescente e dá outras providências. Disponível em <http://www.planalto.gov.br/ ccivil_03/leis/L8069.htm>. Acesso em: 13 mar. 2013.

——, *Relatório Nacional de Acompanhamento (Setembro 2004)*.Disponível em: <http://www.pnud.org.br/ Docs/1_RelatorioNacionalAcompanhamentoODM.pdf>. Acesso em: 25 mai. 2013.

——. *Atos Internacionais*. Disponivel em: <http://www.brasil.gov.br/sobre/o-brasil/brasil-no-exterior/atos-internacionais/print>. Acesso em: 22 mai. 2013.

——. *Cartão SUS*. Disponível em: <http://www.brasil.gov.br/para/servicos/ documentacao/cartao-sus>. Acesso em: 15. Jun. 2013.

——. Conselho de Secretários de Saúde. *Para entender a gestão do SUS*. Brasília: CONASS, 2003. p.16. Disponível também em: <http://bvsms.saude.gov.br/ bvs/publicacoes/para_entender_gestao .pdf>. Acesso em: 21 abr. 2013.

——. Lei nº 9474 de 22 de julho de 1997. Define os mecanismos para a implementação do estatuto dos refugiados de 1951 e determina outras providências. Disponível em: <http://www.planalto.gov.br/ccivil_03/ Leis/L9474.htm>. Acesso em: 19 fev. 2013.

——. Ministério da Integração Nacional. Secretaria de Programas Regionais. Programa de Desenvolvimento da Faixa de Fronteira. *Proposta de Reestruturação do Programa de Desenvolvimento da Faixa de Fronteira*.Ministério da Integração Nacional, Secretaria de Programas Regionais, Programa de Desenvolvimento da Faixa de Fronteira – Brasília: Ministério da Integração Nacional, 2005.

——. Ministério da Saúde. Secretaria de Atenção à Saúde. Departamento de Ações Programáticas Estratégicas. Política nacional de atenção integral à saúde da mulher: princípios e diretrizes. Brasília: Editora do Ministério da Saúde, 2007. (Série C. Projetos, Programas e Relatórios).

——. Ministério da Saúde. Secretaria de Gestão do Trabalho e da Educação na Saúde. Gestão do trabalho e da regulação profissional em saúde agenda positiva do Departamento de Gestão e da Regulação do Trabalho em Saúde / Ministério da Saúde, Secretaria de Gestão do Trabalho e da Educação na Saúde. Brasília: Ministério da Saúde, 2005. Série B. Textos Básicos de Saúde.

——. Ministério da Saúde. Secretaria de Gestão do Trabalho e da Educação na Saúde. Departamento de Gestão e da Regulação do Trabalho em Saúde. Fórum permanente Mercosul para o trabalho em saúde: Brasília: Ministério da Saúde, 2006. (Série D. Reuniões e Conferências).

——. Ministério da Saúde. Secretaria de Gestão Estratégica e Participativa. Departamento de Apoio à Gestão Participativa. *Caminhos do direito à saúde no Brasil*. Brasília: Editora do Ministério da Saúde, 2007. Disponível em: <http://portal.saude.gov.br/portal/arquivos/pdf/Caminhos_do_Direitos_em_Saude_ no_Brasil.pdf> Acesso em: 19 abr. 2013.

——. Ministério da Saúde. Secretaria de Gestão Estratégica e Participativa. Departamento de Apoio à Gestão Participativa. *Caminhos do direito à saúde no Brasil*. Brasília: Editora do Ministério da Saúde, 2007. 24 p. – (Série B. Textos Básicos de Saúde) Disponível em: <http://portal.saude.gov.br/portal/arquivos/pdf/Caminhos _do_Direitos_em_Saude_no_Brasil.pdf>. Acesso em: 19 abr. 2013.

——. Superior Tribunal de Justiça. *Arguição de descumprimento de preceito fundamental n° 45/Distrito Federal.* Relator: Ministro Celso de Mello. Publicada em: 04/05/2004. Disponível em: <http://www.stf.jus.br/arquivo/informativo/documento/ informativo345.htm>. Acesso em: 02 mai. 2012.

——. Superior Tribunal de Justiça. Recurso Especial n° 1.068.731 – RS, Relatora Min. Eliana Calmon. Julgado em 17 de fevereiro de 2011. Disponível em: <https://ww2.stj.jus.br/revistaeletronica/Abre_Documento.asp?sSeq=1038100&sReg=200801379303&sData=20120308&formato=PDF> Acesso em: 21 abr. 2013.

——. Supremo Tribunal Federal. Agravo regimental em Recurso Extraordinário n° 607.381 – SC, Relator Ministro Luiz Fux. Julgado em 31 de maio de 2011. Disponível em: <http://redir.stf.jus.br/paginadorpub/paginador.jsp?docTP=AC&docID=624235> Acesso em: 21 abr. 2013.

——. Supremo Tribunal Federal. Are 639337 Agr, Relator(a): Min. Celso De Mello, Segunda Turma, julgado em 23/08/2011, dje-177 divulg 14-09-2011 public 15-09-2011 ement vol-02587-01 PP-00125. Disponível em: <http://www.stf.jus.br/portal/ jurisprudencia/listarJurisprudencia.asp?s1=%28sa%FAde+reserva +do+poss%EDvel%29&base=baseAcordaos>. Acesso em: 05 abr. 2013.

——. Supremo Tribunal Federal, ADI n° 2065-0/DF, voto do Ministro Sepúlveda Pertence. Disponível em: <http://redir.stf.jus.br/paginadorpub/paginador.jsp?doc TP=AC&docID=375320>. Acesso em: 17 abr. 2013.

——. Supremo Tribunal Federal. ADPF 45 MC, Relator(a): Min. Celso De Mello, julgado em 29/04/2004, publicado em DJ 04/05/2004 PP-00012 RTJ VOL-00200-01 PP-00191. Disponível em: <http://www.stf.jus.br/portal/jurisprudencia/listarJurisprudencia. asp?s1=%28%2845%2ENUME%2E+OU+45%2EDMS%2E%29%29+NAO+S%2EPRES%2E&base=baseMonocratica>. Acesso em: 11 mai. 2012.

——. Superior Tribunal de Justiça . REsp 835.687/RS, Rel. Ministra Eliana Calmon, Segunda Turma, julgado em 04/12/2007, DJ 17/12/2007. p.160. Disponível em: <http://www.stj.jus.br/SCON/jurisprudencia/toc.jsp?tipo_visualizacao=null&livre=200600989949&b=ACOR#>. Acesso em: 21 abr. 2013.

——. Superior Tribunal de Justiça. AgRg no REsp 1136549/RS, Rel. Ministro Humberto Martins, Segunda Turma, julgado em 08/06/2010, DJe 21/06/2010. Disponível em: <http://www.stj.jus.br/SCON/jurisprudencia/toc.jsp?tipo_visualizacao =null&livre=sa%FAde+separa%E7%E3o+dos+poderes+reserva+p oss%EDvel&b=ACOR#DOC2>. Acesso em: 21 abr. 2013.

——. Supremo Tribunal Federal. RE 393175 AgR. Órgão Julgador: Segunda Turma. Relator(a): Min. Celso de Mello. Julgamento: 12/12/2006. Disponível em: <http://www.stf.jus.br/portal/jurisprudencia/listarJurisprudencia.asp?s1=%28RE+393175+%2ENUME%2E+OU+RE+393175+%2EACMS%2E%29&base=base Acordaos>. Acesso em: 21 mai. 2013.

——. Ministério da Integração Nacional. *Programa de Promoção do Desenvolvimento da Faixa de Fronteira – PDFF.* Disponível em: <http://www.integracao.gov.br/pt/c/ document_library/get_file?uuid=cd8c9e6a-a096-449b-826e-6ecb49744364&groupId =10157>. Acesso: 03 set. 2012.

——. Ministério da Justiça. *Estrangeiros*. Disponível em: <http://portal.mj.gov.br/main. asp?View={7605B707-F8BE-4027-A288-6CCA2D6CC1EC}&BrowserType=IE&Lang ID=pt-br&params=itemID%3D%7B5246D EB0%2DF8CB%2D4C1A%2D8B9B%2 D54B473B697A4%7D%3B&UIPartUID=%7B2868BA3C%2D1C72% 2D4347%2DBBE11%2DA26F70F4CB26%7D>. Acesso em 07 mai. 2012.

——. Ministério da Saúde. Secretaria de Gestão Estratégica e Participativa.Painel de Indicadores do SUS, 1a edição – 2006. Disponpivel em: <http://portal.saude.gov.br/ portal/arquivos/pdf/painel_de_indicadores_do _sus_1.pdf>. Acesso 06 mai. 2013.

—— Ministério das Relações Exteriores. *Rivera, Uruguai*. Disponível em: <http://www.itamaraty.gov.br/o-ministerio/o-brasil-no-exterior/r/rivera-uruguai>. Acesso em: 15 mai. 2013.

——. Superior Tribunal de Justiça. REsp 834294/SC, Rel. Ministra Eliana Calmon, Segunda Turma, julgado em 05/09/2006, DJ 26/09/2006. p.196. Disponível em: <http://www.stj.jus.br/SCON/jurisprudencia/toc.jsp?tipo_visualizacao=null&livre =sa%FAde+responsabilidade+solid%E1ria&processo=834294&b=ACOR#>. Acesso em: 21 abr. 2013.

——. Supremo Tribunal Federal. STA 238, Relator(a): Min. Presidente, Presidente Min. Gilmar Mendes, julgado em 21/10/2008, publicado em DJe-204 DIVULG 28/10/2008 PUBLIC 29/10/2008 RDDP n. 70, 2009. p.169-177. Disponível em: <http://www.stf.jus.br/portal/jurisprudencia/listarJurisprudencia.asp?s1 =%28STA%24%2ESCLA%2E+E+238%2ENUME%2E%29&base=baseMonocraticas>. Acesso em: 22 abr. 2013.

BRAVO, Maria Inês Souza. Política de Saúde no Brasil. In: BRAVO, Maria Inês Souza et al. (Orgs.). *Serviço Social e saúde*: formação e trabalho profissional. Brasília: ABEPSS, 2006.

BRAZ SILVA, Camilla Rodrigues. *A questão dos refugiados ambientais:* Um novo desafio para o direito internacional. Disponível em: <gedi.objectis.net/eventos-1/ilsabrasil2008/artigos/dheh/brazsilva.pdf>. Acesso em 11 abr. 2012.

Mobilidade, Fronteiras & Direito à Saúde

BRITO, Ana Lúcia de Siqueira; Yazaki, Lúcia Mayumi; MAIA, Paulo Borlina. Vulnerabilidade ao nascer no espaço metropolitano. *São Paulo em Perspectiva*, v. 20, n. 1. p.18-32, jan./mar. 2006.

BUCCI, Maria Paula Dallari. *Direito Administrativo e Políticas Públicas*. São Paulo: Saraiva, 2002.

BÜHRING, Marcia Andrea. *Responsabilidade Civil Extracontratual do Estado*. São Paulo: Thomson-IOB, 2004.

BURKE, Peter. *O que é história cultural?* Rio de Janeiro: Jorge Zahar Editor, 2005.

BUTIERRES, Maria Cecília. *Assimetrias no acesso e na garantia do Direito à Saúde do Trabalhador na fronteira Brasil-Uruguai*. Dissertação de Mestrado PUCRS. Orientadora Jussara Maria Rosa Mendes. Porto Alegre, 2011.

C.I.D. C.E – Centre International de Droit Comparé de l'Environnement. Disponível em: <http://www.cidce.org/> Acesso em: 13 abr. 2012.

CÂMARA DOS DEPUTADOS. *Câmara indica parlamentares para Representação no Parlasul*. Disponível em: <http://www2.camara.leg.br/camaranoticias/noticias/RELACOES-EXTERIORES/438664-CAMARA-INDICA-PARLAMENTARES-PARA-REPRESENTACAO-NO-PARLASUL.html>. Acesso em: 28 mar. 2013.

CAMPIGOTO, José Adilçon. "Fronteira e História Cultural." In: SCHALLENBERGER, Erneldo. (org.). *Cultura e memória social*: territórios em construção. Cascavel: Coluna do Saber, 2006.

CANÇADO TRINDADE, Antônio Augusto. *Princípios de direito internacional contemporâneo*. Brasília: UNB, 1981.

CANOTILHO, Joaquim José Gomes. *Direito Constitucional e Teoria da Constituição*. 2.ed. Coimbra, Portugal: Almedina, 1998.

——; MOREIRA, Vital. *Fundamentos da Constituição*. Coimbra: Coimbra, 1991.

——. *Direito Constitucional e Teoria da Constituição*. 3. ed. Coimbra: Almedina, 1998.

——. *Direito Constitucional e Teoria da Constituição*. 7. ed. Coimbra: Almedina, 2003.

——. *Direito Constitucional e teoria da constituição*. Coimbra: Almedina, 1992.

——. *Direito Constitucional*. 6. ed. Coimbra: Livraria Almedina, 1993.

——. *Direito Constitucional*. 6. ed. Coimbra: Almedina, 2002.

——. *Direito Constitucional*. Coimbra: Almedina, 2003.

——. *Estudos sobre direitos fundamentais*. Coimbra: Coimbra Editora, 2004.

CAOSNASAUDEPUBLICA (blog). *Saúde Precária*. Publicado em novembro de 2011. Disponível em: <http://caosnasaudepublica.blogspot.com.br/2011/11/pais-do-remedio-caro.html>. Acesso e: 08 jun. 2013.

CARDIA, Laís M. Espaço e culturas de fronteira na Amazônia ocidental. In: *Revista Ateliê Geográfico*, v. 3, nº. 7. Universidade Federal de Goiás, Goiás, 2009.

CARITAS BRASILEIRAS. *Quem somos*. Disponível em: <http://www.caritasrs.org.br/quemSomos.php>. Acesso em: 07 mai. 2012.

CARTILHA DO CIDADÃO. Disponível em: <http://www.mercosul.gov.br/cartilha-do-cidadao/cartilha-do-cidadao-do-mercosul-edicao-2010>. Acesso em: 25 jul. 2012.

CASTELLO, Iara Regina. Áreas de fronteira: territórios de integração, espaços culturalmente identificados. In: HAUSEN, Ênio Costa, LEHNENE, Arno Carlos (orgs.) *Prática de integração nas fronteiras:* temas para o Mercosul. Porto Alegre: EdUFRGS: Instituto Goethe/ICBA, 1995.

CASTELLS, Manuel. "El espacio de los flujos". Cap 6. In: *La era de la Información, Economía, Sociedad y Cultura*. La sociedad red. (Siglo veintiuno editores) Buenos Aires: Alianza Editorial, Vol. 1 y 3, 2006.

——. *La era de la Información, Economía, Sociedad y Cultura*. La sociedad red. La orilla de la eternidad: el tempo atemporal, Versión castellana de Carmen Martínez Gimeo y Jesús Alborés. 2. ed. Buenos Aires: Alianza Editorial, Vol. 1 y 3, 2006.

——. Prólogo y conclusión: "La red y el yo". In: *La era de la información, economía, sociedad y cultura*. La sociedad red. Versión castellana de Carmen Martínez Gimeo y Jesús Alborés. 2. ed. Buenos Aires: Alianza Editorial, Vol. 1 y 3, 2006.

CASTLES, Stephen. *Environmental change and forced migration*: making sense of the debate. In: *New Issues in Refugee Research*. Working Paper n. 70, out 2002. UNHCR (United Nations High Commissioner for Refugees): Genebra, 2002.

CAVARZERE, Thelma Thais. *Direito internacional da pessoa humana:* a circulação internacional de pessoas. Rio de Janeiro: Renovar, 1995.

CENTRO Cultural do Ministério da Saúde. *A saúde do Brasil*. Disponível em: <http://www.ccms.saude.gov.br/sus20anos/mostra/indice.html>. Acesso em: 10 dez.2012.

——. *Linha do tempo*. Disponível em: <http://www.ccs.saude.gov.br/sus20 anos/mostra/linhadotempo.htmll>. Acesso em: 10 dez. 2012.

CERTEAU, Michel de. *A invenção do cotidiano:* 1. Artes de fazer. Rio de Janeiro: Vozes, 2003.

CICCOLELLA, Pablo Jose. Redefinición de fronteras, territorios y mercados em el marco del capitalismo de bloques. In: CASTELLO, Iara Regina; KOCH, Mirian Regina; OLIVEIRA, Naia; SCHÄEFFER, Neiva otero e STROHAECKER, Tânia. (orgs.). *Fronteiras na América Latina*: espaços em transformação. Porto Alegre: Ed. Universidade. UFRGS. Fundação de Economia e Estatística, 1997. (Fundação de Economia e Estatística).

CLIFFORD, James. *Itinerários transculturales*. Barcelona: Gedisa, 1999.

CMSS. *Determinantes Sociais Da Saúde*. Disponível em: <http://www.ccms.saude.gov.br/sus20anos/mostra/determinantessociaisdasaude.html>. Acesso em: 15 mai. 2013.

CNM. *Requerimento do Senado propõe voto de aplauso à CNM*. Disponível em: <http://www.cnm.org.br/index.php?option=com_content&view=category&layout=blog&id=37&Itemid=126&limitstart=240> Acesso em: 27 mai. 2013.

COMÉRCIO do desenvolvimento, indústria e Comércio Exterior. *Tratado de Assunção e seus Protocolos*. Disponível em: <http://www.desenvolvimento.gov.br/ sitio/interna/interna.php?area=5& menu=538>. Acesso em 24 juj. 2012.

COMPARATO, Fábio Konder. *Igualdades, Desigualdades. Revista Trimestral de Direito Público*. São Paulo: Malheiros, 1993.

CONSTITUIÇÃO da Organização Mundial da Saúde (OMS/WHO). 22 de julho de 1946. Disponível em: <http://www.direitoshumanos.usp.br/index.php/OMS-Organiza% C3%A7%C3%A3o-Mundial-da-Sa%C3%BAde/constituicao-da-organizacao-mundial-da-saude-omswho.html>. Acesso em: 19 abr. 2013.

COURNIL, Christel; MAZZEGA, Pierre. Réflexions prospectives sur une protection juridique des réfugiés écologiques. In: *Revue Européenne des Migrations Internationales*. n. 1, 2007.

CREMESP. *Juramento de Hipócrates*. Disponível em: <http://www.cremesp.org.br> Acesso em: 19 abr. 2013.

CRUZ Vermelha Brasileira RJ. *Federação Internacional (FICV)*. Disponível em: <http://www.cruzvermelha.org.br/index.php?option=com_content&view=article& id=81&Itemid=97 Acesso em: 12 abr. 2012.

CUNHA, Fagundes J. S. *Os Direitos humanos e o direito de integração*. In Revista Jurídica da UEPG. Ano I, vol. 2. Ponta Grossa-PR jan./jun 1998. pp. 51/52. Disponível em: <http://jus.com.br/revista/texto/2479/o-impacto-da-globalizacao-nas-relacoes-sociais-e-integracao-na-america-latina/4#ixzz258x1xhDy>. Acesso em: 18 jul. 2012.

CUTTER, S.L. Vulnerability to environmental hazards. *Progress in Human Geography*, v. 20, n. 4. p.529-539, Dec. 1996.

DALLARI, Dalmo de Abreu. *Direitos Humanos e Cidadania*. São Paulo: Moderna, 1998.

DALLARI, Sueli G. *A construção do direito à saúde no Brasil*. Revista de Direito Sanitário, São Paulo, v. 9, n. 3. p.9-34 Nov. 2008 /Fev. 2009. Disponível em: <http://www.revistasusp.sibi.usp.br/pdf/rdisan/v9n3/02.pdf> Acesso em: 19 ago. 2012.

DANTAS, F.C. San Tiago. *Igualdade perante a lei e due processo f law*: contribuição ao estudo da limitação constitucional do pode legislativo. Rio de Janeiro: Revista Forense, 1948.

DAVID, René. *Grandes sistemas jurídicos contemporâneos*. Trad. Jefferson Luiz Camargo. São Paulo: Martins Fontes, 2002.

DERBLI, Felipe. *O princípio da proibição de retrocesso social na Constituição de 1988*. São Paulo: Renovar, 2007.

DICIONÁRIO Completo da Língua Portuguesa. Folha da Tarde, São Paulo: Melhoramentos, 1994.

DINIZ, Maria Helena. *Dicionário Jurídico*. São Paulo: Saraiva, 1998, vol. 3.

DR. ROSINHA. *Comissão aprova acesso a serviços de saúde para moradores de fronteira*. Disponível em: <http://drrosinha.com.br/comissao-aprova-acesso-a-servicos-de-saude-para-moradores-de-fronteira/>. Acesso em: 27 mai. 2013.

DUPLA Atenção à Saúde. *Diário Popular*, Pelotas. p.12, 10 dez. 2009.

DURAND, Gilbert. *As estruturas antropológicas do imaginário*: introdução à arqueotipologia geral. São Paulo: Martins Fontes, 1997.

DUSSEL, Enrique. *Ética da Libertação*: na idade da globalização e da exclusão. Petrópolis: Vozes, 2002.

DWORKIN, Ronald. *El Domínio de la Vida*: Una Discusión Acerca del Aborto, la Eutanásia y la Libertad Individual. Tradução de Ricardo Caracciolo e Victor Ferreres. 1ª reimp. Barcelona: Ariel, 1998.

EL-HINNAWI, Essam. *Environmental Refugees*. Nairobi: United Nations Environment Programme, 1985.

ELIAS, Norbert; SCOTSON, John L. *Os estabelecidos e os outsiders*: sociologia das relações de poder a partir de uma pequena comunidade. Rio de Janeiro: Jorge Zahar, 2000.

ERGA Migrantes Caristas Christi, *Pontifício Conselho da Pastoral para os Migrantes e Itinerantes*. Edições Paulinas, São Paulo, 2004, Apresentação.

FARIA José Eduardo. *O Direito na Economia Globalizada*. São Paulo: Malheiros, 2002.

—— (org.). "O Judiciário e os Direitos Humanos e Sociais: notas para uma avaliação da justiça brasileira". In: FARIA, José Eduardo. (Hsgb) *Direitos Humanos, Direitos Sociais e Justiça*. São Paulo: Malheiros, 1994.

Mobilidade, Fronteiras & Direito à Saúde

FELIPE, Leandra. *Colômbia é o país com mais deslocados internos do mundo*. Publicado em abril 2009. Disponível em: <http://exame.abril.com.br/mundo/noticias/colombia-e-o-pais-com-mais-deslocados-internos-do-mundo>. Acesso em: 12 mai. 2013.

FERRARI, Regina Maria Macedo Nery. Necessidade de Regulamentação Constitucional. In: *Caderno de Direito Constitucional e Ciência Política*. vol. 18. ed. Revista dos Tribunais.

FERRAZ, Octávio Luiz Motta; VIEIRA, Fabiola Sulpino. *Direito à saúde, recursos escassos e eqüidade:* os riscos da interpretação judicial dominante. Disponível em: <http://www.stf.jus.br/arquivo/cms/processoAudienciaPublicaSaude/anexo/Direito_a_Saude_Recursos_escassos_e_equidade.pdf>. p.18-19. Acesso em: 21 abr. 2013.

FERREIRA, André Cassino. *Interações na Fronteira Brasil Uruguai:* um Estudo de Caso das Cidades de Jaguarão e Rio Branco. 2008 Disponível em: <http://www.igeo.ufrj.br/fronteiras>. Acesso em: 13 out. 2010.

FERREIRA, Aurélio Buarque de Holanda. *Novo dicionário da língua portuguesa*. 2.ed. Rio de Janeiro: Nova Fronteira, 1986.

FILETI, Narbal Antônio Mendonça. *O princípio da proibição de retrocesso social*. Breves considerações. Jus Navigandi, Teresina, ano 14, n. 2059, 19 fev.2009. Disponível em: <http://jus.com.br/revista/texto/12359>. Acesso em: 9 abr. 2013.

FIORILLO, Celso Antonio Paduco e RODRIGUES, Marcelo Abelha. *Manual de Direito Ambiental e legislação aplicável*. 2 ed. rev e ampl. São Paulo: Max Limonad, 1999.

FLEURY, Sonia. Socialismo e democracia: o lugar do sujeito. In: LOBATO, Lenaura de Vasconcelos Costa (Orgs.). *Participação, democracia e saúde*. Rio de Janeiro: Cebes, 2009.

FLORES. Joaquim Herrera. *Direitos Humanos, Interculturalidade e Racionalidade de Resistência*. Disponível em: <150.162.1.115/index.php/sequencia/article/ download/15330/13921>. Acesso em: 16 mai. 2012.

FOUCAULT, Michael. *Microfísica do poder*. Rio de Janeiro: Edições Graal, 1985.

FURTADO, Renata de Souza. *Seminário Fronteiras e Segurança Nacional*: América do Sul, México e Estados Unidos. Brasília: Presidência da República, Gabinete de Segurança Institucional, 2009.

G1. *Brasil ocupa 84ª posição entre 187 países no IDH 2011*. Disponível em: <http://g1.globo.com/brasil/noticia/2011/11/brasil-ocupa-84-posicao-entre-187-paises-no-idh-2011.html>. Acesso em: 27 ago. 2012.

——. *Brasil tem a menor média de anos de estudos da América do Sul, diz Pnud*. Disponível em: <http://g1.globo.com/educacao/noticia/2013/03/brasil-tem-menor-media-de-anos-de-estudos-da-america-do-sul-diz-pnud.html>. Acesso em: 30 mai. 2013.

——. *Into, no Rio, volta a ter fila para marcação de consultas nesta terça*. Disponível em: <http://g1.globo.com/rio-de-janeiro/noticia/ 2012/12/no-rio-volta-ter-fila-para-marcacao-de-consultas-nesta-terca.html>. Acesso em: 04 dez. 2012.

GALLO, Edmundo; COSTA, Laís. *Sistema Integrado de Saúde do MERCOSUL:* SIS — MERCOSUL: uma agenda para integração. Brasília: Organização Pan-Americana da Saúde, 2004.

GAMBINI, Priscila Truviz Hottz. *Rede Mercocidades*: Paradiplomacia de Cidades no MERCOSUL. Disponível em: <http://www.cedin.com.br/revistaeletronica/artigos/Patricia %20RI.pdf>. Acesso em: 28 mar. 2013.

GEOGRAFOGUIRRA.blogspot. *Entrada da Venezuela no Mercosul*. Publicado em 2012. Disponível em: <http:// geografoguirra.blogspot.com.br/2012/08/entrada-da-venezuela-no-mercosul.html>. Acesso em: 08 ago. 2012.

GERMANI, Gino. *Sociologia de la modernizacion*. Buenos Aires. Prados, 1969.

GIDDENS, Anthony. *A Contemporary Critique of Historical Materialism*. London: Macmillan, 1981, vol. I.

——. *Modernidade e Identidade*. Rio de Janeiro: Zahar, 2002.

——. *As conseqüências da modernidade*. São Paulo: Trad. Raul Fiker. Unesp, 1991.

GOLDSCHMIDT, Rodrigo. *O princípio da proibição do retrocesso social e sua função protetora dos direitos fundamentais*. Disponível em <http://editora.unoesc.edu.br/index.php/seminarionacionaldedimensoes/article/view/906/521>. Acesso em: 11 abr. 2013.

GONZATTO, Marcelo. Saúde no Divã: erros e acertos na gestão do SUS, *Jornal Zero Hora*, Geral p. 22, de 28.de abril de 2013.

GOVERNO Federal. *Entendendo o sus*. Disponível em: <http://portal.saude.gov.br/portal/ arquivos/pdf/cartilha_entendendo_o_sus_2007.pdf>. Acesso em: 20 fev. 2013.

GRANATO, Leonardo. ¿Nuevos modelos de integración regional en Amércia Latina? In: NUNES, Ângel; PADOIN, Maria Medianeira; e, OLIVEIRA, Tito Carlos Machado de. (Orgs.). *Dilemas e diálogos platinos*. Dourados, MS: Ed.UFGD, 2010. 2v. Conteúdo: v.1 – Fronteiras. v.2 – Relações e práticas socioculturais.

GRIMSON, Alejandro. *El otro lado del río:* periodistas, nación y Mercosur en la frontera. 1 ed. Buenos Aires: Universitária de Buenos Aires: Eudeba, 2002.

GROSSMANN, Elias. O direito dos povos de se autodeterminar. *Diálogos em direito público*. Paulo Abrão organizador. Porto Alegre: EDIPUCRS, 2009.

GUERRA, Sidney. *Curso de Direito Internacional Público*. 4. ed. Rio de Janeiro: Lumen Juris, 2009.

GUIMARAES, Ulysses. *Resenha, Ensaio, Discurso*. Rev. direito GV vol.4 n. 2 São Paulo July/Dec. 2008. Disponível em: <http://www.scielo.br/scielo.php?pid=S1808-24322008000200012&script=sci_arttext Acesso em: 15 mai. 2012.

HÄBERLE, Peter. Dignita Dell'Uomo e Diritti Sociali nelle Costituzioni degli Stati di Diritto. In: *Costituzione e Diritti Sociali*. Éditions Universitaires Fribourg Suisse, 1990.

HALL, Stuart. *Da diáspora:* identidades e mediações culturais. Belo Horizonte: EdUFMG, 2003.

HANCIAU, Núbia J. Entre-Lugar. In: FIGUEIREDO, Eurídice (Org.). *Conceitos de literatura e cultura*. Juiz de Fora: UFJF, 2005.

HISSA, Cássio E. V. *A mobilidade das fronteiras*: inserções da Geografia na crise da modernidade. Belo Horizonte: Ed. da UFMG, 2006. p.28.

HOBSBAWM, Eric. *A Era dos Extremos*. Capitulo 13 "O Socialismo Real". Tradução Marcos Santarrita. São Paulo: Companhia das Letras, 1995.

——. *Nações e nacionalismo desde 1780:* programa, mito e realidade. Rio de Janeiro: Paz e Terra, 1994.

HOGAN, D.J. População, pobreza e poluição em Cubatão, São Paulo. In: MARTINE, G. (Org.). População, meio ambiente e desenvolvimento: verdades e contradições. Campinas: Unicamp, 1993.

IBGE. *Estatísticas da Saúde – Assistência Médico-Sanitária*. 2009. Disponível em: <http://www.ibge.gov.br/home/estatistica/populacao/condicaodevida/ams/2009/ams2009.pdf>. Acesso em: 27 mai. 2013.

——. *Projeto de Cooperação Estatística União Europeia e Mercosul*. Disponível em <http://www.ibge.gov.br/mercosur/2008/pt/ presentacion.php>. Acesso em: 06 ago. 2012.

——. *Reflexões sobre os Deslocamentos Populacionais no Brasil*. Disponível em: <http://www.ibge.gov.br/home/estatistica/populacao/reflexoes_deslocamentos/ default _reflexoes.shtm>. Acesso em: 16 ago. 2012.

IICA. *Plano de Trabalho Interfederativo para a Integração Fronteiriça*. Disponível em <http://www.iica.int/Esp/regiones/sur/brasil/Lists/DocumentosTecnicosAbertos/ Attachments/18/Afr%C3%A2nio%20Jos%C3%A9%20Ribeiro%20de%20Castro%20-%20109383%20-%20Des%20Regional%20P6.pdf>. Acesso em: 19 jul. 2012.

ITAMARATY. *Declaração do conselho de chefes de estado e de governo da união de nações sul-americanas (UNASUL)*. Disponível em: <http://www.itamaraty.gov.br/ temas/america-do-sul-e-integracao-regional/unasul/declaracao-da-cupula-de-georgetown-em-portugues>. Acesso em 30 jul. 2012.

——. *Protocolo Adicional ao Tratado Constitutivo da Unasul sobre compromisso com a Democracia*. Disponível em: <http://www.itamaraty.gov.br/temas/america-do-sul-e-integracao-regional/unasul/protocolo-adicional-ao-tratado-constitutivo-da-unasul-sobre-compromisso-com-a-democracia>. Acesso em 30 jul. 2012.

JORNAL Nacional. *Estudo do SUS aponta principais problemas da saúde pública no Brasil*. Disponível em: <http://g1.globo.com/jornal-nacional/noticia/2012/03/estudo-do-sus-aponta-principais-problemas-da-saude-publica-no-brasil.html>. Acesso em: 10 mar. 2012.

——. *Ministério da Saúde estuda trazer médicos estrangeiros para o Brasil*. Disponível em: <http://g1.globo.com/jornal-nacional/noticia/2013/05/ministerio-da-saude-estuda-trazer-medicos-estrangeiros-para-o-brasil.html>. Acesso em 22 mai. 2013.

JUBILUT, Liliana Lyra. *O direito internacional dos refugiados* e sua aplicação no ordenamento jurídico brasileiro. São Paulo: Método, 2007.

JULIÃO, A. Refugiados do clima. *Isto é Independente*, v. 2156, Disponível em <ttp://www.istoe.com.br/reportagens/127095_REFUGIADOS+DO+CLIMA>. Acesso em 15 dez. 2014.

JUSBRASIL. *Venezuela integra Mercosul a partir desta terça-feira*. Publicado em 31 de Julho de 2012. Disponível em: <http://cidade-verde.jusbrasil.com.br/politica/103404 395/venezuela-integra-mercosul-a-partir-desta-terca-feira>. Acesso em: 08 ago. 2012.

KAZTMAN, R.; BECCARIA, L.; FILGUEIRA, F.; GOLBERT, L.; KESSLER, G. *Vulnerabilidad, activos y exclusión social en Argentina y Uruguay*. Santiago de Chile: OIT, 1999.

KLIKSBERG, Bernardo. *Falácias e mitos do desenvolvimento social*. Tradução de Sandra Trabucco Valenzuela. São Paulo: Cortez, 2001.

KORMONDY, Edward J; BROWN, Daniel E. *Ecologia humana*. Trad. De Max Blum. São Paulo: Atheneu Editora, 2002.

KUHN, Thomas. S. A *estrutura das revoluções científicas*. São Paulo: Perspectiva, 1991.

LAHORGUE, Maria Alice. A dinâmica espacial da produção e da população e as zonas de fronteiras – reflexões sobre o Mercosul. In: *Fronteiras na América Latina: Espaços em transformação*. Orgs. Iára Regina Castello, Mirian Regina Koch, Naia Oliveira, Neiva Otero Scháeffer e Tânia Strohaecker. Porto Alegre: Editora da Universidade Federal do Rio Grande do Sul, 1997, (Fundação de Economia e Estatística).

Mobilidade, Fronteiras & Direito à Saúde

LAURELLI, Elsa. "Reestructuración económica en América Latina: Integración o Fractura de los Territorios Fronterizos". In: CASTELLO, Iara Regina; KOCH, Mirian Regina; OLIVEIRA, Naia; SCHÄEFFER, Neiva Otero e STROHAECKER, Tânia. (orgs.). *Fronteiras na América Latina*: espaços em transformação. Porto Alegre: Ed. Universidade. UFRGS. Fundação de Economia e Estatística, 1997. (Fundação de Economia e Estatística)

LEAL, Roger Stiefelmann. *Direitos sociais e a vulgarização da noção de direitos fundamentais.* Disponível em: http://www6.ufrgs.br/ppgd/doutrina/leal2.htm>. 2008. Acesso em: 08 abr. 2013.

LEE, Everett. S. Uma teoria sobre a migração. In: MOURA, H. A. de (Coord.). *Migração interna:* textos selecionados. Fortaleza: Banco do Nordeste do Brasil – BNB, Escritório Técnico de Estudos Econômicos do Nordeste, 1980. t. 1. p.89-114. (Estudos econômicos e sociais, 4).

LEIS, Héctor Ricardo. *La modernidad insustentable:* Las críticas del ambientalismo a la sociedad contemporánea. La globalización y la espiritualización del ambientalismo Montevideo: Editorial Nordan-Comunidad. 2001.

LIMA, George Marmelstein. *Críticas à teoria das gerações (ou mesmo dimensões) dos direitos fundamentais.* Jus Navigandi, Teresina, ano 8, n. 173, 26 dez. 2003. Disponível em: <http://jus.com.br/revista/texto/4666>. Acesso em: 4 mar. 2013.

——. *Prouni e Ações Afirmativas: o voto do Min. Carlos Britto.* Disponível em: <http://direitosfundamentais. net/2008/04/ 16/prouni-e-acoes-afirmativas-o-voto-do-min-carlos-britto/>. Acesso em: 20 mai. 2011.

LINDNER, Evelin. *Human Dignity and Humiliation Studies (HumanDHS).*Disponível em: <http://www.humiliationstudies.org/whoweare/evelin084.php>. Acesso em: 30 set. 2009.

LIPPEL, Alexandre Gonçalves. *O direito à saúde na Constituição Federal de 1988: caracterização e efetividade.* Revista de Doutrina da 4ª Região, Porto Alegre, n. 01, jun. 2004. Disponível em: <http://www.revistadoutrina.trf4.jus.br/artigos/edicao001/ alexandre_lippel.htm> Acesso em: 14 ago. 2012.

LOPES, José Reinaldo de Lima. *Direitos Sociais:* Teoria e prática. São Paulo: Editora Método, 2006.

LOPES, José Rogério. Exclusão Social, Privações e Vulnerabilidade: uma análise dos novos condicionamentos sociais. *São Paulo em Perspectiva*, v. 20, n. 1. p.123-135, jan./mar. 2006.

LOTMAN, Iuri. *A estrutura do texto artístico.* Lisboa: Estampa, 1978.

LOVELOCK, James. *A Vingança de Gaia.* Rio de Janeiro: Editora Intrínseca, 2001.

LUSO, João. Terras do Brasil. In: FORTUNATO, Pimentel. *Aspectos gerais de Livramento.* Porto Alegre: Livraria Continente, 1943.

LUSTIG, Nora. *Social Protection for Equity and Growth.* Washington, Inter-American Development Bank, 2000.

MACEDO, Amílcar Fagundes Freitas. Reforma da Previdência – Emenda Constitucional nº 41 e supressão de regra de transição – proibição de retrocesso social. *Revista da AJURIS*, Porto Alegre, ano XXXI, n. 95. p.23-35, set. 2004.

MACHADO, Lia Osório. Cidades na Fronteira Internacional: Conceitos e Tipologia. In: *Dilemas e Diálogos Platinos.* Fronteiras. Editora Gráfica Universitária. PREC-UFPel. Editora UFGD. 2010.

——. Limites e Fronteiras: Da alta diplomacia aos circuitos da ilegalidade. In: *Revista Território,* ano V, nº. 8. p.7-23. Universidade Federal do Rio de Janeiro. Rio de Janeiro, 2000.

——. Limites, fronteiras, redes. In: STROHAECKER, Tânia et al. (Org.). *Fronteiras e espaço global.* Porto Alegre: Associação dos Geógrafos Brasileiros – secção Porto Alegre, 1998.

MACHADO, Rosane Cardoso; STEIN, Airton Tetelbom; BASTOS, Gisele Alcina Nader. *O paradoxo da saúde em cidades-gêmeas no sul do Brasil e no Uruguai.* Disponível em: <http://www.fazendogenero.ufsc.br/9/resources/anais/1274972824_ARQUIVO_artigo.fazendogenero.pdf>. Acesso em: 21 dez. 2010.

MACIEL. Álvaro dos Santos. *Do princípio do não-retrocesso social.* Disponível em <http://www.boletimjuridico.com.br/doutrina/texto.asp?id=1926>. Acesso em: 10 abr. 2013.

MAGALHÃES, José Luis Quadros de. *Direito Constitucional.* Tomo I, Belo Horizonte: Editora Mandamentos, 2000.

MAGALHÃES, Marco. *Representação Brasileira no Parlasul será renovada neste ano.* Disponível em: <http://www12.senado.gov.br/noticias/materias/2013/01 /30/representacao-brasileira-no-parlasul-sera-renovada-neste-ano>. Acesso em: 28 mar. 2013.

MALERBA, Jurandir. "Para uma teoria simbólica: conexões entre Elias e Bourdieu". In: CARDOSO, Ciro Flamarion; MALERBA, Jurandir (orgs.). *Representações:* contribuição a um debate transdisciplinar. Campinas: Papirus, 2000.

MARANDOLA JR., E.; HOGAN, D.J. Vulnerabilidade e riscos: entre geografia e demografia. *Revista Brasileira de Estudos de População*, São Paulo, v. 22, n. 1. p.29-53, jan./jun. 2005.

MARCANO, E. E. J. *La construccion de espacios sociales transfronterizos entre Santa Elena de Uairén(Venezuela) y Villa Pacaraima (Brasil).* Brasilia, 1996. Tese de Doutorado em Sociologia. Facultad Latinoamericana de Ciencias Sociales, Flacso. Universidade de Brasília.1996.

MARINONI, Luiz Guilherme. *Teoria geral do processo*. São Paulo: RT, 2008.

MARTIN, André Roberto. *Fronteiras e nações*. São Paulo: Contexto, 1992.

MARTÍNEZ, Gregório Peces-Barba. *Curso de Derechos Fundamentales*: Teoría General. Universidad Carlos III de Mardid. Madrid: Boletín Oficial del Estado, 1999.

——. *Lecciones de derechos fundamentales*. Madrid: Dykinson, 2004.

MARTINO, Mónica de; ORTEGA, Elizabeth; LEMA, Silvia. Tendencias Actuales en el Patrón de Protección Social Claro-Oscuros en la Era Progresista. In: MENDES, Jussara et.al. *MERCOSUL em Múltiplas Perspectivas*. Org. Porto Alegre: EDIPUCRS, 2008.

MARTINS, Flademir Jerônimo Belinati. *Dignidade da pessoa humana:* princípio constitucional fundamental. Curitiba, PR: Juruá, 2003.

MARTINS, Ives Gandra da Silva. *Direito constitucional interpretado*. São Paulo: Revista dos Tribunais, 1992.

MARTINS, José de Souza. O tempo da fronteira: retorno à controvérsia sobre o tempo histórico da frente de expansão e da frente pioneira. In: MARTINS, José de Souza. *Fronteira*: a degradação do outro nos confins do humano. São Paulo: Hucitec, 1997.

MATTELART, Armand. *Diversidade cultural e mundialização*. São Paulo: Parábola, 2005.

MATTOS, Carlos A. de. Globalización, movimentos del capital, mercados de trabajo y concentración territorial expandida. In: *Fronteiras na América Latina:* Espaços em transformação. Orgs. Iára Regina Castello, Mirian Regina Koch, Naia Oliveira, Neiva Otero Schäeffer e Tânia Strohaecker. Porto Alegre: Editora da Universidade Federal do Rio Grande do Sul, 1997, (Fundação de Economia e Estatística)

MAZUI, Guilherme. *Atendimento doble chapa na Fronteira*. Zero Hora 27 de agosto de 2010. p.40 Disponível em: <http://wp.clicrbs.com.br/rumosdosul/2010/08/ 27/atendimento-doble-chapa-na-fronteira/>. Acesso em: 03 set. 2012.

MAZZEI, Enrique. Rivera (Uruguay)-Sant Ana(Brasil). *Identidad, território e integración fronteriza*. Montevideo: Rosgal, 2000.

MAZZUOLI, Valerio de Oliveira. *Curso de direito internacional público*. 3. ed. rev.,atual. e ampl. São Paulo: Editora Revista dos Tribunais, 2008.

MELLO, Celso Antonio Bandeira. *Conteúdo jurídico do princípio da igualdade*. São Paulo: Revista dos Tribunais, 1978.

MELO, José Luis Bica de. Reflexões conceituais sobre fronteira. In: CASTELLO, Iara Regina; KOCH, Mirian Regina; OLIVEIRA, Naia; SCHÄEFFER, Neiva otero e STROHAECKER, Tânia. (orgs.). *Fronteiras na América Latina*: espaços em transformação. Porto Alegre: Ed. Universidade. UFRGS. Fundação de Economia e Estatística, 1997.

——. *Fronteiras*: da linha imaginária ao campo de conflitos. Sociologias, Dossiê. Porto Alegre, ano 6, n° 11, jan/jun 2004. p.126-146. Disponível em <http://www.scielo.br/pdf/soc/ n11/n11a07.pdf>. Acesso em: 09 out. 2012.

MENDES, Gilmar ferreira. *Controle de Constitucionalidade*. 2012. Notas de aula.

——. *Direitos fundamentais e controle de constitucionalidade*. 3. ed. São Paulo: Saraiva, 2004.

MÉNDEZ, Emílio Garcia. Origem, sentido e futuro dos direitos humanos: reflexões para uma nova agenda. *Revista Internacional de Direitos Humanos*, Rede Universitária de Direitos Humanos – SUR, ano 1, n. 1, 1° semestre, 2004.

MENDICOA, Glória. y ALVARELLOS, Ricardo. *Armonización y participación en el MERCOSUR*: la articulación pendiente. Actas del Primer Congreso Nacional de Políticas Sociales: Estrategias de articulación de políticas, programas y proyectos sociales en la Argentina. Buenos Aires, mayo de 2002.

MERCOCIUDADES. *Comisión de Derechos Humanos*. Disponível em: <http://www.mercociudades. org/node/2216>. Acesso em: 06 ago. 2012.

——. *Descrição da Rede*. Disponível em: <http://www.mercociudades.org/pt-br/node/2251>. Acesso em: 31 jul. 2012.

——. *Organigrama Mercocidades*. Disponível em: <http://www.mercociudades.org/ pt-br/node/2278>. Acesso em: 06 ago. 2012.

——. *Secretaría Ejecutiva Mercociudades 2011 – 2012*. Disponível em: <http://www.mercociudades.org/sites/portal.mercociudades.net/files/archivos/documentos/documentos/Plan_de_trabajo_SE_2012.pdf>. Acesso em: 31 jul. 2012.

MERCOSUL. *Mercosul Social e Participativo*: Construindo o Mercosul dos Povos com Democracia e Cidadania. Publicação da Secretaria-Geral da Presidência da República, produzida pela Assessoria para Assuntos Internacionais. Brasília: 2010. Disponível em: <http://www.mercosul.gov.br/mercosul-social-e-participativo/mercosul-volume2-final-maio20101-site.pdf>. Acesso em: 27 jul. 2012.

——. *Criação do Subgrupo de Trabalho n° 11 "saúde"*. Disponível em <http://www. mercosur.int/msweb/Normas/normas_web/Resoluciones/PT/96151.pdf>. Acesso em: 28 mai. 2013.

Mobilidade, Fronteiras & Direito à Saúde

——. *Estrutura*. Disponível em: <http://200.214.130.44/mercosulsaude/portugues/ mercosul/ brasil/index. htm>. Acesso em: 06 nov. 2012.

——. *O Mercosul, Hoje*. Disponível em: <http://www.mercosul.gov.br/principais-tema-da-agenda-do-mercosul>. Acesso em: 25 jul. 2012.

——. *Perguntas Frequentes*. Disponível em: <http://www.mercosul.gov.br/ perguntas-mais-frequentes-sobre-integracao-regional-e-mercosul-1/sobre-integracao-regional-e-mercosul/>. Acesso em: 25 jul. 2012.

——. *Protocolo de Ushuaia*. Disponível em: <http://www.mercosul.gov.br/tratados-e-protocolos/protocolo-de-ushuaia-1/>. Acesso em: 25 jul. 2012.

MILESI, Rosita; MARINUCCI, Roberto. *Mercosul e as Migrações*. Os movimentos nas fronteiras e a construção de políticas públicas regionais de integração. Disponível em: <http://www.mte.gov.br/ trab_estrang/ Livro_Mercosul_e_Migracoes.pdf>. Acesso em: 12 mai. 2013.

MILHORANZA, Mariângela Guerreiro; MOLINARO, Carlos Alberto. Alcance político da Jurisdição no âmbito do Direito à Saúde. In ASSIS, Araken de. *Aspectos polêmicos e atuais dos limites da Jurisdição e do Direito à Saúde*. Sapucaia do Sul: Notadez, 2007.

MIRANDA, Jorge. *Manual de Direito Constitucional*. Tomo IV. 3. ed. Coimbra: Coimbra Editora, 2000.

MOLINARO, Carlos Alberto. *Direito à Cidade e o Princípio de Proibição de Retrocesso*. Disponível em: <http:// www.dfj.inf.br/Arquivos/PDF_Livre/10_Dout_ Nacional_2.pdf>. Acesso em: 25 jun.2013.

——. *Direito Ambiental*. Proibição de Retrocesso. Porto Alegre: Livraria do Advogado, 2007.

MONTES, Lorena Esperanza Salazar. *Posible aplicación del concepto de refugiado ambiental en los procesos de repatriación aplicado a la luz del caso Colombo-Ecuatoriano del 2007*. Monografía de Grado.2009. p.33. Disponível em: <http://repository.urosario.edu.co/bitstream/10336/992/3/1032386920.pdf.txt>. Acesso em: 12 abr. 2012.

MOSER, C. The asset vulnerability framework: reassessing urban poverty reduction strategies. *World Development*, New York, v. 26, n. 1, 1998.

MOURA, Rosa. Dos espaços sem fronteiras às fronteiras dos espaços. In: CASTELLO, Iara Regina; KOCH, Mirian Regina; OLIVEIRA, Naia; SCHÄEFFER, Neiva otero e STROHAECKER, Tânia. (orgs.). *Fronteiras na América Latina*: espaços em transformação. Porto Alegre: Ed. Universidade. UFRGS. Fundação de Economia e Estatística, 1997. (Fundação de Economia e Estatística).

MSP. *Cartilla de Derechos y Deberes de las Usuarias y los Usuarios De Los Servicios De Salud*. Disponível em: <http://www.msp.gub.uy/ucsnis_5005_1.html>. Acesso em: 28 mai. 2013.

MÜLLER, Friedrich. O futuro do Estado-nação e a nossa luta contra a turboglobalização. In: PETERSON, Nikolai; SOUZA, Draiton Gonzaga. Org. *Globalização e justiça*. Porto Alegre: Edipucrs, 2002.

——. O que a globalização faz contra a democracia e o que os democratas podem fazer contra a globalização. In: PETERSON, Nikolai; SOUZA, Draiton Gonzaga. Org. *Globalização e justiça*. Porto Alegre: Edipucrs, 2002.

MULLER, Karla Maria. *TESE. Mídia e fronteira*: jornais locais em Uruguaiana-Libres e Livramento-Rivera. Disponível em: <http://www.midiaefronteira.com.br/tese/cap4. htm#4.2>. Acesso em: 09 out. 2012.

MYERS, Norman. *Environmental Refugees:* an emergent security issue. The 13th OSCE Economic Forum, Session III – Environment and Migration. Prague: 23-27 May 2005.

NADER, Paulo. *Filosofia do Direito*. 7. ed. Rio de Janeiro: Forense, 1999.

NEVES, Gervásio Rodrigo. Rede Urbana da Zona de Interferência da Fronteira. In: *Desenvolvimento Urbano do Rio Grande do Sul*. Semanas Sociais do Rio Grande do Sul. V Semana. Porto Alegre: Editora A Nação, 1971.

NOBELPRIZE.org. *The Nobel Peace Prize 1922*. 12 Apr 2012. <http://www.nobelprize.org/nobel_prizes/peace/laureates/1922/>. Acesso em: 12 abr. 2012.

NOGUEIRA. Olinto José Oliveira. Migrações internas: tentativas de se buscar uma teoria. *Análise e Conjuntura*, Belo Horizonte, v.6, n. 1. p.38-46, jan./abr. 1991.

OBSERVATÓRIO DE GÊNERO. *Governo federal investirá R$ 265 milhões em serviços integrados de atendimento à mulher em situação de violência*. Disponível em: <http://www.observatoriodegenero.gov.br/menu/noticias/governo-federal-investira-r-265-milhoes-em-servicos-integrados-de-atendimento-a-mulher-em-situacao-de-violencia. Acesso em: 12 mai. 2013.

ODDONE, Carlos Nahuel. Mercociudades: La construcción del desarrollo y la institucionalización del trabajo en red. In: NUNES,Ângel; PADOIN, Maria Medianeira; e, OLIVEIRA, Tito Carlos Machado de,. (Orgs.). *Dilemas e diálogos platinos*. Dourados, MS: Ed.UFGD, 2010. 2v. Conteúdo: v.1 – Fronteiras. v.2 – Relações e práticas socioculturais.

OFFE, Claus. Princípios de justiça social e o futuro do estado de bem estar social. In: PETERSEN, Nikolai e Souza, Draiton Gonzaga (Org.). *Globalização e Justiça II*. Porto Alegre: Edipucrs, 2005.

OLIVEIRA, Euclides Benedito de. *Responsabilidade do Estado pelo atendimento à saúde*. Direito e Responsabilidade. Belo Horizonte: Del Rey, 2002.

238   *Marcia Andrea Bühring*

OLIVEIRA, Naia; BARCELLOS, Tanya de. *As áreas de fronteira na perspectiva da globalização*: reflexões a partir do caso Rio Grande do Sul/Corrientes. Ensaios FEE, Porto Alegre, v 19, n1. p.218-244. 1998. p.223. Disponível em <http://revistas.fee.tche.br/index.php/ensaios/article/viewFile/1917/2292>. Acesso em: 09 out. 2012.

OLIVEN, Ruben G. Territórios, fronteiras e identidades. In: SCHULER, Fernando; BARCELLOS, Marília de A. (Orgs.). *Fronteiras*: arte e pensamento na época do multiculturalismo. Porto Alegre: Sulina, 2006.

OLIVERA, Enrique Arocena. *Evolución y apogeo de la diplomacia uruguaya* – 1828-1948. Montevidéu, 1984.

OLTRAMARI, Fernanda. O princípio da igualdade e da dignidade humana e a discriminação sexual nos contratos de trabalho. In: *Revista Justiça do Direito*. Passo Fundo. v.18. nº. 1.

OMS. *Estatística Mundial da Saúde*. Disponível em: <http://www.who.int/gho/publica tions/world_health_statistics/en/index.html>. Acesso em: 13 mai. 2013.

ONU no Brasil. *Estrutura da ONU e funcionamento dos órgãos*. Disponível em: <http://www.onu-brasil.org.br/sistema_onu.php>. Acesso em: 20 jul. 2011.

ONU. *Novo relatório da OMS traz informações sobre estatísticas de saúde em todo o mundo*. Disponível em: <http://www.onu.org.br/novo-relatorio-da-oms-traz-informacoes-sobre-estatisticas-de-saude-em-todo-o-mundo/> Acesso em: 23 mar. 2013.

ONUBR. *Países do Mercosul assinam compromisso de políticas comuns para refugiados na região*. Disponível em: http://www.onu.org.br/paises-do-mercosul-assinam-compromisso-de-politicas-comuns-para-refugiados-na-regiao/>. Acesso em: 12 mai. 2013.

ORDACGY, André da Silva. *A tutela de saúde como um direito fundamental do cidadão*. Disponível em: <http://www.dpu.gov.br/pdf/artigos/artigo_saude_andre.pdf> Acesso em: 22 abr. 2013.

ORGANIZATION OF AMERICAN STATES. *Pertinent Parts of Decision on Request For Precautionary Measures*. Publicado MARCH 12, 2002. Disponível em: <http://www.photius.com/rogue_nations/ guantanamo.html>. Acesso em: 15 mai. 2013.

OSORIO, Helen. *et alli* (Orgs*)*. "Espaço Platino: Fronteira Colonial no século XVIII" In: *Praticas de Integração nas Fronteiras*: temas para o Mercosul. Porto Alegre: EdUFRGS, Instituto Goethe/ICBA, 1995.

OS MAIORES terremotos e tsunamis do mundo. Disponível em <http://oglobo.globo.com/mundo/os-maiores-terremotos-tsunamis-do-mundo-2813015#ixzz1toBI8tEl.> Acesso em 15 dez. 2014.

OS 10 maiores desertos do mundo. Disponível em http://gigantesdomundo.blogspot.com.br/2011/11/os-10-maiores-desrtos-do-mundo.html. Acesso em 15 dez. 2014.

PACIFICO, Andrea Maria Calazans Pacheco; MENDONÇA. Renata de Lima. *A proteção sociojurídica dos refugiados no Brasil*. Textos & Contextos (Porto Alegre), v. 9, n. 1. p.170 – 181, jan./jun. 2010. (PDF) Disponível em: <http://revistaseletronicas.pucrs.br/ojs/index.php/fass/article/viewFile/7290/5249>. Acesso 12 abr. 2012.

PADRÓS, Enrique Serra. Fronteiras e integração fronteiriça: elementos para uma abordagem conceitual. *Revista do Instituto de Filosofia e Ciências Humanas*, Porto Alegre, v. 17, n. 1/2, janeiro/dezembro, 1997.

PAIM, Jairnelson Silva; TEIXEIRA, Carmem Fontes. *Política, planejamento e gestão em saúde*: balanço do estado da arte. Revista Saúde Pública, 2006. p. 74. Disponível também em: <http://www.scielo.br/pdf/rsp/v40nspe/30625/pdf>. Acesso 21 abr. 2013.

PARLAMENTO DO MERCOSUL. *Parlasul debate sobre eleições diretas*. Disponível em: <http://www.parlamentodelmercosur.org/innovaportal/v/4994/1/secretaria/parlasul_debate_sobre_eleic%C3%B5es_diretas.html>. Acesso em: 28 mar. 2013.

——. *Sobre o parlamento*. Disponível em: <http://www.parlamentodelmer cosur.org/innovaportal/v/4300/1/secretaria/sobre_o_parlamento.html>. Acesso em: 31 jul. 2012.

PARLAMENTO. *Constitución de La República*. Disponível em: <http://www.parlamento.gub.uy/constituciones/const004.htm>. Acesso em: 05 abr. 2013.

PATARRA, Neide Lopes. *Governabilidade das migrações internacionais e direitos humanos*: o Brasil como país de emigração. Disponível em: <http://www.brasileirosnomundo.itamaraty.gov.br/file/Neide_Patarra.pdf> Acesso em: 09 out. 2012.

——. *Migrações Internacionais de e para o Brasil Contemporâneo*: volumes, fluxos, significados e políticas. São Paulo em Perspectiva, v. 19, n. 3. p.23-33, jul./set. 2005. p.31. Disponível em: <http://www.scielo.br/pdf/spp/v19n3/v19n3a02.pdf>. Acesso em: 09 out. 2012.

——; BAENINGER, R. Migrações internacionais recentes: o caso do Brasil. In: PATARRA, Neide Lopes (Coord.) *Emigração e imigração internacional no Brasil Contemporâneo*. São Paulo: Fundo de Populações das Nações Unidas, 1996.

PEDROSO, Antônio Carlos. A dimensão antropológica dos direitos fundamentais. In: *Direitos Humanos Fundamentais Positivação e Concretização*. Org. Anna C. da C. Ferraz e Eduardo C. B. Bittar, Osasco: EDIFIEO, 2006.

Mobilidade, Fronteiras & Direito à Saúde

PEIXOTO, Elane; GOLOBOVANTE, Maria da Conceição. *Entrevista inédita com o antropólogo Marc Augé*: conceitos e apresentação audiovisual. Disponível em <http://www.intercom.org.br/papers/ nacionais/2007/resumos/R1560-2.pdf>. Acesso em: 18 jul. 2012.

PEREIRA, Gustavo Oliveira de Lima. *A pátria dos sem pátria*: Direitos Humanos & alteridade. Porto Alegre: Ed. Uniritter, 2011.

PEREIRA, I. S. S. D. Promoção da saúde: algumas notas. *Revista Desafios Sociais*. Natal, n. 2. p.126-139, jan./jul. 2002.

PEREIRA, Jacira Helena do Valle. Processos identitários da segunda geração de migrantes de diferentes etnias na fronteira Brasil-Paraguai. In: MARIN, Jérri R;VASCONCELOS, Cláudio A de (orgs.) *História Região e identidades*. Campo Grande: Editora da UFMS, 2003.

PESQUISA CNi – *iBOPe*: retratos da sociedade brasileira: saúde pública – (janeiro 2012) – Brasília: CNi, 2012.

PINTOS, Anibal Barrios. *Rivera*: una historia diferente. Montevidéu: Ministerio de Educación y Cultura, 1990, Tomo II. p.248-249. E, SCHÄFFER, Neiva Otero. *Urbanização na fronteira*: a expansão de Santana do Livramento. Porto Alegre: Editora da UFRGS, 1993.

PIOVESAN, Eduardo. *Câmara aprova projeto que disciplina estrutura do Instituto Social do Mercosul.* Publicado em: 27/02/2013. Disponível em <http://www2.camara.leg.br/camaranoticias/noticias/POLITICA/436382-CAMARA-APROVA-PROJETO-QUE-DISCIPLINA-ESTRUTURA-DO-INSTITUTO-SOCIAL-DO-MER-COSUL.html>. Acesso em: 28 mar. 2013.

PIOVESAN, Flávia. *Direitos Econômicos, Sociais e Culturais e os desafios*. Revista Consultor Jurídico. 2002. Disponível em: <http://conjur.estadao.com.br/static/ text/10798,1>. Acesso em: 09 abr. 2013.

——. *Direitos humanos e o direito constitucional internacional*. 7 ed. rev. ampl. e atual. São Paulo: Saraiva, 2006.

——. *Direitos humanos e o direito constitucional internacional*. 4. ed. São Paulo: Max Limonad, 2000.

——. *Não à desconstitucionalização dos direitos sociais*. Revista Consultor Jurídico, 02 de jun. 2000. Disponível em: <http://conjur.uol.com.br/textos/2843/>. Acesso em: 10 abr. 2013.

——. *O direito de asilo e a proteção internacional dos refugiados*. In: RODRIGUES, Viviane M. (Org.). *Direitos humanos e refugiados*. Vila Velha: UVV, 2007.

——. SUR. *Direitos sociais, econômicos e culturais e direitos civis e políticos*. Revista internacional de direitos humanos, 2004, Ano 1, Número 1, 1o Semestre, Edição em Português. É uma revista semestral, publicada em inglês, português e espanhol pela Sur – Rede Universitária de Direitos Humanos. Está disponível na internet em: <http://www2.unifap.br/direito/files/2011/04/Artigo-2-Flavia3.pdf>. Acesso em: 10 out. 2012.

——. *Democracia, Direitos Humanos e globalização*. Disponível em: <http://www. dhnet.org.br/direitos/militantes/flaviapiovesan/piovesan_libglobal.html>. Acesso em 25 jan. 2013.

PLANALTO, *Ulysses Guimarães discurso "na Constituinte em 27 de julho de 1988"*. Disponível em: <http://www.planalto.gov.br/ccivil_03/revista/Rev_62/panteao/ panteao.htm> Acesso em: 25 mai. 2013.

PMPA. *Porto Alegre será sede do III Encontro da Rede Mercocidades*. Disponível em: <http://www2.portoalegre.rs.gov.br/portal_ pmpa_novo/default.php?p_noticia=1534 99&PORTO+ALEGRE+SERA+SEDE+DO+III+ENCONTRO+DA+REDE+MERCOCIDADES>. Acesso em: 31 ago. 2012.

PNUMA. Disponível em: <http://www.pnuma.org.br/interna.php?id=44>. Acesso em 17.04.2012.

POLIGNANO, Marcus Vinícius. *História das políticas de saúde no Brasil*: uma pequena revisão. Disponível em: <http://www.saude.mt.gov.br/upload/documento/ 16/historia-das-politicas-de-saude-no-brasil-[16-030112-SES-MT].pdf> Acesso em: 19 abril 2013.

PORTAL CONSULAR. *Rede Consular Brasileira*. Disponível em <http://www.portalconsular.mre.gov.br/ mundo/america-do-sul/republica-oriental-do-uruguai/artigas/servicos/carteira-fronteirica/>. Acesso em: 10 dez.2012.

PORTAL da Saúde. *Subgrupo de Trabalho nº 11*. Disponível em: <http://portal.saude.gov.br/ portal/saude/profissional/visualizar_texto.cfm?idtxt=27171>. Acesso em: 06 nov. 2012.

PORTAL de Serviço do Senado Federal. *Criação de Parlamento do Mercosul só depende de ratificação*. Publicado em 2005. Disponível em: <http://www12.senado.gov.br/noticias/materias/2005/1 2/12/criacao-de-parlamento-do-mercosul-so-depende-de-ratificacao>. Acesso em: 08 ago. 2012.

POSSE, Ernesto González. *Marco conceptual de la integración fronteriza promovida*: las iniciativas de integración fronteriza. Disponível em: <http://www.iadb.org/intal/intalcdi/integracion_latinoamericana/ documentos/156-Revista_Completa.pdf>. Acesso em: 25 mai. 2013.

PRADO, Adrana. *Zygmunt Bauman*: "Vivemos tempos líquidos. Nada é para durar". Disponível em: <http://www.istoe.com.br/assuntos/entrevista/detalhe/102755 _VIVEMOS+TEMPOS+LIQUIDOS+NADA+E+PARA+DURAR+?pathImagens=&path=&actualArea=internalPage>. Acesso em: 12 out. 2012.

PREUSS, Lislei Teresinha. *O pacto pela saúde nas cidades-gêmeas da fronteira do rio grande do sul com a Argentina e o Uruguai.* Porto Alegre, 2011. Tese (Doutorado em Serviço Social). Faculdade de Serviço Social, PUCRS. 2011.

PUCCI, Adriano Silva. *O Estatuto da Fronteira Brasil-Uruguai.* Brasília: Editora Funag, 2010.

PUCMinas (Pontifícia Universidade Católica de Minas Gerais, Brasil). (2013). Refugiados Ambientais. ACNUR (2020) – 14ª. MINIONU. Disponível em http://14minionuacnur2020.wordpress.com/2013/04/09/refugiados-ambientais/ Acesso em 15 dez. 2014.

QUEIROZ, Cristina M. M. *Direitos Fundamentais* (Teoria Geral). Faculdade de Direito da Universidade do Porto: Coimbra, 2002.

——. *O Princípio da não reversibilidade dos Direitos Fundamentais Sociais.* Coimbra: Coimbra Editora, 2007.

RAFFESTIN, Claude. A ordem e a desordem ou os paradoxos da fronteira. In: OLIVEIRA, Tito C. M. de (Orgs.). *Território sem limites:* estudos sobre fronteiras. Campo Grande: Ed. da UFMS, 2005.

——. *Por uma geografia do poder.* São Paulo: Ática, 1993.

RAICHELIS, Raquel. *Gestão pública e a questão social na grande cidade.* Lua Nova, São Paulo, n. 69, 2006. p.13-48. Disponível em: <http://www.scielo.br/ pdf/ln/n69/a03n69.pdf>. Acesso em: 15 ago. 2010.

RAIOL, Ivanilson Paulo Corrêa. *Ultrapassando fronteiras:* a proteção jurídica dos refugiados ambientais. Porto Alegre: Núria Fabris Editora. 2010.

RAMOS, Érika Pires. *Refugiados ambientais:* em busca de reconhecimento pelo direito internacional. São Paulo. Tese (doutorado) – Faculdade de Direito da USP, 2011.

——. *Refugiados ambientais, o desafio do século 21.* Disponível em: <http://www.observatorioeco.com.br/index.php/refugiados-ambientais-o-desafio-do-seculo-21/>. Acesso em 8 jun. 2010.

RANGEL. Carlos Roberto da Rosa. *Fronteira Brasil-Uruguai:* entre o nacional e o regional (1928/1938). Territórios e Fronteiras – Revista do Programa de Pós-Graduação em História da Universidade Federal de Mato Grosso, v. 6, n. 2, jul./dez. 2005 – Cuiabá-MT. Disponível em <http://www.ppghis.com/revista_artigo/arquivos/v6-n2-jul-dez-2005-miolo.pdf>. Acesso em: 15 mai. 2013.

RAVENSTEIN. Ernest George. The law of migration. *Jounal of dac Statistical Socictty.* v.47. pt.L. p.167-227, June 1885.

RE-AgR. N. 255.627-RS, rel. Min. Nelson Jobim, julgamento de 21.11.00, publicado no DJ em 23.2.01." Disponível em: <http://www.stf.jus.br/arquivo/cms/noticianoticiastf/anexo/sta175.pdf>. Acesso 15 nov. 2012.

REALE, Miguel. *O direito como experiência*: introdução a epistemologia jurídica. 2. ed. São Paulo: Saraiva, 1992.

REICHER, Stephen, HOPKINS Nick, LEVINE, Mark, RATH, Rakshi. "Movilizar el odio, movilizar a solidaridad: la identidad social como base para la comunicación de masas", In: International Review of the Red Cross. *Revista Internacional de La Cruz Roja.* Selecion de artículos, CICR. 2005.

REVISTA POLI. *Saúde, educação e trabalho*: jornalismo público para o fortalecimento da Educação Profissional em Saúde.Ano IV – Nº 21 – jan./fev. 2012.

RIETH Flávia. *Horizontes Antropológicos*, Porto Alegre, ano 1, n. 2. p.270-271, jul./set. 1995.

RIGOTTI, José Irineu Rangel. Reflexões sobre as tendências da redistribuição espacial da população no Brasil, à luz dos últimos resultados do Censo Demográfico 2010, *Revista da Sociedade brasileira para o progresso da ciência*, ano 64, numero 4, out/nov/dez 2012.

RIO GRANDE DO SUL, Tribunal de Justiça do RS, Apelação Cível Nº 70048149611, Primeira Câmara Cível, Relator: Jorge Maraschin dos Santos, Julgado em 17/04/2012. Disponível em: <http://www1.tjrs.jus.br/site_php/consulta/consulta_processo. php?nome_comarca=Tribunal+de+Justi%E7a&versao=&versao_fonetica=1&tipo=1&id_comarca=700&num_processo_mask=70048149611&num_processo=70048149611&codEmenta=4683347&temIntTeor=true>. Acesso em: 21 abr. 2013.

——. Tribunal de Justiça. Vigésima Primeira Câmara Cível. Apelação Cível nº 70049719479. Apelante: Estado do Rio Grande do Sul. Apelado: Alvaci Goncalves Maica. Relator: Genaro José Baroni Borges. Julgado em 01 de agostode2012.Disponívelem:<http://www1.tjrs.jus.br/site_php/consulta/consulta_processo.php?nome_comarca=Tribunal+de+Justi%E7a&versao=&versao_fonetica=1&tipo=1&id_comarca=700&num_processo_mask=70049719479&num_processo=70049719479&codEmenta=4842728&temIntTeor=true> Acesso em: 21 abr. 2013.

——. Lei Orgânica Do Município Do Chuí. Disponível em: <http://www.leismunicipais.com.br/lei-organica/chui-rs/3970>. Acesso em: 19 fev. 2013.

ROCHA, S. *Pobreza no Brasil* – Afinal, de que se trata?. Rio de Janeiro: Editora FGV, 2003.

RODRIGUEZ-PINERO, Miguel. Constituição, direitos fundamentais e contratos de trabalho. In: Trabalho & Doutrina: processo jurisprudência. *Revista jurídica trimestral*, São Paulo: Saraiva, nº 15, dez/1997.

Mobilidade, Fronteiras & Direito à Saúde

ROMERO, Graciela. *Reflexiones acerca de la exigibilidad y justiciabilidad de los Derechos Económicos, Sociales y Culturales (DESC).* Disponível em: <http://www.choike.org/documentos/desc_romero.pdf>. Acesso em: 05 abr. 2012.

ROSSEAU, Jean-Jacques. *A Origem da Desigualdade entre os Homens.* Tradução: Ciro Mioranza. Editora Escala. São Paulo. 2007.

RUARO, Regina Linden; VAZ, Eleci ; RODRIGUEZ, Daniel Piñeiro . Uma Breve Discussão acerca da Efetivação do Direito Constitucional à Saúde Frente à Disponibilização do Procedimento Cirúrgico de Tansgenitalização. *Revista da Ajuris*, v. 110, p. 357-372, 2008

SAADEH, Cyro; EGUCHI, Mônica Mayumi. *Convenção relativa ao estatuto dos refugiados – protocolo sobre o estatuto dos refugiados.* Disponível em <http://www.pge.sp.gov.br/centrodeestudos/bibliotecavirtual/direitos/tratado12.htm>. Acesso em: 03 mai. 2012.

SALDANHA, Jania Maria Lopes. Direitos humanos e Mercosul: Do marco regulatório ao papel da Justiça. *Revista dos Tribunais* (São Paulo), v. 870, p. 11-48, 2008.

SALDANHA, Jania Maria Lopes; LIMBERGER, T. La dimensión constitucional del proceso brasileño: la apertura democrática del Supremo Tribunal Federal brasileño por medio de las audiencias públicas y la concretización de los derechos fundamentales sociales. *Revista General de Derecho Constitucional* (Internet), v. 14, p. 6, 2012.

SANCHEZ, Giovana *Maior campo de refugiados do mundo faz 20 anos em crise humanitária.* 2011. Disponível em http://g1.globo.com/mundo/noticia/2011/08/maior-campo-de-refugiados-do-mundo-faz-20-anos-em-crise-humanitaria.html. Acesso em: 03 mai. 2012.

SANDERSON, Matthew R. Globalization and the environment: implications for human migration. *Human Ecology Review*, v. 16, n. 1. p.94-95, 2009.

SANDS, Philippe. *Principles of international Environmental Law.* 2 ed. New York: Cambridge University Press, 2007.

SANTA CATARINA, Tribunal Regional Federal. TRF4, AC 5001098-50.2010.404.7205, Terceira Turma, Relatora p/ Acórdão Maria Lúcia Luz Leiria, D.E. 11/05/2012. Disponível em: <http://www.trf4.jus.br/trf4/processos/acompanhamento/resultado_pesquisa.php?selForma=NU&txtValor=50010985020104047205&chkMostrarBaixados=S&selOrigem=TRF&hdnRefId=33881bdc733ae55ec4149a4aee227880&txtPalavraGerada=JURI>. Acesso em: 21 abr. 2013.

SANTOS, Boaventura de Sousa (Org.). *Globalização*: Fatalidade ou Utopia?. Porto: Afrontamento. 2001.

——. *A crítica da razão indolente:* contra o desperdício da experiência. Para um novo senso comum. A ciência, o direito e a política na transição paradigmática. 7. ed. São Paulo: Cortez, 2009. Vol. 1.

——. *Pela mão de Alice*: o social e o político na pós-modernidade. São Paulo: Cortez, 1997.

——. *A Crítica da Razão Indolente*: Contra o desperdício da experiência. 2. ed. São Paulo: Cortez, 2000. V1.

SANTOS, Milton. *A Natureza do Espaço*: Técnica e Tempo, Razão e Emoção. 4. ed. 2. reimpr. São Paulo: Editora da Universidade de São Paulo, 2006.

——. *O Espaço do Cidadão*. 5. ed. São Paulo: Studio Nobel, 2000.

——. O retorno do território. In: SANTOS Milton et al. *Território*: globalização e fragmentação. 2. ed. São Paulo: Hucitec, 1996.

SARLET, Ingo Wolfgang (org). *Dimensões da Dignidade:* ensaios de filosofia do direito e direito constitucional. 2. ed. Porto Alegre: Livraria do Advogado, 2009. p.16.

——. *A eficácia do direito fundamental à segurança jurídica*: dignidade da pessoa humana, direitos fundamentais e proibição de retrocesso social no direito constitucional brasileiro. 2005. Disponível em: <http://www.mundojuridico.adv.br>. Acesso em: 09 abr. 2013.

——. *A eficácia dos direitos fundamentais*. 2. ed. Porto Alegre: Livraria do Advogado, 2001.

——. *A eficácia dos direitos fundamentais*. 5. ed. Livraria do Advogado, 2003.

——. *A eficácia dos direitos fundamentais*. 8. ed. Porto Alegre: Livraria do Advogado, 2007.

——. *A eficácia dos direitos fundamentais*: uma teoria geral dos direitos fundamentais na perspectiva constitucional. 10. ed. ver. atual. e ampl. Porto Alegre: Livraria do Advogado, 2009.

——. Algumas Considerações em Torno do Conteúdo, Eficácia e Efetividade do Direito à Saúde na Constituição de 1988. p.98. In: *Interesse Público* n. 12, São Paulo: Nota Dez, 2001.

——. Algumas notas sobre a relação entre os Direitos Fundamentais e o Processo: o caso da controvérsia entre a tutela processual individual e/ou transindividual do direito à saúde. In: ASSIS, Araken de (Org.); MOLINARO, Carlos Alberto (Org.); Gomes Junior, Luiz Manoel (Org.); MILHORANZA, Mariângela Guerreiro (Org.). *Processo coletivo e outros temas de Direito Processual Homenagem – 50 anos de docência do Professor José Maria Rosa Tesheiner e 30 anos de docência do Professor Sérgio Gilberto Porto.* 1. ed. Porto Alegre: Livraria do Advogado Editora, 2011. v.1.

——. *Dignidade da pessoa humana e direitos fundamentas na Constituição Federal de 1988.*8. ed. rev. Atual. e ampl. Porto Alegre: Livraria do Advogado, 2010.

——. FIGUEIREDO, Mariana Filchtiner Reserva do possível, mínimo existencial e direito à saúde: algumas aproximações. *Direitos fundamentais & justiça*. Porto Alegre, 2007. Ano 1, nº 1. p.177-178, out/dez. 2007.

——. Os Direitos Sociais como Direitos Fundamentais: contributo para um balanço aos vinte anos da Constituição Federal de 1988. *Revista do Instituto de Hermenêutica Jurídica*. 20 Anos de Constitucionalismo Democrático – E Agora? Porto Alegre-Belo Horizonte, 2008.

——; FENSTERSEIFER, Tiago. Estado socioambiental e mínimo existencial (ecológico?): algumas aproximações. In: KRELL, Andréas J. [et al]. *Estado Socioambiental e Direitos Fundamentais*. Porto Alegre: Livraria do Advogado Editora, 2010.

——; FIGUEIREDO, Mariana Filchtiner. Reserva do possível, mínimo existencial e direito à saúde: algumas aproximações. *Direitos fundamentais & justiça*, Porto Alegre, 2007. Ano 1, nº 1. p.171-213, out/dez. 2007.

——. *Notas sobre a assim designada proibição de retrocesso social no constitucionalismo Latino-americano*. Rev. TST, Brasília, vol. 75, no 3, jul/set 2009 p. 117. Disponível em <http://www.tst.jus.br/documents/1295387/1312882/7.+notas +sobre+a+assim+designada+proibi%c3%a7%c3%a3o+de+retrocesso+social+no+constitucionalismo+latino-americano>. Acesso em: 10 abr. 2013.

SCHWARTZ, Germano A. D. A saúde como direito público subjetivo e fundamental do homem e sua efetivação. *Revista da AJURIS*. Porto Alegre. Ano XXVII, n. 83, tomo I, set. 2001.

——. *Direito à saúde*: Efetivação em uma perspectiva sistêmica. Porto Alegre: Livraria do Advogado, 2001.

——. *O tratamento jurídico do risco no direito à saúde*. Porto Alegre: Livraria do Advogado, 2004.

SEN, Amartya. *Desenvolvimento como liberdade*. Trad. Laura Teixeira Motta. São Paulo: Companhia das Letras, 2010.

SETTI, Ricardo. *Entrevista imperdível com o Nobel de Economia Amartya Sen:* ele fala sobre China, Índia, Brasil – e diz que a crise na Europa se resolve com ênfase no crescimento. Publicado em maio 2012. Disponível em: <http://veja.abril.com.br/blog/ricardo-setti/vasto-mundo/entrevista-imperdivel-com-o-nobel-de-economia-amartya-sen-ele-fala-sobre-china-india-brasil-e-diz-que-a-crise-na-europa-se-resolve-com-enfase-no-crescimento/>. Acesso em: 12 mar. 2013.

SILVA, Jorge Pereira da. *Dever de legislar e protecção jurisdicional contra omissões legislativas*: contributo para uma Teoria da Inconstitucionalidade por Omissão. Lisboa: Universidade Católica, 2003.

SILVA, José Afonso da. *Curso de direito constitucional positivo*. 15. ed. São Paulo: Malheiros, 1998.

——. *Curso de Direito Constitucional Positivo*. 34. ed. rev e atual. São Paulo: Malheiros Editores, 2011.

——. *Curso de Direito Constitucional Positivo*. São Paulo: Editora Malheiros, 2005.

——. *Curso de direito constitucional positivo*. 9. ed. rev. São Paulo: Malheiros, 1994.

——. *Curso de direito constitucional positivo*. 33. ed. rev. e atual. São Paulo: Malheiros, 2010.

SIMIONATTO, Ivete; NOGUEIRA, Vera Maria Ribeiro; GOMEZ, Marcela Beatriz. Aspectos Legais do Direito à Saúde. In: SIMIONATTO; Ivete; NOGUEIRA, Vera Maria Ribeiro Org. *Dilemas do Mercosul*: Reforma do Estado, Direito à Saúde e Perspectivas da Agenda Social. Florianópolis: Editora da Lagoa, 2004.

SINGER, Peter. Migrações internas: considerações teóricas sobre seu estudo. In: MOURA, H. A. de (Coord.). *Migração interna:* textos selecionados. Fortaleza: Banco do Nordeste do Brasil – BNB, Escritório Técnico de Estudos Econômicos do Nordeste, 1980. t. 1. p.211-244. (Estudos econômicos e sociais, 4).

SISSAUDE. Disponível em: <http://www.sissaude.com.br>. Acesso em: 15 mar. 2013.

SKYSCRAPERCITY. *Contornando o RS – Parte III – Fronteira Rio Grande do Sul – Uruguai (dos pampas de volta ao mar)*. Disponível em: <http://www.skyscrapercity.com/showthread.php?t=1146629>. Acesso em: 23 mai. 2013.

SOLLAZZO, Ana; BERTERRETCHE, Rosario. *El Sistema Nacional Integrado de Salud en Uruguay y los desafíos para la Atención Primaria*. Ciênc. saúde coletiva vol.16 no.6 Rio de Janeiro June 2011. Disponível em: <http://www.scielo.br/scielo.php?script=sci_arttext&pid=S1413-81232011000600021>. Acesso 28 de maio de 2013.

SOUZA, Jessé de. Uma teoria crítica do conhecimento. *Revista Lua Nova*, São Paulo, Cedec, n. 50. p.133-158, 2000.

SOUZA, Susana B. de. Os caminhos e os homens do contrabando. In: CASTELLO, Iara Regina (Org.) *Práticas de Integração nas fronteiras*: temas para o Mercosul. Porto Alegre: Editora da Universidade/ UFRGS, 1996.

SPAREMBERGER, Raquel. Fabiana Lopes e BÜHRING, Marcia Andrea. A problemática dos refugiados/deslocados/Migrantes ambientais e a demanda por direitos sociais: Desafios de ontem e perspectivas para o amanha. *Direitos Fundamentais & Justiça*. Pontifícia Universidade Católica do Rio Grande do Sul. Programa de Pós-Graduação, Mestrado e Doutorado. N. 13 (out./dez. 2010). Porto Alegre: HS Editora, 2010. p.96ss.

——; VERGANI, Vanessa. Migração, vulnerabilidade e (in) justiça ambiental: desafios e perspectivas. *Revista do Direito* (Santa Cruz do Sul. Online). v. 33, p. 130-147, 2010.

Mobilidade, Fronteiras & Direito à Saúde

STRECK, Lenio Luiz. *Hermenêutica Jurídica e(m) crise*. Uma exploração hermenêutica da construção do direito. Porto Alegre: Livraria do Advogado, 1999.

——. *Jurisdição constitucional e hermenêutica*: Uma nova crítica do direito. 2. ed. Rio de Janeiro: Forense, 2004.

——. E que o Texto Constitucional não se transforme em um latifúndio improdutivo: uma crítica à ineficácia do Direito. In: PASQUALINI, Alexandre...[et al.]; SARLET, Ingo Wolfgang (org.). *O Direito Público em Tempos de Crise*: estudos em homenagem a Ruy Ruben Ruschel. Porto Alegre: Livraria do Advogado, 1999.

SUA pesquisa. *Teoria de Gaia*. Disponível em: <http://www.suapesquisa.com/o_ que_e/teoria_gaia.htm>. Acesso em: 02 mai. 2012.

SUHRKE, Astri. *Pressure Points*: Environmental Degradation, Migration and Conflict. Monograph. Cambridge, Mass: American Academy of Arts and Sciences, 1993.

SUPERIOR Tribunal de Justiça. controle judicial e preventivo do orçamento. Disponível em: <http://www.stf.jus.br/arquivo/cms/processoAudienciaPublicaSaude/anexo/ Sr._Ingo_Sarlet__titular_da_PUC_.pdf>. Acesso em: 16 dez. 2012.

SUPREMO Tribunal Federal. A audiência Pública da Judicialização do direito à saúde, ocorreu nos dias 27,28 e 29 de abril, 4,6,7 de maio de 2009. *Referência:* SL nº 47, SL nº 64, STA nº 36, STA nº 185, STA nº 211, STA nº 278, SS nº 2.361, SS nº 2.944, SS nº 3.345, SS nº 3.355. Disponível em: <http://www.stf.jus.br/arquivo/cms/processoAudienciaPublicaSaude/anexo/Despacho_Convocatorio.pdf>. Acesso em: 06 mai. 2012.

——. Apresentação. Disponível em <http://www.stf.jus.br/portal/audiencia Publica/ audienciaPublica-Principal.asp> Acesso em: 06 mai. 2012.

TAVARES, André Ramos. *Curso de direito constitucional*. 7. ed. São Paulo: Saraiva, 2009.

——. *Curso de direito constitucional*. São Paulo: Saraiva, 2002.

THEODORO JUNIOR, Humberto. Constituição e processo-desafios constitucionais da reforma do processo civil no Brasil. In: MACHADO, Felipe Daniel Amorim; OLIVEIRA e Marcelo Andrade Cattoni (Coord.). *Constituição e processo: a contribuição do processo ao constitucionalismo democrático brasileiro*. Belo Horizonte: Del Rey, 2009.

TODOROV, Tzvetan. *A conquista da América*: a questão do outro. Tradução de Beatriz Perrone Moisés. São Paulo: Martins Fontes, 1993.

TORRES, Ricardo Lobo. A metamorfose dos direitos sociais em mínimo existencial. In: SARLET, Ingo Wolfgang. *Direitos fundamentais sociais*: estudos de direito constitucional, internacional e comparado. Rio de Janeiro: Renovar, 2005.

——. *O direito ao mínimo existencial*. Rio de Janeiro: Renovar, 2009.

TOURAINE, Alain. *Poderemos viver juntos?*: iguais e diferentes. Trad. Jaime A. Glasen e Ephraim F. Alves. Petropolis-RJ: Vozes, 1998.

TURTON, David. *Refugees and 'Other Forced Migrants'* RSC Working Paper No. 13. Queen Elizabeth House International Development Centre University of Oxford. October 2003. p.06 e 16. Disponível em: <http://www.rsc.ox.ac.uk/publications/working-papers-folder_contents/RSCworkingpaper13.pdf>. Acesso em: 27 out. 2012.

UNASUL. Disponível em: <http://www.itamaraty.gov.br/temas/america-do-sul-e-integracao-regional/unasul/>. Acesso em: 11 jul. 2013.

UNITED NATIONS. *Princípios Orientadores relativos aos Deslocados Internos*. Disponível em: <http://www2.ohchr. org/english/issues/idp/GPPortuguese.pdf>. Acesso em: 22 dez. 2009.

——. *The Millennium Development Goals Report 2012*. Disponível em: <http://mdgs.un.org/unsd/mdg/Resources/Static/Products/Progress2012/English2012.pdf>. Acesso em: 27 ago. 2012.

USP. *O que é a OMS?* Disponível em: <http://www.direitoshumanos.usp.br/ index.php/OMS-Organiza%C3%A7%C3%A3o-Mundial-da-Sa%C3%BAde/o-que-e-a-oms.html>. Acesso em: 19 abr. 2013.

VALENCIO, Norma Felicidade Lopes da Silva; SIENA, Mariana; PAVAN, Beatriz Janine Cardoso; ZAGO, Juliana Roversi; BARBOSA, Aline Ramos. Implicações éticas e sociopolíticas das práticas de defesa civil diante das chuvas reflexões sobre grupos vulneráveis e cidadania participativa. *São Paulo em Perspectiva*, v. 20, n. 1. p.96-108, jan./mar. 2006.

VALLAUX, Camilo. *Geografia social*. El suelo y el Estado. Madrid: Daniel Jorro Editor, 1914.

VARELLA, Drauzio. *O juramento de Hipócrates*. Disponível em: <http://drauziovarella.com.br/drauzio/o-juramento-de-hipocrates/> Acesso em: 19 abr. 2013.

VASCONCELLOS, Henrique Pinheiro. *Uruguay-Brasil*. Rio de Janeiro: Imprensa nacional, 1929. v. 1.

VASCONCELOS, Marcos Cesar Santos. As decisões normativas na jurisdição constitucional. *Dissertação* (Mestrado). Instituto Brasiliense de Direito Público – IDP, Brasília, 2010.

VÁSQUEZ, Maria de la Luz. Las políticas de la representación. In: VANEGAS, Julio Arias [et al.]. *Identidades culturales y formación del estado en Colombia*: colonización, naturaleza y cultura. Bogotá: Universidad de los Andes, Facultad de Ciencias Sociales, Departamento de Ciencia Política, CESO, Ediciones Uniandes, 2006.

VATICAN. Mensagem de sua Santidade Bento XVI para o dia mundial do migrante e do refugiado (2013). Disponível em: <http://www.vatican.va/holy_father/benedict_xvi/messages/migration/documents/hf_ben-xvi_mes_20121012_world-migrants-day_po.html>. Acesso em: 25 mai. 2013.

VEGA, Fernando. O Refúgio na Bíblia. In: MILESI, Rosita (org.). *Refugiados:* realidade e perspectivas. Brasília: CSEM/ IMDH; Edições Loyola, 2003.

VEJA. *Distribuição dos serviços de saúde demarca dois Brasis.* Disponível em: <http://veja.abril.com.br/noticia/saude/distribuicao-dos-servicos-de-saude-demarca-dois-brasis Acesso em: 27 mai. 2013.

——. *Governo dá nota de 5,47 para saúde pública do Brasil.* Disponível em: <http://veja.abril.com.br/noticia/saude/governo-cria-indice-para-avaliar-o-desempenho-do-sus>. Acesso em: 10 mar. 2012.

VIEIRA, Paulo André. *De Oiapoque até Chuí, as cidades vistas do espaço.* Publicado em 28 de Novembro de 2012. Disponível em: <http://www.oeco.org.br/ geonoticias/26683-de-oiapoque-ate-chui-as-cidades-vistas-do-espaco>. Acesso em: 23 mai. 2013.

VILA-NOVA, Carolina. *Venezuela será incorporada ao Mercosul em 31 de julho.* Publicado 29 junho 2012. Disponível em: <http://www1.folha.uol.com.br/mundo/1112638-venezuela-sera-incorporada-ao-mercosul-em-31-de-julho.shtml>. Acesso em: 24 jul. 2012.

VILLARREAL, Arturo. *Seminário Fronteiras e Segurança Nacional:* América do Sul, México e Estados Unidos. Brasília: Presidência da República, Gabinete de Segurança Institucional, 2009.

WALLERSTEIN, Immanuel; BALIBAR, Etiene. *Race, Nation, Class:* Ambiguos Identities, Londres: Verso, 1991.

WEIS, Carlos. *Direitos humanos contemporâneos.* São Paulo: Malheiros, 1999.

WEISS, Edith Brown. *Un mundo justo para las futuras generaciones:* derecho internacional, patrimonio común y equidad intergeneracional. New York: United Nations Press, 1999.

WIKIMEDIA Commons. *Mapa do UNASUL.* Disponível em: <https://commons.wikimedia.org/wiki/ File: Mapa_do_unasul_portugues.svg>. Acesso em: 11 jul. 2013.

——. *Organograma do Mercosul 2006.* Disponível em: <http://www.mercosul.gov. br/organograma>. Acesso em: 23 mai. 2013.

WIKIPEDIA. *Chuí.* Disponível em: <http://pt.wikipedia.org/wiki/Chu%C3%AD>. Acesso em: 15 dez. 2012.

——. *Rio Grande do Sul Municipio Santana do Livramento.* Disponível em: <http://pt.wikipedia.org/wiki/Ficheiro:RioGrandedoSul_Municip_SantanadoLivramento.svg>. Acesso em: 15 dez. 2012.

WIKISOURCE. *Déclaration des Droits de l'Homme et du Citoyen.* Disponível em: <http://fr.wikisource.org/wiki/D%C3%A9claration_des_Droits_de_l%E2%80%99>. Acesso em: 08 abr. 2011.

XIBERRAS, Martine. *As teorias da exclusão:* para uma construção do imaginário do desvio. 2. ed. Lisboa: Instituto Piaget, 1993.

ZAMBERLAM, Jurandir. *O processo migratório no Brasil e os desafios da mobilidade humana na globalização.* Porto Alegre: Pallotti, 2004.

ZAOUAL, Hassan. *Globalização e diversidade cultural.* Textos selecionados e traduzidos por Michel Thiollent. São Paulo: Editora Cortez, 2003. (Coleção questões da nossa época; v. 106).

ZERO HORA. *Lista oficial de medicamentos do SUS passa de 340 para 810 itens.* Disponível em: <http://zerohora.clicrbs.com.br/rs/vida-e-estilo/bem-estar/noticia/2012/03/lista-oficial-de-medicamentos-do-sus-passa-de-340-para-810-itens-3710333.htm>. Acesso em: 04 mai. 2013.

——. *Países do Mercosul unificam ações para combater dengue, tuberculose e aids.* Disponível em: <http://zerohora.clicrbs.com.br/rs/geral/noticia/2012/11/paises-do-mercosul-unificam-acoes-para-combater-dengue-tuberculose-e-aids-3951998.html>. Acesso em: 29 abr. 2013.

——. *Peter Burke e os três eixos da globalização.* Publicado em abr. 2007. Disponível em: <http://wp.clicrbs.com.br/culturazh/files/2010/05/zh027_111.pdf>. Acesso em: 01 fev. 2013.

——. *Reconfiguração do Mercosul pode aumentar influência brasileira.* Publicado em 27 de abril de 2013. Disponível em: <http://zerohora.clicrbs.com.br/rs/mundo/noticia/2013/04/reconfiguracao-do-mercosul-pode-aumentar-influencia-brasileira-4120118.html>. Acesso em: 29 abr. 2013.